LOVE'S LABOR

Essays on women, Equality, and Dependency

돌봄:
사랑의 노동

여성, 평등, 그리고 의존에 관한 에세이

Eva Feder Kittay **저**
김희강·나상원 **역**

Taylor & Francis Group LLC
an informa business   박영사

Love's Labor
Eva Feder Kittay

이 저서는 2015년 대한민국 교육부와 한국연구재단의 지원을 받아
수행된 연구임(NRF-2015S1A3A2046562)

역자 해제

돌봄 패러다임

김희강(고려대학교 행정학과)

1. 한국 사회의 자화상

(1) 장애가 있는 남편을 40년 동안 돌봐오던 70대 아내가 남편을 숨지게 한 뒤 스스로 목숨을 끊었다. 아내는 40년 전 사고로 양팔을 잃은 남편을 돌봐왔으나, 최근 들어 아내의 건강도 점점 더 나빠져 남편을 돌보기가 어려워지자 자신의 처지를 비관해 왔다고 한다(SBS 2015/05/31).

(2) 정부는 저출산 문제 해결을 위해 기존의 보조금 지원 방식 대신 근본적 사회구조 개선에 주력하기로 했다. 사회구조 개선방안의 일환으로, 황우여 부총리 겸 교육부장관은 관계장관 회의에서 저출산 문제의 해결을 위해서 출산과 양육에 우호적인 사회분위기를 조성하는 것이 무엇보다도 중요하다고 지적했다. 그 대안으로 '3세대 동거 지원'을 제시했다. '3세대 동거 지원'은 3세대가 더불어 살아가는 가

족공동체의 회복인데, 이를 통해서 효 문화를 계승하여 노인 봉양을 실천하고 세대간 육아부담을 용이하게 한다는 점에서 저출산과 고령화 문제 해결의 실마리가 될 수 있을 것으로 기대했다(노컷뉴스 2015/07/17).

(3) 여당인 새누리당은 저출산 문제 해결을 위한 근본적인 대책으로 교육기간을 단축하는 '학제개편'안을 제시했다. 초등학교 입학연령을 만 5세로 1년 앞당기고 초중고 12년 학제를 11년으로 1년 단축해 사회에 진출하는 시기를 앞당겨 저출산 문제를 해결할 수 있다고 보았다. 만혼을 줄이고 보다 빠른 취업으로 결혼 가능 연령을 앞당겨 여성의 출산을 유도할 수 있다는 것이다. 김정훈 정책위의장에 따르면, 학제개편안은 "기존 틀에 갇혀서는 저출산 문제를 극복하기 어려운 만큼 발상의 전환을 통한 획기적 대책"이 될 수 있을 것으로 천명했다(중앙일보 2015/10/21; 한국일보 2015/10/21).

이는 최근 한국 사회의 자화상이다. 이를 관류하는 것은 돌봄의 논점이다. 정부는 어떤 역할을 해야 하나? 정부 역할의 공적 기반은 무엇인가? (1)의 경우, 장애 남편의 돌봄은 오롯이 아내의 몫이어야 하는가? 그렇지 않다면, 어떤 경우에 정부의 역할이 필요한가? (2)와 (3)의 경우, 정부의 정책 방향은 옳은가? (2)와 같이, 아이돌봄과 노인돌봄은 가정의 몫이어야 하는가? 3세대 가족공동체가 돌봄문제의 해결책, 저출산과 고령화의 해결책이 될 수 있는가? 해결책이 되는 것이 옳은가? (3)에서 볼 때, 빠른 취업으로 여성의 출산을 유도할 수 있는가? 학제개편안이 저출산 문제 해결을 위한 "발상의 전환을 통한 획기적 대책"이 될 수 있는가?

2. 좋은 철학, 법과 정책

에바 페더 커테이(Eva Feder Kittay)의 저서 『돌봄: 사랑의 노동』(*Love's Labor*: *Essays on Women, Equality, and Dependency*, New York and London: Routledge 1999)는 위의 질문들에 대한 답을 제시해 줄 수 있다. 『돌봄: 사랑의 노동』은 미국에서 출판된 지 20여 년이 가깝게 되지만, 여전히 대표적인 윤리학, 정부론, 여성학, 장애학, 사회복지학 서적으로 어김없이 손꼽힌다. 이 책의 명성은 2002년에 심포지움에서 잘 드러났다.[1] 이 심포지움은 저명한 철학자, 여성학자, 장애학자들이 『돌봄: 사랑의 노동』에 관해 다양한 논평을 한 후, 커테이가 이에 응답하는 형식으로 진행되었다. 심포지움의 서두를 맡은 철학자 마사 너스바움(Martha Nussbaum)은 이 책이 기여하는 바를 다음과 같이 직언한다.

> 이 책은 미국의 법과 정책을 구체적으로 변화시키는 데 있어 매우 강한 철학적 논거를 제시하고 있다. 이는 좋은 철학이 실제 정치적 선택을 잘할 수 있도록 어떤 도움이 되는지 보여준다(Nussbaum 2001, 194).

일국의 법과 정책의 궁극적인 지향점, 규범적인 좌표를 설정하는 작업은 매우 중요하다. 그러나 이는 좋은 철학의 성찰 없이는 불가능하다. 너스바움은 좋은 철학과 현실의 법과 정책이 어떻게 유의미하게 조응하는지 보여준다는 점에서 『돌봄: 사랑의 노동』의 진가를 조명한다.

『돌봄: 사랑의 노동』 출판 당시 미국과 현재의 한국은 많이 닮아있다. 그 당시 미국은 '복지개혁'이라는 미명 하에 개인주의적 시장중

---

1 발표된 논문들은 학술지 『하이파티아(*Hypatia*)』 2002년 17권 3호 심포지움에 실렸다.

심의 논리로 복지서비스의 삭감을 진행했다. 그러나 '복지개혁'은 단순히 복지서비스의 삭감 이상을 의미했다. 이는 시민들에게 자립적이고 독립적인(비의존적인) 개인이 될 것을 요구했고, 일을 하지 않으면 그래서 자립적이고 독립적으로 되지 않으면 언제든지 복지혜택의 제공을 거부할 수 있는 이데올로기를 마련했다. 실제로 '복지개혁'은 복지축소라기보다 오히려 복지포기에 가까웠다. 이러한 배경 속에서 사회적 담론은 양분되었다. 보다 정확하게는 이중적이었다. 한편으로, 복지수혜자를 기생적이라 치부하며 시장의 논리가 복지영역에 편입되도록 유도했다. 그러나 동시에 이율배반적으로, 여전히 복지후진국인 미국을 부끄러워하며 북유럽의 복지모델을 부러워했고, 미국의 경제발전에 걸맞은 복지지향을 갈구했다.

이러한 논쟁 속에서 커테이는 미국이 추구해야 할 법과 정책의 지향점을 찾고, 그 지향점의 정당성을 철학적으로 논증해 나간다. 그 논증의 핵심에 있는 것이 '돌봄윤리'이다. 특히 커테이의 '돌봄윤리' 논의는 앞서 언급한 복지논쟁 속에서 중요한 함의를 갖는다. 미국이 직면한 현실은 단지 특수한 사례가 아니라, 민주적 복지체제를 갖춘 나라라면 앞으로 직면하게 될 일반적 미래라고 커테이는 예견했다. 작금의 한국을 보면 20여 년 전 커테이의 예견은 결코 틀린 이야기가 아니다.

커테이는 뉴욕 주립대(State University of New York at Stony Brook) 철학과 교수이자, 1960년대 미국의 민권운동에 적극적으로 가담한 사회운동가이자, 열성적인 여성주의 학자다. 또한 중증 지체장애가 있는 1999년 당시 27세였던 딸 세샤(Sesha)의 엄마이기도 하다. 이 책은 커테이의 개인적 경험, 규범적 정치철학, 현실적 정책분석의 세 가지 요소를 모두 포괄한다. 중증 지체장애아를 27년간 돌봐온 엄마의 개인적인 소회를 통해 돌봄윤리에 기초한 정치철학으로 발전시키고 있으면서, 동시에 돌봄윤리의 철학적 기초는 복지정책 및 장애인 정책의 근간을 이룬다. 따라서 무엇보다도 이 책의 장점은 지극히 개인적인 소회의 관점에서 출발해 추상적인 정의론 일반을 담고 있으며, 이러한 이론적 기반이 구체적인 정부운영의 원리와 정책지향의 규범적 좌표를 제시하는 데 적용된다는 점이다.

그렇다면, 커테이의 개인적 경험, 규범적 정치철학, 현실적 정책분석이 교차하는 지점에서 앞서 언급한 한국 사회의 자화상을 관통하는 질문들의 답을 찾는 여정을 시작해보자.

3. 의존의 정상성, 비의존의 허구성

인간은 의존적이다. 태어난 후, 고령으로 죽음을 맞기 전, 장애가 있을 때, 아플 때, 모든 인간은 예외 없이 의존적이다. 누군가의 돌봄을 받아 생을 이어왔고, 붙여왔으며, 이 과정에서 누군가의 돌봄에 전적으로 의존했었다. 현재도 인간은 누군가의 돌봄에 생을 의존하는 삶을 지낸다. 다시 말해, 의존의 시기에 누군가의 돌봄을 받지 않는다면, 인간은 생존하거나 성장할 수 없다. 이것은 부인할 수 없는 사실이다. 모든 인간은 죽는다는 명제가 언제나 참인 것처럼, 살아있는 인간의 의존성도 인간 존재에 내재된 부인할 수 없는 사실이다. 커테이는 이를 '인간의존의 사실(fact of human dependency)'이라 부른다.

따라서 의존이라는 것은 부정적인 것이 아니며 벗어나거나 극복해야 하는 과제가 아니다. 누구에게나 예외 없는 존재론적 사실이다. 물론, 의존의 기한과 정도는 사람마다 다를 수 있다. 태어나면서부터 심각한 장애로 평생 동안 의존적인 삶을 사는 사람이 있는 반면, 태어난 후와 죽기 전의 기간을 제외한다면 대체로 비의존적인 삶을 지내는 사람도 있다. 그러나 우리 모두 의존의 시기가 있다는 것은 누구도 부인할 수 없는 사실이며, 인간은 결국 의존적이라는 사실은 의존을 자연스러운 것, 당연한 것, 보편적인 것, 그리고 정상적인 것으로 만든다.

커테이는 '인간의존의 사실'에 기초하여, 의존이라는 낙인으로 인한 차별, 배제, 혐오를 신랄히 비판한다. 신생아의 의존이 정상적인 것이듯, 중증장애인의 의존도 정상적인 것이다. 우리 모두가 예외 없이 영유아의 의존기간을 겪었듯, 누군가는 같은 의존을 좀 더 길게 경험할 뿐이다. 장애는 그 자체로 우연적인 것이겠지만, 장애를 만드는 것, 즉 장애를 장애로 보게 만드는 것은 결국 사회라고 커테이는 지적한다. 커테이 책에서 세샤는 언제나 사랑스럽고 아름답고 매력적인 20대 숙녀로 묘사된다. 커테이가 분노하는 것은 세샤에게 장애를 선사한 잔인한 신이 아니라 장애를 차별과 배제, 혐오의 대상으로 보는, 장애인에 대해 돌봄이 필요함에도 이러한 필요를 적절히 채워주지 못하는 정의롭지 못한 사회이다(Kittay 2002, 249).

'인간의존의 사실'에 비추어 볼 때, 즉 부인할 수 없는 사실의 입장에서, 자유주의에서 전제하는 비의존적(independent)이고 자율적이며 자립적인 인간은 단지 허구이며 가식이다(Kittay 2001b). 자신을 속이는 자기기만이다. 인간은 홉스가 상정하듯 자연 상태(state of nature)에서 버섯처럼 솟아나지 않는다. 버섯처럼 솟아난 개인들이 상호교환과 계약으로 시장을 만들고, 이들이 뜻을 모아 정부를 만드는 것이 아니다. 이러한 시장과 정부를 믿는다면, 허구 속에서 만들어진 제도와 조직에서 삶을 살고 있는 것이다(Kittay 2007). 자유주의적 허구 속에서 의존의 정상성은 쉽게 무시되며, 의존은 쉽게 경멸과 혐오의 대상이 된다. 자유주의적 허구는 의존에 따른 돌봄필요를 가차 없이 천대한다. 우리는 얼마나 비의존의 허구 속에서 삶을 살고 있는가?

4. 돌봄, 돌봄윤리, 돌봄관계

의존이 자연스러운 것, 당연한 것, 보편적인 것, 그리고 정상적인 것이듯, 돌봄을 받는다는 것도 자연스러운 것, 당연한 것, 보편적인 것, 그리고 정상적인 것이다. 의존적인 인간은 돌봄을 필요로 한다. 누구로부터건(어머니건, 간호사건, 먼 친척이건, 유모건) 내가 돌봄을 받지 못했다면, 나는 생존하지도 성장하지도 못했을 것이다. 따라서 모든 인간이 돌봄의존적이라는 사실은, 돌봄을 제공해야 하는 윤리적 의무를 담보한다. 의존의 시기에 돌봄을 받지 못한다면, 의존인(dependents)은 생존하고 성장하지 못한다. 취약한 의존인에게 돌봄을 제공해야 하는 윤리적인 의무, 그것이 돌봄윤리(ethics of care)이다. 돌봄윤리는 인간의 돌봄의존성(care dependency)과 이에 따른 취약성(vulnerability)에서 비롯된다.

돌봄을 주고받는 관계인 돌봄관계(커테이는 이를 의존관계라고 부른다)는 인간의 삶에서 가장 본질적인 것이다. 의존적인 인간은 돌봄을 받아야 하며, 의존인을 돌봐야 하는 의무는 특정 개인이나 특정 성(sex)에 국한된 것이 아니라 인간의 보편적인 윤리적 의무이다. 돌봄관계 없이는 어떤 개인도, 어떤 사회도 존속하고 성장할 수 없다.

그러나 이러한 돌봄관계는 사회를 자유롭고 평등하며 비의존적이고 생산적인(productive) 개인들의 결사체로 상정하는 자유주의 이론

틀에서 논의의 가치도 주어지지 않는다. 무엇보다도 자유주의의 치명적인 문제점은, 이제껏 누군가에 의해 돌봄이 제공되고 있었다는 사실을 외면한다는 점이다. 지금 우리가 존재하고 작금의 사회가 존재함이, 누군가가 돌봄을 제공해 왔다는 사실을 입증한다. 누군가는 돌봄의무를 담당해 왔으며, 돌봄관계는 지속되어 왔다. 하지만 자유주의가 전제하듯, 자유롭고 평등하며 비의존적이고 생산적인 개인을 상정하면서 누군가가 돌봄을 제공하고 있다는 사실을 간과한다면, 그래서 우리 모두가 돌봄을 받았다는 사실을 간과한다면, 이는 사실을 왜곡하는 것이다. 왜곡하는 것이기에 우리의 과거와 현재를 부정하는 것이다. 이는 시장제도의 신성성과 정부의 정당성이라는 미명 아래 누군가의 희생을 당연시하고, 누군가의 희생에 안주하며, 누군가의 희생을 착취하고 있는 것이다.

커테이는 인간됨(personhood)을 비의존적이고 자율적이며 생산적인 가치에서 찾는 자유주의를 배격한다. 커테이에게 인간을 인간답게 만드는 것은 다름 아닌 돌봄관계이다. 인간됨의 의미는 돌봄관계에 위치할 수 있는지에 달려 있다. 타인과의 돌봄관계 없이 우리는 인간다운 인간이 될 수 없다. 말을 할 수 없고, 이성적인 사고를 할 수 없고, 몸을 자유롭게 쓸 수 없고, 시장에서 원하는 생산적인 일을 할 수 없어도, 지체장애인 세샤는 인간이기에 부족함이 없다. 자신이 사랑받고 있음을 온 몸으로 느끼며, 눈빛 하나로 손끝의 움직임으로 세샤가 돌봄의 관계 속에 있는 한, 세샤는 우리와 다름없는 인간이다. 세샤보다 더 심한 장애를 지녀 근육 하나도 쓸 수 없는 사람일지라도, 엄마의 목소리 혹은 아름다운 음악소리에 미미한 느낌을 받으며 누군가의 돌봄을 받고 있는 돌봄관계에 있다면, 그것이 바로 인간을 만드는 것이다(Kittay 2001b, 562-565).

5. 돌봄의 공공윤리

돌봄윤리는 사적 영역이나 개인 간의 관계에 국한되지 않고 공적 영역으로 확장된다. 돌봄의 공공윤리, 이것이 바로 커테이가 주장하는 정의의 핵심 원칙이다. 그렇다면, 어떻게 돌봄이 공적 윤리로 확장되는가?

커테이는 이를 둘리아(doulia)라는 개념을 활용해 설명한다. 그리스 시대에 산모가 아이를 돌볼 때, 산모를 돌보는 의무를 칭하는 둘리아 개념을 차용한다. 산모가 아이를 돌보듯, 둘라(doula)라고 불리는 산모 도우미는 아이를 돌보는 산모를 돌보았다. 둘라의 역할은 매우 중요하다. 둘라는 아이를 직접 돌보는 것이 아니라, 산모를 돌봄으로써 산모가 아이를 잘 돌볼 수 있는, 그래서 아이가 산모로부터 좋은 돌봄을 잘 받을 수 있는 조건을 마련한다. 우리 모두가 생존하고 성장하기 위해서 돌봄이 필요했듯이, 우리 모두는 다른 이들도 생존하고 성장하기 위해 돌봄을 주고받을 수 있는 조건을 제공해야 한다는 것이다. 다시 말해, 우리 모두가 어느 엄마의 아이(some mother's child)인 이상, 우리 모두는 우리 모두가 돌봄을 받을 수 있고 돌봄을 줄 수 있는 조건을 만들 공적 윤리의 의무가 있다고 강조한다.

커테이에게 돌봄윤리는 인간의 의존성과 이에 따른 취약성에서 도출된다. 돌봄의 공공윤리는 인간의 의존성과 취약성을 두 단계로 나눈다. 첫째, 의존인의 의존성이다. 의존인의 의존성과 이에 따른 취약성으로 말미암아 의존인을 돌봐야 하는 윤리적 의무가 돌봄제공자(커테이는 이를 의존노동자로 칭한다)에게 부과된다. 의존인과 돌봄제공자의 관계가 1차 돌봄관계를 구성한다. 둘째, 돌봄제공자의 의존성이다. 돌봄제공자는 의존인에게 돌봄을 제공함으로써 사회경제적으로 취약해진다. 이러한 돌봄제공자의 취약성으로 말미암아 돌봄제공자를 돌봐야 하는 윤리적인 의무가 조달자(provider)에게 부과된다. 조달자는 1차 돌봄관계 밖에 있는 제3자이다. 앞서 언급한 둘리아 개념에서 산모를 돌보는 둘라와 등치된다. 의존인이 된 돌봄제공자와 조달자의 관계가 2차 돌봄관계를 구성한다. 조달자의 역할이 바로 돌봄의 공공윤리, 돌봄의 사회적 책임이다.

1차 돌봄단계에서 의존인의 의존성은 불가피한 것(inevitable dependency)이다. 우리 모두는 생애주기에 따라 (또한 장애와 질병으로 인해) 의존을 경험한다. 피할 수 있는 것이 아니다. 의존인의 피할 수 없는 의존으로 인해 누군가에게 돌봄을 제공해야 하는 피할 수 없는 윤리적 의무가 발생한다. 1차 돌봄관계에서 돌봄제공자는 의존인에게 직접적인(personal) 돌봄을 제공함으로써 돌봄의무를 이행한다.

2차 돌봄단계에서 돌봄제공자의 의존성은 돌봄을 제공함으로써 파생된 것(derived dependency)이다. 돌봄의 윤리적 책임을 갖는 돌봄제공자는 윤리적 책임을 수행하기 때문에 파생된 의존 단계로 진입한다. 이는 어떤 개인적 특질(속성)에 기인하는 의존(불가피한 의존)이 아니라 사회구조에 기인하는 의존이다. 돌봄의 의무를 담당하는 사람은 사회경제적으로 취약하게 된다. 돌봄제공자는 돌봄의무로 인해 시장에서 일하는 완전한 노동자가 될 수 없기 때문에, 소위 자유주의에서 일컫는 비의존적이고 자율적이고 생산적인 인간이 되지 못한다. 돌봄제공자는 의존인에 대한 돌봄책임을 외면하지 않고서는, 누군가가 조달하는 사회경제적 자원에 의존적이게 된다. 이 때 취약한 돌봄제공자에 대한 돌봄의무가 조달자에게 발생하며, 조달자는 돌봄제공자에게 사회경제적 자원을 제공함으로써 윤리적인 의무를 담당한다. 조달자의 돌봄의 공공윤리는 취약한 돌봄제공자에게 자원을 조달하는 의무이지만, 보다 넓게는 돌봄제공자를 돌봄으로써 1차 돌봄관계 전체를 돌보는 사회적 의무로 이해된다. 돌봄제공자가 의존인에게 좋은 돌봄을 제공하기 위해, 그리고 의존인이 돌봄제공자에게 좋은 돌봄을 제공받기 위해, 조달자가 돌봄의 공공윤리를 이행하여 1차 돌봄관계가 유지·보호될 수 있는 조건을 마련하는 것이 요구된다(<그림 1> 참조).

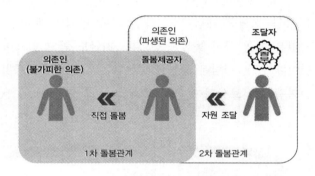

<그림 1>　1차 돌봄관계와 2차 돌봄관계

　돌봄의 공공윤리는 중요하다. 왜냐하면 첫째, 우리 모두는 의존적이며 돌봄의 필요가 있다는 사실을 인정하기 때문이다. 둘째, 의존인을 보살펴야 하는 의무가 돌봄제공자에게 부과된다는 사실을 인정하기 때문이다. 셋째, 돌봄을 제공함으로써 의존적인 지위로 진입하게 되는 파생된 의존인(돌봄제공자)에게 돌봄을 제공해야 하는 윤리적 의무가 정부와 사회에 있음을 인정하기 때문이다.
　돌봄의 공공윤리를 이해하기 위해서는 자유주의가 전제하는, 자유로운 개인들 사이의 계약관계인 쌍무적 호혜성(exchange reciprocity) 개념에서 벗어나야 한다. 이는 상호 주고받는 관계 속에서 권리와 의무가 생성되는 논의가 아니다. 내가 어렸을 때는 어머니로부터 돌봄을 받고, 후에 어머니가 노인이 되고 성인이 된 내가 돌봄을 제공하는 관계가 아니다. 돌봄관계에서 호혜성은 반드시 쌍무적이지 않다. 내가 받은 것 보다 더 많은 양의 돌봄을 주기도 하며, 누구는 평생 돌봄을 받는 위치에 있을 수 있다. 또한, 쌍무적 호혜성 개념으로는 조달자(제3자)의 돌봄의무를 설명할 수 없다. 돌봄의 공공윤리에서 요구하는 것은 양자관계를 넘어서는 배태된 의존성(nested dependency)에 기초한 확장된 호혜성 개념이다. 즉 둘리아 방식의 호혜성 개념이다. 모든 사람은 예외 없이 돌봄을 받았다. 지금도 받고 있으며 앞으로도 받을 것이다. 모든 사람은 돌봄을 받는다는 사실에서 돌봄필요를 제공하고 돌봄관계를 보살펴야 하는 공적 의무가 도출된다(<그림 2> 참조).

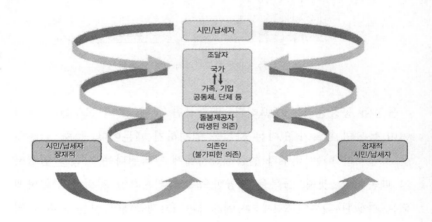

<그림 2> 돌봄의 공공윤리: 둘리아 방식의 호혜성
자료: Kittay(2001c, 534)를 기초로 재구성

우리가 돌봄의 사회적 책임을 인정하지 않는다면, 이는 우리가 돌봄을 받았다는 사실을 부인하는 것이다. 우리 자신을 기만하거나, 자

신의 일부를 부정하는 것이다. 우리의 인간됨을 왜곡하는 것이다. 우리에게 돌봄을 제공한 돌봄제공자의 노력과 헌신을 배신하는 것이다. 이는 거짓이다.

노인정책이나 장애인정책 등에도 돌봄의 공공윤리가 예외 없이 적용된다. 소위 생산적인 미래의 일꾼이 될 수 없거나 세샤처럼 평생 동안 비의존적인 삶을 살 수밖에 없는 모든 사람도, 모두 돌봄을 받아야 하는 권리와 누군가는 이들에게 돌봄을 제공해야 하는 의무, 그리고 이러한 돌봄관계를 보살펴야 하는 공적 책임과 의무가 부여된다(Kittay 2001a).

6. 돌봄과 정의: 자유주의도 아닌, 공동체주의도 아닌

돌봄이 공공윤리라는 점은 돌봄이 사회의 규범적 가치임을 의미한다. 돌봄은 사회의 법, 제도, 정책의 근간이 되는 규범적 원리이다. 즉, 돌봄은 정의다.

이 점에서 커테이는 존 롤즈(John Rawls)의 정의론('공정으로서 정의')에서 인간의존성과 돌봄에 대한 고려가 배제되었음을 지적한다. 커테이에 따르면, 롤즈는 개인의 기본적인 권리와 자유를 구체화하고, 자유롭고 평등한 개인들의 사회적 협력 원리를 찾는 과정에서, 돌봄과 돌봄관계, 인간의존의 사실을 간과하고 있다. 예를 들면, 롤즈가 '공정으로서 정의'에서 상정한 모형 개념들과 기본 전제들 -자유롭고 평등한 개인, 정의감(sense of justice)과 자신의 좋음(good)을 구성할 수 있는 인간의 두 가지 도덕적 힘(moral power), 기본적 가치(primary goods)의 목록, 사회적 협력 등- 은 인간의 의존성, 돌봄필요, 돌봄제공자의 도덕성, 돌봄관계 등의 쟁점을 간과하고 있다. 그 결과, 롤즈의 정의론은 평등주의적 자유주의를 지향하고 있으나, 롤즈의 의도와는 달리 이는 충분히 평등주의적이지도 않고 정의롭지도 않은 결과를 야기하고 있다고 커테이는 언급한다.

대신에, 커테이는 롤즈의 두 가지 정의의 원칙에는 포함되지 않은, 그러나 인간의존성과 돌봄에 대한 고려가 반영된 정의의 제3원칙을 제시한다.

> 돌봄에 대한 각자의 필요에 따라, 돌볼 수 있는 각자의 능력으로부터, 그리고 돌봄을 제공하는 사람이 사용할 수 있는 기회와 자원을 만들어주는 사회제도의 지원에서, 모두가 충분히 지속되는 [돌봄]관계에 참여할 수 있다(Kittay 1999, 113).

자유주의 정의론뿐만 아니라, 공동체주의 정의론도 커테이의 이러한 비판에서 자유롭지 않다. 실제로 공동체주의의 기본 개념들과 전제들 ―관계적 자아, 공공선, 공동체 가치, 소속감과 연대 등― 은 자유주의의 그것들과 배치된다는 점에서, 돌봄윤리와 공유되는 측면이 있다. 그러나 공동체주의 논의도 돌봄필요와 돌봄관계에 대한 고려를 충분히 반영하고 있지 못하다.

예를 들어, 공동체주의에서 강조하는 가족의 역할과 가치를 언급해보자. 공동체주의의 가족은 앞서 언급한 돌봄관계와 상당히 부합하는 것으로 보인다. 전형적인 가족의 모습은 생계부양자인 아버지와 양육자인 어머니, 자녀들로 구성된다. 어머니는 돌봄제공자로서 자녀들을 돌보고, 아버지는 조달자로서 어머니에게 사회경제적인 지원을 한다. 1차 돌봄관계와 2차 돌봄관계의 전형을 보고 있는 듯하다.

하지만, 이러한 가족은 돌봄의 입장에서 볼 때 한계가 있다. 무엇보다도, 돌봄제공자인 어머니의 파생된 의존성과 이에 따른 돌봄필요를 인정하지 않고 있다. 가족 내에서 어머니는 조달자인 아버지에 사회경제적으로 의존적이며, 아버지와의 불평등한 권력관계에서 학대와 폭력에 취약하게 된다. 또한 보다 근본적으로 시장 중심의 자본주의 사회에서 일을 갖고 수입을 얻지 못하기 때문에, 즉 사회경제구조상 자율적이고 비의존적인 개인으로 역할을 할 수 없기 때문에, 가정에서 돌봄을 제공하는 어머니의 위상는 매우 초라해진다. 가부장적인 자본주의 사회에서 돌봄제공자는 항상 여성의 몫으로 할당되며, 여성의 의존성은 작금의 사회경제구조 아래에서 빈곤, 폭력, 배제, 학대에 취약한 조건으로 작동하게 된다(Kittay 2001c, 537-541).

조달자 아버지는 돌봄제공자 어머니의 아이돌봄에 대한 필요에 민감해야 한다. 어머니가 아이를 돌보듯, 조달자도 양육자인 어머니를 돌봐야 한다. 이를 위해 무엇보다도 기본적인 사회경제구조가 돌봄필요와 돌봄관계를 반영할 수 있어야 한다. 가정에서 자녀에게 돌봄을 제공하는 어머니도 돌봄연금(care pension)과 돌봄노동권을 보장받아야 하며, 자신의 돌봄노동을 대체하고 휴가를 제공받을 수 있는 사회적 뒷받침이 마련되어야 한다. 이 점에서 커테이는 어머니의 돌봄노동을 대체하거나 보완하는 공적 인력으로 돌봄단(care corps)을 생각할 수 있다고 지적한다(Kittay 2001c, 544). 돌봄단은 군·경·소방과 같은 특정 목적으로 훈련받은 공적 자원이다. 어머니는 이혼이나 배우자의 부재 시에도, 사회경제적인 어려움 없이 자녀를 돌볼 수 있어야 하며, 자녀에 대한 돌봄이 끝난 후에도 경력 단절 없이 시장에서 취업할 수 있고 일자리의 질과 조건을 보장받을 수 있어야 한다.

정의는 돌봄필요와 돌봄관계에 대한 인정으로부터 시작한다. 정의란 누구나 엄마품 같은 돌봄(mothering)을 줄 수 있고 받을 수 있는 조건의 실현이다. "정의는 돌봄을 정당한 행동으로 만든다"(Kittay 2001b, 576).

7. 돌봄 패러다임: 다시 자화상으로

커테이가 주장하는 돌봄윤리는 개인주의, 시장주의, 자유주의 패러다임으로부터 돌봄 패러다임으로의 근본적인 전환을 요구한다. 돌봄 패러다임은 인간의존의 정당성과 비의존의 허구성을 인정하는 것으로부터 시작하여, 모든 인간의 돌봄필요를 정상적이고 보편적인 것으로 받아들이고 돌봄을 주고받는 돌봄관계를 반영하는 사회경제제도로 근본적인 재구조화를 요구한다. 돌봄의 공공윤리라는 공적 기반을 기초로 정부의 역할과 정책지향을 재고해야 함을 요구한다.

다시 한국 사회의 자화상으로 돌아가보자. 돌봄 패러다임의 입장에서 서두에 던졌던 질문들에 답을 찾아보자. 돌봄은 더 이상 개인이나 가족의 문제가 아니다. 이는 정부와 사회가 보호하고 지원해야 하는 공공재이다. (1)의 경우, 장애 남편의 돌봄은 오롯이 아내의 몫이 아니다. 아내가 남편을 돌본다면, 사회는 이러한 돌봄관계를 보호해야 한다. 정부는 아내의 돌봄을 사회경제적으로 지원해야 할 뿐만 아니라, 아내가 더 이상 돌봄책임을 담당하기 어려운 경우라면 돌봄단을 파견하여 직접적인 공적 돌봄을 지원해 줄 수 있어야 한다.

(2)와 같이, 아이돌봄과 노인돌봄의 책임을 온전히 가정의 몫으로 돌릴 수 없다. 3세대 가족공동체가 돌봄문제, 즉 저출산과 고령화의 해결책이 될 수 없을 뿐만 아니라 해결책이 되는 것은 결코 옳지 않다. 이는 공적인 돌봄문제를 단순히 개인과 가정의 문제로 환원하여 정부의 책임을 회피하려는 무지 아니면 술책이다. 이는 가족의 이름으로 여성에게 전가된 돌봄책임을 합리화하고자 하는 자기기만일 뿐이다. 저출산과 고령화를 해결하기 위한 근본적 사회구조 개선안은 가족으로의 회기가 아니라 돌봄 패러다임에 기초한 사회구조의 재구

축이어야 한다.

(3)에서 볼 때, 빠른 취업으로 여성의 출산을 유도할 수 없다. 그렇다. 저출산 문제 해결을 위한 "발상의 전환을 통한 획기적 대책"이 필요한 시점이다. 그러나 "발상의 전환"은 학제개편이 아닌 돌봄 패러다임으로의 전환을 의미해야 한다. 돌봄필요와 돌봄관계를 담아내는 사회구조가 재구축된다면, 저출산과 고령화의 근본적인 해결책을 강구할 수 있다. 정부가 양성하고자 하는 시민 모델은 돌봄윤리를 외면하고 하루빨리 취업전선에 뛰어들어 생산적인 성과를 내는 인간상이 아니라, 배태된 돌봄가치와 관계를 이해하고 존중하며 실천하는 돌봄형 인간, 돌봄인(人)이 되어야 할 것이다.

이 해제는 김희강, "돌봄국가: 복지국가의 새로운 지평"(『정부학연구』 제22권 제1호 (2016): 5-30)의 일부에 기초하여 내용을 수정·보완한 것이다.

참고문헌 ─────────

Kittay, Eva Feder. 1999. *Love's Labor: Essays on Women, Equality, and Dependency.* New York and London: Routledge.

Kittay, 2001a. "From Welfare to a Public Ethic of Care." In Nancy Hirschmann and Ulrike Liebert (eds.). *Women and Welfare: Theory and Practice in the United States and Europe.* New Brunswick, New Jersey, and London: Rutgers University Press.

Kittay, 2001b. "When Caring is Just and Justice is Caring: Justice and Mental Retardation." *Public Culture* 13(3): 557-579.

Kittay, 2001c. "A Feminist Public Ethic of Care Meets the New Communitarian Family Policy." *Ethics* 111(3): 523-547.

Kittay, 2002. "*Love's Labor* Revisited." *Hypatia* 17(3): 237-249.

Kittay, 2007. "A Feminist Care Ethics, Dependency and Disability." *APA Newsletters* 6(2): 3-7.

Nussbaum, Martha. 2002. "Introduction to the Symposium on Eva Kittay's *Love's Labor: Essays on Women, Equality and Dependency.*" *Hypatia* 17(3): 194-199.

SBS. 2015/05/31. "40년 동안 장애 남편 돌보던 아내...극단적 선택."

노컷뉴스. 2015/07/17. "3세대 동거는 저출산-고령화 해결 실마리."

중앙일보. 2015/10/21. "저출산 당정에서 '학제 개편 제안'...김정훈 '책임장관제 도입도 논의해야.'"

한국일보. 2015/10/21. "교육 기간 줄이면 취업 빨라져 만혼, 저출산 해소 셈법."

사랑하는 나의 레오(Leo)와 세샤(Sesha)에게 이 책을 바친다.

차 례

한국어판 서문*

제 책이 영어로 출판된 지 20년이 다 되갑니다. [이 책이 제시하는] 불가피한 의존이 [롤즈가 제시하는] 완화된 결핍(moderate scarcity)에 못지않은 객관적인 정의의 여건이라는 점, 상호의존뿐만 아니라 의존이 모든 사회조직의 심장(核)이라는 점, 그리고 하나의 전체 ―단지 의존인과 함께하는 (통상적으로 여성으로 읽히는) 친밀한 사람들이 아니라― 로서 사회가 의존인을 돌봐야 하는 책임을 담임(擔任)해야 하는 점이 이제더 이상 새로운 이야기가 아니라면 저는 더할 나위 없이 행복할 것같습니다. 하지만 이 책은 필자의 바램 이상의 의미가 여전히 있습니

---

* [역자 주] 이 책의 원제는 *Love's Labor: Essays on Women, Equality and Dependency*이다. 정치철학적 관점에서 독해되기를 바라는 역자들의 소망을 반영했다는 점을고백한다. 저자는 자유주의에서 상정하지 않고 있지만 외면할 수 없는 도덕적 관계가 던지는 도덕적 책임과, 개인이 부정의를 겪지 않고 이러한 책임을 감당할 수있는 여건을 조성하는 국가와 사회의 책임을 주장하고 있다. 이러한 측면에서 제목에 돌봄을 넣은 것은, 사랑의 노동(Love's Labor)이라는 번역이 오히려 개인 수준의 책임만을 부각시키는 곡해로 이어지지 않을까 하는 역자들의 우려가 반영된점을 독자들께 양해 말씀 드린다. 또한, 본서는 돌봄의 공공윤리(a public ethic of care)라는 보다 큰 정치철학적 조류 속에서 이해되어야 한다. 이러한 역서 기획의도를 고려해 『돌봄: 사랑의 노동』으로 제목을 정한 점 독자들께서 이해해 주시기바란다.

다. 돌봄의 공공윤리에 기반한 사회를 만들 수 있다는 희망은 작금의 미국을 볼 때 이 책의 집필 즈음 품었던 당시의 희망보다 요원해 보입니다. 현재 미국 여성은 노동시장에서 보다 활발히 활동하고 있고, 도시의 미혼 여성은 남성에 버금가는 소득을 올리기 시작했음에도 불구하고, 남성과 아이가 있는 기혼 혹은 미혼 여성 간의 격차는 변화할 기미가 보이지 않고 있습니다. 일부 돌봄책임에 대한 중요성을 남성에게 확인시켜온 의미 있는 족적에도 불구하고, 돌봄(dependency care)은 거의 젠더화되어 여성에게 전가되고 있습니다. 뿐만 아니라, 유급 돌봄노동은 대부분 계급, 인종, 이민자의 특징으로 남아있습니다.

제가 한국에 대해 논평할 입장은 아니지만, 한국의 상황이 훨씬 좋다는 이야기를 접하지 못하고 있습니다. 바로 이 점이 원작이 소개된 지 20여 년이 지나 한국어로 소개하는 이유가 아닐까 합니다. 의존과 돌봄노동에 대한 우리의 인식과 관계를 변화시키는 것은 시간이 필요한 과업입니다. 여전히 미국의 상황이 바람직한 것과는 동떨어져 있음에도, 여전히 공공의 장에 활용되는 논의의 틀을 제공하는 돌봄이론가와 페미니스트의 아이디어의 조력으로, 각자의 자리에서 고군분투하시는 많은 분들이 계십니다. 만약 한국어판의 출판이 한국 사회의 담론 형성에 미약하나마 기여가 될 수 있다면, 저는 기쁨 이상으로 환영할 것 같습니다. 전 세계가 고령화되고, 테크놀로지 덕분에 장애를 가졌음에도 미숙아를 살려낼 수 있게 되고, 전쟁과 분쟁이 더 많은 장애당사자를 만들며, 이민의 패턴이 특권적인 여성과 남성은 열외에 두고 이민자 여성에게 저임금의 의존노동으로 몰아놓고 있는 점을 감안한다면, 불가피한 의존에 대한 우리의 이해를 바꾸려는 싸움은 지구촌 곳곳에서 보다 더 시급해지고 있다 하겠습니다.

미국의 맥락에서 나온 논의의 틀이기는 하지만, 미국은 문화적으로 풍부한 결과물(produces)들을 수출했던 것만큼이나 많은 문제들을 수출하고 있습니다. 마찬가지로 우리 중 일부는 이러한 문제들을 접근하는 데 있어서 조금 앞서 있습니다. 하지만, 매우 다른 사회에서 이러한 담론이 어떻게 받아들여질지 제게는 진중한 흥미로움 그 이상입니다. 불가피한 의존과 상호의존의 존재로서 우리 모두가 대면하는 이슈에 대해 한국의 학자들과 연구자들이 공헌하는 고유한 기여를 진심으로 바라는 바입니다.

2016년 9월
에바 페더 커테이

서 문

　　엘도라 미쉘(Eldora Mitchell)은 백세가 다 되었다. 그녀의 생애는 사랑과 봉사의 시
간이었다. 열두 살 때 가족을 돕기 위해 나선 백인의 집 복도·바닥 청소를 시작으로,
아이를 키우기 위해 병실 청소를 했으며, 자식들이 일을 나가면 손주들을 돌봐주었
다. 육십 대가 되니 그녀는 죽어가는 남편과 연로하신 어머니 수발을 들어야 했다.
　　이제 미쉘이 돌봄을 받을 차례. 아흔 다섯의 미쉘은 쇠약하고 시야도 희미해지
기 시작했다... 미쉘의 통장에는 8천 불이 있을 뿐이고 그녀는 장기요양건강보험 대
상자도 아니다. 자신이 가족과 윗세대에게 해왔던 것처럼 가족이 자신을 돌봐줄 것
을 그녀는 기대한다...

　　필자가 이 책을 마무리하고 있을 즈음 『뉴욕 타임즈』(1998년 1월호)
1면은 위 기사를 실었다(Rimer 1998, 1). 같은 기사는 시어머니를 돌보
기 위해 남편과 함께하는 일상과 직장을 포기해야 했던 45세 마타 페
리(Martha Perry)의 이야기로 끝을 맺는다. 페리는 시어머니가 돌아가신
후 6개월 동안 하루 24시간 쉴 틈 없이 85세의 병약한 친정어머니를
돌보았다. 그런 다음에야 자신의 남편과 직장으로 돌아갈 수 있었다.
가족을 돌보지 않았을 때 페리의 직업은 무엇이었을까? 장애인을 위

한 그룹홈(group home)* 지도사였다.

고령의 미쉘과 보다 젊은 페리 모두 불가피하게 돌봄에 의존하는 사람을 보살피는 일, 즉 필자가 이 책에서 **의존노동**(dependency work)이라 지칭하는 일을 평생 동안 해왔다. 위 기사의 관심은 주로 가족의 일이면서 무급노동인 의존노동이다.[1] 동시에 미쉘과 페리가 종사한 유급노동도 가사노동(그 자체로는 이 책에서 논의하는 의존노동에 포함되지 않지만 의존노동과 매우 밀접한 관계가 있는)이거나 장애인을 대상으로 하는 그룹홈 지도 같은 의존노동이다.

의존노동이라는 고단한 삶과 중압감은 성(sex)과 인종(race)으로 점철된 돌봄의 역사와 함께한다. 위의 『뉴욕 타임즈』 기사는 흑인가정의 장점, 즉 흑인공동체의 대가족 제도가 제공해주는 도움의 네트워크를 호평하지만, 빈약한 보건상태, 경제적 빈곤, 그리고 인종주의의 유산과 결과인 현 제도에 대한 불신의 역사 같은 수치스러운 증언이기도 하다. 이 기사는 흑인공동체의 모습을 보여주고 있지만, 일반적으로 모두가 주목할 만한 수치를 인용하고 있다. 미국 가정의 1/4이 "기저귀 갈기부터 식료품 쇼핑에 이르기까지 거의 모든 것"을 해줘야 하는 고령의 친지나 친구를 돌보고 있다. 1/4이라는 숫자에는 어린아이, 병약자, 장애인에 대한 돌봄은 포함되지 않았다. 이러한 가족 중 상당수 가정에서 의존노동자는 대부분 여성이다. 의존노동의 대부분의 짐을 여성이 짊어진다는 사실은 전통과 성차별주의의 유산이자, 남성이 여성의 몸을 돌보는 것은 남성에게 부적절하다는 성적 금기의 산물이다.[2]

---

* [역자 주] 공동생활가정. 지역 사회에서 아동, 장애인, 노인 등 사회적 취약 계층이 일정한 경제적 부담을 지면서 일반가정과 같은 가정을 이루어 공동생활을 하는 유사가정시설. 미국의 경우 정신지체인이나 중증장애인을 위해 설립된 거주지 혹은 시설 중에서 가장 인기 있고 보편화되어 있다.

이 책의 요점과 목적은 『뉴욕 타임즈』 기사에 등장한 미쉘, 페리, 그리고 다른 여성(그리고 몇몇의 남성)의 이야기에서 찾을 수 있다. 이 책은 필자가 사라 로렌스(Sarah Lawrence) 대학의 헬렌 린드 콜로키움 시리즈(Helen Lynd Colloquium Series)의 "잡히지 않는 평등(elusive equality)"이라는 주제로 기조연설을 준비하면서 시작되었다. 철학자들과 페미니스트들이 평등이라는 주제를 많이 다뤄왔기 때문에, 필자가 과연 새로운 무엇을 더할 수 있을지 고민해봤다. 필자는 평등에 대한 질문을 던지는 페미니스트 저작들, 특히 법이론 분야의 저서들을 탐구하기 시작하면서 이러한 많은 글에서 누락한 논지를 발견했다. 대부분의 평등 논의는 여성의 일과 남성의 일을 나누는 성별분업에서 여성이 그 분업의 칸막이를 넘는 월담을 함의한다. 반면에 남성이 분업의 칸막이를 넘어 여성의 일로 건너가야 한다고 지적하는 평등 논의는 거의 없다. 여성의 일은, 비록 모두라 할 수 없지만, 대부분 무급이거나 저임금에 불과한 돌봄의 일이다. 시몬느 드 보부아르(Simone de Beauvoir)는 "여성은 남성의 노예는 아니지만 항상 남성에게 의존적이었다" 그리고 "남성과 여성은 현실에서 평등하게 함께한 적이 없다"고 적었다(Beauvoir 1952, xx). 하지만 이러한 의존은 의존인(dependents)에게 제공되는 돌봄에서 파생된 의존(derivative dependency)이라 할 수 있다. 이러한 견해는 비록 정교하고 완벽한 설명 틀을 갖추고 있지는 않았지만, 필자가 이미 수잔 오킨(Susan Okin)의 저술에서 마주쳤던 논점 중 하나였다. 오킨(Okin 1979)은 위대한 서구 전통의 정치철학자들이 가정 내 여성의 역할을 재조명해야만 정치적 삶에 있어서 여성의 역할을 제대로 밝힐 수 있다고 구체적으로 언급했다. 오킨은 돌봄제공자라는 여성의 지위와 공적 영역에서 여성 배제 간의 밀접한 관계를 제시했다. 이는 필자가 **의존**[관점에서 평등]**비판**(dependency critique)이라고 부르는 평등에 대한 비판과 유사하다고 생각한다.

의존비판은 평등에 대한 페미니스트 비판이다. 이는 다음과 같이 주장한다. 사회를 평등한 사람들의 결사체로 바라보는 시각은 의존, 즉 유아, 아이, 노인, 병약자, 장애인과 같은 공평할 수 없는 의존성 (inequitable dependency)을 외면한다. 우리는 의존적이기 때문에 사회적 협력의 산물이 분배되는 경쟁의 시작점에 동등한 조건에 위치하지 않는다. 그리고 의존인을 돌보는 사람들은 자신의 일거수일투족에 전적으로 의존하는 누군가를 돌보기 위해 자신의 이해관계를 후순위로 제쳐두기 때문에, 불리한 조건을 감내하며 이러한 경쟁에 뛰어들 수밖에 없다. 의존비판의 관점에서 우리는 다음과 같이 말할 수 있다. 성별분업 하에서 여성이 남성노동에서 그들과 대등한 평등을 성취하지 못하는 것은 일면 당연한 것이다. 왜냐하면 여성이 여성노동의 영역에 남겨진 이들을 어찌 방치할 수 있겠는가? 그들 자신의 자녀와 노부모, 병약한 배우자 혹은 친구를 어찌 외면할 수 있겠는가?

그렇다. 여성의 입장에서 평등이란, 보다 나은 제도의 뒷받침으로 소중한 사람의 안녕(安寧)을 위험에 노출시키지 않고도 가정이라는 영역을 떠날 수 있을 때까지는 쉽게 잡힐 수 있는 것이 아니며 앞으로도 그럴 것이다. 가정이라는 영역은 돌봄에 의존하는 이들에게 안식처와 같은 곳이며, 어떤 정치이론도 단지 모든 인간은 평등하다는 주장을 펼침으로써 이러한 안식처를 파괴할 수 없다.

의존비판의 관점에서 보았을 때, 일부 여성이 전통적인 역할을 등한시한다면 다른 여성이 그 역할을 떠맡게 된다는 점 또한 알 수 있다. 이 같은 과정은 여성들 사이의 보다 큰 차이를 만든다. 이는 의존과 의존노동이 여성들 사이의 중요한 연결고리를 제공하면서도, 동시에 의존노동을 하는 여성과 전통적인 책임을 다른 수단으로 대체하고 있는 여성 사이의 균열을 야기한다는 점을 의미한다. 이러한 균열은 특권을 지닌 여성의 지위가 더 높아갈수록, 반면에 본인이 직접 아이를 키워야 하는 여성은 점점 더 빈곤의 대열에 합류하게 되고, 어머니 혼자 아이를 키운다는 (비록 이러한 비율이 증가하고 있다고 하더라도) 낙인이 찍히게 된다는 점에서 가히 충격적이다. 가난한 싱글맘의 운명에 대한 "복지전쟁"이 -지금은 전쟁이 사라지고 복지"개혁"이 등장했다- 여성의 삶에서 의존과 돌봄의 역할을 진지하게 고려하지 않은 채 여성을 위한 이상적인 평등을 반영할 수 있는지 의문스럽다.

필자의 개인적 상황은 의존에 대한 진중한 성찰을 가능하게 했다. 필자의 딸은 전적으로 돌봄에 의존하고 있고 계속 그럴 수밖에 없는 매우 사랑스러운 젊은 여성이다. 심각한 정신지체와 뇌성마비로 항시적인 수발 없이는 살 수 없는 상태이다. 필자는 28년간 이렇듯 돌봄이 필수적인 딸과 함께 생활하고 있으며, 의존의 정도와 의미를 충분히 이해하는 데 많은 시간을 가졌다.

이러한 생각의 바탕이 이 책의 아이디어가 되었다.

필자의 애초 기획은 의존을 설명할 수 있는 평등이론을 만들려는 것이었다. 왜냐하면 어떤 진보운동도 평등이라는 이상 없이 작동할 수 없기 때문이다. 만약 그 이상에 문제가 있다면, 그것은 개념 자체가 아니라 평등의 이론화에 있었다. 그러나 그러한 평등이론을 제시하는 것은 이 책에서 가능하지 않았다. 의존에 반하는 평등을 정의하는 것이 아니라 의존을 설명할 수 있는 평등은 매우 급진적인 생각이었기에, 이에 대한 근거를 명확히 밝히기 위해서는 해야 할 것들이 너무도 많았다. 그래서 이 책은 단지 미래의 평등이론에 대한 입문서 정도로 기대하고 있다.

이 책은 특정한 입장에 얽매이지 않았으며 그 때 그 때의 관심사를 엮었다. 일부 내용은 매우 이론적이며, 일부는 보다 경험적이고, 일부는 상당히 개인적이다. 많은 장이 처음에는 개별 논문이었고, 이 책을 위한 단행본 작업을 하면서 수정했다. 독자들이 이 책의 다양한 목소리와 관련된 다양한 관심사를 매개로 필자와 함께 항해하기를 바란다. 그럼에도 불구하고, 일부 독자는 관심이 가는 장을 직접 선택할 것이라는 사실을 알고 있기 때문에, 이러한 독자도 심도 있게 각 장의 핵심 쟁점으로 쉽게 접근할 수 있도록 앞 뒤 참조를 매우 세심하게 첨부했다.

본격적인 논의에 앞서, 필자의 희망이지만 이 책의 논지를 독자가 충분히 이해하는 데 방해가 될 수 있는 비판을 미연에 방지하고자 몇 가지 당부를 하고자 한다. 첫째, 필자가 자주 마주치는 질문이다. 왜 아주 극단적인 돌봄의존의 경우에만 집중하는가? 일반적으로 의존이라고 하면, 엄마품 같은 돌봄을 제공하는 누군가에 의지하는 어린 아이에서만 찾을 수 있는 것이 아니다. 사장은 비서에게 의존한다. 도시인은 농촌 공동체에 의존한다. 농부는 전기 기사에게 의존한다. 교수도 미화원에게 의존하며, 미화원은 기술자에게 의존한다. 이렇듯 계속해서 의존을 말할 수 있다. 우리는 모두 **상호의존적**(interdependent)이다.

필자의 논지는 이러한 상호의존이 돌봄의존에서 출발한다는 점이다. 그것은 영유아의 돌봄의존에서 시작되어, 빈사상태에 가까운 매우 허약하거나 병약한 사람의 돌봄의존까지를 말한다. 영유아는 성장하여 다른 누군가의 의지가 되어줄 수 있거나 다른 사람과 계속해서 상호의존적으로 지내는 사람, 즉 서로 호혜적인 사람으로 성장할 것이다. 앞서 언급한 미쉘과 같은 노인은 과거에 상호의존적인 관계에 속해 있었을 것이다. 하지만 어떤 시점에서 아직은 상호의존이 아닌 혹은 더 이상 상호의존이 아닌 돌봄의존이 존재한다. 이러한 돌봄의존을 사회적·정치적 관심사에서 배제함으로써, 우리는 비(非)의존적(independent)이라는 구실을 댈 수 있었다. **상호의존**이라 칭하는 사람들 사이의 협력도 근본적으로 비의존적인 사람들 사이의 양자 (혹은 자발적인) 협력일 뿐이다. 이 책의 주장은 어떠한 상호의존도 우리 삶의 중요한 부분과 상당수 인구를 평등의 영역에서 배제하면서 존재할 수 없다는 것이다. 이러한 주장을 위해, 가장 근본적이라 할 수 있는 돌봄의존의 정치적·사회적 삶에 대한 함의를 모색하고자 한다. 이는 돌봄에 의존하는 의존인뿐만 아니라 이러한 의존인을 돌보는 사람들에 대한 함의까지 포함한다. 사회적·정치적 삶에 대한 돌봄의존의 함의를 추론함으로써, 현재 우리가 인식하는 상호의존에 대해 재평가할 수 있게 될 것이다. 왜냐하면 누구도 인생에서 돌봄에 대한 의존으로부터 자유로울 수 없으며, 따라서 많은 사람들은 한 평생 동안 의존인을 돌봐야 하는 삶을 살아야 하기 때문이다. 필자의 목표는 인간의 상호의존성을 부인하기보다 비의존성이라는 신화를 관통하기에 충분한 날카로운 메스를 발견하는 것이다.

이러한 관점은 의존의 일방적인 면, 즉 의존관계의 호혜성(reciprocation) 결핍에서 도출된다. 필자는 호혜적일 수 없는 돌봄에 의존하는 의존인의 사례로 시작한다. 왜냐하면 이는 가장 일반적인 사례이기 때문이 아니라, 누군가가 돌봄제공자에 대한 사회적 책임을 물을 때 제일 먼저 고려해야 할 사례이기 때문이다. 이러한 사회적 책임은 의존인이 상호적일수록, 그리고 의존인이 무력한 상태에서 조금씩 벗어나면서 축소된다. 의존인이 덜 무력하고 더 유능해질수록, 사람들 사이의 관계는 더 평등한 관계로 접근해 간다.

하지만, 우리는 의존이라는 조건을 고려할 때 평등한 관계에서 멀어지는 모든 가능성에 주목해야 한다. 이 전략은 의존이라는 전제에서 출발한다. 더 많이 힘겨워하는 사람에게 무엇이 필요한지 묻고, 호혜적인 관계를 위해 그들의 필요에 어떻게 대응해야 하는지 전제해야 한다. 필자의 생각으로 실패한 대안 전략은 평등이라는 전제에서 출발해 의존이라는 **비정상적** 조건에 적용하려 한 것이다. 만일 우리가 가장 궁핍한 사람들의 필요를 충족시키려 한다면, 우리는 모든 이를 위한 정의의 필요조건을 제시할 수 있는 더 좋은 기회를 얻게 될 것이다. 이 지점은 존 롤즈(John Rawls)의 "차등의 원칙(difference principle)"에 있는 통찰이지만, 그것은 롤즈의 정의론에서만 적용되는 매우 협소한 것이라고 필자는 주장할 것이다.

여기서 한 가지 더 주목하고자 하는 점은 의존노동, 돌봄 그리고 돌봄과 관련된 논의의 젠더화된 성격이다. 돌봄은 여성만의 영역도 아니고 필연적으로 여성의 일만도 아니다. 하지만, 의존인에 돌봄을 제공하는 의존노동자는 **대부분** 여성이다. 아이의 양육은 엄마만의 일이 아니다. 무엇보다 필자는 아빠가 의존적인 자녀를 손수 수발하는 데 얼마나 유능한지 목격해왔으며, 그래서 본질적으로 의존노동이 특정 젠더에 귀속되지 않는다고 확신한다. 그럼에도 불구하고, 대부분의 아이양육을 엄마가 담당하고 있다는 **사실**을 간과한 채, 엄마라기보다 부모가 양육한다고 바라본다면 이는 여성을 부당하게 대하고 왜곡하는 것이 된다. 따라서 필자는 아빠들 역시 최고의 "엄마들"이 될 수 있다는 사실을 인정하면서도, 동시에 아이돌봄을 엄마품 같은 돌봄(mothering, 모성역할)이라 불러온 페미니스트 입장에 동의한다.

따라서 "엄마(mother)"와 "엄마품 같은 돌봄(mothering)"이라는 단어가 확실히 젠더화된 용어라는 점을 감안할 때, 그리고 여성이 거의 모든 의존인을 주로 보살피고 있는 것은 사실이기 때문에, 필자는 의존인을 돌보는 사람에 대한 논의를 전개하기 위해 비(非)젠더화된 용어인 "의존노동"이라는 용어를 사용하고자 한다. 이렇듯 비젠더화된 용어를 사용하는 이유는 의존노동이라는 개념이 갖는 유의미한 전망을 반영하기 위함이다. 즉, 의존노동은 현재 매우 젠더화되어 있지만, 그래야 할 이유는 없다. 이 책은 부분적으로 의존노동의 보다 평등한 분담에 관한 것이다. 의존인을 돌보는 의존노동은 모든 노동이 그래야 하는 것처럼 젠더(또는 인종과 계급)에 의해 분배되는 것이 아니라 솜씨(skill)와 성향(inclination)에 의해 분담되어야 한다. 필자가 사용하는 비젠더화된 용어의 본질은 이러한 전망과 맥을 같이 한다.

독자들은 필자가 의존노동자를 지칭할 때 여성 대명사를 사용해왔다는 것을 알아차렸을 것이다. 영어에는 중성 대명사가 없기 때문에, 필자 역시 의존인을 지칭할 때 여성 대명사를 쓰게 되었다. 이러한 용례는 잘못된 관행으로 이해되어야 한다. 남성성인 것을 관습적으로 일반 대명사로 잘못 받아들이는 인습(因襲)의 일종으로 이해되어야 한다.

무엇보다도 의존에 관한 이 책이 나오기까지 필자가 의지했던 모든 분들을 일일이 밝혀야 할 것 같다. 많은 분들께 사의(謝意)를 표해야 하며, 여러모로 도와주셨던 분들께도 감사의 말씀을 올려야 할 것 같다.

마가렛 그레넌(Margaret Grennan)과 수년간 필자의 딸아이 수발을 들어주었던 다른 헌신적인 의존노동자들께 감사의 말씀을 올린다. 그들의 헌신, 배려, 그리고 응답이 있었기에 이 책에서 소통하려는 많은 부분을 깨우칠 수 있었다.

마우린 맥그로겐(Maureen MacGroggen)과 린다 니콜슨(Linda Nicholson)은 그들이 주도해왔던 '젠더 생각하기 시리즈(Thinking Gender Series)' 출판 준비 당시 필자의 계획이 매우 가치 있는 작업이라는 확신을 심어주었다. 전미대학여성협회(American Association of University Women)의 설립자 연구비 지원 덕택에 이 책의 선행 작업이 가능했다. 전국을 돌며 여성연구자 지원기금을 모금하는 여성들을 만나게 된 것은 필자에게 고무적인 일이었다.

엘피에 레이몬드(Elfie Raymond)에게 감사드린다. 그녀는 (이 책 집필의 촉매가 된) 평등이라는 주제로 필자를 초대했으며, 여러 장의 초안을 퇴고해주었고, 필자의 생각을 적절한 용어로 구체화될 수 있도록 도와주었다. 그녀의 학생이었던 대학 2학년 이래로 그녀는 여러 방법으로 필자를 가르쳤고 영감을 주었다.

초고의 형태로 이 책의 각 장을 여러분들이 읽어 주셨다. 다이아나 메이어스(Diana Meyers)는 이 책의 내용이 다양한 버전과 단계로 발전되어 갈 때마다 거의 모든 장에 대해 현명한 조언을 주셨다. 또한 필자는 이 책의 주제와 관련된 여러 발표를 거치며 많은 도움을 얻었다. 필자는 여성의 도덕적 목소리에 대한 확고한 믿음으로 오랜 우정을 유지할 수 있었던 친구에게도 감사의 마음을 전한다. 엘랜 페더(Ellen Feder)는 —과거에는 학생이었지만 이제는 벗이자 동료임을 자랑스러워하는— 필자가 에세이 선집을 묶어서 실제 출판을 해보도록 용기를 준 장본인이다.

다른 동료들 역시 이 책을 여러 번 읽어 주셨다. 로버트 구딘(Robert E. Goodin)은 취약성에 기초한 돌봄윤리라는 필자의 사고에 영감을 주었을 뿐만 아니라 제1장에서 제4장까지 여러 번 읽고 조언을 줄 정도로 매우 친절했다. 평등에 대한 필자의 접근에 관심을 보여준 존 베이커(John baker)에게 매우 감사드리며, 이 책의 여러 장에 대해 조언과 논평을 주신 것에 대해서도 감사드린다. 이 책의 제3장과 제4장은 필자의 글 "인간의존과 롤지안의 평등(Human Dependency and Rawlsian

Equality)"을 크게 수정한 것이다, 이 글은 다이아나 메이어스(Diana T. Meyers)가 편집한 『자아에 대한 여성학적 재고(*Feminist Rethink the Self*)』의 제10장으로 출판되었다[Colorado: Westview Press 1996, 219-266]. 익명의 논평자를 포함하여 이 글을 읽고 논평을 해준 수잔 오킨(Susan Okin), 아네트 바이어(Annette Baier), 수잔 브리슨(Susan Brison), 윌리엄 킴리카(William Kymlicka), 조지 쉐어(George Sher), 안토니 웨스턴(Anthony Weston), 조나단 애들러(Jonathan Adler), 마이클 시몬(Michael Simon), 케네스 베인즈(Kenneth Baynes), 알리스타이어 맥로에드(Alistair MacLoed), 레이 카우만(Leigh Cauman), 그리고 닐 테난트(Neil Tennant) 등 여러 동료들에게 감사의 뜻을 전한다. 비록 수정된 현재의 글이 이들의 논평을 모두 반영하지는 못했지만, 이들의 논평은 많은 도움이 되었다.

제5장은 두 개의 개별 논문을 수정한 것이다. "의존을 진지하게 받아들이기: 의존노동의 사회조직 관점에서 가족의료휴가법(Taking Dependency Seriously: The Family and Medical Leave Act Considered in Light of the Social Organization of Dependency Work)" [*Hypatia* vol. 10, no. 1, Winter 1995]과 페트리스 디 퀸지오(Patrice Di Quinzio)와 아이리스 마리온 영(Iris Marion Young)이 편집한 『여성윤리와 사회정책(*Feminist Ethics and Social Policy*)』 [Bloomington: Indiana University Press, 1-22, 1998]의 제1장을 다시 사용한 것이다. 제5장은 아이리스 마리온 영과 페트리스 디 퀸지오, 리자 콘라디(Lisa Conradi), 그리고 에이미 베어(Amy Baehr)의 유용한 논평으로 완성되었다. 필자의 이론적 논의를 복지분야에 적용하도록 조언을 해준 아이리스 마리온 영에게 특별한 감사를 드린다. 복지개혁에 대한 내용은 뉴욕 주립대(SUNY-Brockport)의 철학교류(Philosophical Exchange)에서 발표하고 출판된 논문("Women, Welfare, and a Public Ethic of Care" in the *Annual Proceedings for Philosophical Exchange* 27: 1996-1997)을 다시 사용하였

다. 초청해 주시고 논평해 주신 조셉 길버트(Joseph Gilbert)에게 감사드린다. 이 논문을 확장 심화시켜 출판한 것이 『사회정의(*Social Justice*)』 특별 호에 실린 "복지, 의존, 그리고 돌봄의 공공윤리(Welfare, Dependency and a Public Ethic of Care)"이다[vol. 25, no. 1, April 1998]. 특별호의 편집을 맡은 그웬돌린 밍크(Gwendolyn Mink)의 해박함, 사려 깊은 논평, 그리고 탁월한 편집능력에 많은 도움을 얻었다. 낸시 허쉬만(Nancy Hirshmann), 마사 파인만(Martha Fineman), 조안 트론토(Joan Tronto)의 논평에 감사드린다. 제5장은 필자가 알고 있고 함께 일해 왔던 복지에 관여하고 있는 여성들에게 주요한 영감을 얻었다. 특히, 켈리 텔가로(Kelly Telgalo)와 테리 스코필드(Terry Scofield), 그리고, 귀다 웨스트(Guida West), 그웬돌린 밍크(Gwendolyn Mink), 루스 브랜드웨인(Ruth Brandwein), 소냐 미셸(Sonya Michel), 에일린 보리스(Eileen Boris), 킴 크리스텐슨(Kim Chiristensen), 데어드레이 잉글리쉬(Deirdre English), 하이디 하트만(Heidi Hartmann), 팻 루즈(Pat Reuss), 프랜스 팍스 피븐(Frances Fox Piven), 다이아나 피어스(Diana Pearce), 신씨아 해리슨(Cynthia Harrison), 미미 아브라모비츠(Mimi Abramovitz), 린다 고든(Linda Gordon), 펠리시아 네스터(Felicia Nestor)를 포함한 100인의 여성 위원회(Women's Committee of One Hundred)의 경이로운 여성들에게 영감을 받았다. 여성과 복지에 관한 그들의 지식과 헌신에 감탄하며 많은 것을 배웠다.

제6장과 제7장은 출판된 "내 방식이 아니라, 세샤. 네 방식으로. 천천히: 지적 장애아의 양육에서 '모성적 사고'(Not *My* Way, Sesha, *Your* Way, Slowly: 'Maternal Thinking' in the Raising of a Child with Profound Intellectual Disabilities)"를 수정·보완한 것이다(*On Behalf of Mothers: Legal Theorists, Philosophers, and Theologians Reflect on Dilemmas of Parenting*, edited by Julia Hanisberg and Sara Ruddick[New York: Beacon Press]). 사라 러딕(Sara Ruddick)의

뛰어난 편집은 필자의 개인 경험과 사견을 학문적 논문으로 발전시키는 데 핵심이 되었다. 필자 역시 이 작업의 많은 단계마다 그녀가 보여준 지원에 감사드린다.

웨스트뷰 출판사(Westview Press), 인디아나 출판사(Indiana Press), 비콘 출판사(Beacon Press)뿐만 아니라 학술지 『하이파티아(*Hypatia*)』와 『사회정의(*Social Justice*)』는 기존에 출판되었던 논문들을 다시 사용할 수 있도록 허락해 주었다.

상당수의 뛰어난 재학생들과 졸업생들이 출판 과정에서 도움을 주었다. 에밀리 리(Emily Lee)는 출판을 위한 개정과 수집을 준비하기 위해 초창기에 적었던 글들을 선별 정리해 주었다. 제니 한센(Jenny Hansen)과 함께 사라 밀러(Sarah Miller)는 참고문헌을 수집하고, 주석을 달고, 긴요한 통계자료를 수집할 때 매우 귀중한 노력을 해 주었다. 초반에 필자는 연구 조교 바바라 앤드류(Babara Andrew), 바바라 레클러크(Barbara LeClerc), 그리고 에릭 스타인하트(Eric Steinhart)의 도움을 받았다. 성심성의껏 도와준 그들의 노력에 감사한다. 또한, 여성학 이론이라는 대학원 세미나 -특히 애칭으로 불렸던 1991년 펨셈(Femsem)- 학생들에게도 감사를 전한다.

철학과는 필자가 시간을 쓸 수 있도록 허락해 주었으며, 필자의 편의대로 학과의 자원을 사용할 수 있도록 허락해 주었다. 필자가 본 집필에 몰두해 온 수년간 철학과가 지원을 제공하는 데 거리낌이 없었던 학과장 에드워드 케이시(Edward Casey)에게 많은 은혜를 입었다. 특별히 버지니아 마자로(Virginia Massaro), 레티티아 던(Letitia Dunn), 그리고 마사 스미스(Martha Smith)의 지원과 봉사에 감사드린다. 안네 갈레트(Anne Gallette)는 비서처럼 필자가 집에서도 집필을 할 수 있도록 항상 정리하고 도와주었다.

이 책의 상당 부분은 존경하는 친구 도날드 서스만(Donal Sussman)의 관대함으로 아름답고 평화로운 마인(Maine) 주 그의 집에서 집필했다.

사랑의 노동이란 사고의 중심에 있는, 인정하고 싶은 여러 사람이 있다. 우선, 어머니는 가장 어릴 적부터 사랑의 노동의 가장 좋은 선생님이셨다. 다음은 내 두 아이들, 레오(Leo)와 세샤(Sesha)는 끊임없이 사랑의 노동에 대한 대가를 내게 선사한다. 그리고 마지막으로, 우리 아이를 돌봐왔고, 이 책을 함께 집필하고, 서로 사랑하고 존경하며 걱정하는 삶을 나와 함께 해준 내 인생의 반려자 제프리(Jeffrey). 이 책을 읽어주고 함께 고민해줘서 그리고 영감을 불어넣어 주고, 남성과 여성이 언젠가는 평등하게 함께할 것이라는 희망을 준 제프리 정말 감사해요.

서 론

의존인(dependents)은 돌봄이 필요하다. 돌봄을 모든 면에서 받아야
하는 완전히 무력한 신생아뿐만 아니라, 단지 신체 기능만 있을 정도
의 그래서 삶을 지속하기 위해 절대적 도움이 필요한 노인 역시 자신
의 기본적인 필요를 충족시켜 주는 또 다른 누군가가 곁에 없다면 생
존이나 발달을 할 수 없다. 영유아기 아이 같은 전적인 의존이나 일
시적인 병으로 돌봄이 필요한 경우까지, 의존은 광범위할 수도 제한
적일 수도 있다. 의존은 문화적 관습과 편견으로 약화될 수도 악화될
수도 있지만, 인간의 성장, 질병, 그리고 노쇠함이라는 불변의 사실을
감안한다면, 한 세대를 넘어 지속된 어떤 문화도 인간의존의 모든 요
구에서 안전할 수 없다. 누가 돌봄책임을 져야 하는가, 돌봄은 누가
제공하고, 돌봄이 잘되고 있는지 누가 살필 것인가, 누가 돌봄관계에
속한 양자 모두를 위한 지원과 돌봄관계를 지원할 것인가의 문제는
사회적·정치적 문제이다. 이러한 문제는 사회적 책임과 정치적 의지
의 문제이다. 이러한 문제에 어떤 답을 할 수 있는지는, 인간의존의
사실(fact of human dependency)이 모든 시민의 완전한 평등과 양립할 수

있는지에 달려있다. 즉, 모든 시민에게 완전한 성원자격(citizenship)이 부여될 수 있는지에 달려있다.

사회질서가 이러한 돌봄필요를 조직하는 방식은 사회정의의 문제이다. 전통적으로는 여성이 의존인을 보살펴왔다. 이러한 돌봄노동은 다른 책임에 우선하는 가족의 의무로 생각해왔다. 경제적 여력이 있는 여성이나 사회적 지위가 높은 여성은 종종 일상의 돌봄을 누군가 -일반적으로 사회경제적인 힘이 없는 여성- 에게 일임(一任)해 왔다. 경제적 책임뿐만 아니라 돌봄책임까지 감당해야 하는 가난한 여성은 종종 가족 내 또 다른 여성의 도움에 의존했다. 돌봄노동의 젠더화되고 사적인 성격은 다음과 같다. 첫째, 남성은 -적어도 동일한 계급의 여성과 더불어- 이러한 책임을 분담하지 않았다. 둘째, 젠더와 계급 관점에서 볼 때, 인간의 공적 삶을 논의의 출발점으로 보는 정치적·사회적 정의의 논의는 의존인을 돌보는 노동의 평등한 분배에 대해 언급한 적이 거의 없었다. 이러한 출발점에서 도덕·사회·정치이론이 결정되었을 뿐만 아니라 공공정책의 골자가 되었다.

▎잡히지 않는 평등

> 내가 어떤 이론의 구조가 강조하는 복수성(plurality)을 이해하지 못한다면, 나는 여러 번의 공중곡예를 해야함을... 이 이론이 나의 복잡함을 왜곡시키지 않고 내게 말해줘야 한다는 것을... 알고 있다(Lugones 1991, 43).

서구의 정치이론과 법이론의 관점에서 볼 때, 인류애라는 보편적인 개념에 대한 요구는 진보적인 일침을 가했다. 차이라는 시각에서 봤을 때 루건스(Lugones)는 우리가 해방자의 관점이 아닌 보편적 인류애의 관점에서 억압받는 사람들의 실상을 조명하고 설명할 수 있는 이론 구축에 도전할 것을 독려해야 한다고 한다. 타고난 특권과 위계의 문제는 현대 민주주의 제도에 만연된 법과 정치적 강령의 근간이 되는 평등주의적 전통의 산물이다. 하지만, 점차로 (사회운동으로 인해) 보편적 원칙의 예외적 측면이 사회운동을 통해 부각되고 있으며, 이에 따라 루건스가 페미니스트에 제기한 도전은 주목받지 않을 수 없게 되었다. 집단 정체성은 평등이라는 이상에 대한 환영받지 못하는 차이라는 이름의 침입자이다. 부분중심성(partiality)과 그 관점은 정의라는 조각상에게 자애라는 눈가리개를 떼라 한다.

이 점을 주목하는 사람이라면 모두가 힘들여 쟁취한 도덕적·정치적 공정(parity)이라는 도덕적 전제가 공격당하는 것을 원하지 않을 것이다. 그러나 여전히, 일부 논자들은 불편부당성(impartiality), 중립성, 그리고 평등이라는 자유주의적 이상으로는 추구하고자 하는 평등주의적 비전을 달성할 수 없다고 주장한다. 이러한 자유주의적 이상은 특히 다원성(plurality)을 이론적 구조에 두려는 노력에 과민한 반응을 보인다. 이 시대의 많은 논자들은 전망(perspective)과 차이(difference)가 정치이론의 구조와 정치적 실천의 근간에서 인정받고 통합되지 않는다면, 평등은 형식에 그칠 것이며, 그렇지 않으면 공허할 것이라 주장해왔다.

평등은 계몽주의에 영향받은 일부 여성을 매우 잘 보필해왔다. 평등은 모든 서유럽 국가에서 여성 참정권 도입으로 정점을 찍었던 페미니즘 운동의 조타수 역할을 했다. 미국에서 성평등의 요구는 여성의 평등권이 법제화된 후 30년이 지나 스포츠 분야에서 교육, 군 입대까지 모든 분야로 확대되었다. 여성은 성평등의 기치 아래 미국에서 꾸준히 발전해왔다.[1] 여성은 우주인과 최고경영자까지 배출했으며, 이제는 노동시장의 절반을 차지하고 있다.[2] 성희롱이 인정받고 있으며 법적 처벌이 가능해졌다. 여성과 남성은 동등한 구성원으로 대학에 입학하고 있다. 이러한 성과는 실제로 매우 인상적이다.

하지만 평등이라는 이상이 모든 여성을 평등하게 잘 보필한 것은 아니다. 미국에서[3] 여성은 보다 높은 명성이나 고액이 주어지는 직업군에서는 여전히 배제되고 있으며,[4] 빈약한 의료서비스를 받고 있으며, 지금까지도 전반적으로 남성의 성적인 희생양이었다.[5] 비록 임신 초기의 낙태는 이제 미국 전역에서 합법이 되었지만, 지역적으로 가능한 혹은 금전적으로 넉넉한 여성만이 할 수 있을 뿐이다.[6] 여성의 임금도 동일임금법과 차별금지법이 시행된 이후 아주 조금 인상되기는 하였지만, 여전히 남성 임금을 밑돌고 있다.[7] 따라서, 여성이 경제적으로 훨씬 위험한 상태에 있다고 진단하는 것은 놀라운 일이 아니다.[8] 미국에서 가난하고 집이 없는 이들의 2/3는 여성이 가장인 가정이다. 이러한 암울한 그림자는 남편이 자신과 아이를 두고 떠나갈 것을 두려워하거나 혹은 이혼을 심각하게 고려하는 직장을 다니는 엄마뿐만 아니라 중산층 여성에게 드리워진 공포이다. 아이들의 운명은 엄마의 운명을 밟아간다. 여성의 빈곤은 곧 아이들의 빈곤이다.

평등에 기반한 정책은, 정치적 대표성이라는 목적이나[9] 가사일과 양육 책임의 분담이라는 목적을 달성하지 못하면서,[10] 사적인 영역뿐만 아니라 공적인 영역에서도 여성을 실망시켜왔다. 평등이라는 이상에 대한 자유주의의 공헌(貢獻)이 있었음에도 불구하고, 평등은 우리에게 다가오지 않고 있다. 여성운동(특히 가장 조직화된 형태에서)이 평등이라는 이상을 향해 숨 가쁘게 돌진해온 미국과 같은 나라에서, "여성운동의 기대와 성취 사이의 괴리"(Norris 1987, 144)는 평등이라는 이상의 지배에 어리석게 의지해왔기 때문이라 할 수 있을까?

성평등을 향한 길목에 놓인 많은 장애물은 기존 법의 불완전한 집행과, 젠더 정체성의 형성에 대해 사회적 악습이 갖는 장악력 -혹자는 이를 목조이기라 부르는- 에서 비롯된다는 점은 의심의 여지가 없다. 최근에 보수적인 예산 정치뿐만 아니라 사회적으로 반동적인 사회·종교운동이 부분적으로는 자유주의적 성과물에 대한 대응으로서 세를 키우고 있다. 대체적으로 성평등이 달갑지 않은 이들의 힘은 여성의 성과를 방해하고 물거품으로 만들려 한다. 하지만, 우리가 미국의 복지"개혁(reform)"의 운명을 들여다 볼 때마다 심심치 않게 볼 수 있는 것처럼, 보수적인 젠더 정치가 자유주의의 수사를 전용한다.

소년과 소녀의 사회화 과정을 재설정하려는 노력과 더불어, 성평등법에 주목함은 남성과 여성 사이의 권력과 자원을 동등하게 하기 위한 많은 역할을 할 것이다. 하지만, 형식적 장벽의 철폐 이후 실질적 평등을 향한 속도와 변화의 방향, 그리고 여성 내 다양한 집단들 사이에서 나타나는 진보 혜택의 불평등한 분배 등은 자유주의적 이상이 지향하는 목표 그 자체에 의문을 제기하는 페미니스트의 문제제기를 강화시켰다. 필자는 이 책에서 자유주의적 이상에 대한 질문 즉, 페미니스트 전략뿐만 아니라 사회·정치이론의 방향을 재조정하는 데 있어 그 전망이 되어줄 것으로 확신하는 질문 하나를 탐구하고자 한다. 이 질문은 민주주의 자유국가를 자유롭고 비의존적이고 평등한 결사체로 이해하고 있는 우리 자신의 인식에서 출발한다. 필자는 이러한 우리 자신의 인식에 도전한다. 왜냐하면 우리 모두는 일정 시점 의존적이기 때문이다. 우리 중 많은 사람은, 특히 여성 대부분은 돌봄이 꼭 필요한 의존인을 돌봐야만 한다. 이상적이지만, 우리 모두가 자유롭고 평등한 시민으로 생활한다는 개념은, 실상을 외면할 뿐만 아니라 개념적으로도 만족스럽지 못하다. 필자는 이러한 문제제

기를 평등에 대한 의존비판이라고 부른다.[11]

우리가 인간의존의 사실과 의존인을 돌보는 여성의 역할을 진중하게 수용하기 전에는 평등은 우리가 성취할 수 없는 것이라는 주장을 하기 위해, 필자는 다양한 목소리를 활용할 것이다. 제1부 "사랑의 노동"에서 **의존노동**(dependency work)이라 불린 돌봄 관련 노동의 도덕적 중요성의 논거를 모아가는 건설적인 철학논의를 진행할 것이다. 제2부 "정치적 자유주의와 인간의존성"에서는 작금의 자유주의적 평등주의 비전을 대표하는 존 롤즈의 논점에 대해 의문을 제기하고, 자유주의적 평등주의 이론과 실천의 기저에 깔린 가치와 규범이 의존에 대한 관심을 배제한다고 결론 내릴 것이다. 이 점에서 필자는 비판적인 철학적 입장을 담아낼 것이다. 제3부 "어느 엄마의 아이"에서는 철학적 논의에서 한발 물러나 구체적 현실세계로 이동할 것이다. 즉, 의존과 돌봄을 제공하는 의존노동을 하는 사람과 관련된 정책문제를 제시할 것이다. 필자는 최근 미국의 가족의료휴가법(Family and Medical Leave Act of 1993)과 복지"개혁"을 검토하고, 이러한 정책들이 -자유주의 이론처럼- 돌봄을 제공하는 의존노동의 특징과 기여를 인정하지 않고 있다는 점을 지적할 것이다. 필자는 주요한 관심사에 양립하는 정책제안을 살펴볼 것이다. 보다 사회학적이고 정치적인 문제를 위해 철학적인 담론의 추상적 논조를 자제하겠지만, 전반적인 논조는 알다시피 학문적일 것이다. 제3부의 제6장은 중증장애가 있는 -지금은 젊은 여성인- 딸아이의 의존을 경험한 필자의 매우 개인적인 글로 시작할 것이다. 제3부의 마지막 장은 중증장애아의 엄마가 겪는 경험으로 모성적 사고라는 사라 러딕(Sara Ruddick)의 범주화를 재검토하면서 개인적이고 사회학적일 뿐만 아니라 철학적인 면을 결합하려고 한다.

추상적인 것에서 구체적인 것까지, 건설적인 것에서 비판적인 것까지, 비개인적인 것에서 개인적인 것까지 많은 측면을 살피는 것은 개념적이고 철학적으로 뒤엉킨 덤불숲을 헤집고 길을 내기 위한 필수 과제이다. 의존을 맞닥뜨리는 것은 자유, 자립, **그리고** 평등이라는 이데올로기적인 규정 식단을 섭취해온 분들께는 환영받지 못할 것이라 생각한다. 결국, 루소가(그 시대에 울려 퍼졌던) 인간의 평등을 선언한 것은 봉건영주에 대한 종속을 거부한 것이다. 하지만, 신생아와 영유아, 노약자, 병약자의 절대적인 의존은 혁명을 한다 해도 사라지는 것이 아니다. 자립을 위해 싸울 영주는 원래부터 없었다. 우리는 소설을 써왔던 것이다. 하지만, 이 소설은 우리에게 악영향을 미쳤으며, 평등이라는 이상에 넣어달라는 여성의 요구로 말미암아 우리의 추정된 비의존에서부터 쌓아올린 이상(理想)의 한계를 발견한다. 따라서, 우리는 허구를 들춰내기 위해 다양한 목소리를 활용해야 하며, 정의롭고 돌봄이 있는 우리의 열망이 충분히 반영되는 세상을 재건해야 한다. 이것이 바로 이 책의 주제이자 필자가 추구하는 방법이다.

필자가 평등에 문제를 제기하는 방식은 평등을 비판해온 다른 페미니스트의 접근법과는 중요한 차이가 있다.[12] 필자의 비판은 평등이라는 이상의 가치와 본질에 관련해, 특히 페미니스트 법이론과 관련하여 살아있는 논쟁의 맥락에서 진행된다. 이러한 논쟁이 필자와 다른 입장을 취한다 할지라도, 이 모두는 의존비판과 관련해 언급할 것이다. 따라서 필자는 아래와 같은 질문으로 탐험을 시작하려 한다. 성평등이라는 목표에 문제제기 한다는 것은 무엇을 의미하는가?

평등들(Equalities)

어떤 자동차 범퍼 스티커에는 남성과의 평등을 요구하는 여성은 용기가 부족한 여성이라는 글귀가 적혀있다. 메를린 프라이(Marilyn Frye)는 성평등은 여전히 또 다른 "세밀하고도 강력한 가부장제도"(1983, 108)라고 짓궂게 불렀다. 이 경구는 평등이란 남성을 인간의 기준으로 전제하기 때문에, 여성이 진정으로 남성 지배에서 자유로운 세상은 어떤 세상인지에 대한 비전을 제대로 제시하지 못한다고 제언한다. 이러한 비판은 무의미하지 않다. 하지만 혹자는 알고 싶을 것이다. 이것은 평등의 모든 구상에 대한 비판인가? 평등 개념(concept)에 대한 비판인가? 아니면 평등에 대한 특정한 개념화(conceptualization)에 대한 비판인가?[13]

평등의 문제(question of equality)는 평등들의 문제(questions of equalities)로 세분화된다.[14] 누구를 위한 평등인가?[15] 어떤 기준에 따른 평등인가? 무엇의 평등인가?[16] 무엇에 대한 평등인가? 누구에 관한 평등인가? 페미니스트 법이론 학자인 마사 미노우(Martha Minow)는 "평등들"이라 제목 붙인 자신의 논문에서 누구에게는 평등하나 다른 누구에게는 평등하지 않고, 어떤 기준에서는 평등하나 다른 기준에서는 평등하지 않으며, 어떤 조건에서는 평등하나 다른 바람직한 조건에서는 평등하지 않는 등, 평등 요구는 다양한 관점과 규범을 고려해야 한다고 제시한다(1991).

미노우는 이론가이자 페미니스트로서 평등에 대한 비판적인 시각을 활용하여 다른 사회집단도 관심 갖는 정의의 요구에 주목하고자 하였다. 미노우는 평등에 대한 페미니스트 비판은 다음을 강조해야 한다고 제안한다. 첫째, 같은 것은 같게 다뤄야 한다는 입장에 내재한 기준에 도전해야 할 필요성이다. 둘째, 배제된 이들의 관점을 존중해야 할 중요성이다. 셋째, 공정하고 강제되지 않아 보이는 현재 상태(status quo)에 대해 문제제기 해야 할 중요성이다. 위의 세 가지 고려사항은 여성뿐만 아니라 평등을 추구하는 다른 많은 집단도 유념해야 한다고 지적한다.

이러한 페미니스트 비판을 이해하기 위해서, 매우 단순한 모습의 평등 요구를 고려해보자. 평등은 X("요구집단(constituency)"이라 불리며, 집단 혹은 개인이 될 수 있다)로부터의 요구이다; 평등은 Y("준거집단(reference class)"이라 불리며, 집단 혹은 개인이 될 수 있다)와 평등하려는 요구이다; 평등은 Z(어떤 사회적 가치(재화)나 가능성이 될 수 있다)에 대한 요구이다. 만약에 Z가 법 앞의 평등한 보호의 대상이라면, 이 때 준거집단(이 집단의 구성원은 아마 평등한 보호를 받고 있을 것이다)은 평등이 무엇인지를 정하는 기준을 결정한다. 그러나 요구집단과 준거집단이 Z를 얻는 데 있어 상이한 입장이라면, 요구집단이 평등을 성취하지 못했다는 것은 평등의 기준으로 준거집단을 삼았기 때문이며, 이는 역시 Z에 대해서 요구집단이 준거집단과 상응할 만큼 충분히 같지 못했다는 것을 의미한다.

예를 들어, 미노우는 《에르난데스 대 뉴욕(*Hernandez v. New York*)》 판결을 분석한다. 대법원은 원고가 전단적 기피(peremptory challenge) 권한을 사용함으로써 잠재적으로 배심원이 될 수 있는 라틴 아메리카계 사람들을 배심원 명단에서 배제하였을 때, 법 앞의 평등한 보호를 받지 못했다는 라틴 아메리카계 피고(이 경우 피고는 요구집단의 구성원이다)의 주장을 기각하였다. 다수 의견은 피고가 라틴 아메리카계 사람을 차별하고자 하는 원고의 고의성을 입증하는 데 실패했다고 결정 내렸다. 미노우는 이 사건의 경우, 영어만 사용하는 사람 -혹은 스페인어를 할지 모르는 영어 사용자- 이 배심원이어야 한다는 규범을 따르고 있다고 보았으며, 이는 결국 이중 언어를 사용하는 배심원이 문제가 되는 것으로 여기게 만들었다고 지적한다. 오히려 이 사건은 피고의 언어에 능숙하지 않는 배심원을 채택함으로써 행정의 부정의를 야기했을 수 있다고 언급한다. 특정 사람을 기준으로서 무비판적으로 수용함은 현재 상태가 근본적으로 문제점이 없음을 그대로 수용함을 의미한다. 그러나 평등의 포용적인[17] 성격은 주류의 입장이 요지부동이거나, 보편성과 불편부당성이 내재한 기준이 문제시되지 않거나, 현재 상태가 만족스럽게 받아들여지는 경우, 평등의 실현이 어렵다는 것을 보여준다.

성평등으로서의 평등

아마도 특정 판례의 기저에 어떤 전제가 있는지 살피는 것은 평등과 같은 광범위하고 유연한 개념의 기저에 어떤 전제가 있는지 밝혀내는 것보다 수월하다. 평등은 얻기도 힘들뿐만 아니라, 무엇보다도 정의(define)하기가 어렵다. 평등에 대한 개념 정의가 엄두가 나지 않는 이유는, 한편으로는 그 개념이 단순 명료하기 때문이며, 다른 한편으로는 평등을 개념적으로 사용할 때 상당히 많은 그리고 종종 충돌하는 전제들이 있기 때문이다. 인간이 평등하다고 말하는 것은 인간은 적절한 방식에 있어서 똑같다(identical)고 단순하게 말하는 것이다. 사람들이 어떤 적절한 방식에서 똑같다면, 정의(justice)란 적절하지 않는 방식으로 사람들을 대하지 말아야 함을 의미한다. 그러나 《에르난데스 대 뉴욕》 사건에서 쉽게 알 수 있듯, 무엇이 적절한지 혹은 그렇지 않는지에 관한 것은 논쟁적이다. 왜냐하면 적절성의 기준은 위계질서를 영구화하기 위해 (의식하든 또는 의식하지 않든) 설정될 수 있기 때문이다. 간단한 도식으로 보면, 평등은 위계 및 특권과 양립하는 것이다. 이것은 시민의 평등과 "자연적 노예제" 그리고 여성의 종속을 일관되게 주장했던 아리스토텔레스에게도 명확했다. 아리스토텔레스에게 있어, 모든 "타당한" 차이로 인해 노예와 여성은 배제되지 않을 수 없었다. 즉, 노예나 (자유로운) 여성에게는 정치공동체의 시민에게 요구되는 합리성이 결여되었다는 것이다.

보다 근대적 평등 개념은 개인의 삶을 결정짓는 요인 중에서 출생이라는 요인을 분리했다. 존 스튜어트 밀(John Stuart Mill)은 다음과 같이 썼다.

> 근대 세계의 특징이 무엇인가...? 그것은 인간이 자신의 삶에서 더 이상 태어난 지위에 국한되지 않는다는 것이며, 그들이 태어난 지위의 무정한 혈연에 얽매이지 않고, 자신에게 가장 바람직한 운명을 성취하기 위해 자신의 재능과 우호적인 기회를 살릴 수 있는 자유... 이러한 원칙으로, 어떤 사람이 어떤 일에 적합하지 않다는 생각은, 어떤 일반적인 전제를 감안하면, 기성 권위의 정당한 한계를 넘어서는 것으로 느낄 수 있다(Mill 1986, 22).

성평등을 옹호하는 소수의 위대한 남성 중 하나인 밀은 여성의 열망과 양립하는 평등에 대한 자신의 견해를 널리 알렸다. 밀의 견해는 우리에게 기회의 평등이라는 개념으로 익숙하다. 소수자 우대정책(affirmative action)에서 알 수 있듯이, 공정한 기회의 평등은 다양한 처우를 함의할 수 있다. 하지만, 심지어 밀 조차도 남성(밀의 관점에서 태어난 지위에 결정되는 것으로 정의되는 범주)이 아닌 여성이 아이돌봄과 가사책임을 담당한다고 가정했다는 사실을 밝히는 것은 유의미하다. 가사의 책임(특히 하인을 고용할 수 없을 만큼 가난한 어머니)과 유급의 다른 일을 **함께** 떠맡은 여성에 대한 부정의를 바라보면서, 밀은 직업 선택의 자유를 미혼의 아이 없는 여성 혹은 경제적으로 넉넉한 여성으로 제한했다. 밀이 이해하는 것처럼, 성평등은 소수의 특권적인 사람만을 위한 것으로 인식되었다.

마이클 왈쩌(Michael Walzer)는 "평등의 근본적 의미는 소극적(negative)이다"라고 기술한다. "그것은 모든 차이를 제거하는 것이 아니라 특정한 차이를 제거하는 것을 목적으로 하며, 특정한 차이는 다른 시간과 다른 장소에 따라 달라진다"(Walzer 1983, xii). 밀은 여성의 평등이라는 목적에 방해가 되는 특정한 요인에 관심이 있었다. 그의 비전은 남성과 여성이 양육과 같은 가정의 의무를 분담하는 가능성을 담아내지는 못했다.

보다 최근에 평등을 기치로 여성의 요구를 주장해 온 "평등 페미니스트(equality feminists)"의 요구는 어떤가? 성평등에 대한 이들의 요구사항은 다음 세 가지의 공식으로 정리할 수 있을 것 같다.

첫째는 젠더 차이란 기본적인 권리와 의무를 도덕적으로 부당하게 분배하는 근거이며, 경제적 혜택, 자유, 정치적 참여 등을 포함하는 사회적 협력의 산물을 나누는 데 있어 도덕적으로 부당한 근거로 간주한다. 이는 단지 기회의 평등과 사회적으로 가치 있는 것에 대한 접근을 방해하는 젠더에 기초한 장애물을 제거하도록 요구할 뿐이다.

둘째는 성적 지배를 종식시키기 위한 전략의 일환으로 법·사회·정치제도에서 젠더에 기초한 편견의 제거에 주목한다. 이는 법 체계나 모든 주요한 제도에서 젠더 중립적인 정책을 요구한다.

셋째는 여성이 그동안 배제되었던 모든 영역에 보다 적극적인 진출을 추구한다. 이는 지금까지 남성의 손에 집중되었던 특권과 자원을 양성이 동등하게 향유하도록 하는 적극적인 전략을 요구한다.

평등이 요구될 때, 이러한 요구가 기준으로 삼는 특권을 향유하고 있는 **준거집단**이 전제된다. 따라서 평등의 요구가 충족되었을 때, 평등을 요구했던 **구성원**은 하나의 집단으로 포섭될 것이며, 이에 따라

이들이 개인적으로 또한 집단적으로 혜택을 누리게 될 것으로 기대한다. 이러한 전제는 위의 성평등 공식의 기저에 깔려있다.

평등에 대한 페미니스트 비판

(1) 여성이 더 이상 대상이 되지 않고, 주체(혹은 행위자)로 거듭나는 세상 만들기 (2) 여성이 단순한 주체가 아니라 동감의 대상이 되는 세상 만들기. 우리는 페미니스트들이 (1)과 (2)의 두 가지 대응 중 두 번째의 세상 만들기를 위한 선택과 표류를 해온 것이라 생각할 수도 있다.... 점점 커지는 페미니스트의 목소리는 경쟁 세계의 남성을 모방하는 여성의 목소리가 아니라, 오히려 여성과 여성의 관계에서 남성에 대해 행동할 것으로 생각되는 특정 측면을 모방한 여성의 목소리이다(Lugones and Spelman 1987, 244).

성평등을 위한 여성 투쟁의 결과, 대부분의 사람들은 여성의 가능성을 확대하기 위해서는 남성의 성취물에 대해 불가피하게 요구하게 된다고 생각해왔다.[18] 하지만 이렇듯 명확해 보이는 생각도 평등의 기준이 이미 동등하게 대우받는 집단 내 사람들의 가치, 희망, 열망으로 성립되었다는 점을 간과하고 있다. 이들은 평등한 인간으로 이해되는 준거집단이 되며, 동시에 사회적 협력의 산물과 부담을 나누는 대상이 된다. 이러한 방식으로, 남성으로서의 인류애라는 전제는 -그리고 특정 계급의 전제는- 평등이라는 이름 아래서 투쟁된 많은 것의 기저에 있다.

후술된 평등에 대한 페미니스트 비판 검토는 평등에 여성을 포함시키는 것, 인간의존의 사실, 그리고 의존인을 보살피며 역사적으로 존재해왔던 여성의 역할 사이의 관계를 논의하는 기초 작업이 될 것이다. 필자는 우선 페미니스트 이론을 지배하고 있는 두 가지 비평을

-이 둘은 모두 페미니스트 법이론에서 출발했다- 검토한다. 남성과 여성의 생리적이고 문화적인 차이는 **차이비판**(difference critique)의 논거가 된다. 갖고 있는 속성이 아니라 위계와 권력관계에서의 차이는 **지배비판**(dominance critique)의 논거를 구성한다. 세 번째 접근은 기존의 성평등 논의와 이에 대한 페미니스트 비판 역시도 여성을 위한 정의를 추구할 때 인종, 계급 그리고 다른 차이의 중요성을 간과했다고 지적한다. 필자는 이를 **다양성비판**(diversity critique)이라 부른다. 마지막으로 필자가 논의하는 **의존비판**(dependency critique)은 이 책의 근간을 형성한다. 의존비판의 도덕적·정치적 중요성과 의존을 통합하는 평등 개념을 소생시킬 가능성을 탐색하는 것이 남은 장의 과제가 될 것이다.

차이비판

차이비판은 성평등의 첫 번째 공식(즉, 젠더 차이는 기본적인 권리와 의무를 분배하는 데 있어 도덕적으로 정당하지 않은 근거이다)에 내재되어 있는 차이의 억압을 보여준다. 차이비판은 공적 삶의 모든 영역에서 남성 중심으로 설정된 기준의 배면에 있는 지배를 지적한다. **남성과 동등해야 한다는 요구**가 여성 스스로를 자신의 체격과 삶에 어울리지 않게 행동하도록 순응시키는 억지스러운 압박이라고 주장한다. 따라서 성평등의 첫 번째 공식에서 차이를 제거한다는 소극적 의도는 적절하지 못한데, 왜냐하면 심지어 성차별적인 장벽이 제거된 후라도 여성이 남성과 동일한 "장비"(동일한 체격, 동일한 가치, 동일한 사회화 등)를 장착하거나 동일한 조건(예를 들면, 책임과 기대)으로 경쟁할 수 있는 것이 아니기 때문이다. 여기에서 논쟁적인 전제는 남성, 특히 백인 중산층 남성이라는 준거집단이 갖는 규범성이다. 이 집단은 사회적 가치(재화)를 얻기 위한 경쟁에 동등한 기회로 참여할 수 있는 기준을 암묵적으로 만들어왔다. 차이비판은 출산과 육아휴가, (이혼 및 별거 부모의) 공동 보호권, 비교가치(comparable worth)같은 쟁점에 격렬한 토론을 촉발시켰다.

이론과 실천의 여러 영역에 있어서, 이들 페미니스트는 남성과 구별되는 여성의 차이의 중요성을 주장해왔다. 이들은 여성이 남성과 다른 도덕적 의사 결정을 하며, 여성에게만 동일하게 발견되는 인식론적 입장이 있으며, 그리고 출산과 양육과 같은 여성 고유의 역할을 감안한 법과 정책이 필요하다고 주장해왔다. 차이의 페미니스트는 "모든 젠더 차이가 사라질 것이거나 사라져야 한다는 개념"을 거부한다.[19] 이들은 여성이 작업장이나 다른 공적 제도에서 불이익을 받지 않기 위한 특별 처우를 주장한다. 더불어, 이들은 작업장도 여성의 고유한 이해관계와 필요를 수용할 수 있도록 변해야 한다고 주장한다. 평등 페미니스트는 태생적 차이가 아닌 모든 차이를 철폐하고 남는 부분에서 남성의 상황에 버금가도록 여성의 상황을 평등하게 하는 것이 더 좋다고 대답해왔다. 하지만 남성의 상황을 전형(典型)으로 삼아 여성의 상황을 유추하려는 평등 페미니스트 전략은 남성을 인간의 전형으로 받아들이는 것이 될 수 있기 때문에 차이 옹호자들로부터 비판받을 뿐이다.

반면 "동등한 대우(equal treatment)" 접근의 평등 페미니스트들은 차이 옹호자들에 대해 특히 법률적으로 다음과 같이 반론한다. 첫째, 동등한 대우의 접근은 법이 "전통적인, 성분업화된 가족의 역할을 강화하는 역할을 포기"하는 데 목적을 두며, 작업장을 "육아의 필요성과 그 의무를 수용할 수 있도록" 적절하게 변화시킬 것과 이러한 관심을 작업장의 주변 이슈가 아닌 중심 이슈로 만드는 것을 목적으로 한다(Williams 1985, 352-353). 둘째, 윌리암스(W. W. Williams)가 강조하듯, 동등한 대우의 접근은 남성을 기준으로 받아들이지 않으며 대신에 양성(androgynous) 노동자라는 모델을 만들고자 한다.[20] 셋째, 동등한 대우의 접근은 분명해 보이는 어떤 여성적 기능이 남성에게 추가적인 어떤 것이라는 개념을 거부한다. 여성은 **추가될** 어떤 것이 있다는 것을 받아들이는 것은 인간의 기준으로 남성을 받아들이는 것과 동일하다는 주장이다. 이 접근은 예전에는 여성에게 제한되었던 관심사를 포함시키고, 시급한 쟁점과 직접적으로 맞닿아 있지 않은 성 차이에 관련된 관심사를 배제하기 위해, 인간의 전형을 재정립하고 동등한 대우를 주장하는 편이 더 낫다고 주장한다.[21]

여성과 남성의 차이를 간과하거나 혹은 인정하는 것의 어려움을 주목하며, 미노우(Minow 1990)는 "차이의 딜레마(dilemma of difference)"에 대해 지적했다. 만일 우리가 여성노동자와 남성노동자의 차이를 무시한다면, 임신과 고용에 적절한 요구를 할 만한 충분한 방법을 갖추지 못하게 된다. 만일 우리가 여성만의 특별한 요구를 고집한다면, 고용인이 출산휴가의 추가 비용 때문에 여성을 고용하지 않을 것이라는 점을 감안해야 한다. 미노우는 이러한 딜레마의 해법은 차이란 개별 개인에게 귀속되는 특징이 아니라 항상 관계적이라는 점을 봐야 한다고 주장한다. 이는 평등 개념에도 적용되어야 한다고 본다. 우리는 다른 누군가**와는** 다르면서도, 우리는 다른 누군가**와** 평등하기도 하다. 동시에, 우리가 다른 누군가는 **다르다**고 할 때, 우리 역시 다르다 -그들과 다르다- 는 점을 함의한다. 일반 학생 반에 있는 청각 장애아의 청각 장애를 차이라고 -그리고 청각 장애아가 그렇지 않은 학생들에게 맞춰야 한다고- 주장하는 것은 청각 장애아의 입장에서는 일반 학생의 청력이 자신과 차이가 된다는 사실을 간과한 것이다. 듣는 것과 듣지 못하는 것은 내재적인 차이가 아니다. 오히려 차이는 이 아이들이 다른 누군가와 맺는 관계에서 존재한다.

지배비판

여성의 차이를 옹호하는 것은 -여성의 종속과 차이가 역사적으로 맞물려 있었다는 점을 고려했을 때- 잘해야 국지전에 불과하며, 최악의 경우 무의미한 것으로 보인다고 지적한다. 지배비판은 종속과 위계를 제거하기 위한 하나의 전략으로서 평등을 해석하는 성평등 요구의 두 번째 공식에 해당된다. 이 비판은 성평등법이 차이를 억압하는지가 아니라, 남성 지배를 종식시키기에 효과적인지를 묻는다. 지배비판은 가부장적 제도에서 평등은 단지 남성과 같아짐을 의미할 뿐이고, 성중립적인 이데올로기는 **권력의 소유**(possession of power)에 있어 남성과 여성이 다르게 위치지어진다는 사실을 은폐하거나 무시하고 있다고 지적한다. 따라서 페미니스트가 바꿔야 할 의미 있는 지표는 평등도 차이도 아닌 종속과 지배라는 것이다(MacKinnon 1987). 지배비판은 지배가 차이보다 우선함을 주장하며, 성중립적인 입장과 차이를 강조하는 입장 모두를 반대한다.[22] 이에 근거해 남성과 여성의 확연한 차이는 지배를 위한 토대(혹은 더 낫다 해도 지배의 결과)가 된다고 주장한다. 남성과 여성의 차이에 기초한 정책이나 남성과 여성의 동일성에 기초한 정책은 지배를 근절하는 데 무익하다. 성중립적인 정책은 그 정책을 가장 필요로 하지 않는 여성, 즉 남성과 차이가 거의 없는 여성에게 혜택을 줄 뿐이다. 왜냐하면 이들은 남성의 지배 대상이 되지 않는 여성이기 때문이다. 반면, 차이를 인정하는 정책은 지배에 기여하는 특징을 반복할 뿐이다.[23] 예를 들어, 동일노동 동일임금 정책은 단지 남성이 차지하고 있는 일을 차지할 수 있을 정도로 이미 충분히 특권적인 지위에 있는 여성에게만 도움이 될 뿐이다.[24] 임금 불평등이 남성과 여성의 일 차이와 인과적 관계가 있다는 점을 인정하더라도, 비슷(similar)하거나 비교가능한(comparable) 직종의 급여 체계를 평등하게 하는 것이 종속을 종식시키지 못할 수 있다는 점을 인정해야 한다. 스웨덴의 급여체계는 거의 평등하지만(부분적으로 이는 남성과 여성이 차지할 수 있을 것 같은 직위를 교차하여 임금을 동등하게 지급하려는 양심적인 노력 때문이기도 한다), 종속의 또 다른 형태는 여전하다. 고용시장에서의 성별분리(sex segregation)는 매우 광범위하다. 미국보다 훨씬 심하다. 권력과 위신이 있는 직군에서의 남성 비율은 여전히 높다.[25]

지배하는 사람은 차이를 만들 수 있으며, 그들은 문제점과 해결책을 정의(定意)하는 자신만의 전망을 만들 수 있는 능력이 있기 때문에, 지배와 불평등을 정당화하기 위해 차이를 활용한다. 기울어진 경기장에서 그리고 지배집단이 이슈를 정의할 힘을 갖고 있는 곳에서, 법률상 성중립성은 위계와 권력의 유형을 변화시키는 데 별다른 영향을 미치지 못한다. 미국에서는 민권운동에 영향을 미친 여성운동을 모델 삼아, 지배 접근법은 남성과 여성의 권력 편차를 평등화시키는 주(州)의 권한 강화를 지지했다. 지배에 초점을 맞춘 분석은 특히 성적으로 남성이 여성을 착취하는 상황, 즉 성희롱과 포르노그래피에 관련된 논의를 진행해 왔다.[26]

여성과 남성이 권력에 있어서 다른 처지임을 지적함으로써, 지배비판은 "차이"를 우회하려 한다. 따라서 혹자는 이 접근이 "차이의 딜레마"에 빠지지 않을 것이라 생각할 수 있다. 하지만, 지배 접근은 차이를 권력 차이로 받아들이는 차이의 접근법 중 하나로 간주될 수 있다. 권력 차이를 여성의 특성으로 정의함으로써, 실제로 이것은 여성을 희생자로 정의하는 또 다른 근본주의이다.[27] 이 같은 설명은 여성의 자율성을 폄훼하는 것이고 여성이 어떻게 하면 도덕적·정치적 영역에서 온전한 행위자로서의 책임과 역할을 다할 수 있을지 탐색하기 어렵게 한다. 이 지점에서 차이의 딜레마가 다시 등장한다. 만약 여성과 남성의 권력 차이를 무시한다면, 우리는 서로 다른 집단의 출발선상의 격차를 무시하게 된다. 성중립성은 기존에 작동하고 있는 이러한 차이를 단지 영구히 할 것이다. 만일 우리가 차이를 강조한다면, 우리는 여성을 단순히 희생자로만 축소시키는 위험을 무릅쓰는 것이다.

다양성비판

평등이론과 평등입법이 남성과 여성의 차이를 인정하는 데 실패했음을 비판하는 이들은 이러한 차이가 **모든** 여성과 **모든** 남성에 귀속된 것처럼 말하곤 한다. 지배비판의 관점은 모든 여성에게 부족한 권력을 모든 남성이 갖고 있는 것처럼 이야기 하곤 한다. 그렇기 때문에, 이들은 **모든** 남성은 여성에게 없는 무언가를 어느 정도는 보유하고 있으며, 여성이 **젠더에 근거한** 불평등을 극복할 때 여성에게 어느 정도의 평등한 혜택이 돌아갈 것이라는 가정을 공유한다. 차이비판을 주장하는 일부 페미니스트는 차이라는 렌즈로 여성 자신의 상황에 주목하였지만, 유색 여성들은 여성의 다양성을 충분히 망라할 수 있는 정책을 만들기 위해서는 여성들 (혹은 남성들) 사이에 충분한 유사성이 존재한다고 전제하는 차이 옹호자들에게 비판적이었다. 단순히 **여성**을 도입하는 정책은 인종, 젠더, 계급, 장애, 연령 등의 상호 교차

성(intersectionality)에서 나오는 문제점을 고려하는 데 실패하게 된다.[28]

비록 지배비판 페미니스트들이 평등정책의 최대 수혜자는 (예를 들어, 권력과 관련해) 가장 여성답지 않은 여성이라고 주장하면서, 평등정책이 여성 내 상이한 집단들에 미치는 차별적인 영향에 대해 종종 강조해온 반면, 유색 여성들은 인간은 평등하게 자리매김하고 있지 않았다고 지적해왔다. 벨 훅스(bell hooks)는 이러한 유색 여성의 입장을 다음과 같이 표현했다. "백인 우월주의, 자본주의, 가부장주의 계급 구조 속에서 남성도 그들 간 평등하지 않았기 때문에, 그렇다면 여성은 어떤 남성과 평등해지기를 원하는가?"(hooks 1987, 62). 훅스는 가장 억압받는 집단에 위치한 여성은 "다른 여성보다 과장된 남성 우월주의를 경험하기 쉽다. 왜냐하면 억압받는 집단의 남성은 지배적인 위치의 남성과 비교할 때 자신의 무력함과 비효율성을 자신의 남성성으로 표현하기 때문이다"고 지적한다. 그녀는 페미니즘에 대한 냉소는 남성과 동등해야 한다는 페미니스트 목표의 공식에 뿌리를 두고 있기 때문이라고 제시한다.

우리는 이러한 비판을 다양성비판으로 칭한다. 다양성비판은 여성 내부의 다양성을 언급한다. 그리고 지배적인 중산층 백인 남성의 입장과 근본적으로 유사한 지배적인 여성 집단의 입장에서 비롯된 성평등의 요구는 이러한 다양성을 인지하지 못했다고 지적한다. 다양성비판은 젠더가 교차하는(cross-gender) 불평등뿐만 아니라 젠더 내부(intra-gender)의 불평등을 은폐하고 있는 모든 성불평등을 겨냥하기 때문에, 성평등이라는 페미니스트의 비판을 필연적으로 지지하거나 반대하지 않는다. 다양성비판은 성평등에 관한 페미니스트의 다른 비판과 직접적인 상관성이 없다고 말할 수 있다. 즉, 성평등의 문제를 아무리 많이 살펴본다 하더라도, 남성과 여성 내부의 다양성은 고려될 필요가 있다.

의존비판

의존비판은 성평등의 세 번째 공식에 비판적인 입장을 취한다. 세 번째 공식에 따르면, 여성을 평등하게 대우하는 것은 기존에 남성이 보유하고 있던 특권과 권리에 대해 여성이 접근할 수 있도록 포용하는 것이다. 그러나 보다 적극적이라 할 수 있는 세 번째 공식조차도 충분하지 않다. 세 번째 요구는 파이를 평등하게 나누자는 것이다. 하지만, 의존비판은 남성의 꿈과 열망으로 이뤄진 파이는 그 자체로 함량 미달이라 주장한다. 이는 단지 사회를 평등한 사람들의 결사체로 보았을 때 자동 누락된 것이다. 사회를 평등한 개인들의 결사체로 보는 것은 아주 중요하고 진보적인 이상이라 할지라도, 다음의 이유에서 여성의 종속을 고려한다면 제한된 이상이라고 의존비판은 주장한다.

첫째, 사회를 평등한 개인들의 결사체로 상정하는 개념은 인간조건의 부분인 -아이, 노약자 및 병약자의 삶의 조건이자 가장 가까운 인간적 유대의 특징이기도 한- 불가피한 의존과 비대등성(asymmetries)을 은폐한다. 따라서 평등한 개인들의 결사체로 사회를 바라보는 전제는 사회에서 의존인의 필요와 이러한 필요를 돌봐주는 전통적인 여성의 역할을 효과적으로 희석시킨다. 이 전제는 버나드 윌리엄스(Bernard Williams)의 문제제기로 조명되었다(1973a). 만일 다른 방식의 양육으로 비롯된 불평등과 부모가 자녀에게 만들어 주는 다른 기회로 비롯된 불평등이 교정될 수 있다면, 가족의 사생활이 충분히 존중받을 수 있을까? 일부 논자들은 이 지점을 기회균등의 요구와 가족의 자율성을 조화시킴으로써 풀어야 할 핵심문제로 보았다.[29] 의존비판의 관점에서 볼 때, 이러한 갈등은 이상(理想) 그 자체의 내재적 불일치로 이해된다.

평등이 가정이라는 불가침의 영역을 구성하는 가장(head of household)들끼리의 관계로 이해되기도 하지만, 또한 평등은 개인들 사이의 평등으로 이해되기 때문에, 이는 개인이 속한 가족에게도 영향을 미치는 것으로 보인다. 평등의 적용 범위를 확대하려 한다면, 평등이란 개념으로 노령, 장애, 혹은 질병으로 인한 의존인을 설명하기란 역부족임을 알 수 있다. 법이 가족구성원 중 의존인을 평등의 적용 대상으로 파악할 때, 의존인에 대한 개인적 책임을 생각하면 국가는 그 역할을 지나치게 남용한 것으로 보이며, 한 시민의 평등을 증진시키면서 동시에 다른 시민의 자유를 제한하는 것처럼 보인다. 하지만, 왜 가족구성원인 의존인에 대한 입법으로 인해 가장의 자유가 제한된다고 생각되어야 하는가? 그것은 법리상 인격체는 가장이라는 개념이 잔존하는 경우에만 그러하다. 즉 의존인은 법리의 관할이 아니라 (물론, 가장이 자신의 의무를 적절히 수행한다면) 가장의 관할 하에 있다는 개념 때문이다. 하지만, 만일 가장이 법이 지정하는 유일한 인격체라면, 평등이라는 이상은 가족구성원인 의존인이 아니라 살림살이의 수장(首長)에게 속하게 된다. 따라서 평등과 자유의 충돌로 보이는 것은 결국 평등의 서로 다른 주제들 사이의 충돌로 이해될 수 있다.[30] 평등에 대한 이해가 개인에 대한 평등에서 비의존인에 대한 평등으로 전환됨으로써, 우리는 의존이라는 사실을 누락하게 된다. 그러나 평등과 의존의 관계를 파악하려 한다면, 우리는 의존에 대한 이해의 실질적 변화와 사회조직의 변화를 견인해야 할 긴급함을 발견하게 된다.

둘째, 평등의 전제는 자율적 사람들 사이의 관계에서 조차도 사회적 상호관계의 상당 부분이 대등한 위치에 있는 사람들 사이의 상호관계가 아니라는 점에 주목하지 않는다. 도덕·정치·사회이론은 여성이 비대칭의 한 쪽 끝으로 모이는 지점을 도덕적·법률적 진공상태로 방치한다. 의존비판에서 볼 때, 필요한 것은 인간관계의 다양성에 대한 존중이고 또한 비대등의 관계에서 도덕적으로 수용 가능한 것에 대한 충분한 이해이다.

 그리고 마지막으로, 사회가 단지 대등한 사람들의 결사체로 이해된다면, 그 사회의 평등은 성별분업의 단면에 고정될 뿐이다. 즉, 여성을 남성 영역에 포섭하려는 일면이다. 성별역할 변화에 주목한다면, 여성 입장에서 노동을 재분배하는 전략을 취해야 한다. 하지만, 우리가 이러한 전략을 추구하기 위해서는, 대부분이 백인 상·중층 여성인 소수 특권층이 대상이 되는 평등정책과 중·하층, 노동 계층, 유색인 여성의 빈곤이 심화되는 열악한 삶의 조건 사이의 관계를 살펴보는 것은 특히 중요하다. 중산층 여성이 의존노동을 포기하면, 그 의존노동은 사회경제적으로 불안정한 또 다른 여성에게 단순하게 재분배되는가? 복지"개혁"이 시작되기 10년 전, 메를린 프리드만(Marilyn Friedman 1988)은 복지의 축소는 여성을 서비스업 -대부분 가사 서비스- 으로 몰아가며, 이러한 노동력으로 많은 중산층과 특히 소득 상위 계층을 부양하는 가사노동이 채워지게 된다고 지적한다. 그녀는 "저임금 여성은 중산층과 상위 가정과의 관계에서 계급(class)의 위치를 점하게 되고, 이는 남편과의 관계에서 전통적인 여성의 위치와 유사하게 된다"(1988, 147)고 지적한다. 그녀의 지적은 젠더와 관련된 지배와 종속의 구조가 지속되는 데 있어 의존노동의 중요성을 간과했을 때의 위험성에 대해 페미니스트에게 경각심을 일깨워준다.[31]

필자가 의존비판을 제일 나중에 언급하는 이유는, 이것이 후술할 논의의 기초를 제공하기 때문이기도 하지만, 앞서 언급한 다른 비판의 관점에 비추어 의존이 보다 강조되기를 희망하기 때문이다. 다른 페미니스트 비판은 그들의 분석을 다른 배제된 집단에 확장시킬 수 있다는 가능성을 제공했다. 그러나 평등이라는 이상은 이제까지 살펴보았듯이 다양한 종류의 배제를 구체화시키지는 못했다. 페미니스트 비판을 일반화함으로써 얻은 이점은 다양한 차이를 간과하거나 혹은 수용하는 법률적 구조와 전략을 밝힐 수 있다는 데 있었다. 하지만, 이마저도 젠더는 차이라는 봉다리 속으로 잠적해 버리고, 차이는 다시 한 번 그 자체로 여성이 대면하는 이슈를 주변화시킨다. 의존비판은 역사적으로 여성에게 전가된 역할인 돌봄제공자로서 여성이라는 차이에 관심을 쏟는다. 이 차이는 본질적이지 않다. 여성이 의존인을 돌보는 돌봄제공자일 필요는 없다. 그러나 역사적으로 그래왔다는 사실이 여성의 삶에서 너무도 만연해 왔기 때문에, 세상을 남성과 동등하게 함께할 날이 도래할지에 대한 의구심을 갖게 만들었다.

지배비판론자는 여성을 종속으로 묶이게 하는 것, 그것이 바로 차이라고 지적할 것이다. 의존인을 돌보는 것, 즉 의존노동은 대부분 일반적으로 사회적 지위가 가장 낮고 권력이 없는 이에게 전가되는 모습을 보인다.[32] 더욱이 다양성 입장은 모든 여성이 돌봄노동을 하지는 않기 때문에, 돌봄을 여성의 보편적인 속성으로 전제해서는 안된다고 환기시킨다. 돌봄노동은 인종, 계급, 능력, 그리고 연령 등에 따라 여성에게 전가된다. 주변화된 남성 집단도 종종 돌봄노동을 맡게 된다. 따라서 의존비판을 발전시킬 때, 우리는 차이, 지배, 그리고 다양성비판의 통찰을 숙고할 필요가 있다.

첫째, 의존비판은 의존이 차이 혹은 지배로 환원되어서는 안 된다는 점을 강조한다. 의존노동을 여성이 갖는 차이로 인식할 수 있겠지만, 이 차이는 우리가 바람직한 것으로 생각하거나 혹은 불이익으로 간주해야 하는 차이가 아니다. 돌봄노동을 바람직한 것으로 보든 그렇지 않든 간에, -이에 대해 장점과 단점을 부여할 수 있겠지만- 이는 누군가가 해야 할 일이다. 따라서 여성의 돌봄노동이 여성만의 차이가 될 수 있는지를 묻기보다, 의존노동을 담당하는 사람이 평등한 사람들의 군(群)에서 배제되지는 않는지 물어야 하며, 만일 그렇다면 이러한 배제를 철폐하기 위해 우리는 무엇을 이해하고 무엇을 해야 하는지 물어야 한다.

유사한 맥락에서 지배와 의존과의 관계에 대해서 언급하고자 한다. 만일 마술처럼 지배가 없는 세상이 된다고 할지라도, 돌봄이 필요한 의존인은 여전히 그대로 있을 것이라는 점을 잊지 말아야 한다. 의존비판은 모든 인간은 의존을 벗어날 수 없는 사실을 유념하고, 돌봄을 제공하는 이는 지배에 취약하게 됨을 고민한다.

마지막으로, 다양성비판이 일부 여성의 종속문제를 모든 여성의 문제로 확대하는 일반화의 오류를 범하지 않겠지만, 이 역시 사회질서와 여성의 삶에서 의존노동의 위상을 반영하지 않고서 여성들 사이의 평등이라는 문제가 논의되기는 어렵다고 본다. 의존은 여성의 삶을 남성의 삶과 결합하거나 다른 여성의 삶과 접목하는 방식이다. 여성이 다른 여성에게 예속되는 지점 혹은 여성이 다른 여성을 지배하고 다른 남성을 지배하는 지점에서, 우리는 의존의 이슈를 중요한 화두로 삼을 수 있다. 의존비판에 주의를 기울임으로써, 다양성비판을 심도 있게 고찰할 수 있다.

필자는 의존비판이 페미니스트의 다른 비판으로 환원되거나, 평등이라는 이상에서 배제된 사람에 대한 관심사 정도로 축소되지 않는다는 점을 주장해왔다. 의존노동에 종사하는 여성의 경험은 의존비판의 지평을 넓히고 있다. 그리고 이러한 의존 경험은 인간 공동체의 구성원이 상호의존적인 상황에서 함께 살아가는 방식을 강조한다. 의존비판은 이러한 경험에 비추어 비의존적인 개인이라는 개념은 의존에 대한 관심을 다른 곳으로 분산시키기에 충분한 특권을 지닌 사람들이 제시한 가상의 창조물임을 강조한다. 개인의 비의존성에 기초한 평등으로 무엇인가를 포함시키려는 순간, 이것이 일반적으로 이해되는 단순한 평등이든 성평등에 대한 주장이든, 이는 또 다른 배제를 야기할 것이다.

여성은 여전히 평등을 원해야 하는가?

여성은 계속해서 평등에 대한 요구를 해야 하는가? 아니면 여성의 목표는 가부장적 가치에 경사된 철학이 아닌 다른 용어로 제시되어야 하는가? 한편으로, 비록 평등이 이론화되었다고 할지라도, 평등에 대한 과도한 강조는 인간의 삶에서 피할 수 없을 뿐만 아니라 심지어는 바람직할 수 있는 차이와 비대등성의 중요성을 간과한다. 다른 한편으로, 평등이라는 사상이 억압의 철폐, 자유와 정의라는 진보적인 이상과 관계되기 때문에, 평등에 대한 개념화 없이는 진보적인 의제가 존립할 수 있다고 보지 않는다. 페미니스트 이론가들은 -종종 상당히 정당한 문제제기였던- 평등의 **개념화**에 문제를 제기해왔다.

최근에 소개된 지배와 차이비판에 관한 많은 논평은 남성과 여성이 평등하게 세상을 함께할 수 있다는 열망을 담은 더 나은 방법을 모색하고 있다. 마사 미노우(Martha Minow)의 전략은 차이를 정의하는 규범에 대한 문제제기였다. 이 전략은 평등을 선호하여 차이를 억압하거나, 평등에 무게를 실어 차이를 저평가하지 않는다. 지배비판과 유사하게, 미노우에게 차이란 태어날 때부터 따라 붙는 특징으로 간주되는 것이 아니라 상대에게 차이가 있다는 꼬리표를 붙일 수 있는 권력이 누군가에게 주어지는 관계에서 발생하는 것으로 파악된다. 그녀는 평등의 개념화는 차이의 관계적인 특징과 평등의 요구에서 비롯된 권리를 필수적으로 이해해야 한다고 주장한다.[33]

다수의 법이론가들은 이러한 평등비판과 평등옹호 간의 장점을 놓치지 않는 방식으로 논쟁에 가세했다. 크리스틴 리틀톤(Christine Littleton 1987b)은 "차이를 넘어서는 평등(equality across difference)"을 주장했으며, 드루실라 코넬(Drucilla Cornell 1991)은 평등 대신에 등가성(equivalence)을 내세우는 모델을 제안했다. 그럼에도 불구하고 등가성 개념은 평등 개념을 거부하기보다 이를 세련되게 했다고 볼 수 있다. 데보라 로드(Deborah Rhodes 1989)는 **불이익 모델**(disadvantage model)을 주장했다. 그녀는 리틀톤과 유사하게 차이의 문제점은 차이가 가져오는 불이익이기 때문에, 어떤 이론도 차이를 없애려고 노력해서는 안 되며 단지 특정한 차이로 인해 발생하는 불이익을 제거해야 한다고 주장했다. 로드의 **불이익** 접근은 여성의 종속을 언급하지 않으면서도 여성과 남성의 권력 차이를 지적하는 입장으로 볼 수 있다. 이를 통해 법과 정책이 여성의 지위상 불이익을 개선해 줄 수 있는 방법을 찾고자 했다. 그럼에도 불구하고, 불이익을 제거하는 것도 평등화 하려는 전략의 하나일 뿐이다. 이러한 접근법 모두는 자유주의적 논법에 문제제기를 했을 때조차도 평등이라는 열망을 다시 한 번 확인시키는 것이다.

전통적인 방식의 평등 개념화에 머물러 있는 한, 평등은 앞으로도 잡히지 않을 것이라는 페미니스트 비판의 지적은 타당하다. 우리에게는 여성의 경험을 진지하게 수용함으로써 여성노동에서 발견한 인간

관계와 인간 삶에 대한 진실을 수용하는 개념이 필요하다. 다시 왈쩌 논의를 차용해볼 때, 우리는 평등이라는 꿈이 우리가 사는 세상의 가치와 규범에 의해 -상당 부분 권력을 갖고 있는 사람들에 의해 변질되는 가치와 규범으로- 조건화된다는 사실을 주목해야 한다. 의존인을 돌보는 사람이 여성이라고 할 때, 여성의 정당한 요구는 이러한 규범과 가치로 변질된 평등이라는 범주 밖으로 떨어질 것이다.

그렇다면, 그 다음은 무엇인가? 민주사회의 기초를 제공하는 정치적 이상을 포기해야 하는가? 여성은 애정어린 지원, 돌봄, 양육이라는 이상을 포기하고, 아이를 갖는 것을 부정하거나 일단 태어난 아이를 돌보지 말아야 하는가? 그리고 만일 여성이 포기한다면, 그러면 그 다음은 무엇인가? 누가 이 아이를 돌볼 것인가? 사회를 결속시키는 사회적인 관계와 양육의 필요성은 어떻게 생길 수 있는가?

어느 것도 선택지가 될 수 없다. 이 책은 의존과 양립할 수 있는 평등의 이해를 명확히 하는 데 있다. 또한 형평성에 대한 요구뿐만 아니라 관계의 요구를 포괄할 수 있는 평등의 이해를 분명히 하고자 한다. 의존인을 돌보는 여성의 기여는 분명한 가치를 만든다. 도덕 영역에서 이러한 기여는 돌봄의 목소리로 간주되었다. 그러나 이 목소리는 공적인 영역에서 너무나도 상습적으로 정의(justice)의 목소리에 의해 묵살된 목소리이다. 평등은 정의의 이상(ideal)이지만, 평등의 영역에서 돌봄의 가치와 미덕은 거의 감지되지 않았다.

페미니스트 이론가들은 모성적 관계에 근거한 도덕이론과 정치이론, 즉 돌봄관계의 패러다임을 만들기 시작했다.[34] 필자가 이 책에서 기획하는 도전을 감행할 수 있는 것은 이 장에서 논의한 평등주의 정책의 비판적 평가와 더불어 -평등주의 정책이 다른 위치에 처한 여성들에게 상이한 영향을 미친다는 가능성- 비평등주의에서 출발해 돌봄관계를 인정하는 윤리적 정치적 모델의 바탕을 다져온 페미니스트들의 노력이 있었기 때문이다. 백인 중산층 남성을 기준으로 추구되는 평등은, 다른 여성의 상당한 불평등을 대가로 일부 여성의 삶을 향상시킨다는 점에서 특히 주의해야 한다.[35] 종속된 사람의 노동과 그 가치에 대해서는 살펴보지 않고 지배집단의 좋은 결과물을 공유하자는 요구로 평등을 이해하는 것은, 단지 종속된 집단에 속하는 일부 구성원의 부담을 보다 힘없는 사람에게 ─모든 구성원에게 보다 공정하게 두루두루 짐을 분배하기보다─ 전가시키는 것 밖에 되지 않는다.

인간의존과 인간의존이 돌봄을 제공하는 사람들에게 미치는 영향을 고려함으로써, 진정으로 포용적인 페미니즘으로 가는 길 중간 장애물 속에서 하나의 길을 발견할 수 있다고 필자는 주장한다. 정의라는 이상으로 우리가 진심으로 의존의 요구와 평등의 목표를 모두 충족시키고자 한다면, 평등과 돌봄의 영역은 변증법적 관계로 진입해야 할 필요가 있다.

도덕적 측면에서 돌봄과 정의의 관계가 보다 정교화 될수록, 돌봄과 정의의 단순한 대조는 우리의 도덕적·정치적 일상의 요구에 충분하지 않다는 점이 보다 분명해진다.[36] 비록 길리건(Gilligan)이 두 가지 도덕적 목소리가 서로 대조된다는 점을 제시하였음에도 불구하고, 그녀는 어떤 맥락에서 상이한 이해 방식을 가진 소녀와 소년 사이의 상호작용을 설명한다. 소녀는 이웃 역할을 맡길 원하고, 소년은 해적 역할을 맡길 원한다. 한 가지 공정한 해법은 일정 시간 동안 해적 역할을 하고 난 후 동일한 시간 동안 이웃 역할을 하도록 서로 역할을 바꾸는 것이다. 하지만, 소녀는 또 다른 해법이 있다. 소녀는 이웃이 해적인 게임을 제안했다. 길리건은 소녀의 이러한 해법을 "공정"이라기보다 "포용"적인 방안이라 불렀다. 공정의 해법에서는, 첫 번째와 두 번째 게임 모두 서로의 역할이 고정된다는 점에서 애초의 게임 기획에서 벗어나지 않는다. 포용의 해법에서는 완전히 새로운 게임이 시작된다. 여기에 변화의 가능성이 존재한다. 여성이 해왔던 돌봄의 가치와 필요를 통합시키기 위해서는 평등을 진정으로 포용적으로 만들 전환점이 필요하다. 다음 장에서 필자는 이러한 평등 개념이 "우리 모두는 엄마의 아이다"라는 격언을 담고 있다고 제안한다.

제 1 부

사랑의 노동:
의존의 필요조건

제1장

의존과 평등의 관계

엄마의 아이라는 것에 대한 단상

엄마는 가족을 위해 저녁을 준비하셨다. 아빠와 나는 식사를 거의 마쳤고, 엄마만 식사를 못 마치셨다. 하루일이 다 끝났다는 탄식과 함께 망중한이 시작된다. 엄마는 그제야 식사를 위해 자리하셨다. 어깨를 으쓱 하시며 씁쓸히 웃으시다가, 반어적인 농으로 한 마디 하신다. "결국, **나도** 엄마의 아이야."

어릴 때 자주하시던 이 말씀을 필자는 이해하지 못했다. 철학을 공부한 여성으로서, 필자는 아이의 혼란스러움과 엄마의 메시지를 모두 잘 설명할 수 있기를 바란다. "**우리 엄마 또한 엄마의 아이다.**" 마치 홉스(Hobbes)가 "버섯처럼, 세상에 갑자기 나타난"(1966, 109)[1] 개인들의 사회계약을 보듯, 부모를 바라보는 한 아이에게 엄마의 메시지는 어김없이 현실이 된다. 그렇다. 모든 사람은 어느 엄마의 아이다. 대수롭지 않은 말처럼 들릴 수 있지만, 이 말은 자명할 뿐만 아니라, 누군가에게 정당한 자격을 부여하는 요구이다. 어린 시절 필자는 이러한 정당한 자격을 요구해야 하는 이유를 이해하지 못했다. 첫째, 필자는 조용히 앉아 한 끼 식사를 하고픈 엄마의 소망을 정당화해야 할 필요가 있다고 생각하지 못했다. 둘째, 엄마도 생각해보셨을 정당한 요구를 누가 묵살했는지 이해할 수 없었다. 엄마는 확신에 찬 그 메시지로 무엇을 전하려 했던 것일까? 그리고 왜 그녀 또한 한 엄마의 아이라는 사실이 -누군가는 뻔한 얘기라고 할지도 모르지만- 어떤 요구를 할 수 있는 근거가 될 수 있을까?

(엄마의 메시지에 혼란스러워 할 정도로 나이가 든) 아이로서 필자는 엄마가 식탁에 함께 하지 않는다는 점과 심지어 하루 종일 밖에서 일을 하고 귀가하시고도 우리의 뒷바라지를 해주셨던 점을 생각하면 마음이 편했던 건 아니었다. 엄마는 당신이 더 이상 돌봐줄 일이 없어 보일 때 비로소 당신의 일을 하셨다. 하지만 공평하게 보자면 아빠와 나도 이런 엄마의 모습에 저항하기도 했었다. 심지어 부엌일은 당연한 여성의 일이라는 생각이 머리에 박히신 아빠도, 엄마가 식탁에 같이 하지 않고 정성껏 만든 음식을 같이 드시지 않으려 하시는 것을 거북해하셨다. 하지만 우리의 저항은 하찮은 수준이었다. 우리는 엄마가 과한 이타심을 절제하기를 기대하지도, 아마 그렇게 하시기를 원하지도 않았다. 엄마가 당신 하시고 싶으신 대로 그렇게 하도록 두는 것이 우리에게는 분명 더 쉽고 편했다.

씁쓸한 유머 속에 숨겨진 뜻을 이해하기 하기 위해 나 또한 어엿한 성인이 되어야 했지만, 우리가 느꼈던 불편함은 엄마의 수수께끼 같은 금언(金言)을 묵시적으로 이해한다는 반증이었다. 많은 여성이 느끼는 사회적으로 여성에게 할당된 역할에 대한 모순을 나도 역시 몸소 부딪쳐야 했다. 이는 사랑이라는 이름으로 키우는 또 다른 성장을 지켜볼 때마다 밀려드는 기쁨에 딸려오는 묘한 모순이다. 이러한 모순은 우리가 타인의 필요를 돌보는 것이 우리 자신의 좋은 임무를 다한다는 소망에서 비롯된 것이면서도, 동시에 다른 사람은 우리가 제공하는 돌봄에 대해서는 그만큼 요긴한 것이라 생각하지 않는다고 느끼기 때문이기도 하다.

페미니스트 논의와 평등의 관련성에 대해서 고민하던 시기에, 필자는 어린 시절 저녁 식사시간을 기억하게 하는 다른 모습의 똑같은 표현에 깜짝 놀랐다. 당시 필자와 친구는 연방 대법관 지명자, 클래런스 토마스(Clarence Thomas)가 아니타 힐(Anita Hill)의 성희롱 사건에 대해 반론하는 장면을 지켜보고 있었다. 내 친구는 고용주의 성적 취향에 특히 취약할 수 있는 여성 입주 가정교사였다. 냉소적으로 토마스의 반론을 듣고 있던 중, 내 친구는 진실이 밝혀지기는 바라는 만큼, 토마스가 여러 사람들 앞에서 면박당하는 것이 그녀가 바라는 것도 그렇다고 힐이 바라는 것도 아니라며 한 마디 했다. "결국" "그 또한 어느 엄마의 아이다."

필자는 친구와 우리 엄마의 문화적 배경이 다름에도 불구하고 서로 비슷한 표현을 쓰는 것을 듣고 깜짝 놀랐다. 친구와 대화 속에서 그 의미는 명확했다. 토마스가 무슨 짓을 했더라도, 토마스를 돌봤었던 누군가가 있었으며, 그의 비행을 토마스를 돌봐준 이에게 비난해서는 안 된다. 즉, 토마스가 공개적으로 치욕 당하는 장면을 보고 가장 마음 아파할 사람은 토마스의 안녕과 행복을 가장 중요하게 생각했던 그 누군가이다. 힐에 대한 연민이 곧바로 토마스에게로 확대된 것이라기보다 그의 어머니를 매개로 그에게 확대된 것이다. 돌보는 사람과 돌봄받은 이의 운명 간의 관계는 예수(Christ)의 고통이 매리(Mary)의 고통으로 형상화된 슬픔의 성모(Mater Dolorosa)*에서 상징적으

---

* [역자 주] 슬픔의 성모: 슬픔의 어머니. 그리스도의 죽음에 비탄에 잠긴 성모 마리아 상.

로 드러난다. 비록 보편성을 들먹이는 것이 오늘날 진보정치의 눈 밖에 나는 것임에도 불구하고, 이러한 장면과 "엄마의 아이"라는 속성은 문화적 차이를 뛰어넘어 광범위하게 호소될 수 있는 무언가가 있어 보인다. 그것은 취약한 의존인과 그에 대한 돌봄에 녹아있는 관계이며, 돌봄을 받는 사람과 돌봄을 제공하는 사람 모두에게 공유되는 가치에 대한 것이다. 이 관계는 인간 사회 어디에나 존재하며, 어떤 소유권 이론가가 인간의 속성으로 들먹이는 그 무엇만큼이나 우리 인류에게 가장 본원적인 것이다.

자유주의적 개인주의와 남성중심의 사상에 비판적인 페미니스트 입장에서 평등을 바라본다면, "나 또한 엄마의 아이다" 혹은 "그 남자 역시 어느 엄마의 아이이다"라는 말은 "우리 모두는 -평등하게- 어느 엄마의 아이다"로 이해될 수 있다. 그리고 이 말 속에는 자유주의 정치철학의 기존 주류 개념의 대안이 될 수 있는 평등에 대한 요구가 담겨있다. 이는 도덕적·정치적 파장을 기대할 수 있는 요구이다. 기존의 평등 개념과 다르게, 이 요구는 한 개인으로서 그에게 속하는 속성을 주장하는(샤일록(Shylock)＊을 생각해보라) 개인("유태인은 양손이, 내장이, 몸뚱아리가, 감각이, 애정이, 열정이 없소?")이나 인간의 평등한 지위("같은 음식에 배가 부르고, 같은 무기에 상처 입으며, 같은 질병에 걸리는가 하면, 같은 걸로 치유 받고, 같은 겨울과 여름에 더위와 추위를 느끼지 않겠소, 기독교도들처럼 말이오")를 전제로 하지 않는다. 평등에 관한 철학이론은 개인이 소유한 신체나 열정보다는 이성적인 존재로서의 인간 속성에서 시작함에도 불구하고, 어찌되었든 결과는 동일하다. 인간이 갖는 공통된 속성을 근거로, 우리는 평등한 대우, 복지, 기회, 자원, 사회적 가치(재화

＊ [역자 주] 윌리엄 셰익스피어 작 『베니스의 상인(*The Merchant of Venice*)』 3막 1장, 55-78행.

social goods) 혹은 가능성(capabilities)을 주장한다.[2] 팔다리와 각종 장기가 있고, 추위와 기아에 취약하고, 이성적이라는 것은 존재하는 한 개인이 어떤 사람이냐는 특징이다. 반면, 필자의 엄마는 다른 **누군가**가 지닌 속성을 그녀의 속성으로 끌어들임으로써 평등을 주장한다. 그 다른 사람이 바로 그녀를 돌봐준 사람이었기 때문에, 그녀는 엄마의 아이다.

모성적 지혜의 심연(深淵)을 탐구하면서, 필자는 평등에 대한 페미니스트의 이해에 일조할 수 있겠다는 희망을 품었으며, 이를 통해 계몽주의의 자기 근원적(self-originating) 개념을 비판하게 되고, 그 결과 페미니즘의 난제 ─페미니즘 자체가 평등이라는 계몽주의적 사상의 산물이라는 점─ 를 풀 수 있다는 기대를 갖게 되었다. 필자의 개념이 완전히 새롭다고 자신하지는 않는다. 그러나 필자는 엄마의 아이라는 속성이 평등에 던지는 함의를 고려함으로써, 새로운 개념의 윤곽을 이해할 수 있을 것이라 확신한다. 그렇다. 이 말은 모든 사람 사이의 유사성을 정의한다. 하지만 인간 사이의 모든 유사점이 도덕적·정치적 평등을 요구하는 근거가 되는 것은 아니다. 이러한 관계가 도덕적·정치적 요구의 근거가 될 수 있을지에 대한 답은 의존인과 돌봄 제공자의 관계까지 가지 않더라도, 엄마와 아이의 관계를 예로 들어 보다 면밀히 먼저 검토한 후 제시하고자 한다.

우리는 들어온 문으로 나갈 수 없다.

매리 안 메이슨(Mary Ann Mason 1988)은 이혼 경험이 있는 백인 중산층 여성으로서 자신의 위치에 대해 서술하며 아래와 같이 썼다.

아이가 있는 가정은 평등하지 않으며 엄마뿐만 아니라 아빠와 아이까지 모든 구성원이 바깥세상으로부터 물리적으로 보호받고 정서적으로 지지를 얻기 위해 서로에게 의존하고 상호 지원하는 사회이다. 각 구성원의 기여는 연령과 반복 횟수에 따라 다양하지만, 누구도 점수를 매기지는 않는다(Mason 1988, 15).

이러한 불평등하고 성별화된 구조는 공적 정치경제 질서에 참여하는 사람에게 권리와 자유를 분배하는 정치경제 기제 속에 내재해 있다.

메이슨이 주목한 바는 많은 것을 전제한다. 가정 밖에 있는 사람은 가정 밖에 있는 다른 이들과 동등하게 취급되어야 하지만, 가정은 실제로 가정 내 모든 구성원을 보호해야 하며, 가정 내 가족관계는 성별화되어 있다. 이러한 전제는 면밀한 검토가 필요하다. 왜냐하면 비록 평등의 실현이 완벽하지 않다 하더라도, 평등이 공적 질서의 수사를 이루고 있기 때문이다. 여기서는 평등이라는 수사에 우리의 논의를 제한할 것이다.

평등은 그 자체로 개인 각자의 도덕적·정치적 완결성이라는 이상이 투영된 것이지만, 비록 우리 모두는 개인 자격으로 결혼을 함에도 우리가 여성이라면, 특히 아이가 있는 여성이라면 더더욱, 우리는 들어온 문으로 나갈 수 없다는 것이 메이슨의 의미 있는 지적이다.

이런 상황에서 젠더 비대등성(asymmetry)은 매우 중요하다. 이것은 노동분업의 젠더 비대등성에 기인한다. 남성이 아버지가 될 때 -그들이 선택을 하든지 혹은 그들이 속해있는 사회에서 그들에게 책임을 부과하든지 간에- 경제적 생계책임을 맡게 되는 것은 사실이다. 일단 생계부양자로서의 책임이 할당되면, 남성도 들어온 문으로 나갈 수 없을 것 같다. 대부분의 남성은 그 책임을 다하지만, 많은 다른 남성은 그 책임을 버리기도 한다. 우리는 모성애에 따라붙는 사명감을 왜 조달자(provider)로서 자신의 가족과 의무를 포기하는 남성의 심리변화

만큼 사회에서 널리 인정하고 있지 않은지 이해하고 싶다. 아이에 대한 생계부양의 책임을 저버리는 남성의 도덕적 양심 속에는 어느 정도의 의무감이 남아 있을까? 그 결혼이 재혼일 경우에도 말이다. 아마도 남성과 여성의 차이는 다음과 같은 인식에 있다. 돌봄제공자는 대체가 불가하지만, 생계부양자는 대체가 가능하다. 심리성적(psychosexual) 차이,[3] 또는 부모 역할에 대한 사회화의 정도 차이가 이러한 부조화를 설명한다. 여성의 경우와 남성의 경우에서 자식을 버리는 공통의 동기는 -다른 사람을 사랑하거나, 직장문제이거나, 자포자기 상태이거나, 매우 어려워서 돌봄을 제공할 수 없는 처지이거나 등- 극적으로 다르게 이해된다.[4] 이러한 젠더 비대칭성은 계급과 사회적 지위의 차이를 가로질러 나타난다. 극단적인 상황에서도 여성이 돌봄책임을 양해받을 수 있는 경우는, 단지 좋은 돌봄과 생활을 지원할 수 있는 곳으로 아이를 보내는 경우에만 해당된다.[5]

책임의 기대와 할당이 변하는 혹독한 조건을 예외로 치면, 일단 여성이 아이를 갖게 되면 -혼외의 아이든 그렇지 않든- 그녀는 예전의 개인이 더 이상 아니다. (도로시 파커(Dorothy Parker)는 "아이를 갖는 것의 애로점은, 일단 생기면 아이가 있어 생긴 애로점이 된다"고 말했다) 심지어 출산 이전에도 여성은 가족 내 돌봄제공자 역할에 대한 기대로 사회화된다. 이 기대는 계급적, 민족적, 그리고 인종적 맥락에 따라 다소 다르겠지만, 이는 가정 밖에서 여성이 마주하는 경제 현실과 가정 내 여성에게 전가된 역할을 통해 대부분 만들어진다. 이러한 실상(實像)은 의존인을 돌보는 책임 -떠맡든 혹은 부과된 것이든- 에 달려있다.

개인의 자존감과 도덕적 완결성은 평등에 대한 열망으로 완성된다. 따라서 이 열망은 포기될 수 없거나 포기해서도 안 되는 열망이다. 하지만 사회가 상호혜택과 자기이해를 위해 자발적인 선택의무로 결속한 사람들의 결사체로 이해되는 한, 사회는 인간의존이라는 사실이 만드는 난제와 딜레마를 이해할 수 없다. 비트겐슈타인(Wittgenstein)에 따르면, 그것은 우리를 사로잡은 영상(映像)일 뿐이다. 인간 사회의 유대는 단지 자발적으로 자신의 의무를 받아들일 수 있는 사람들 그리고 서로의 협동으로 혜택을 볼 수 있는 대등한 위치에 있는 사람들로만 구성되는 것이 아니다. 의존인은 그러한 위치에 있지 않으며, 의존인을 돌봐야만 하는 사람들 역시 그렇지 않다. 의존에 대한 책임이 주로 여성에게 편중되어 투하되는 한, 평등으로 해석될 수 있는 어떤 개념도 불평등하게 주로 여성의 열망을 좌절시킬 것이다.

만일 우리가 사람을 개인화된 개체 혹은 개인으로서 그들이 갖는 합리성과 이익의 관점에서 생각하지 않고, 인간이 돌봄과 관심의 관계 위에서 존재한다고 생각한다면, 우리는 이러한 관계의 공통된 특징을 고려하게 된다. 이러한 공통점은 우리에게 익숙한 **개인에 기초한**(individual-based) 평등이 아니라 **관계에 기초한**(connection-based) 평등의 기반이 될 것이다. 관계에 기초한 평등에 대한 질문지에는 다음과 같은 질문이 존재하지 않는다. 즉, 동등한 나의 지위로 인해 나에게 주어지는 정당한 권리는 무엇인가? 나에게 정당한 이러한 권리가 평등한 지위를 갖는 다른 모든 사람의 권리와도 일치하는가? 대신, 이러한 질문이 가능하다. 내게 의존하는 사람의 필요를 보살피고, 그들의 필요에 응답하면서 내 자신도 좋은 돌봄을 받고 나의 필요도 반영되려면, 타인에 대한 나의 책임은 무엇인가?

이러한 평등의 재개념화는 인간관계에서 의존의 중심성, 의존이 낳은 취약성에 대한 도덕적 의무감, 그리고 이러한 의무감이 사회적·정치적 조직에 미친 영향에 기반한다. 인간조건의 특징으로서 의존은 사회제도를 구성하고 공정한 제도를 담보하는 도덕적 통찰에 중요한 함의를 갖는다. 흄이 이해하고 롤즈가 강조한 정의론은 정의를 필요한 것으로, 동시에 이를 성취할 수 있는 것으로 만드는 인간의 조건에 의해 조성된다. 자원의 부족도 인간의 그러한 조건인데, 왜냐하면 적어도 부분적으로 사회제도는 그러한 부족에 대응하는 방식이기 때문이다. 하지만 어떠한 사회도 어린아이를 돌보는 사람이 없다면 한 세대를 넘어 지속될 수 없다는 점은 아주 명백하다. 경제적, 지리적 혹은 기후적으로 혹독하고 처절한 악조건을 감내하며 살아가는 사람들을 제외한다면,[6] 어떠한 사회도 어린이뿐만 아니라 환자, 장애인, 노쇠한 어르신을 돌보는 사람들이 없다면 십 년을 버티지 못할 것이다. 많은 도덕이론이 사회 전체에 대한 혹은 특정한 개인에 대한 어떤 도덕적 의무감을 정당화하기 위해 활용될 수 있고 또한 활용되고 있지만, 돌봄을 제공하는 사람과 의존인에 대한 의무감은 도덕적, 정치적 혹은 법리적 논의에서 자취를 찾아볼 수 없었다. 감상적으로 여겨질 뿐만 아니라 전반적으로 천대 받아온 의존노동은 성별을 따라, 심지어는 여성들 안에서도 불평등하게 분담되었다. 의존노동자에 대한 무관심과 이와 결합된 의존노동의 봉쇄는 돌봄이 필요한 사람에 대한 우리의 의무를 돌봄을 받는 사람뿐만 아니라 돌봄을 제공하는 사람의 도덕적 가치를 외면하는 착취 시스템[7]의 부분으로 만들어 버린다. 도덕적으로나 사회적으로 볼 때, 이 같은 착취 시스템을 정상으로 생각하는 사회는 평등이 조성되는 사회라 할 수 없다.

왜 의존노동이 필요한지, 왜 진정한 평등을 위해 어제와 다른 정치적·사회적 노력이 필요한지 이해하기 위해서는, 우리는 우선 먼저 의존인과 인간의존에 내재된 관계를 살펴야 할 것이다. 필자는 다음 절에서 의존의 특징과 의존이 내포하는 사람들 사이의 관계적 특징을 규명하려 한다. 그리고 이후의 절에서는 의존관계 내의 그리고 의존관계를 둘러싼 도덕적 주장을 살펴보고, 의존관계와 양립하는 평등을 제안하고자 한다.

인간의 조건, 의존

의존은 모든 개인의 삶에서 피할 수 없다. 파인만(Fineman)은 유아기, 환자, 장애인 그리고 허약한 노인기를 "불가피한 의존(inevitable dependencies)"이라 불렀으며, 의존을 생물학적으로 본질적이라고 여겼다.[8] 그러나 문화적으로나 생리학적으로 보더라도, 어린아이, 병약자, 장애인,[9] 허약자가 의존적이라는 점은 명확하다. 다양한 사회나 역사를 간략히 참고하더라도 말이다. 이 책에서 필자는 서로 다른 문화에서 다양하게 구현되고 있는 기준을 고려할 것이다. 또한 유사하게, 의존인에 -의존인 역시도 문화적이고 생리학적인 혼합 요인에 의해서 구성된다- 대한 의무감의 이해가 그 자체로 문화적이고 물질적인 조건에 의해 형성된다는 점을 지적하려고 한다.

그럼에도 불구하고, 의존이 생존 혹은 성장에 있어서 피할 수 없다는 점은 인간의 생(生)에 있어서 명확한 사실이다. 영유아의 미성숙, 편의가 제공된 환경에서도 기능적으로 제 역할을 다하지 못할 수밖에 없는 장애인과 병약자, 노쇠한 어르신의 허약함은 모두 피할 수 없는 의존의 예이다. 여기서의 불능은 의지나 욕구로 결정되는 것이 아니라, 사회적 환경이라는 변수와 결합한 생물학적 요인으로 결정된다. 덜 분명한 조건 역시 우리를 의존적으로 만든다. 전적으로 의존이 필요한 시기를 한참 벗어난 아이들도 성장하기 위해 여전히 타인에게 의지해야만 한다. 심지어 생명에 위협이 되지 않는 질병 역시 상당 기간 동안 의존을 야기한다. 게다가, 특정한 조건 아래에서는 상대적으로 경미한 장애 정도로도 일시적이거나 영구적으로 의존적이 될 수도 있다.

위와 같은 점은 인간 존재에 관한 엄연한 사실이다. 의존이라는 것이 근본적인 방식으로는 문화적으로 조건 지어짐이 사실이지만, 동시에 생(生)과 사(死)를 생명(生命)이 붙어 있는 모든 유기체가 피할 수 없듯이 인간의 의존도 피할 수 없다. 도덕적 감정과 애착 능력을 갖춘 인간을 위한 긴 발육 과정은 의존인에 대한 돌봄을 인간애(humanity)의 표징으로 만들 수도 있다.

그렇다면 의존은 **예외적인** 조건이 아니다. 의존을 예외적인 것으로 간주하는 시각은 인간 생존뿐만 아니라 인간 문화의 발전이라는 목적을 위한 인간 상호관계성의 중요성을 간과하고 있다. 필자는 논쟁의 대상이 될 수 없는 의존의 모습을 강조한다. 하지만 인간의존에 대한 관심은 인간의 상호관계성이라는 방대한 영역을 포함한다. 가장 명확한 의존 사례의 함의를 이해한다면, 우리는 인간 상호관계의 전 범위를 살펴볼 수 있게 될 것이며, 이러한 상호관계를 반영하는 도덕적·정치적 개념의 필요성을 이해할 수 있게 될 것이다. 이것이 필자의 소망이다. 우선, 우리는 사회적인 고려와 기술적인 제약에 따라 의존에 대한 이해가 달라지는 것과 무관하게, 의존인의 취약성으로 말미암아 누군가는 필연적으로 이들을 돌봐줘야 하는 조건이 조성된다는 점을 살펴볼 것이다.

의존노동, 의존노동자, 대상자

필자는 의존인을 보살피는 임무를 **의존노동**이라 불러왔다. 이는 종종 돌봄이라 언급되기도 하지만 필자는 의존인에 대한 돌봄이 **노동이**

라는 점을 강조하기 위해 **노동**(work)이라는 단어를 선택했다.[10] 의존노동은 전통적으로 여성이 전담해 온 활동의 특징을 공유한다. 예를 들어, 페미니스트들이 노동으로 강조했던 감성노동(affectional labor)은 돌봄의 성격이 있고 여성적이라는 점에서 의존노동과 중첩되지만, 의존노동과 같지 않다. 형편없는 의존노동은 감성 없이도 실행될 수 있으며, 성적 특성(sexuality)이 의존노동에서 반드시 문제 되지는 않는다.[11] 더욱이, 의존인이 아닌 사람에게도 감성노동을 할 수 있다. 예를 들어, 심신 기능이 온전한 남편에게 제공하는 아내의 아낌없는 감성과 의존인에 대한 노동은 다르다. 가사노동처럼 종종 의존노동과 관계된 가사일 역시 의존노동이라 할 수 없다.[12] 의존노동은 가정에서 뿐만 아니라 병원에서도 이뤄진다. 물론 여전히 감성노동[13]과 가사노동은 여성 몫이며, 의존노동 역시 여성에게 전가된다.

필자는 유급 의존노동과 무급 의존노동의 중요 차이점을 부인하려는 것이 아니다. 하지만 비록 오늘날 유급이 된 의존노동도 동시에 가족에 대한 여성의 의무로 채워진다는 점을 놓치지 말아야 한다. 그렇기 때문에, 현재 의존노동이 유급이건 무급이건 상관없이, 의존노동 모두에 공통된 특징과 그것이 갖는 도덕적·사회적·정치적으로 중요한 함의를 규명할 수 있다.

필자는 의존노동을 하는 사람을 **의존노동자**(dependency workers)라 부른다.[14] 의존노동자는 자신의 에너지와 관심을 의도된 수혜자, 즉 **대상자**(charge)에게로 향한다.[15] 필자는 의존노동자와 돌봄대상자 사이의 **관계를 의존관계**(relationships of dependency, dependency relationships, dependency relations)라 부른다.

필자가 여기서 사용하는 **대상자**는 "다른 사람에 의해 돌봄, 보호, 관리 혹은 지원되도록 헌신되거나 위탁된 사람이다"(Webster's New

International Dictionary, Third Edition, 1967). 사전적 정의에서 수동태가 사용된다는 점은 시사적이다. 대상자의 돌봄 혹은 관리를 맡거나 수행하는 제3자의 존재를 의미하며, 결과적으로 제3자의 임무 수행은 대상자의 권한이나 능력 밖에 있다는 점을 함의한다. 누군가가 이 일을 하거나 떠안지 않는다면, 대상자는 생명을 존속할 수 있는 자원을 박탈당하는 것이 된다. 왜냐하면 대상자는 주어진 조건에서 -혹은 아마 어떤 환경에서도- 도움을 받지 않고서는 생존하거나 기능할 수 없기 때문에, 돌봄과 보호를 위해 누군가의 **책임 안에** 있어야만 한다. 의존인에 대한 돌봄책임을 담당하고 있는 의존노동자는 그 임무에 대한 책임을 충족시키는 데 필요한 권한과 권위가 있어야 한다. 필자가 의존인을 대상자라 표현하는 이유는, 의존노동자의 역할에 수반되는 책임과 의존인의 좋은 삶과 그에게 맞는 최선의 이익을 위해 누군가가 활동하는 방식을 강조하기 위해서이다.

의존노동의 패러다임

의존노동의 필요조건과 도덕적 의미를 이해하기 위해서, 우리는 전형적인 의존관계에서 나타나는 의존노동을 고찰해볼 필요가 있다. 이러한 패러다임을 관찰해보면 의존노동이 잘 이뤄지고 만족스러운 경우 의존노동의 두드러진 특징을 포착할 수 있다.

잘 이뤄진 의존노동은 제인 마틴(Jane Martin)의 "3C"로 특징된다. 즉 돌봄(care), 관심(concern), 그리고 관계(connection)이다.[16] **돌봄**은 취약한 상태에 있는 타인을 수발하는 노동이다. 이 노동은 친밀한 사람들 간의 결합을 지속시키거나 혹은 그 자체로서 친밀함과 신뢰를 만드는, 즉 **관계**이다. 그리고 정서적인 끈인 **관심**은 일반적으로 관계를 유지시킨다. 이러한 관계가 금전적인 교환을 포함한다고 할지라도 말이다. 의존노동자에 있어서 대상자의 좋은 삶과 성장은 의존노동의 첫 번째 목적이다.[17] 즉, 대상자의 안녕은 의존노동자의 책임이다. 이것이 바로 의존노동의 전형적인 모습이다.

이러한 전형에서 몇 가지 명확히 해야 할 점이 있다.[18] 첫째, 필자의 방식대로 의존노동을 정의하게 되면 호혜적 돌봄(reciprocal care)을 배제하는 것처럼 보일 수 있다. 전형적인 사례를 보면, 돌봄을 받는 사람은 스스로를 돌볼 수 없으며, 그렇기 때문에 의존상태가 지속되는 한, 다른 사람을 돌볼 수 없다고 간주되기 때문이다. 하지만 돌봄 관계의 상호의존은 단지 가능할 뿐만 아니라 일반적이다. 또한 동시에 호혜적일 수도 있다. 어느 한 당사자도 지나치게 무력하지 않다면, 혹은 당사자들이 서로 다른 의존적 특징을 보이거나 혹은 일정한 시간이 흐른 후 호혜성이 나타나는 경우라면, 호혜는 발생할 수 있다. 돌봄을 하는 사람과 돌봄을 받는 사람 사이의 역할이 교대되는 방식의 호혜는 단지 전형적인 사례의 변형에 불과하다.

두 번째, 필자는 의존노동에 대한 책임이 언제나 한 사람 개인의 몫인 것처럼 말해왔다. 이는 우리 사회에서 돌봄이 제공되는 일반적인 모습을 반영한다. 즉, 의존노동이라 일컫는 것은 한 사람이 그것의 여러 측면을 수행하기를 기대하는 노동이다. 이 노동이 합리화되고 전문화되어온 곳에서는, 이 노동은 의존노동으로 인식되지 않을 수도 있다. 전통적으로 가정 내 여성의 무급노동이었던 간호(nursing)는 가정 밖으로 나갔을 뿐만 아니라 다양한 모습과 세분화된 기능으로 분화되었다. 모든 간호가 다 그렇지 않지만, 일부 간호노동은 기본적인 의미에서 보면 여전히 의존노동이다. 의존노동은 분담될 수 없는 본질적인 이유가 있는 것이 아니다. 따라서 특정 개인이나 특정 소수에게 한정되지 않고 돌봄의 책임이 분담되어야 하는 것은 필수적이다. 그렇게 되지 않는다면, 돌봄제공자가 실제로 아무도 돌보고 있지 않는 순간에도 누군가는 의존인을 돌보고 있다고 생각할 수 있는 위험성이 존재한다. 의존노동의 정당한 분배에 대한 우리의 논의는 돌봄책임을 분담하는 것이 가능하다는 전제로부터 시작한다. 종종 누군가를 돌보는 책임을 혼자서 감당한다는 것은 너무나도 가혹한 짐이 될 수 있다. 책임을 분담하는 것만으로도 의존노동을 비착취적으로 만들 수 있다.

마지막으로, 의존노동자라 부르는 것은 아마도 의존노동이 잘 분배되어 의존노동이 노동자로서의 명확한 계급을 상정하는, 특정 사람, 특정 계급 혹은 특정 젠더에서 담당하는 평생의 일이 되고 있다는 점을 제안하는 것처럼 보일지 모른다. 사실, 이 모습이 현재 보여지는 모습이다. 하지만 이러한 종류의 노동과 노동자를 정의함으로써 분배의 문제를 외면해서는 안 된다. 후술하겠지만 재검토되어야 하는 것은 다름 아닌 지금 벌어지고 있는 의존노동의 분배이다.[19] 의존노동은 다양한 모습으로 분배되며 분담해서 할 수 있다. 하지만 한 사람이 자신에게 의존하는 누군가를 돌보는 책임을 지고 있는 한, 필자는 이 사람을 의존노동자라 부른다.

실천으로서 의존노동

의존이 인간조건에 내재한 것이라 하더라도, 의존노동은 일반적으로 실천으로 실재한다.[20] 돌봄의 조건, 성공, 실패 그리고 의존노동의 특징인 돌봄, 관계, 관심의 구체적인 집행은 실천에 달려있다. 필요, 취약성, 응답의 적절성은 확실한 실천으로 구성되지 않는다면, 모두가 평가 대상이다. 하지만 모든 실천은 그 자체가 필자가 언급하고 있는 본질적인 의존을 충족시키기 위해 시작된다.

사라 러딕(Sara Ruddick)이 설명한 바, 모성적 실천(maternal practice)은 의존노동의 전형을 보여준다. 러딕은 모성적 실천의 세 가지 특징을 규정했다. 보존을 위한 사랑, 성장 증진, 사회화 준비이다. 이러한 모성적 실천을 수행하는 것이 의존노동이다. 그럼에도 불구하고, 의존노동의 모든 측면이 이러한 실천 목록으로 규정될 수 있는 것은 아니다. 노쇠한 어르신 돌봄을 생각해보자. 보존을 위한 관심과 존경은 아마도 보존을 위한 사랑보다 더 많을 수 있다. 그리고 어떤 문화에서는 보존을 위한 행위를 수반하는 감성으로 존경심이 더 선호된다. 노인돌봄은 양육을 통해 성장을 증진시키기보다 자족능력과 자존감 회복을 목표로 한다. 노인돌봄은 사회화에 대한 준비라기보다, 사회로부터의 이탈과 왕성한 시기에 성취했던 자존감의 유실을 최소화할 것을 요구한다.

중증 발달장애아에 대한 돌봄실천은 "온전히" 성장하는 아이들에게 필수적인 모성적 돌봄과는 차이를 보이는 의존노동의 또 다른 전형을 보여준다.[21] 제7장에서 이러한 차이를 자세히 논의할 것이다. 여기서 언급하려는 점은 중증장애아의 사례에서 보존을 위한 사랑과 관심은 돌봄대상자에 대한 하루도 빠지지 않는 심신의 진력을 쏟아야 하는 평생의 가담을 필요로 할 수 있다는 점이다. 성장증진 역시 평생의 과업이지만, 성장이라는 개념은 전혀 새로운 의미를 만든다. 수용을 향한 사회화가 장애대상자의 발달 훈련에 대해서는 노력을 덜 기울이지만, 사회적 수용에 대한 기대치와 그 정도를 조정해가기 위해서는 더 많은 노력을 포함한다. 그렇기 때문에, 서로 다른 실천이 의존노동자에 대한 상이한 요구를 구성한다.

의존관계에서 불평등, 지배, 그리고 취약성

의존노동자는 대상자에 대한 책임이 있지만, 의존관계에서 대상자의 안녕을 위한 것을 제외하고는 의존노동자의 권력 행사는 정당화되지 못한다. 또한 돌봄대상자의 경우, 비의존적인 사람과 비교해볼 때, 그들의 의존 사실로 말미암아 의존노동자의 행동에 취약하다.22 의존노동자가 자신의 의무를 저버린다면, 대상자의 운명은 풍전등화의 처지가 되며, 그렇기 때문에 모종의 개입이 이뤄져야 한다. 하지만 의존관계의 미묘함은 섬세한 개입 방식을 요구한다.

이 점에서 의존관계에서 **권력 불평등**(inequality of power)과 권력 불평등 관계에서 **지배**(domination)를 구분하는 것은 유용하다. 의존관계에서 권력 불평등은 상존한다. 하지만 모든 권력 불평등이 지배에 해당하는 것은 아니다. 지배는 다른 사람에게 그의 이해에 반하여, 그리고 어떤 도덕적 정당성 없이 권력이 행사되는 것을 의미한다. 지배자가 휘두르는 권력 남용을 지배의 특성으로 밝히면서, 사라 러딕은 "비유하자면 지배자는 피지배인을 소유의 대상인 것처럼 대한다"고 표현한다. 그녀는 다음과 같이 기술한다.

> 지배자들은 그들이 지배하는 이들을 깊게 돌보기도 한다. 그들은 지배가 궁극적인 행복과 아마도 심지어 피지배자들의 생존을 위해서 필수적이라고 믿는다. 돌봄지배자들이 자애롭고 심지어 온화한 심성을 지녔을 때, 그들과 피지배자들 모두 자신의 관계를 인식하지 못할 가능성이 있다. 하지만, 지배하려는 목적은 피지배자들 쪽에서 지배자들을 혼란스럽게 하는 계획이나 꿈, 애착과 성적 욕망을 발전시킬 때 확연히 드러난다... 자신과 맞지 않는 의지와 대면했을 때, 심지어 자애로운 지배자들조차 소유권을 확인하려 하거나 소유자와 대상물의 관계를 주장하려 한다(Ruddick 1995, 213-14).

지배는 부당한 권력 행사다. 이는 본질적으로 정의롭지 못한 것이다. 돌보는 혹은 돌보지 않는 관계로서 의존관계의 특징과 의존관계의 도덕적 특징은, 적어도 부분적으로 의존관계에 있는 당사자들이 의존인의 취약성과 의존노동자의 취약성에 대해 어떻게 대응하느냐에 따라 결정된다.[23] 권력 불평등은, 만약 그 관계가 지배관계로 변질되지 않는다면, 정의뿐만 아니라 돌봄과도 양립할 수 있다. 의존관계가 보살피는 관계가 되어야 함은 배타적이지는 않더라도 전반적으로 의존노동자의 책임이다.[24] 의존관계가 지배의 관계가 되지 말아야 함은 의존노동자와 대상자 모두에게 똑같이 부여되는 책무이다.

의존노동자와 대상자 모두 의존관계를 지배관계로 전환시킬 수 있다. 의존노동자는 취약한 대상자를 지배하기 수월한 위치에 있다. 의존노동자의 지배적인 행동은 강한 도덕적 비난의 대상이 된다. 이러한 비난이 종종 심하지 않은 경우도 있지만 말이다. 반면에, 우리가 다른 누군가의 행동에 거부감과 고통을 표현하거나 다른 사람과의 상호작용에서 분노를 표출하는 일반적인 방식은 매우 취약한 사람들을 대할 때는 제한된다. 대상자 자신이 의도하지 않은 경우에도 지배적이 될 수 있으며, 의존노동자는 몸이 아파도 제대로 보호받지 못할 수도 있다.[25] 더 나아가, 대상자는 거짓으로 필요를 만들거나 의존관계를 통해서 형성된 필요, 관심, 그리고 필요를 남용함으로써 독재자로 행동할 수 있다. 메를린 프라이(Marilyn Frye 1983)는 "누군가의 것을 자신의 것으로 전용하는" 사람에 대해 말한다.[26] 누군가의 것을 자신의 것으로 전용하는 것은 자신을 위해서 노동을 해주는 타인의 성심을 인정하지 않는 것이다. 이것이 바로 의존노동자의 취약성이다. 대상자가 의존노동자에게 의지하기 때문에 그리고 이러한 의존관계를 통해서 형성된 유대관계 때문에, 의존노동자는 그 자신의 노동이 다른 사람의 것에 전용되는 남용에 취약해지게 된다.

다른 사람의 것을 자신의 것으로 전용하는 것의 위험성은 대상자의 지위(의존인으로서의 위상과 별개로)가 의존노동자보다 높을 때 보다 분명하게 드러난다(예를 들어, 특권층의 어린 학생을 돌보는 이주 하인을 생각하라). 남성지배가 팽배한 상황에서 지위의 불평등은 여성이 자신의 아들을 돌보는 현장에서 발견된다는 점을 주목할 필요가 있다.[27] 동시에 모든 아들이 자신이 태어난 사회에서 동일한 가치평가를 받고 있는 것은 아니다. 평가 절하된 집단의 구성원인 아들과 어머니의 관계는 그 자체로 매우 복잡하다.[28]

전형적인 모습의 경우, 의존노동자는 책임을 다해야 한다는 대상자의 도덕적 주장을 제외하면, 대상자는 의존노동자에게 어떤 권한이나 권력을 행사하지 못한다. 이와 유사하게, 의존노동자도 자신의 권력을 남용하지 않고 대상자의 이해관계를 위해서만 행사하게 된다. 그렇게 되면, 의존관계는 불평등한 권력을 갖는 개인들 간 관계이지만 그 자체로 지배관계는 아니게 된다. 의존노동자와 대상자의 불평등은 사회적 지위와 관련되고 심지어 삶과 죽음을 관장하는 권력과 관련됨에도 불구하고, 이는 가능성이 될 수도 있다. 비록 의존노동자와 대상자가 도덕적으로 평등하지 않다 하더라도, -대상자가 일시적 혹은 항구적으로 도덕적 응답을 할 수 없다는 점은 당연하다- 핵심적으로 의존관계는 한편으로 의존인의 취약성에서 발생하는 요구, 그리고 다른 한편으로 의존인의 필요를 충족시키기 위한 의존노동자의 특수한 지위에서 발생하는 요구에서 비롯된 도덕적 관계다.[29]

의존노동자와 대상자의 관계는 신뢰의 관계라는 점은 중요하다. 대상자는 의존노동자가 책임을 다할 것이며, 자신의 취약성을 존중해줄 것이고, 책임을 완수하기 위해 부여된 권한과 책임이 무엇이든지 간에 그것을 남용하지 않을 것이라 신뢰해야 한다. 역으로, 의존노동자도 대상자가 자신의 필요 이상의 요구를 하지 않으며, 의존노동을 통해서 형성된 애착을 남용하지 않고, 의존노동의 결과적인 취약성이나 의존노동에 가담하고 있는 돌봄제공자에게 미치는 취약성을 착취하지 않는다는 확신이 있어야 한다.[30] 물론 이러한 신뢰관계는 종종 무너지며, 이는 의존노동자와 대상자가 인지하는 것보다 더 많아 보이기도 한다.[31] 하지만 이러한 신뢰가 충분히 존중받지 못한다면, 어떻게 의존인을 돌본다는 노동이 성공적으로 그 목적을 달성할 수 있을지 상상하기 어렵다. 쌍방에게 요구되는 섬세한 감정적 균형과 절제, 그리고 돌봄을 완수하기 위해 필요한 막대한 감정 에너지의 소진은 신뢰를 요구하는 의존노동자와 대상자 간의 감정적인 관계를 보여준다.[32]

이 관계에서 감정과 신뢰 모두가 매우 중요하기 때문에, 의존관계에서 형성된 유대는 우리가 경험하는 가장 중요한 유대 중 하나이다. 종종 돌봄노동을 이러한 관계에 주입하려는 것은 잠복해 있는 감정적 유대에 길을 잇는 우리 자신의 자아 경계를 이완시키는 것처럼 보인다. 이러한 유대관계는 인간 공동체의 유대관계를 넘어서고, 특히 이 관계는 적절한 돌봄으로 의존관계를 "완수"하는 생명체를 포함한 모든 감정적 피조물에까지 확대된다.[33] 이러한 관계가 실패할 때, 돌봄대상자의 안위는 곧바로 위태로워질 뿐만 아니라 심리적 불안감도 매우 높아진다. 이러한 감정적 유대에 균열이 발생하면 의존노동자 역시 상처를 입는다.

자신의 행복을 전적으로 아들에게 투사했던 어머니의 배신감이 글로리아 네일러(Gloria Naylor)의 소설 『브루스터플레이스의 여자들(The Women of Brewster Place)』에서 잘 묘사된다. 마티(Matte)는 술집에서 싸우다 살인한 청년의 어머니이다. 그녀의 아들은 그녀의 집을 담보로 보석으로 풀려났다. 마티는 아들이 "흥얼거리며 주차장을 지나"가는 것을 지켜보았으며, 네일러는 이를 "그녀는 그의 행복을 음미했으며, 아들에게 바래왔던 모든 감정을 갖고 마치 자신이 그래왔던 것처럼 그녀 자신의 행복을 만끽했다"고 묘사한다(1983, 51).[34] 안타까운 후속 장면에서, 어머니에게 어떤 의미가 있는지 잘 알고 있음에도 불구하고, 아들이 보석 조건을 어긴 사실을 알게 된 마티에 대한 설명이 뒤따른다.

> 채소가 준비되었고, 노릇노릇 닭고기가 차려졌으며, 비스켓을 오븐에서 꺼냈다. 그녀는 가스밸브를 끄고, 오븐 문을 열었고, 비스켓 플레이트를 꺼내 내동댕이쳤다. 그녀는 미치광이처럼 부엌문에 드리운 그림자를 응시하며, 장식장으로 달려가 접시와 은그릇을 꺼냈다. 장식장 문을 부서져라 던지고 서서히 그리고 신경질적으로 두 명의 식사 준비를 했다. 부엌 주변을 애타게 쳐다보았으나 아무것도 남겨진 것이 없었다. 그녀는 부엌 의자를 꺼내, 철제 의자 다리로 바닥을 질질 끌었다. 머리를 두 손으로 감싼 채 부르르 떨며, 부엌문 너머 아무 말 없이 쭈그리고 앉아, 아들을 기다렸다(Naylor 1983, 54).

돌보는 역할을 할 때, 즉 저녁 준비를 하면서, 마티는 아들이 떠났다는 사실을 실감한 것이다.

마티는 아들에게 힘이 되어 줄 수 있는 모든 일을 다 하면서 자신의 모든 감정을 아들에게 투영하고 아들의 희로애락을 자신의 것으로 생각해왔기 때문에, 성인이 된 아들의 배신은 무엇보다도 큰 상실감을 주었다. 마티의 아들은 다 컸어도 어머니에게 돈을 받아야 할 정도로 의존적이었지만 집으로 돌아올 만큼 의존적이지 않았으며, 어머니의 안녕을 걱정할 정도로 충실하지도 않았다. 의존노동자가 누군가의 좋은 삶과 행복에 본인의 삶 일부를 투영할 것을 요구하는 의존관계는 깊숙한 감정적 유대와 돌봄제공자처럼 돌봄을 받는 사람의 취약성 모두를 품고 있다.

의존노동자와 의존인의 관계는 노예와 온정주의 중간 어딘가에 자리하는 것 같다. 한편으로는 의존노동자의 자존감은 자신이 의존인의 필요를 얼마나 충족시켜 줄 수 있는지에 따라 부분적으로 달라지며, 다른 한편으로 의존노동자에게 무력한 의존인의 필요를 해석하고 대응할 수 있는 어마어마한 권력을 갖는다. 관계 밖에 있는 사람의 관점에서 의존노동자는 너무나 미미한 권력을 갖고 있지만, 대상자의 관점에서 보면 너무나 거대한 권력을 갖고 있다. 의존관계 밖의 세상에서 의존노동자의 권력이 전무하다는 점에 대해 논의할 때, 우리는 의존관계 안에서 돌봄제공자의 권력에 대한 의존인의 취약성을 예의주시 해야 할 필요가 있다. 의존관계에서 온정주의는 항상 위험하지만 의존노동자를 위해 이 책이 제시하는 제안은 그 위험성을 줄여나가야 한다는 것이다. 적절하고 정당한 방식의 자기이해가 있는 사람이라면, 대상자를 매개로 한 삶을 살지 않을 것이며 온정주의적인 방식으로 자신의 야심과 권력을 방출할 것 같지는 않아 보인다. 의존관계에 충분한 주의를 기울이는 시스템은 의존노동자의 자기이해와 관련해 의존노동자의 부족한 힘을 채우는(empower) 방안을 찾을 뿐만 아니라 의존인의 의존을 덜어주는 방안을 찾을 것이다. 그러나 의존이 후순위의 일로 천대받는다면, 돌봄제공자와 대상자 모두 제대로 보살핌을 받지 못한다.

의존노동의 개념 확장

우리는 의존노동 개념을 타고난 의존이 아닌 경우까지, 즉 상대가 대상자가 아닌 경우까지 확대할 수 있다. 스스로를 돌볼 수 있는 성장한 아이를 돌보는 것은 -네일러의 소설에서 마티처럼- 모성(그리고 종종 부성)의 범위에 있는 의존노동의 연장선이다. 이 영역을 넘어서면, 우리는 남성이 여성에게 드러나지 않게 의존하는 부분을 조명할 수 있는 개념으로도 사용할 수 있다. 또한 우리는 공적인 노동현장에서 여성에게 전가된 부수적 혹은 지원적이지만 중요한 일을 의존노동으로 포함시킬 수 있다. 이러한 일의 대부분은 가족 성원으로서 여성에게 기대되는 일에서 비롯된 것이다. 우리는 이 용어를 시인 아드리엔느 리치(Adrienne Rich)가 "세상 수선(world repair)"으로 불렀던 것과 (Rich 1979, 205), 메를린 프라이(Marilyn Frye)가 "무대담당(stagehands)"이라 불렀던 이들의 일까지 포함시킬 수 있다(Frye 1983, 168). 이 같은 확장개념에서 볼 때, 비서, 웨이트리스, 그리고 전통적인 아내는 모두 의존노동자들이다.[35]

이 책에서 필자는 "의존노동자"라는 용어를 협의의 개념으로 한정하고자 한다. 우선 가장 협소한 의미에서 한 사회에 의존노동이 없다면 우리는 존속할 수 없다는 점과 기존 이론이 이러한 근본적인 노동과 연관된 관계를 외면하고 있다는 점을 보여줄 것이다. 만일 이렇듯 협소한 의미에서 의존관계를 이해하고 관련된 이들에게 완전한 성원자격(citizenship)을 부여하는 이론을 지지한다면, 광의의 의미에서 이해되는 의존관계는 보다 자연스럽게 받아들여질 것이다. 따라서 필자는 대상자를 향(向)하는 돌봄이 아닌 것, 예를 들어 일반적으로 이해되는 "아내의 의무"라는 것을 의존노동에서 배제하고자 한다. 직장 상사가 비서의 대상자가 아니듯 남편도 아내의 대상자가 아니며, 이는 기초적인 의미의 의존노동이 아니다. 몇몇 "서비스 제공자"를 제외하고 위에서 언급한 아내, 비서, 웨이트리스는 본인 스스로 진정으로 할 수 없는 사람들에게 그들의 서비스를 제공하는 것이 아니다. 의존노동은 다른 이의 힘과 활동을 향상시키는 노동이다. 이는 필요에 응답하는 노동이다. 하지만 이 같은 노동이 스스로 돌볼 수 있는 사람을 대상으로 수행될 때, 필자는 이러한 노동을 단지 광의의 의미에서만 의존노동이라 부르길 원한다.[36]

의료, 법, 교육, 사회복지 같은 전문 직업은, 의뢰인의 건강, 복지, 교육을 향상시킴으로써 암묵적이거나 명시적으로 누군가의 힘과 활동을 증진시킨다. 환자의 안녕뿐만 아니라 생명이 의사에 달려있다. 법률 의뢰인은 취약하며 법률 전문가에 의존적이다. 학생도 어느 정도 교사에 의존적이다. 사회복지사의 서비스를 받는 개인도 그러하다. 하지만 이러한 직업은 광의의 의미에서도 의존노동이 아니다. 의존노동은 다른 것과 구별되는 특징을 찾는 것이 어렵다 하더라도, 그 자체의 정의가 필요한 노동이다.

의존노동과 위와 같은 전문직을 구분하기 위해서, 전문직의 특징이라 일컬어 왔던 것을 고려해보자. 마이클 베일리스(Michael Bayles)는 전문직이라는 주제에 대해 관련 학자들이 선별한 일반적인 세 가지 특징을 밝히고 있다. 첫째, 광범위한 훈련이다. 둘째, 중요한 지적 요소가 포함된 훈련이다. 셋째, 공동체에 중요한 서비스를 제공할 수 있는 훈련된 능력이다(Bayles 1988, 28-9). 이외에도 인증절차, 구성조직, 자율성, 즉 "상당한 정도의 자유재량권을 행사하는 전문 직종"의 공통된 특징이 포함될 수 있다고 밝힌다(Bayles 1988, 28-29). 혹자는 공평성, 지적 이해, 구체적인 것을 다룰 경우에도 잃지 않는 일반화 등을 전문 직업의 특징으로 지적하고 있다(Hughes 1988, 33). 다른 이는 전문 직업의 네 가지 본질적인 속성으로 다음을 이야기한다. 이는 "일반화되고 체계화된 지식," "개인의 이해보다 공동체의 이해에 대한 정향성," "전문인이 이끌고 조직하는 자발적인 결사체"에서 키워진 윤리성의 내면화, 그리고 "개인의 이해를 위한 수단이 아니라 그 자체의 목적, 성취, 일 자체의 상징성"으로 (금전적이거나 명예로운) 보상이 되는 점이다(Barber 1988, 36).

앞서 언급한 전문 직업의 특징이 타인 지향적이라는 점과 비개인적 이해라는 점은 분명히 의존노동과 유사하다. 하지만 중요한 차이점은 직업에 결부된 위상이 다르다는 점이다. 전문직의 높은 위상은 충분한 지식, "일반화되고 체계적인 지식"을 활용하는 훈련, 전문인의 재량권, 자기절제적인 윤리강령, 자발적·자치적 조직을 그 지표로 알 수 있다. 전문직 노동이 타인을 지향한다는 즉, 잠재적으로 자신을 드러내지 않는다는 특징은 전문직에게 하사된 자율성, 감정적 초연함과 성취로 상쇄된다. 아마도 가장 흥미로운 점은 바버(Barber)가 지적한 보상방법이다. 금전과 명예라는 보상은 성취의 상징이다. 따라서 전문직은 자기이해를 쫓는 재화 경쟁 밖에 놓인다. 의존노동자와 다르게 (의존노동자의 노동도 자기이해적이지 않다), 전문직 노동은 전반적으로 공동체를 위한 이득으로 해석된다. 의존노동의 의무로 인해 재화 경쟁에서 뒤처질 때, 의존노동자는 주변화 된다. 그러나 전문인이 경쟁의 장 밖에 있다는 것은, 그는 경쟁의 장 위에 위치해 있다는 것이다. 심각한 불이익을 당하고 있는 상태라기보다, 그는 치열한 삶의 부침(浮沈)에서 면제되고 자신의 노력에 충분히 보상받는다. 위험에 처한 누군가의 좋은 삶에 기여하는 두 가지 범주의 노동이라면, 지위와 보상은 전문인에게 돌아간다.

지위의 차이는 전문성과 관련된다. 사회학자들은 **기능적으로 구체화된** 전문직을 **기능적으로 분산된** 어머니의 일과 구분하여 비교한다.[37] 전문성이 기능적으로 구체화된 노동은 **지속적**이지 않고 **간헐적으로 개입**한다. 반면에 기능적으로 분산된 의존노동자의 노동은 (매일 매일의) 돌봄으로 대상자를 끊임없이 보필한다. 이 노동을 통해서 의존인의 상당부분 필요가 채워져야 한다. 이러한 필요에 대응하기 위해서는 기술적인 훈련을 받을 수도 있고 그렇지 않을 수도 있으며, 지적인 역량 혹은 육체적인 능력이 필요할 수도 있다.[38] 그러나 그 필요가 무엇이든지 간에 의존노동자가 그 필요를 채울 수 있는 한, 그 필요를 채워줄 책임은 의존노동자에게 일임된다. 하지만 전문인은 간헐적으로 개입할 뿐, 그 개입이 끝나면 현장을 떠난다. 개입 시점은 조심스럽고 신중하게 결정되며, 이를 위해 전문인은 특별한 훈련을 받는다. 하지만 일단 개입이 완료되면, 전문인의 책임은 일단락된다. 의사는 진단을 하고 누군가가 준수해 줄 돌봄내용이 처방된다. 법조인은 의뢰인과 법체계 사이에서 개입하지만, 법조인의 책임은 전문 법률영역으로 국한된다. 고소인의 피해를 돌보거나 빚을 청산하는 것처럼, 개입 필요를 만든 피해자를 정성껏 보살피는 것이 변호사의 직무는 아니다. 그러나 의존인을 지속시키는 일은 이렇게 선긋기로 구분할 수 있는 일이 아니다.

예를 들어, 사회복지사 같이 다소 모호하게 혹은 새롭게 전문화된 직업도 종사자의 역할이 지속과 개입의 중간쯤에 놓여있다. 사회복지사의 책임은 의존인을 지속시키는 일이 잘되도록 보장하는 것이다. 물론 사회복지사의 일이 보다 더 전문적일수록, 자신의 업무를 다른 이들에게 분담하는 것 역시 사회복지사의 책임이 될 것이다. 선생님은 -특히 저학년을 맡은 선생님은- 전문성을 살려 간헐적으로 개입할 뿐만 아니라, 어린 학생들의 다양한 필요를 돌봐야 할 위치에 놓이게 된다. 간호사 역시 간헐적 개입과 지속 사이의 교차점에 위치한다.[39]

아마도 우리가 알고 있는 산업화된 사회에서 전문직은 필수불가결할 수 있다. 그러나 기초적인 의미에서 볼 때, 의존노동은 모든 사회의 생산과 유지에 필수불가결하다. 탈산업화시대에 전문직이 눈에 띄는 것과 대조적으로, 현 사회의 원자적(atomistic) 특징은 의존노동을 더욱더 눈에 띄지 않도록 하고 있다. 전문직 종사자는 높은 보수로 보상받지만, 의존노동은 유급노동인 경우라도 매우 열악한 급여를 받는다. 전문직 노동은 공적으로 인정된 윤리적 기준에 책임을 지는 반면, 의존노동을 지속시키는 중요한 요인은 정서적인 유대감이다. 전문직은 남성이 대다수 차지하고 있지만, 의존노동은 대부분 여성이 활동하고 있다. 여성과 의존노동이 매우 밀접하게 동일시되기 때문에, 심지어 여성이 상당히 많이 진출한 전문직에서도 -적어도 현재 서구 산업국가에서는- 여성이 의존노동에 더 어울리는 것처럼 간주되는 형편이다(예를 들어, 여성은 법조계나 의료계보다 사회복지나 초등교육에 잘 어울릴 것으로 간주된다).[40]

의존노동과 여성의 종속

의존노동자에 대해 젠더 중립적인 용어로 표현할 수 있지만, 의존노동을 대부분 담당해 온 이들은 -엄마, 자매, 아내, 간호사, 그리고 딸인- 여성이라는 것을 우리는 잘 안다. 또한 중요한 것은, 여성은 돌봄역할을 수행함으로써 야기되는 빈곤, 학대, 그리고 종속적인 지위에 보다 취약하게 된다는 점이다.[41] 가부장적 결혼제도에서 -즉, 생계부양과 돌봄제공의 역할이 젠더로 규정되는 결혼형태에서- 여성은 심리적, 성적, 그리고 경제적 착취뿐만 아니라 물리적 학대로 고통받고 있다는 점은 여러 증거를 통해 증명되었다.[42] 단지 일부만 공론화되고 있는 이슈인 배우자 학대는 경제적 착취를 방조하거나 일조한다. 이러한 상황은 다음과 같은 허구에 기인한다. 즉 가부장적 결혼에서 여성은 의존노동을 위해 자신의 필요와 열망을 추구하는 자유를 제한 당한다. 반면에 남성은 다른 남자들로부터 자신의 여성을 보호하고, "그들의" 여성에게 경제적 자원을 조달한다.[43] 이러한 "계약"은 효과적으로 공적인 영역에서 여성의 정치적·경제적 참여를 제약한다. 가부장적 결혼이 장악력을 잃어가면서, 동등한 기회에 대한 전망과 책임이 여성에게도 열리고 있다. 여성을 어리게 보는 가부장적인 보호주의는 그 힘을 잃을 것이며, 여성도 평등하게 세상에 진출할 것이라는 계몽주의적 비전이 여성의 앞날을 밝혀준다.

하지만 계몽주의적 비전은 의존노동자로서 여성의 역할에 도전하고 있지 않다. 자유주의 정치이론과 경제이론에서 언급하는 공적 공간은 자유롭고 평등하며 합리적이고 이성적인 존재의 영역이 되었다. 공적 공간으로 진출한다고 의존노동자가 돌봄대상자에 대한 책임으로부터 자유로워지는 것은 아니다. 비의존적이라 추정되는 노동자의 구속받지 않는 합리적인 자기이해는 대상자에 대한 책임이 우선인 의존노동자에게는 가능하지 않다.[44] 결과적으로, 조달자와 짝이 되는 협력 방식에서 여성이 경험하는 불평등은 여성이 스스로 조달자의 역할을 하기 위해 공적인 영역으로 진출할 때조차도, 여성을 붙잡고 놓아 주지 않는다. 많은 여성이 유급으로 의존노동을 맡으면서 공적인 공간에 진입하는 것은 놀랄 일도 아니다. "돌봄의 변증법(dialectic of dependency)"이라 부를 수 있는 이 같은 상황에서, 의존노동은 여성에게 경제적 독립을 허용하는 수단이었음에도 불구하고, 이는 정치적 삶의 평등한 동료적 관계에서 또 다시 여성을 배제하는 기제로 작동하고 있다. 유급이건 무급이건 무방하게 의존인을 돌보는 의존노동은, 대상자의 필요와 관심을 주시해야 할 뿐만 아니라 의존노동자 자신의 배제도 ―도덕적으로, 때때로 법적으로, 그리고 의존노동 그 자

체의 탁월함으로- 주시해야 한다.[45]

　의존노동자의 이해는, 비록 그것이 대상자의 이해와 긴장감을 유지하며 존재하지만, 항상 대상자의 이해에 착근(着近)해 있다. 의존노동자가 자신의 목표를 설정하고 열망을 표현하는 자유는 자신과 같은 다른 자율적 존재의 목표와 열망에 의해서만 제약되지 않는다. 의존노동자의 자유는 보다 근본적으로 자신에게 의존하는 타인의 필요와 열망을 내면화함으로써 제한된다.

　여성의 사회적·경제적 계급은 -또한 종종 그녀의 인종, 민족, 혹은 섹슈얼리티는- 대부분의 의존노동의 성별화된 성격으로 야기된 경제적 의존의 모습과 강도를 결정한다. 이성애, 백인, 중산층 여성은 심지어 가정에 어느 정도 재정적 기여를 하고 있어도, 일반적으로 남편에게 경제적으로 의존한다. 의존노동의 분담이 가능한 친족과 공동체 네트워크가 있음에도 불구하고, 의존노동이 경제적으로 착취적인 노동으로 채워지는 것은 가난한 여성들 특히 유색 여성들에게서 보다 많이 볼 수 있는 전형적인 모습이다.[46] 심지어 저임금노동이 대안이 되지 못하거나 정부의 복지지원으로 보충되어야 할 필요가 있는 지점에서, 국가는 종종 가부장적인 조달자의 많은 권력을 대행해왔다. 예를 들면, 재정적 보상과 처벌의 집행, 여성의 성적 활동 통제, 여성의 자녀접근권 통제, 여성의 재생산권 통제 등이다.[47] 동성애에 적대적인 구조를 감안하면, 레즈비언 의존노동자는 조달자의 역할을 하려 할 때 경제적 제재에 취약하다. 의존노동을 분담하는 여성중심의 공동체 내에서 다른 여성의 지원을 받을 수 있겠지만, 레즈비언 여성은 종종 전통적인 친족의 지원을 받을 수 없었다. 레즈비언 여성이 아픈 배우자 혹은 배우자의 아이를 위해 의존노동자의 역할을 담당하려 할 때, 이들이 가질 수 있는 권리는 거의 없었으며, 이들을 위한 보호도 거의 없었다.

대다수의 경제적 의존에는 심리적, 정치적, 사회적 의존이 뒤따른다. 이를 소위 **2차**(secondary) 혹은 **파생된 의존**(derived dependencies)이라 부를 수 있다.[48] 이에 대해 충분히 논의하기 위해서는 다음 절에서 다룰 여성이 처해있는 **협력적 갈등**(cooperative conflicts)을 살펴봐야 한다. 남성 혹은 가부장적 구조에 대한 의존은 실제보다 훨씬 더 피할 수 없어 보인다. 여성의 의존은 일반적으로 열등한 모습을 띠기도 하지만 동시에 안정적 계층의 여성에게는 인정된 반면에 사회경제적 지위가 낮은 여성에게는 부정된 혹은 마지못해 인정된 여성성의 표상이 된다.

"협력적 갈등"에서 의존노동

협력적 갈등 - 조달자

필자는 의존관계가 자족적(self-contained)이 되었으며, 의존관계의 성공 혹은 실패는 전적으로 의존노동자와 대상자의 선의(good will)에 달려 있는 것처럼 언급했다. 그러나 의존관계가 그 목적을 효과적으로 달성하기 위해서, 의존노동자는 대상자와 자신의 부양과 안녕을 위해 필요한 자원에 접근할 수 있어야 한다.

경제적 생산활동이 가정 밖으로 집중되면서, 핵가족은 선호되는 "사회공학"이 되었다.[49] **조달자**라 불리는 성인은 공적 경제활동에 참여하며 가장(head of household)으로 지명된다. 여기에서 가장이라는 용어는 근본적으로 젠더화된 것인데, 왜냐하면 이성애 중심 가족에서 아내가 주된 수입원일 때는 전혀 사용된 적이 없는 여성 가장이라는 표현을 보면 알 수 있다. 나머지 성인은 주로 (독점적이라 할 수는 없지

만) 자식의 돌봄필요뿐만 아니라 장애인과 고령 친지의 돌봄필요를 채우는 일을 수행한다.[50]

이러한 가족은 갈등하는 필요뿐만 아니라 협력적 목표가 동시에 나타나는 협력적 조직이다. 아마티아 센(Amartya Sen 1999)은 이를 **협력적 갈등**이라 불렀다.[51] 협력적 갈등 안에서 당사자들은 협상 상태에 있다고 생각할 수 있다. 하지만 협력적 갈등은 특히 당사자의 자각과 이 조직에서 다른 당사자의 기여에 대한 인식과 같은 주관적인 요소로 특징지어진다. 협력적 갈등에서 이러한 주관적 요소는 협상 상황을 평가할 때조차도 결정 요인이 된다. 심지어 당사자 쌍방이 조직에 대한 기여가 동일하더라도, 당사자 중 한쪽이 그렇게 **인지하지** 않는다면, 기여를 인정받지 못한 당사자에게 그 결과는 우호적이지 않을 것이다. 가족관계를 지속시키기 위해, 불만이 있을 수 있는 당사자는 좀 더 만족하는 당사자보다 ―객관적인 기준으로는 불공정한― 갈등적인 상황을 기꺼이 감내해야 한다. 가족이라는 조직의 협력적 갈등 내에서 의존노동자의 조건은 이러한 경향을 보인다.

협력적 갈등에서 지위의 균열과 불평등

핵가족에서 가족 내 의존노동자는 가정 밖에서만 얻을 수 있는 필수자원을 제공하는 다른 비의존인과 협력적 갈등의 관계에 있다. 의존노동자는 자신과 대상자를 지속적으로 돌보기 위해 요구되는 자원을 얻기 위해 누군가의 협력이 필요하기 때문에, 의존노동자는 돌봄관계가 와해되기 직전까지의 힘든 상황을 배우자보다 더 감내할 것이다. 이 지점에서 가족 내 의존노동자는 **파국의 열위적 지위**(worse breakdown position)에 놓여있다고 할 수 있다.

대상자에 대한 의존노동자의 도덕적·감정적 헌신과 의존노동자의 생존을 위한 물적 요건이 또 다른 누군가에게 전용되는 용이성 (그리고 이러한 취약성을 의존노동자의 심리 구성에 내면화하기) 때문에, 협력적 갈등의 관계에서 의존노동자는 대상자를 지원하기 위해 의존노동자가 의존하는 누군가의 지배와 착취에 대단히 취약하다. 가족 내 의존노동자의 취약성은 의존노동자가 제한된 통제권을 가진 외부자원에 접근해야 하는 필연성에서 비롯된다.[52] 그럼에도 불구하고, 협력적 갈등 관계에서 주관적인 요인은 객관적인 요인만큼이나 중요하기 때문에, 의존노동자의 자아인식이 조달자라는 사회적 지위를 차지한 사람의 심기를 건드리지 않고 그의 마음에 들어야 하는 필요와 바람을 포함할 때, 아이의 의존 필요를 보살피는 독립적이고 부유한 여성 조차도 스스로를 그러한 위치에 자리매김하여 파국의 열위점을 받아들인다. 이 점은 아마도, 센이 지적하듯, "가족이라는 조직의 본질이 이러한 갈등을 도리를 벗어난 행동이나 일탈 행동으로 취급하면서, 일반적인 협력적 틀로 끼워 맞출 것을 요구"하기 때문이다(1989, 146). 가족에서 협력에 대한 경험적 필요가 강할 때 착취, 지배 그리고 갈등의 잠재성은 은폐된다.

통상적으로 가정이 평등한 사회의 축소판으로 생각되는 곳에서는, 가족 내 의존노동자와 조달자 사이의 실질적 권력 불평등도 은폐된다. (비록 실제 가족 내 불평등이 대부분 남성과 여성 간의 불평등이지만, 원칙적으로 가족 내 불평등이 성별화된 것을 미리 전제할 필요는 없다.) 이러한 경향은 협력적 갈등 관계에서 상대 당사자를 동등한 역할이 아닌 보조적 일을 처리하는 정도로 바라본다. 평등의 관점에서 본다면, 한쪽만 혜택이 가는 협력적인 관계는 자유롭게 선택된 것이 아니거나 혹은 강압적인 것임에 분명하다. 그렇지 않다면 다른 방식으로 이해할 수 없다. 평등을 표방하는 사회의 가족 내 성인 구성원들 사이의 불평등은 협력적 조직에서 본질적으로 내재적 갈등이 존치되어온 만큼 가족이라는 이데올로기와 정면으로 배치된다. 하지만 센의 협력적 갈등 분석이 밝히는 점은 특히 의존노동의 현상과 조합될 때, 가족 내 의존노동자와 조달자 사이의 관계는 심지어 이들이 가족 조직에 대한 기여에 대해 감사하게 생각되거나 평등하다고 평가될 때조차도, 본질적으로 불평등한 관계라는 점이다. 이러한 불평등한 관계는 부정의한 지배관계가 되기 쉽다.

의존인의 필요 충족이라는 목적을 갖는 이 같은 사회공학 내부에는 두 가지의 불평등이 존재한다. 즉, 돌봄대상자와 의존노동자 사이의 능력 불평등과 의존관계의 당사자들과 제3의 당사자 사이의 권력 불평등이다. 보다 단순화하자면, 우리는 제3의 당사자를 "조달자"로 불렀다. 그럼에도 불구하고, 우리는 이러한 조달자는 **일부** 외부 자원의 가용에만 책임지려 할 뿐이며, 때때로 자원을 실제로 **조달**하지 않고 가정으로 향하는 혹은 가정 내 자원의 흐름을 **통제**하기만 한다는 점을 알아야 한다.[53] 인정받는 전문직이 향유하는 사회적 존경과 자원에 대한 통제는 전문인에게 상당한 자율권을 보장한다. 또한 이들 전문인도 당연히 다른 이들의 이해를 우선시할 것이라고 기대된다. 그러나 의존노동자의 경우, 자원을 조달자가 통제하기 때문에 의존노동에 대한 사회적 저평가와 맞물려, 의존노동자에게 그 직무에 상응하는 자율권이 보장되지 못하고 있다. 이렇게 축소된 자율성은 의존노동자와 조달자 사이의 불평등한 관계의 일면을 보여준다.

의존노동자와 조달자 사이의 불평등은 일부 도덕적 위계를 전제하고 있으며, 이로 인해 타인을 돌보는 사람은 어떤 의미에서 도덕적으로 부족하거나, 의존노동을 하지 않는 사람에 비해 도덕적으로 열등한 미덕을 지닌 것으로 생각되었다. 아리스토텔레스는 이러한 입장을 취했다. 의존노동의 대가로 인해 초라해진 자율성으로 고통받는 사람을 두고 아리스토텔레스는 노예와 여성의 특징인 영혼이 결여된 사람으로 간주했다. 자유로운 남성만이 도덕적으로 가족경제의 자원을 통제할 수 있다고 보았으며, 자유로운 남성만이 도덕적으로 완전한 행위자가 될 수 있다고 보았다. 하지만 의존노동자와 조달자 사이의 불평등은 이러한 도덕적 위계가 존재하지 않는 곳에서도 발견된다. 이러한 도덕적 위계는 의존노동자와 조달자 사이의 성차별적 혹은 인종적 위계 같은 공공연한 사회적 불평등에 따라 비록 악화될 수도 있지만, 언제나 결정되는 것은 아니다. 이러한 불평등은 조달자보다 가용할 수 있는 대안적 출구전략을 초라하게 만드는 객관적·주관적 요인들로부터 비롯된다.

평등을 세 가지 차원에서 바라본 버나드 윌리엄스(Bernard Williams 1973)의 분석을 살펴보자. 공통된 인류애의 요구, 평등한 도덕적 능력의 요구, 그리고 평등한 기회의 요구이다. 의존노동자와 조달자 사이의 관계로 돌아가 생각할 때, 비록 의존노동자의 평등을 위해 이러한 요구를 주장하는 것이 의존노동자와 조달자 사이의 관계에 평등이라는 방책을 복원시켜 줄 수는 있지만, 이러한 요구 중 어떤 것도 완벽한 평등을 재건하지 못한다는 점을 우리는 안다. 우리는 의존노동자가 다음 사항을 충족시키기 위해 조달자에게 의존하는 한, 의존노동자의 협상 위치는 조달자에 비해 **훨씬 더 불리**하다. 즉, 1) 의존노동자 자신의 필요를 위해서, 2) 대상자의 필요를 위해서(의존노동자의 자기이해처럼 의존노동자가 이해하는 대상자의 필요), 3) 의존관계를 보존하기 위해 필요한 자원의 요구를 충족시키기 위한 경우이다. 의존노동자와 조달자 사이의 권력 불평등은 **지위**(situation)의 불평등이다.[54] 불리한 협상 위치에 있다는 것은 당신에게 직접적으로 행사할 권력을 가진 누군가에 대해 불평등한 상황에 놓여 있다는 것이다. 권력의 불평등은 쉽게 지배관계가 될 수 있다.

의존인 역시 불평등을 경험한다. 이 때의 불평등은 의존노동자와 의존인, 비의존인과 의존인의 관계에서 나온 **능력**의 불평등이다. 능력의 불평등은 교정될 수 있는 것일 수도 아닐 수도 있다. 의존인의 능력을 키워주기 위해서는 노력도 필요하지만, 의존인에 대한 적절한 보호 -법적 보호 같은- 도 필요하다. 하지만 누구는 보다 큰 권력을 쥔 사람의 도덕적 심기에 매어있는 지위를 벗어나지 못하고 있다. 지위의 불평등은 취약한 이들을 보호하고 착취와 남용의 가능성을 줄일 수 있는 보다 구조적인 처방을 받아야 한다. 다음 절에서 이러한 부분을 탐색하고자 한다.

2차 의존과 의존노동자를 위한 평등

생존과 존속에 필수적인 특정 능력의 결핍이 의존이라고 필자는 이해한다. 협상조건에서 더 불리한 지위에 있는 것은 의존노동자 자신의 의존적인 상태, 즉 **2차 의존** 상태이다.[55] 두 가지 요인에 대한 의존노동자의 인식은 의존노동자가 협력적 갈등 관계에서 무엇을 인내하고 감당할 것인지를 결정하는 데 중요한 역할을 한다. 첫째, 의존노동자 자신, 의존인, 그리고 양자 간의 관계를 지속하고 보존하는 데 필수적인 외부 자원에 대한 접근성에 대한 인식이다. 둘째, 도덕적·사회적으로 가치 있는 사람으로서 스스로 인식할 수 있는 관계의 중요성에 대한 인식이다.

자신의 파국의 열위적 상태에 대한 판단에는 객관적인 요인과 주관적인 요인이 중요하기 때문에, 경제적 평등과 사회적 평등에 대한 인식이 주요 결정 요인이 된다. 의존노동이 특정 사회집단에 의해 이뤄질 때, 의존노동자의 취약성은 의존노동자 개인의 상황뿐만 아니라 의존노동자가 속한 집단적 지위의 특징이 된다. 의존노동자 대부분이 여성이며, 그들에게 도덕적 평등이 부여되지 않은 상황에서(윌리엄스의 두 번째 의미의 평등에 해당된다), 의존노동자로서 여성은 더더욱 취약하다. 그들에게 적어도 도덕적 평등이 주어진다면 그들은 덜 취약할 것이다.

하지만 표방된 기회의 평등으로 실현될 수 있는 평등은 여성과 같은 특정 사회집단이 의존노동을 하는 곳에서라면 확실한 효과를 낼수 없다. 한편으로, 의존노동자는 자신의 사회적 정체성 때문에 경쟁의 장에 뛰어들 수 없어서는 안 된다는 점을 안다. 그러나 동시에 다른 한편으로, 의존노동자의 에너지는 타인의 보존과 성취에 초점이 맞춰져 있다. 사회적 협력의 산물을 얻기 위한 자유로운 경쟁에 뛰어들기 위해 필요한 능력 행사와 마찬가지로, 의존노동자의 필요, 욕망, 그리고 열망은 (이러한 것들이 의존노동자가 돌보는 의존인의 필요, 욕망, 그리고 열망과 일치하지 않는다면) 이처럼 후순위가 되거나 보류되거나 묵살된다. 이러한 제약 조건은 의존노동자의 2차 의존, 즉 조달자에 대한 의존을 야기한다.

자율적이고 이기적인 개인들로 구성되는 사회 개념, 즉 이러한 개인들이 사회적 가치를 위해 자유 경쟁의 평등한 지위를 차지하고 있다고 전제되는 사회 개념은 2차 의존을 은폐한다. 이러한 은폐는 파국 지점까지 근접한 협력적 갈등 방식에서 이탈하기를 소망하는 의존노동자를 수용하지 않기 때문에, 이 같은 의존노동자의 파국적 지위를 더욱 **악화**시킬 수 있다. 사회정책은 협력적 갈등 방식에서 이탈해있는 의존노동자의 필요를 외면한다. 또한 기회의 평등을 표방해온 공적 영역은 의존노동자의 평등한 진입을 가능하게 할 수 있는 특수한 조건을 충족시키기에는 부적절하다.

시장과 공적 공간에 대한 이데올로기는 ─이는 우리는 평등한 사회에 살고 있다는 이데올로기이다─ 상호의존적인 시스템에서의 노동자 개념과는 긴장 관계이다. 조달자는 급여를 받고, 조달자의 처분에 따라 급여가 의존노동자와 대상자의 관계 내부로 투입된다. 수잔 오킨(Susan Okin 1989)은 주부의 취약성과 대안적 출구의 열악성을 지적하면서, 조달자의 월급은 회사에서 지급되자마자 주부와 조달자에게 나눠서 분배되어야 한다고 제안한다. 오킨의 주장은 수사적으로 흥미롭지만 실질적인 도움은 그만 못하다. 만약 조달자가 재혼을 하면, 월급은 세 명이 나누게 될까? 새로운 주부가 조달자 월급의 반의 반을 받을 것이며, 만약 그렇다면 새로운 주부는 조달자의 이전 의무로 인해 취약한 상황에 놓여야 하는가? 초혼 가정에서, 급여의 절반이 주부에게 주어진다고 해도, 그 절반의 급여에 대한 그녀의 통제권을 보장할 수 있을까? 조달자가 공정하게 가사분담을 지불하고 추가적인 의존인에 대한 비용의 분담을 지불할 것이라고 보장할 수 있을까?[56] 결혼제도 하에서 여성은 상대적으로 열악한 위치에 있는 반면, 그녀의 남성 조달자는 그의 의사에 반대하는 아내에게 사용할 수 있는 잠재적인 여러 방편이 있다. 다이아나 메이어스(Diana Meyers)는 결혼제도의 문제점을 파악하기 위해서는 전통적인 여성에 대한 공감이 필요하다고 지적한다. "전통적인 여성은 남편이 가장이며, 자신의 정당한 역할은 협력자라고 믿는다. 아내에게 주어지는 월급의 상징성이 여성의 가치를 변화시키지 못할 것이며, 결과적으로 결혼 생활에서 여성을 평등한 동반자로 만들지 못할 것이다"(Meyers 1994, 25).

평등이라는 이데올로기는 의존관계 외부에 있는 자율적인 개인의 입장에 의존한다. 하지만 가족이 파국으로 가는 그 균열은 의존노동자와 대상자 사이에서 시작되는 것이 아니라, 의존노동자와 대상자를 포함하는 돌봄당사자들과 조달자 사이에서 발생한다.[57] 자율적인 개인은 조달자이다. 무엇보다 의존인의 좋은 삶을 위한 관리인으로 스스로를 생각하는 의존노동자는 자율적인 개인이 아니다. 기회의 평등이라는 이데올로기는 자율적인 개인들이 사회의 재화를 얻기 위해 경쟁 -이는 한쪽으로 일방적으로 기울어진 경기장에서 벌이는 경쟁일 뿐이다- 하는 것을 전제한다. 이러한 이데올로기가 만연한 영역에 돌봄책임을 여전히 떠맡고 진입하는 사람은 써레에 묶여 외다리로 경주에 참여하는 사람과 같다. 하지만 이러한 상황은 인정받지 못하고 있으며, 의존노동자가 평등하게 기능하기 위해 그녀에게 장애가 주어져서는 안 된다는 필요 또한 인정받지 못하고 있다.

평등을 어렵게 하는 불리한 조건에 대해 함구하면서, 평등을 추구하는 모양새는 산드라 바키(Sandra Bartky)가 잘 묘사한 곤경에 이르게 된다.

> 누군가가 열등하다는 것을 믿으면서도 믿지 않는 것 -소위 모순을 믿는 것- 은 그 자체가 심리적으로 억압적이다... 두 가지 방식 말고는 모순을 납득할 방법이 없다. 첫째, "모든 인간은 평등하게 태어났다"는 명제를 받아들이면서도, 나는 [모순적으로] 성적 혹은 인종적 수치심(shame)을 안고 구성원으로서 살아갈 수 있을 것이다... 혹은 덜 모순적으로... 나는 -성격 결함, '열등감' 혹은 신경증 이라는- 모순의 원인을 내 안에서 찾아 낼 수 있다...(Bartky 1990, 30).

이러한 억압은 평등한 기회의 입구를 제공했던 경쟁 세계에서 성공하지 못한 결과이다. 의존이라는 현실에 이바지 할 수 있는 평등은 대상자가 의존노동자에게 받고 싶어 하는 돌봄처럼, 간절한 마음으로 의존노동자를 대우할 방책을 물색하는 평등이다. 이것은 의존노동자 역시 어느 엄마의 아이라는 사실을 간과하지 않는 평등이다. 이러한 평등의 조건은 필요와 의존관계에서 나오는 도덕적 의무감에 대한 원칙적인 이해를 갖는다. 이는 다음 장의 주제이다.

제2장

취약성과 의존관계의 도덕성

누구에게도 어떤 것에 대해서도 가책을 느끼지 않으며 "싫어요"라고 이야기할 수 있고, 자신의 관계를 아무 때나 시작할 수 있고 아무 때나 끊을 수 있는 전력을 다해 자아실현을 하는 사람들로 가득한 세상이 보여주는 전망에 놀라움을 금할 수 없는 그만한 이유가 있다. 이러한 세상에서, 아이들이 어떻게 자랄 수 있는지, 아픈 사람들 혹은 장애인들이 어떻게 돌봄을 받을 수 있으며, 혹은 사람들이 삶을 통해 서로를 알고 함께 나이 들어 갈 수 있는지를 이해하기는 쉽지 않다(Scheman 1983, 240).

앞 장에서 필자는 의존노동의 특징과 의존노동자를 불평등하게 자리매김하며 지배와 착취에 취약하게 만드는 실질적인 조건에 대해 살펴보았다. 의존노동의 실질적인 조건뿐만 아니라 이에 대한 도덕적 요구로 인해 의존노동자는 취약해진다. 의존관계 속에서 도덕적 책임성이 자리한다. 의존노동자는 유일하게 본인 자신만이 대상자에게 혜택을 주거나 해악을 미칠 수 있기 때문에, 의존노동은 그 자체로 상당한 도덕적 부담감을 동반한다. 의존노동자가 무엇에 대해 반응하든지간에, 의존노동자는 대상자의 입장에서 주의, 선의, 진실한 노력을 다해야 한다는 도덕적 요구에 부응한다는 것을 우리는 직관적으로 알 수 있다.

일반적인 논의에 비추어 볼 때, 관계 내부에서 발생하는 도덕적 요구는 이러한 요구를 만들거나 이행하는 평등한 개인들에 의해 이뤄진다. 대상자뿐만 아니라 조달자와의 관계에서 발생하는 불평등은, 의존노동자가 자신을 대변하는 도덕적 요구를 할 수 있는 능력을 제약한다. 평등이 사회에서 대체로 지켜지고 있는 것처럼 보인다 하여도, 의존노동자의 처지, 자신의 행동에 취약한 사람에 대한 의무, 그리고 권력의 부족은 의존노동자에게 장애가 된다. 의존노동자는 불평등한 위치에 있지 않다고 생각될 수 있지만, 실제로는 평등한 일원으로서 역할을 할 수 없다. 의존노동자의 지위는 의존관계 외부에 있는 사람이 의존관계를 자신의 도덕적 의무로 이해할 때, 즉 의존노동자가 대상자에게 관심을 확장시키듯 제3자가 의존노동자에게 관심을 확장시킬 때, 의존노동자가 경험하는 불평등은 교정될 수 있다. 따라서 의존노동의 도덕적 특징은 대상자에 대한 의존노동자의 도덕적 책임성, 그리고 의존관계 밖에 있는 이들의 의존관계를 지원해야 하는 도덕적 의무감을 함께 포함한다.

의존노동자와 대상자의 관계와 의존노동자와 조달자의 관계, 이 중 어느 것도 평등한 관계가 아니라는 점은 두 가지 점에서 매우 중요하다. 첫째, 의존에 관심 갖는 어떠한 도덕이론도 의존관계를 지위의 평등이나 능력의 평등으로 전제할 수 없다는 점이다. 둘째, 의존노동자인 많은 여성의 삶을 개선하는 평등정책의 실패가 이러한 불평등한 지위 -종종 여성의 삶과 기회를 정의하는- 와 관계되는지 그렇지 않은지에 대한 문제를 제기한다.[1] 만일 우리가 평등에 기반한 공공정책의 미비함과 이러한 불평등 사이의 관계를 밝힐 수 있다면, 우리는 기존 평등 논의가 여성의 진보적 목표로 그 역할을 제대로 제시할 수 있는지 의문을 제기할 수 있다. 만약 그렇지 않고, 기존의 평등 논의가 그 역할을 제대로 제시하지 못하고 있다면, 우리는 이러한 불평등을 설명하고 의존노동에서 제기되는 관심을 수용할 수 있는 평등이론을 제시할 수 있는가? 필자는 앞서 의존의 중요성을 간과하고 있는 사회 개념, 즉 자유롭고 평등한 자율적 행위자로 구성된 사회 개념은 의존노동자의 필요를 제대로 충족시키지 못한다는 점을 지적했다. 의존인과 돌봄제공자의 관계를 평등의 중심 의제로 이해하는 조직의 구성 방식이 존재하는가? 역설적으로 보일 수 있겠지만, 필자는 의존관계에서 불평등한 당사자 간의 도덕적 특징을 이해함으로써 평등을 새롭게 평가할 수 있다고 주장한다. 필자의 제안은 개인에게 귀속된 속성에 기반한 평등이 아니다. 이것은 인간의 상호의존이라는 불가피성에 기반한 평등에 대한 제안이다. 즉, 문자 그대로도 그렇고 비유적으로도 그렇고, 우리는 모두 어느 엄마의 아이라는 특징의 상호의존이다.

이 장에서 두 번째 관심사는 뒤에서 다루기로 하고, 첫 번째 관심사를 먼저 다루려 한다. 관계 내부 당사자의 근본적인 도덕적 공정성 (moral parity)²을 인정하면서도, 동시에 지위, 능력, 관계의 불평등을 인식하고 반영하는 도덕이론에 대한 제안이다. 이 같은 이론은 의존관계의 도덕적 특징을 명확히 하는 데 도움이 될 것이다. 이 장과 이 책의 목표는 완비된 모습의 도덕이론을 제시하려는 것이 아니다. 그러한 작업은 "돌봄윤리(ethic of care)"를 전개한 페미니스트 학자들에 의해서 진행되고 있다. 대신, 여기서 필자는 취약성의 문제와 의존취약성과 관련한 도덕적 책임성에 초점을 맞출 것이다. 따라서 다음에 초점을 두고자 한다. 1) 도덕적 자아의 특징, 2) 의존관계에서 도덕적 요구의 특징, 3) 의존관계 외부에 있지만 이 관계를 유지하기 위해 필수적인 사람에 대한 도덕적 요구의 세 가지 지점이다.

의존노동자의 투명 자아

의존노동은 타인의 필요를 수용하는 자아를 요구한다. 타인의 필요를 제공하기 위해 자신의 필요를 우선시하지 않거나 제한하는 자아를 요구한다. 지난 십여 년 남짓 동안, 페미니스트들은 자아의 **여성**(feminine)의식 -가부장적인 사회에서 여성에게 부과된(혹은 선택된) 제약과 관계에서 비롯된- 이 무엇인지에 대해 논의해왔다. 이러한 자아는 **관계 내 자아**(self-in-relationship),[3] **용해성 자아**(soluble self),[4] **주는 자아**(giving self)[5] 등으로 다양하게 표현되었다. 각각의 표현은 이러한 자아의 다른 측면을 강조하는 데 유용하다. 필자는 **투명 자아**(transparent self)라는 표현을 추가하려 한다. 이는 다른 사람의 필요가 식별되는 자아, 자신의 필요를 알고 있지만 타인의 필요를 우선으로 간주하는 자아이다.

이러한 자아는 지나치게 순응적이어서 자율적인[6] 도덕 행위자로 보이지 않을 수도 있다. 많은 페미니스트들은 관계적 자아(relational self)의 중요성을 간과하는 것은 도덕적 삶 전체를 놓치는 것이라고 주장해왔다. 더군다나, 최근의 페미니스트 저작은 관계적이고 주는 자아의 특징을 격찬한다. 많은 페미니스트들은 투과되는 자아(permeable ego)의 경계가 돌봄 담당뿐만 아니라 돈독한 우정, 친밀한 관계, 자연계에 덜 착취적인 관계, 여성에 대한 분별 있는 인식론적 자세, **그리고 본질적인 가치가 있는 도덕적 의사 결정을 하는 형식을 증진한다**고 주장해왔다.

다른 페미니스트들은 이러한 "여성적 자아(feminine self)"에 대해 반박했다. 이들은 그들이 관계적 혹은 주는 자아를 발전시키는 것이 정치적 채무(liability)라는 입장에 반대한다. 필자는 여기서 "여성적" 자아의 -도덕적이거나 다른 측면의- 우월함이나 열등함에 대한 논쟁에 가세하려는 것이 아니다. 필자의 관심은 의존관계에서 의존노동자의 자아에 대한 도덕적 요구를 고심하고자 함이다. 이러한 자아가 자유주의 정치이론에서 상정하는 사회관계의 평등한 참여를 표방하는 자아와 대조된다는 점을 알게 될 것이다. 관계적 자아 혹은 주는 자아라는 것이 바람직한지 그렇지 않은지를 떠나, 필자의 주장은 그러한 자아를 필수불가결한 것으로 만드는 의존노동의 도덕적 요구를 강조함이다. 의존노동은 모든 인간 사회에서 필수불가결한 특징이기 때문에, 모든 사회는 그러한 도덕적 자아를 택하는 사람에게 의존해야만 한다. 의존노동자의 자아의 요건에 초점을 맞춤으로써, 필자의 관심은 주는 자아의 응답성과 용해성 자아가 경험하는 분리의 결핍에 제한되지 않는다. 이러한 자아가 누군가의 필요를 인지하기를 외면하지 않을 뿐만 아니라 자아 자신의 필요가 누군가에 대한 응답에 걸림돌이 되지 않다는 것을 생각해보고자 한다.

이것이 바로 필자가 제안하는 투명 자아다. 타인의 필요를 인지하고 그것에 응답하는 것은 우리 자신의 필요 때문에 굴절되거나 차단되지 않는다. 물론 어떠한 자아도 진정한 의미에서 투명하다 할 수 없을지라도, 이러한 투명성은 의존노동자의 자아 개념을 위한 기준점이다. 이는 의존노동자에 대한 조절규범(regulatory ideal)이다. 이는 또한 이타적인 이상이다. 이타주의는 종종 도덕적으로 필요 이상으로 보일 수 있지만, 이 규범은 필자가 의존노동이라 부르는 노동에서 **필수적인** 것이다.

영유아의 취약성처럼 대상자의 취약성이 절대적일 때, 투명 자아의 간섭은 결과에 중차대한 영향을 미친다. 대상자의 필요보다 자신의 필요에 보다 경사된 영유아 돌봄제공자는 중요한 심지어 생명이 위협받을 수 있는 필요를 감지하지 못할 수 -혹은 무시할 수- 있다. 본인에게 의존하는 아이의 욕망과 필요를 채우기 위해, 영유아 혹은 아이를 엄마품 같이 돌보는7 사람이 본인의 욕망, 심지어 필요를 보류한다고 주장할 때, 그 보류는 개인의 인권 경시나 여성 혐오 혹은 변덕이 아니다. 배가 고프거나, 아파서 혹은 두려움으로 한밤중에 잠에서 깬 아이는, 돌봄제공자가 피곤에 지쳐있거나 혹은 일어나기 어려울 때도 돌봄제공자의 관심을 요구한다. 필자는 이러한 요구의 근거에 대해 짧게 논할 것이다. 여기서는 단지 의존노동자의 필요보다 의존인의 필요를 우선시한다는 점을 보여주고자 할 뿐이다. 이러한 우선성이 얼마나 절대적인지 정도는 대상자의 의존성이 줄어들면서 감소한다. 아이가 성장하고, 환자가 차도를 보이고, 장애자가 수술을 받거나 보조 장치와 기술을 익히면서, 의존노동자는 타인의 필요가 과도하게 요구되는 지점에서 여유를 얻는다. 의존노동자의 자아는 대상자의 필요에 대해서 대상자가 자신에게 의존해야 하는 정도만큼 투명성이 요구된다.8

자아의 투명성이라는 개념은 권리와 효용이라는 자유주의적 전통의 자아와 대척점에 있다. 자유주의 전통의 자아는 타인의 이해를 위해 복무하는 행위자라기보다 합리적인 자기이해로 활동하는 행위자이다. 자유주의적 전통에서는 이타주의가 단지 비합리적이고 전혀 인식되지 않는다고 말하는 것은 아니다. 하지만 계약적 의무감으로 설명되지 않는 행동, 즉 자신을 희생하며 타인을 돕는 이타주의적 행동은 자유주의 주장에서 필요 이상의 것으로 이해된다. 어떠한 경우에도 타인의 이해를 위하는 행동은 **문제**로 인식된다. "그 문제는… 타인의 이해가 어떻게 우리에게 이타주의적 행동이라는 구체적인 정책을 동기부여 시키는지가 아니라, 어떻게 우리를 동기부여 할 수 있는지다"라고 토마스 네이글(Thomas Nagel 1970, 79)은 지적한다. 의존노동은 행위자가 자유주의 이론의 자율적인 자아라면 종종 필요 이상이라는 점이다. 롤지안(Rawlsian)의 원초적 입장에서 참가하는 자아와 달리, 의존노동자의 투명한 자아는 온건하게나마 자기이해적이지도 않고 자기이해에 무관심하지도 않다. 투명 자아는 종종 열정적인 이해를 보이지만, 그 이해와 관심은 타인의 좋은 삶을 위해 부여받은 (vested) 것이다.

의존노동자의 도덕적 의무감과 돌봄윤리

의존관계의 자아가 계약 당사자가 아닌 것처럼, 의존노동자와 대상자 사이의 유대는 계약관계로 설명될 수 없다. 감정과 관심의 유대가 의존노동자와 그 대상자를 묶는다. 그 유대는 일반화된 타인 사이가 아니며, 대체될 수 없는 구체적인 타인 사이에서 일어난다.[9] 당사자들의 관계와 도덕적 의무감은 우리가 타인에 대해 갖는, 즉 누가될지 모르는 상황에서 갖는 일반적 의무감이 아니라 특별한 관계이다. 특별한 관계의 경우, 우리는 그 관계에서 개인에게 매우 특별한 의무감을 갖는다. 전통적인 의지주의(voluntaristic) 도덕이론에서 이야기하는 특수한 관계에서 발생하는 의무감과 다르게, 그 의무감은 의지주의적으로 상정되지 않을 수 있다. 그러한 의무감은 명시적인 동의 -"나는 약속한다…"와 같은 행동으로 옮기겠다는 언질- 의 결과가 아니다. 의존관계의 자아는 종종 시작과 끝을 구분할 수 없는 의무감을 갖는다. 이러한 특별한 관계와 돌봄의무는 정의(justice)를 기본적인 미덕으로 이해하는 도덕이론과 쉽게 조응하지 않는다. 부모가 자기 자식을 먼저 구할 때, 이 경우 부모는 정의롭지 않은 것인가 아니면 부모의 책임을 다하고 있는 것인가?[10] 자식의 소망에 무심한 부모가 자식의 순수한 기쁨을 거절할 때, 이것은 권리의 문제인가 아니면 응답의 실패인가? 하지만 정의는 비대등적 관계에서 무시될 수 있는 미덕이 아니다.[11]

도덕적 자아의 성격, 관계의 비대등성, 참가자의 부분중심성(partiality), 그리고 도덕적 자아의 비의지주의적 성격은 의존관계의 도덕적 요구사항을 권리나 효용에 출발한 도덕성보다 돌봄윤리에 친화적인 것으로 만든다. 돌봄윤리는 도덕적 주체를 본질적으로 관계적으로 파악한다. 돌봄윤리는 권리나 효용에서 추산한 계산식보다 응답과 맥락 속에서 도덕적 추론을 이해한다. 그리고 돌봄윤리는 불편부당한(impartial) 판단이 아니라, 의존관계 속에서 당사자의 부분중심적(partial) 판단에 근거한다. 정의를 가장 먼저 생각하는 윤리의 역사가 오래되었지만, 돌봄윤리에서 논하는 도덕적 요구의 **근원**에 대해서는 아직 분명하고 충분히 밝혀지지 않았다.[12] 관계적 주체의 도덕적 요구는 무엇인가? 어떤 규범적 근거에서 맥락적인 추론과 응답성을 도덕적 판단의 근거로 받아들일 수 있을까? 그리고 심지어 자발적이라 간주되지 않는 돌봄관계의 특별함이 어떻게 어떤 도덕적 성격을 –특히, 비자발적이고 부분중심적 의무가 자주 인간의 도덕적 본질을 발현하지 못하는 타율적인 행동 특징이었을 때– 가질 수 있을까?

후술하는 부분에서, 독자는 필자가 대상자의 관점에서 의존노동자의 의무감에 대해서만 언급하는 것에 반대할지도 모른다. 필자는 의존노동자에 대한 대상자의 의무감을 언급하지 않고자 한다. 그 이유는 대상자의 의무감이 존재하지 않는다고 생각하지 않기 때문이 아니다. 하지만 절대적인 의존에 그 사례를 한정하고 있기 때문에, 의존노동자에 대한 대상자의 의무감을 이야기하는 것은 무의미하다. 필자는 의존관계의 도덕적 특징을 살펴보기 위해서, 가장 무력한 대상자에서 시작한다. 궁극적으로 필자는 의존노동자에 대한 의무감을 인식시키는 데 관심이 있다. 의존노동자가 갖는 의무감은 대상자를 돌보는 의존노동자에게 지워지는 도덕적 의무감에서 비롯된 것이다. 가장 무기력한 대상자에서 시작함으로써, 의존노동자의 의무감이 얼마나 막중한지, 이러한 의무감은 의존노동자에게 얼마나 많은 것을 요구하는지, 그리고 적어도 매우 제한된 사례에서 어떻게 의존노동자가 헌신하고 쏟아 부은 관심과 돌봄에 그 대상자는 호혜적일 수 없는지 알 수 있을 것이다. 그렇다고 가장 의존적인 사람이 어떤 방식 -사랑과 감정을 통해서- 으로도 호혜적인 행동을 할 수 없다는 것은 아니다. 그럼에도 불구하고, 의존노동으로 인해 의존노동자가 부담하는 "비용"을 보상해야 하는 의무는 의존관계 외부에서 부담해야 한다. 물론 돌봄제공자를 위한 비용과 책임은 보답 받아야 하며, 이러한 보답은 부분적으로 의존의 정도에 달려있기도 하다. 대상자가 의존노동자에게 도덕적으로 응답할 수 있는 경우에는 대상자 역시 의무가 있다. 하지만 그 의무의 정도와 특징은 이번 논의의 목적을 넘어선다.

"취약성 모델"

돌봄관계의 정당성의 근거는 로버트 구딘(Robert Goodin)의 책 『취약인 보호하기(Protecting the Vulnerable)』에서 찾을 수 있다. 구체적으로 보면 구딘의 관심은 돌봄윤리는 아니지만, 그는 누군가의 취약성과 우리의 행동 간의 특수한 관계에서 나오는 도덕적 요구를 설명한다. 다시 말하면, 구딘의 목표는 돌봄윤리의 기초에 대한 것이 아니었지만, 특정한 관계에서 나오는 도덕적 요구에 대한 그의 논의는 돌봄윤리의 도덕적 기반을 공유한다.

구딘은 특수한 관계를 대상으로 한 취약성 모델과 약속에 기초한 패러다임인 의지주의 모델(Voluntaristic Model)을 대비시킨다. 약속에 기초하는 경우, 나는 내가 약속했던 것을 하겠다고 했을 때 다른 사람에 대한 특별한 의무가 발생한다. 비록 그 의무가 어떤 특정한 타인에 대한 것이지만, 의무의 형식은 완벽하게 일반적이다. 즉, 나는 내가 약속한 사람이 누구든지 간에 그 사람에 대한 의무를 지게 된다. 그 의무는 그 자체로 당연시된다. 나의 자유로운 선택으로 한 약속이기 때문에, 또한 그러한 의무를 갖는 누군가가 약속을 지킬 것이라 기대하기 때문에, 나는 그 약속을 지킬 의무가 있다.

그러나 취약성 모델에 따르면, 개인들 사이의 특정한 관계에 대한 도덕적 근거는 어떤 당사자의 행동에 대한 다른 당사자의 취약성에서 비롯된다. 우리가 어떤 사람의 필요를 만족시킬 수 있는 특정한 관계에 위치해 있을 때, 그의 필요는 우리에게 도덕적 의무감을 불러일으킨다. 우리는 이를 '취약성에 응답하는 의무감(vulnerability-responsive obligations)'이라 부르고자 한다. 구딘은 모든 특정한 관계, 예를 들어 비지니스 관계, 전문가와 의뢰인의 관계, 가족관계, 우정, 후원자-수혜자 관계, 심지어 약속과 계약관계 역시도 취약성 모델로 보다 잘 설명된다고 주장한다.[13]

구딘의 모델은 관계적인 용어로 잘 설명된다. 도덕적 요구는 내 자신이 그 필요에 답할 수 있는 위치에 있다면 나 자신에 대한 도덕적 요청이다. 그것은 상대가 내 행동에 취약할 때 나에 해당되는 도덕적

요청이다. 이 모델에 대해 가장 놀라운 점은 도덕적 요청이 개인적
-권리, 필요, 이해관계로 해석되는- 속성에서 나오는 것이 아니라, 어
려움에 처한 사람과 그 어려움을 해소해 줄 수 있는 사람 사이의 관
계에서 비롯된다는 점이다.[14] 앞선 의존관계에 대한 논의를 떠올려
보면, 우리는 취약성 모델이 의존노동자에 대한 의존인의 도덕적 요
청을 직접적으로 어떻게 설명하는지 알게 된다. 의존노동자는 의존인
의 필요를 충족시켜 줄 수 있는 최적의 위치에 있는 **특정한** 개인, 즉
의존인의 필요를 배타적으로 충족시켜 줄 수 있는 위치에 있다.

누가 누구에게 취약성으로 의무를 지울 수 있을까?

취약성 모델도 비판점이 없는 것은 아니다. 한편으로, 취약성 모델
은 우리의 의무를 지나치게 일반적인 것으로 만들어 우리에게 합리
적인 것 이상을 요구한다는 비판을 받고 있다. 예를 들어, 동 떨어진
곳에 사는 한 남자가 당신을 사랑한다고 고백하더니, 당신이 더 노력
하지 않는다면 더 이상 살 수 없을 것 같다고 주장한다 해도, 당신이
그 사람에 대해 의무감이 있는지는 명확하지 않다. 언뜻 보면, 취약
성 모델은 당신에 대한 의무감이라는 파워를 행사하고 싶어하는 사
람 누구라도 그 손에 그 파워를 쥐어주는 것처럼 보인다. 조금 더 생
각해보면, 취약성 모델은 우리의 책임에 비이성적인 제한을 가하는
것처럼 보일 수 있다. 만일 우리의 책임이 타인의 필요를 충족시키는
특정한 위치에 존재함으로써 비롯된다면, 우리는 다른 누군가에 의해
충족될 수 있는 어떤 필요에 대해서는 의무가 없다고 할 수 있다. 개
인과 집단의 책임에 대한 구딘의 논리는 취약한 상대가 우리의 행동
에 영향받는 정도에 따라 타인에 대한 우리의 의무를 다르게 만든다

(Goodin 1985, 118, 136, 139). 이 논리는 취약성에 응답하는 의무의 영역과 범위를 정한다. 그럼에도 책임의 정도를 정할 수 있음으로 해서 비판점의 일부를 해결할 수 있겠지만, 모든 비판점을 해결할 수 있는 것은 아니다. 짝사랑을 하는 남자는 당신의 무관심으로 인해 자살 위협을 할 수 있으며, 그래서 취약한 상대(짝사랑하는 남자)가 받을 수 있는 영향의 정도는 실제로 매우 클 수 있다. 하지만 멀리 떨어진 짝사랑하는 남자가 당신에게 어떤 행동을 하도록 할 수 있는 권한을 가졌는지의 문제는 직관적으로도 명확하지 않다. 또한 취약성 모델이 우리가 의무감을 갖는 유일한 방식이라면, 나를 필요로 하지 않은 사람에게조차 내가 의무감을 가져야 한다는 사실이 이상해 보인다. 나도 그리고 다른 친척도 해줄 수 있는 것이 실질적으로 거의 없을 때조차도, 내가 친족 구성원에 대해 느끼는 의무감은 당연할 수 있다. 이 논리는 왜 내가 나의 행동에 적어도 취약할 수 있는 비(非)친족보다 친족에게 더 큰 의무감을 느낄 수 있다는 점을 설명하지 못한다.

마지막 비판점에 대해서는 두 가지 대응이, 어느 것도 만족스럽지 못하지만, 가능하다. 한편으로, 혹자는 이 의무감은 취약성 모델이 지적하려는 단순한 자기집단 중심주의(parochialism)라고 언급할 수 있다. 취약성 모델의 특징 중 하나는 친지에 대한 의무감이 당신의 행동에 보다 취약한 타인에 대한 의무감보다 우선시되지 않는다는 점이다. 하지만 우리는 이러한 관행을 손쉽게 저버리기란 쉽지 않다. 많은 부분이 타인과 우리의 관계를 결정하는 문화적·역사적 환경과 관행에 달려있다. 다른 한편으로, 혹자는 친족주의(kinship)는 이미 서로의 행동에 취약할 수 있는 친족 사이의 관계를 정의한다고 설명할 수 있다. 많은 부분이 처해진 환경에 따라 다르게 고려해야 하는 취약성의 정도에 달려있다. 하지만 취약성 모델은 도덕적 책임에 애결하는 것일 수 있다. 왜냐하면 우리가 친밀한 관계에서는 취약성의 정도를 우리 마음대로 결정할 수 있으므로, 취약성을 운운하는 것은 큰 의미를 갖지 못하기 때문이다.

이러한 다양한 문제를 해결하기 위해, 첫째, 우리는 누가 누구에게 책임이 있느냐의 문제는 종종 절대적 판단의 문제이지 정도의 문제는 아니라는 점을 인정해야 한다. 둘째, 특정한 관계에서 책임은 다양한 방식으로 드러난다는 점을 받아들여야 한다.[15] 셋째, 의무감이, 비록 이것이 만들어지는 것이라고 하더라도, 문화적인 관행에서 나온다는 점을 인식할 필요가 있다. 유대관계와 책임의 많은 부분은 서로 다른 관행과 외면할 수 없는 다양한 조건의 융합에서 발생한다. 관계는 누가 누구의 필요를 -예상할 수 없는 긴급 상황에 의해 필연적으로 조정되는 필요- 충족하는가를 결정하는 다수의 문화적 요인 안에서 설정된다. 만약 내가 피범벅된 낯선 사람과 마주쳤을 때 주변에 아무도 없었다면, 그 앞에 내가 있다는 사실은 그 낯선 사람을 돕기 위해 무엇인가 해야 할 의무감을 내게 불러일으키는 특별한 관계를 만든다. 하지만 내 아이가 배가 고프다면, 내 아이에게 수유할 수 있는 사람이 주변에 많이 있어도 내 아이가 수유받도록 하는 책임은, 내게 있는 것이 기본 전제이다. 내가 그 의무를 다할 수 있는 한, 그렇게 하는 것은 나의 책임이 된다. 혹은 나는 나를 대신해서 그 의무를 다할 수 있는 다른 사람에게 나의 책임을 할당할 수 있다. 하지만 궁극적인 책임은 내게 있다. 이것이 바로 부모와 자식 사이의 관계에서 생긴 의무이다.[16]

여기에서 보다 주목해야 하는 점은 의존노동의 경우 관계는 이미 주어지는 것이라는 점이다. 가족관계, 우정 혹은 고용인의 의무 등이 그 예에 해당한다. 의존관계의 기본 전제는 대상자가 의존노동자의 행동에 취약한 상황을 정당화한다. 앞서 언급한 멀리 사는 짝사랑 남자의 사례와 달리, 대상자는 의존노동자의 의무를 정당화시키는 위치에 있다. 돌봄대상자는 취약하다. 가족의 유대, 우정, 특정한 유급 고용은 이러한 특정한 개인 -대상자의 의존노동자- 의 행동에 취약한 대상자를 사회적으로 정당화시킨다.

취약성에 응답하는 의무에서 필요의 정당성

취약성 모델은 취약성으로 인해 누가 누구에게 의무를 갖게 되는지를 다뤄야 할 뿐만 아니라, 어떤 필요를 정당하게 의무로 부과할 수 있는지를 다룰 수 있어야 한다. 필요가 무엇인지 혹은 무엇이 적절한 응답인지에 관한 질문이 검토되어야 한다. 배고픈 아이가 요구하는 먹을 것에 대한 필요는 의심할 여지없이 음식을 제공하는 응답을 요구하지만, 알코올 중독자가 술을 찾는 필요에 대한 적당한 대응은 불분명하다.[17]

평생 동안 부와 하인이 있는 삶을 지나치게 관성적으로 살아 온 사람은, 부와 하인이 없는 삶을 감내할 수 없을 정도의 긴급한 필요를 경험할 수 있다. 토니 모리슨(Toni Morrison)은 그녀의 소설 『솔로몬의 노래(Song of Solomon)』에서 예전에는 매우 부자였지만 상당히 착취적이었던 몰락한 가문의 딸 미스 버틀러(Miss Butler)에게 남아있는 유일한 하인인 주인공 씨세(Circe)의 이야기를 통해 위와 같은 필요의 결과를 살펴본다. 재산을 모두 탕진한 미스 버틀러는 빈곤에 대면하지 않고 자살을 선택한다. 산파이자 하인이었던 씨세는 미스 버틀러의 출생뿐만 아니라 그녀의 어머니의 출생 또한 도왔다. 씨세는 그녀의 주인이 죽고 난 후 집 뜰에 남아 개를 돌보고 남루해가는 대저택을 관리하고 있었다. "지난 몇 년간 미스 버틀러와 나는 정원에서 자라는 것을 먹었어요." 씨세가 말했다. "결국 그녀(미스 버틀러)는 더 이상 버틸 수 없었지요. 그녀는 도움도 돈도 없다는 생각을 인정할 수 없었습니다. 그녀는 더 이상 지속하지 않고 모든 것을 그냥 내버려 두었습니다." 여주인에 대한 씨세의 변치 않는 관계를 호혜적이고 지속적인 충성으로 잘못 알아들은 대담자에게 다음과 같이 말한다. "그녀는 내가 평생하며 살던 일을 하느니 차라리 자살을 했다고 제가 말하잖아요!... 이해하세요? 그녀는 그녀 일생동안 내가 한 일을 보았고 **죽어버렸어요**, 이해되세요? 나처럼 살기보다 **죽음을** 택했단 말이예요." 씨세는 그릇된 충성심이 아니라, 그녀의 모든 주인들이 사랑했던 소유물을 -"나의 주인들께서는 이것들을 사랑하셨어요. 몰래 가져오기도 하셨고, 이 물건들을 차지하기 위해 속이기도 하셨고, 살인을 하기도 하셨어요"- 살펴야 한다는 사명감의 발로에서 자리를 지켜왔다. 그녀는 이전 세대부터 지속되었던 도덕적 타락에 비례하는 물질적 타락까지 경험한다.

당연히 근본적인 필요, 기초적인 필요, 없으면 생존할 수 없는 필요, 누가 봐도 응답을 해야 하는 분명한 도덕적 요구가 있는 필요가 존재하지만, 모든 필요는 구체적인 실천으로 밝혀질 수 있다. 이러한 필요가 도덕적 무게감을 갖는 정도는 그 실천 속에서 이해되는 필요의 긴급성뿐만 아니라, 구체적인 실천에 대한 도덕적 평가에 달려있다. 필요의 비판적 이해는 누군가의 필요를 민감하게 감지하고, 누군가가 자신의 행동에 어떻게 취약할 수 있는지에 대해 이해할 뿐만 아니라 이러한 필요를 채우는 것이 자기 자신 또는 어느 시점에 상대를 도덕적으로 작아지게 만드는지에 대한 지식을 필요로 한다. 의존관계 내에서 잘못된 필요는 대상자 혹은 의존노동자에 대한 사회적 기대 때문에 발생할 수 있다. 의존노동의 실천을 비판적으로 접근하는 것은 필요에 대한 비판적 담론을 형성하는 수단을 제공한다. 여주인의 필요는 하인에 대한 천대가 근원이다 ―미스 버틀러는 씨세가 살아온 삶보다 죽음을 택한다― 라는 씨세의 이해는, 씨세가 의존노동자로서 몸담아 온 실천에 대한 비판적인 관점을 제공한다. 이러한 실천은 의존노동자의 도덕적 가치를 폄하하고, 의존노동자가 노동을 해준 대상을 희망 없이 불필요하게 취약하게 만들어 버리는 잘못된 필요에서 비롯된다. 의존노동을 담당한 여성인 씨세는 도덕적 응답이 요구되는 필요와 스스로를 폄하함으로써 충족될 수 있는 필요의 차이를 잘 이해했다.

취약성 모델에서 의무감을 갖게 되는 방식의 제한

버틀러 씨의 더 나은 삶을 위한 노예인 씨세는, 그녀에게 부당하게 할당된 관행으로 인해 여주인의 필요를 충족시킬 수 있는 독특한 위치에 있었다. 심지어 씨세가 자유롭게 되었어도, 버틀러는 몸종이었던 씨세에게 너무 의존해 버린 나머지 계속 취약해졌다. **어떻게 다른 사람이 나의 행동에 취약해질 수 있는 위치에 있게 되었는지의 문제가 취약성에 응답하는 의무에 대한 도덕적 정당성과 관련되는가?** 구딘은 결코 그렇지 않다고 보았다. 그는 다음과 같이 주장한다.

> 기본적인 책임이 무엇이든지 간에, 기존의 책임 할당은 현재의 "사회적 사실"로 간주되어야 한다. 기존의 책임 할당 그 자체가 도덕적 근거를 갖든 그렇지 않든, 그것은 어떤 사람을 다른 사람에게 취약하게 만들어왔다. 그리고 이러한 사실은 이러한 책임을 방기하는 도덕적 근거를 제공한다. 취약한 사람에 대해 실용적 "당위성"이 적용된다... 그리고 그 책임이 재정의 되기 전까지 혹은 될 때까지 실용적 '당위성'은

취약한 사람에게 적용된다(Goodin 1985, 125).

하지만 구딘의 입장은 문제의 소지가 있다. 그가 언급한 "실용적 당위성(pragmatic ought)"은 우리를 자기 폄하적 행동이나 혹은 부정의한 위험에 노출되지 않도록 처방하는 "도덕적 당위성(moral ought)"과 상충될 수 있다. 구딘은 우리는 항상 우리 자신의 행동에 대해 취약하며, 그렇기 때문에 우리 자신에 대한 의무감 역시 갖는다고 주장한다. 이 주장이 씨세의 문제에 대한 충분한 응답인가? 첫째, 이 지점에서 우리 자신에 대한 의무감에 호소하는 것은, 의존인의 취약성에 응답함으로써 종종 우리가 위험에 처할 수 있기 때문에 많은 도움이될 수 없다. 우리 자신의 이해가 우리가 돌보고 있는 취약한 의존인의 이해와 충돌한다면, 우리 자신의 이해가 제한될 것이라 기대된다. 둘째, 우리에게 부정의하게 전가되는 누군가의 필요에 대한 응답은 그 자체가 비하적인 것이라 말할 수 있다. 이러한 응답은 우리가 누군가의 필요 혹은 그들의 필요에 우리를 취약하게 만드는 응답을 부당하게 요구하는 사람보다 낮게 우리 스스로를 비하하도록 한다. 그런데 이러한 자기 비하의 요구는 정당한 책임 할당에 따르는 도덕적의무감과 실용적 당위성이 충돌하는 모든 경우에 해당될 것이다. 그렇다면 책임이 부당하게 할당된 경우, 우리 자신에 대한 의무감은 타인에 대한 의무감보다 우선하며, 실용적 당위성은 존재하지 않는다. 그러면 필자가 구딘과 논쟁할 이유도 사라진다.

따라서 우리 자신에 대한 의무에 호소하는 것은 실용적 당위성을 무용지물로 만들거나 취약성 모델의 다른 요구사항과 충돌한다. 만약 구딘이 실용적 당위성을 고집하여, 부정의한 책임의 할당에도 불구하고 우리는 의무감을 갖는다고 계속해서 주장하고자 한다면, 그는 강압적인 조건에도 불구하고 실용적 당위성이 우리에게 의무감을 일으키킨다는 입장에 동의해야 한다. 구딘의 주장은 반직관적이며, 도덕이론의 측면에서 볼 때 바람직하지 못하다. 강제된 사람의 행동에 대한 누군가의 취약성에 기인한 어떤 도덕적 의무감보다, 부정의가 우선한다고 주장하는 것이 보다 합리적일 수 있다.[18] 아마도 이것은 많은 낙태 반대론자들 조차도 강간에 의한 임신은 낙태를 정당하게 허용해야 한다는 주장에 동의하는 경향을 보이는 이유이다. 병약한 주인을 돌보도록 강제된 하녀가 주인의 무기력함을 틈타 강제의 탈피 기회로 삼는다면 이는 정당화될 수 있다.

그럼에도 불구하고, 만일 우리가 일부 노예에 대해 생각해보면, 모든 노예가 그러한 가혹한 도덕적 상황에 있는 것은 아니다. 남북전쟁 기간 노예의 삶을 다룬 마가렛 워커(Margaret Walker)의 소설 『주빌레(Jubilee)』는 더튼 가문(Dutton house)의 가사노예로 토지 상속자를 시중하는 짐(Jim)을 소재로 다뤘다. 그는 죽음에 가까워진 병약한 젊은 주인과 자신이 무슨 관계인지 고민에 빠진다.

> "조니 주인님(Master Johnny)은 죽어가고 있고 혼자서는 집으로 가지도 못한다. 나는 그가 평화롭게 생을 마감할 그의 집 모(Maw)로 데려다 줄 것이다. 하지만 나는 집에 머물지 않을 것이다." 만일 짐이 농장 노동자였다면, 이러한 미묘한 갈등이 그를 혼동스럽게 하지 않았을 것이다. 그는 더튼 가문에 아무런 유대감도 느끼지 못했을 것이다. 하지만 그는 노쇠한 조를 간호했으며 그의 아이들이 성장하는 것을 지켜봤다. 미시 마마(Big Missy)에게 업신여김을 당했지만, 그는 그가 설명할 수 없었던 명예, 의무 그리고 귀족적 의무(noblesse oblige)라는 낯선 이름이 그와 함께 유대의 끈을 묶고 있었다. 그래서, 그는 조니를 집으로 데리고 가고 있었다(Walker 1967, 184).

이 지점에서 낙태 찬성에 대한 주디스 자비스 톰슨(Judith Jarvis Thomson)의 악명 높은 찬성 논의는 생각해볼 만한 가치가 있다. 톰슨(1971)은 태아에 인격을 부여하는 것이 낙태에 대한 여성의 권리를 차단하지 않는다고 주장한다. 잘 알려진 그녀의 논리에 따르면, 그녀는 의도하지 않은 임신을, 수술에서 깬 어떤 병원 환자가 자신의 몸과 아주 유명한 바이올리니스트에게 일시적으로 생명을 유지해주는 생명줄이 연결된 상태임을 알게 된 시나리오에 비유한다. 톰슨의 논점은 아무리 바이올리니스트가 취약한 상황에 있다고 하더라도, 그 환자가 바이올리니스트를 도와야 한다는 의무를 거절한다 하더라도, 그 연결이 자발적인 것이 아니었기 때문에 이를 정의롭지 못하다 할 수 없다는 것이다. 따라서 환자가 바이올리니스트와 연결을 끊어서는 안 된다는 주장은 강압적이고 부정의하다. 마찬가지로 태아와의 연결을 자발적으로 하지 않은 임신 여성에게 자신의 몸을 태아의 성장을 위해 빌려줄 의무는 없다고 주장한다.

여기에서 필자는 여성의 낙태 권리에 대해 논쟁하려는 것이 아니며, 그렇게 해석되는 것도 원하지 않지만, 의지주의 논리는 논쟁적이다. 분명 자발적으로 연결되지 않았지만, 도덕적 정당성이 있어 보이는(예를 들어, 부모, 이웃 그리고 우연히 마주친 곤궁에 처한 모르는 사람에 대한 의무 같은) 많은 의무가 존재한다. 바이올리니스트의 생명을 지속시켜야 한다는 요구가 있을 경우, 바이올리니스트와의 생명줄을 끊는 것은 정의의 요구 측면에서만 위배된다는 톰슨의 주장을 음미해볼 만하다. 도덕적 품위(moral decency) 같은 덜 까다로운 도덕적 요구 측면에서는, 적어도 자신에게 그 부담이 지나치게 크지 않는 한 바이올리니스트의 생명을 지속시켜야 할 의무가 있다고 주장한다.

하지만 정의의 요구와 도덕적 품위의 요구를 구분하는 톰슨의 직관은 문제가 있다. 많은 사람은 정의의 요구는, 예를 들어 자식에 대한 책임과 상당한 관련이 있다고 주장할 것이다.[19] 필자는 누군가의 생명을 지속시켜주는 공급원이 되기 위해 납치된 사람을 예로 든 톰슨의 예시는, 납치가 구체적이며 확실한 강압의 모습을 보이기 때문에 매우 효과적이라 생각한다. 납치되었다면, 납치된 사람이 납치를 한 사람의 필요를 충족하는 의무를 진다고 생각하는 사람은 거의 없을 것이기 때문이다. 누군가의 도움이 되기 위해 **강제적**으로 도움이 되는 명백히 강압적인 상황은 부당해 보일 뿐만 아니라, 그러한 부정의는 누군가 필요의 응답에 대해 응답하지 않았을 때, 그 응답에 대한 도덕적 의무감을 지워 버릴 정도의 충분한 명분이 될 수 있다. 톰슨의 예에서 볼 때, 한 개인은 강제로 인해 누군가의 필요를 충족시키는 고유한 사람이 된다. 일단 어떤 누군가의 신체와 연결이 되고 나면, 상대편은 당신의 거절에 대해 이전보다 훨씬 더 취약하다. 만약에 실제로 어떤 사람이 어떤 필요를 충족시킬 수 있는 유일한 사람이라면, 예를 들어 특정 항원에 맞는 혈핵형과 이를 가진 유일한 사람이라면, 곤궁에 처한 사람은 도움을 줄 수 있는 사람에 대해 상당히 도덕적으로 호소할 수 있다. 하지만 여기서 **누군가**는 한 사람의 생명에 대한 도덕적 필요가 다른 도덕적 필요보다 더 큰지를 결정해야 한다.

의지주의는 도움을 요청받은 사람이 다른 누군가를 위해 자기이해를 후순위로 한다는 본인의 결정이 있어야 한다는 생각을 하기 때문에 호소력이 크다. 하지만 두 사람 사이의 앞선 관계는 이러한 직관에 도전한다. 만약에 시간, 에너지, 금전 또는 심지어 생명까지 희생할 것을 요청받는 대상이 어머니 혹은 아버지라고 한다면, 의지주의의 호소력은 줄어든다. 우리는 부모가 자발적으로 희생할 것을 기대한다. 그렇다면 구딘과 대조적으로, 우리가 응답해야 할 의무가 있는 누군가의 필요에 대한 우리의 직관은, 이러한 필요를 충족시키는 위치에 우리 자신이 있음을 어떻게 발견하고 왜 발견하게 되는가에 달려있다. 그렇다 하더라도, 의지주의의 입장과 대조적으로, 자발적으로 맡은 의무가 관계에서의 유일한 근원은 아니다.

톰슨은 자발적으로 맡은 의무가 책임의 유일한 원천이 아니라는데 동의할 수 있다. 그럼에도 불구하고, 그녀는 자발적으로 맡은 의무가 정의의 영역에서는 모든 의무의 원천이라고 주장하고 싶을 것이다. 하지만 먹을거리가 풍족해 배불리 먹는 사람과 굶주린 사람이 우연히 만났다고 생각해보자. 굶주린 사람에게 먹을 것을 주지 않는 것이 부정의의 문제이지 단지 품위 없음의 문제가 아니라고 말하고 싶지 않은가? 여기서 취약성 모델은 의무감을 정의의 이슈로 설명한다. 도덕적 분별은 정의(what is just)와 품위(what is decency) 사이에 있는 것이 아니라, 도덕적으로 받아들일 수 있는 조건과 그렇지 않은 조건 사이에 -그 조건으로 인해 어떤 사람이 필요에 응답할 수 있는 "특권적" 지위에 있다면- 존재하는 것이다. 그 위치가 자발적으로 선택되었다면, 의무를 예우해주는 것이 정의의 문제이자 품위의 문제이다. 그 위치가 강제되었다면, 의무는 도덕적 위상을 갖지 못한다. 하지만 흥미롭게도 대다수의 경우, 그 위치는 강제된 것도 자발적으로 선택된 것도 아니다.[20]

비(非)강제적이지만 비(非)자발적인 많은 책임과 의무가 존재한다. 강제된 것도 아니지만 그렇다고 해서 **자발적으로 선택한 것도 아닌** 관계가 우리의 삶을 채우고 있다. 가장 친밀한 가족관계부터 동료 시민, 동승 여행객까지를 아우른다. 이러한 관계에서 발생하는 의무는, 비록 관계가 부과하는 구체적인 의무에 대해서는 우리가 의문을 제기할 수 있지만, 기대, 유대 그리고 책임이라는 전체 연결망 속에서 생긴다. 단지 강제된 책임이 도덕성을 담보하지 않는다는 점이 우리가 자발적으로 맡은 의무를 인정한다는 뜻이 아니다. (뿌리 깊은 관습이건 혹은 일회적으로 만들어졌건) 자발적이지 않지만 그렇다고 해서 강제되지도 않은 관계를 인정함으로써 정의롭게 행동하고 제대로 행동할 수 있는 우리의 능력에 대해 묻는다. 우리가 기초적인 필요를 충족시킬 수 있는 고유한 위치에 자리매김하고 있음에도 불구하고, 그러한 필요를 충족시키지 못한다면, 우리는 어떤 사람[21]인지에 대해 묻는다.

"강제의 문제"

비록 의지주의 모델은 비자발적이지만 강제되지 않은 상황에서 도움주기를 거부하는 것은 옳지 않다는 직관을 설명하지 못함에도 불구하고, 이는 강제로 부과된 의무를 거부하는 일관된 논리를 제공한다. 의지주의 모델에서는 우리가 **어느 정도** 동의를 확언할 수 없다면 누구도 우리의 의지에 반하는 요구를 정당하게 할 수 없으며, 따라서 톰슨의 비유 속 바이올리니스트나 원하지 않았던 태아는 우리의 의사에 반하는 어떤 도덕적 요구도 할 수 없다.[22] 빈번히 일어나는 비강제적이지만 비자발적인 타인과의 관계에서, 타인의 필요에 응답하지 않는 것은 정당하지 못하다고 생각한다. 취약성 모델은 이 같은 직관적 통찰을 설명할 수 있다. 하지만 취약성 모델로 전환하는 것은 또 다른 걱정을 낳는다.

할당된 책임에 대한 도덕적 정당성이 취약성에 응답하는 의무에 대한 도덕적 정당성과의 무관함을 주장하는 구딘의 주장에 필자는 반대해왔다. 우리가 구딘의 실용적 당위성에 반대할 때, 정의의 개념을 -"기존의 책임 할당"이 어떻게 되어 온 것인가의 정의 개념- 환기해야 한다. 우리는 특수한 관계에서 그 관계가 강제적이지 않다면 (자발적이건 그렇지 않건 간에), 의무는 발생할 수 있다고 주장해왔다. 그러나 강제는 부정의하기 때문에, 우리는 강제된 관계에 있는 어떤 도덕적 정당성도 반대한다. 만약에 정의가 어느 정도 의지주의적 근거를 요구한다면, 취약성 모델은 난관에 봉착할 것이다. 취약성 모델은 구딘의 실용적 당위성을 받아들이거나 그래서 강제된 의무는 도덕적 비중을 갖지 않는다는 입장을 받아들이거나, 만약에 그렇지 않다면 처음부터 다시 시작해야 할 것이다.

아마 틀림없이 이러한 정의론에 정당성을 제공하는 도덕이론은 사회계약론이다. 하지만 사회계약론은 동등하게 위치하고 동등한 권력을 지닌 당사자들 간의 자발적인 합의에서 사회제도의 정당성을 찾는 의지주의 이론이다.

사회계약론의 의지주의는 합리적이며 상호적으로 무관심한 그리고 서로에게 도덕적 상호작용에 평등하게 가담할 수 있는 고양된 자기이해에서 행동하는 개인들을 상정한다.[23] 이러한 개념이 적합한지에 대한 논의가 이 책에서 다룰 쟁점이다. 필자는 이 같은 입장은 어떤 사람은 언제나 의존적일 수밖에 없는 상황을 고려하지 못하고, 의존인을 돌보는 사람의 도덕적 헌신을 설명하지 못하며, 무용한 평등 개념을 채택한다고 주장해왔다. 우리는 구딘이 제안한 취약성 모델에서 돌봄윤리(의존관계에 적용되는 윤리)의 보다 적합한 토대를 찾기를 희망했다. 취약한 의존인에 대한 의무의 근거를 의지주의적 모델에서 찾으려 한다면, 우리의 노력을 수포로 만들 뿐이다.

이러한 어려움을 필자는 취약성 모델의 **강제문제**(coercion problem)라고 칭한다. 강제문제는 다음과 같다. 우리가 구딘의 실용적 당위성을 기각한다면, 우리는 결국 의지주의에 의존해야 하거나, 혹은 구딘의 실용적 당위성을 받아들이고 강제된 의존관계가 도덕적 정당성이 있다고 인정해야 하는 것이다. 의존을 고려한 페미니스트의 입장에서 볼 때, 두 가지 옵션 모두 매력적이지 않다. 구딘의 실용적 당위성을 뺀 취약성 모델이 의지주의를 받아들여야 한다고 인정하는 것은, 심지어 취약성 모델(의존관계에 가장 적합한 도덕 모델)도 의존비판이 도전하는 전제(사회를 동등하게 위치 지워지고 힘을 부여받은(empowered) 사람들의 결사체로 간주하는)에서 출발해야 함을 인정하는 것과 같다. 하지만 실용적 당위성을 인정하는 것은 이러한 책임이 얼마나 빈번히 여성들에게 불공정하게 할당되었는지를 직시해야 하는 시급성을 굴절시킨다. 강압적인 조건이나 충분한 보상 없이 의존노동을 해온 사람들과 여성들은 너무나도 오랜 세월 동안 이 같은 불공정한 할당을 사회적 사실로 받아들였으며, 그리하여 억압적이고 착취적인 상황과 결합되었다. 이러한 사회적 사실로 간주되는 정의에 도전하는 것은 페미니스트가 해야 할 일이지만, 실용적 당위성을 받아들이는 것은 취약성 모델의 타당성을 저하시키는 의지주의에 기대지 않고도 불공정한 할당에 도전할 수 있는 여지를 두지 않는다. 강제의 문제에서 빠져나올 방법은 없을까? 취약성 모델에서 정의의 개념이 존재할 공간은 없는 걸까?

강제의 문제에 있어 우리의 논점은 누군가의 취약성을 다룰 수 있는 위치에 있는 사람이 자신의 책임에 어떻게 행동하느냐가 아니라, 취약한 사람을 돌보는 사람에 대해서 타인들이 어떤 의무가 있는가이다. 우리가 반복적으로 지적했듯이, 이 문제는 특히 우리가 기초적인 필요라고 불러왔던 것을 다루는 사람에게는 매우 민감하다. 왜냐하면 그러한 필요가 있는 취약한 대상자는 위중한 (의존관계에서 충족되며, 잠재적으로 의존노동자에게 상당한 비용을 감당하게 하는) 요구를 하기 때문이다. 의존노동자의 돌봄의무감에 대한 근거와 의존노동자에 대한 의무감에 대한 근거, 이 두 가지 모두를 분명히 해야 할 필요가 있다. 그렇다면, 의존노동자에 대한 도덕적 의무감이 보다 일반적으로 이해될 때까지 해법모색을 잠시 양보하고, 강제의 문제를 해결하기 위해 다른 질문을 던져본다.

의존노동자에 대한 도덕적 의무감

의존관계는 취약한 대상자의 필요에서 시작된다. 대상자의 필요는 정당한 것으로 이해되며, 대상자는 의존노동자와의 관계에서 우선적인 입지를 갖는다. 의존노동자가 대상자의 안녕을 담당하고 있기 때문에, 대상자는 의존노동자의 행동에 취약하게 된다. 취약성 모델은 자신의 행동에 취약한 타인과의 관계에 존재하는 도덕적 유인을 이해하는 실마리를 제공한다. 다음의 조건이 주어진다면 어떤 개인이라도 의존노동의 책임을 맡아야 하는 무조건적인 의무가 있다. 첫째, 필요가 기초적이다. 둘째, 취약성이 광범위하다. 셋째, 어떤 개인을 '취약성에 응답하는 의무감'에 위치시키는 관계가 도덕성을 담보한다. 게다가, 심지어 의존노동자 자신의 자기이해와 미래에 대한 상당한 비용이 수반될 때에도 의존노동자는 이 의무를 맡아야 한다. 이것은 몸이 아픈 아이의 수발을 들기 위해 새벽 4시에 일어나 본 모든 엄마 아빠라면 잘 아는 사실이다.

그렇다면, 의존노동자에 대해서는 어떤 의무가 있을까? 누가 의존노동자를 돌보는가? 의존노동자의 필요는 어떻게 인정될 것인가? 의존노동자가 돌봄대상자의 행동에 취약한 정도에 따라, 돌봄대상자도 이러한 취약성을 다루기 위해 행동해야 한다. 돌봄대상자만 의존노동자의 행동에 취약한 것이 아니라, 의존노동자 역시 돌봄대상자의 행동에 취약할 수 있다. 남성 어르신을 보살피는 의존노동자는 성적 학대, 폭행, 경제적 착취 그리고 천대 등에 취약할 수 있다. 취약성은 의존노동자가 가난하고, 여성이며, 유색인이고, 이민자인 경우 더 심해질 수 있다. 의존노동자에 대해서도 역시 취약성 모델이 정확하게 맞다. 대상자는 본인의 의존노동자를 직접 선택하지 못하거나, 심지어 의존노동자를 원하지 않을 수도 있다. 하지만 대상자도 의존노동자가 자신의 행동에 취약할 수 있고 그것을 피하기 위한 행동을 이해할 의무가 있다.

대상자의 응답은 의존노동자에게 진정한 보람을 줄 수 있다. "고맙습니다"라는 말을 할 수 없다 하더라도, 중증장애아의 웃음과 사랑스런 시선은 수발자에게 특별한 감동을 줄 수 있다. 의존노동자가 대상자의 행동에 얼마나 취약한지는, 대상자가 할 수 있는 행동의 정도에 따라 다르다. 별다른 행동을 하지 못하는 신생아 혹은 매우 심각한 정신적, 신체적 상해로 제한적으로 행동할 수 있는 사람은 그들 자신 때문에 야기된 의존노동자의 취약성에 대한 책임이 없다. 하지만 의존관계에서 야기된 의무감은 의존노동자의 취약성까지 확대되어야 한다. 그 취약성은 의존노동자의 양보된 자기이해 그리고 대상자에 대한 사랑과 대상자의 안녕에 대한 의존노동자의 돌봄의 결과이기도 하다.

자신의 자기이해와 미래를 양보한 사람에 대한 의무 중 제일 먼저는 의존노동자의 책임이 부당하게 노동자 자신을 위협해서는 안 된다는 점이다. 이러한 의무를 무시하는 것은 의존노동자를 그들이 돌보는 사람이나 의존노동자에게 의무감이 드는 자리에 있도록 한 사람보다 도덕적으로 열등하게 천대하는 것이다. 이는 마치 돌봄을 강요하는 부정의를 비난할 때, 도덕적 공정함의 기초인 평등에 호소하는 것과 마찬가지이다. 여기서 우리는 의존관계로부터 평등에 대한 우리의 생각을 전개하고자 한다.

관계에 기초한 평등

만일 우리가 서로 분리된 개인이 아닌 관계된 개인으로 시작한다면, 우리는 이러한 관계를 통해 평등에 대한 요구를 이해할 수 있다. 만일 우리가 돌봄관계 속에 배태(胚胎)된 개인을 상정하고 있다면, 개인 각자의 필요를 포함하는 관계를 그려볼 수 있다. 이는 평등에 대한 대안적 이해를 가능하게 한다.

비의존적인 자아의 자기이해에서 시작되고, 고양된 자기이해가 타인에게까지 확장되는 평등은 '개인에 기초한 평등(individual-based equality)'이다(제1장 참조). 이것은 각자의 좋음을 찾고 구성하는 동등한 권리 그리고 그 좋음을 추구하기 위한 자원을 경쟁하는 동등한 권리에 해당하는 평등이다. 이 평등은 개인의 개성과 독립성 -개인은 각자가 추구하는 좋음이 있다- 그리고 개별적으로 행사되는 권리와 권한에 대한 이해에서 비롯된다.[24]

그러나 여기에서 필자가 제안하는 대안적 개념의 평등은 -우리 모두는 어느 엄마의 아이라는 주장에서 비롯한 평등- '관계에 기초한 평등(connection-based equality)'이다. 이 평등 개념은 관계를 중요하게 여기고, 기존 평등 논의와 다른 주장을 가능하게 한다. '관계에 기초한 평등'은 독립된 개인으로서 갖고 있는 권리가 아니라, 다른 사람과 관계함으로써, 특히 돌봄과 의존을 통해 관계함으로써 우리에게 요구되는 무엇으로부터 논의가 시작된다. 따라서 이는 우리 자신만을 위한 주장이 아니며, 우리에게 무엇을 요구하는 당사자를 위한 주장도 아니다. 이 주장은 첫째, 적절하다면 돌봄을 받을 수 있는 관계에 **자격을 부여하는 것**(entitlements)이며, 둘째, 자신의 안녕을 해치지 않고서도 어떤 개인이 돌봄을 제공할 수 있는 사회적인 조건에 **자격을 부여하는 것**이다. 마지막은 돌봄 자체에 대한 자격을 넘어서는 자격부여이다.

가족의료휴가정책은 이러한 평등 개념에 기반을 둔 자격부여의 특징을 보여주는 좋은 사례이다.[25] 가족의료휴가의 자격을 요구하는 노동자는 자신을 위해서 일에서 여유로운 시간을 확보하기 위해서 뿐만 아니라, 보다 근본적으로는 주어진 시간 동안 혜택, 돌봄, 시중을 받을 의존인을 위해서 요구하는 것이다. 이는 의존인이 자신을 위해서 스스로 요구할 수 없는 것이기도 하다. 자신의 필요가 충족되어야한다는 정당한 요구를 발언할 수 없는 의존인의 경우, 의존노동자는 의존인을 대신해서 요구한다. 이러한 요구에는 의존노동자가 대상자의 필요를 수발하기 위한 필요한 자원과 시간이 포함된다. '관계에기초한 평등'에 근거한 이러한 주장은 진정으로 그리고 아마도 특별하게 의존인의 안녕을 걱정하는 사람이 의존인의 필요를 채워줘야한다고 본다. 이러한 주장이야말로 가족의료휴가정책의 도덕적 정당성을 구성하게 된다.

"한 만큼 돌아온다" - 관계적 호혜성(Reciprocity-in-Connection)

관계에 기초한 평등은 표준적으로 이해되는 호혜성으로 설명되지 않는다. 기본적으로 동등한 관계에서의 호혜성은, 내가 나 자신을 위해 쏟은 노력은 상대방의 등가적인 노력으로 즉시 혹은 미래의 특정 시점에는 충족되어야 함을 요구한다. 내 행동의 대상이 되는 사람에게 내 행동도 호혜적이기를 기대한다. 호혜성은 맞교환적인 성격이 있다. 이러한 호혜성은 **쌍무적 호혜성**(exchange reciprocity)이다. 관계에 기초한 평등은 다른 종류의 호혜성을 선호하고 쌍무적 호혜성을 기피한다.

직장생활을 하든 그렇지 않든 여성이 남성보다 모든 종류의 돌봄을 더 많이 제공한다는 점을 밝힌 연구에서, 사회학자 나오미 게스텔 (Nanomi Gerstel)은 여성이 돌봄을 제공할 것이라는 주변의 기대가 여성이 돌봄에 많은 시간을 쓰게 되는 이유였다고 밝혔다. 그러나 여성이 이러한 기대에 기꺼이 부응하는 것은 관계에 기반한 평등을 특징으로 하는 호혜성을 이해하기 때문이다. 55세 변호사의 대답은 그러한 이해의 전형이다.

> 음, 제 어머니께서는 가끔 편찮으셨는데, 지금은 많이 허약해지셔서 저를 필요로 하세요. 제 어머니는 제가 당신을 도와줄 거라 기대하고 계세요. 그리고 아시다시피, 어머니께서도 당신의 어머니를 돌봐주셨어요. 그래서 저는 제 어머니를 도와드려야 합니다. 다른 누구도 그렇게 해야 할 사람은 없어요(Gerstel 1991, 18).[26]

그녀에 대한 어머니의 기대를 그녀는 기꺼이 받아들인다. 왜냐하면 그녀의 어머니께서 할머니를 돌봐주셨기 때문에, 어머니는 이제 돌봄을 마땅히 받아야 한다고 생각하기 때문이다. 할머니가 받으셨던 돌봄이 그 딸에 의해 보상받듯이, 그 딸은 이제 본인의 딸로부터 돌봄을 받을 자격을 갖는다. 여기서 의미심장한 점은 이 같은 호혜성은 그녀의 어머니께서 자신에게 주었던 돌봄을 근거로 하지는 **않으며**, 이는 지금 자신의 딸이 자신에게 되돌려줄 것이라 기대하는 돌봄이다.[27] 이러한 종류의 호혜성은 딸에 대한 어머니의 돌봄을 나중에 받을 돌봄에 대한 선지급으로 바꾼다. 쌍무적 호혜성의 궤도가 수정된 모습이다. 대신 딸은 배태된(nested) 의무감에 호소한다. 이러한 의무를 다하는 것은 이제 그녀의 책임이며, 그것도 그녀의 고유한 책임이다. 만일 그녀가 돌보지 않는다면, "다른 누구도 그렇게 해야 할 사람은 없다."

게스텔(Gerstel 1991, 20)은 흑인공동체에서 "여성뿐만 아니라 남성도 그들이 알고 있는 사람, 특히 친지를 돕는 데 백인보다 훨씬 많은 시간을 자발적으로 쓰고 있다"는 사실을 발견했다. 그녀는 이 같은 현상을 흑인이 공동체 생활에 비슷하게 위치 지워진 백인보다 훨씬 더 많은 헌신을 하기 때문이라고 설명한다. 게스텔은 돌봄제공에 쓴 상당히 많은 시간을 정당화하는 한 흑인 여성의 말을 인용했다. "음, 한 만큼 돌아와요"(Gerstel 1991, 20). 공동체 구성원을 묶는 의무의 사슬은 돌봄을 제공하는 사람과 받는 사람 사이의 호혜 의식을 만들며, 돌봄을 제공할 수 있는 지위에 있을 때 돌봄을 제공할 것이며, 그 사람이 돌봄이 필요한 상황이 되면 돌봄을 줄 적절한 위치에 있는 누군가가 응답해 줄 것이라는 기대를 품게 된다. 이것은 평등을 타인과 자신의 관계 속에서 그리고 타인을 향한 자신의 의무에서 이해하는 호혜성이다.

이러한 호혜성은 연결되고 배태된 사회적 관계에 바탕을 둔다. 이 책 제4장에서 이러한 관계적 호혜성이 사회적 협력의 개념에 활용된다. 사회적 협력의 기본 개념은 쌍무적 호혜성을 적용하려는 경향을 보인다. 하지만 의존관계에서 의존인은 거의 쌍무적으로 호혜적일 수 없다. 의존인에서 출발하는 호혜성은 거의 불가능하다. 의존노동자는 대상자에 대해서 호혜성을 갖는 것이 아니라, 그녀가 대상자를 돌보듯 그녀를 돌보는 관계에 대해서 호혜성을 갖는 것이다. 관계에 기초한 평등은 배태된 호혜적 관계와 의무를 만든다. 이것이 필자가 둘리아(doulia) -산모가 신생아를 돌볼 때 산모를 도와주는 산후 조리사에서 따온 용어- 로 부르는 배태된 관계와 의무에 기반한 사회적 협력이다. **둘라**(doula)가 신생아를 돌보는 산모에게 돌봄을 제공하는 것처럼, 관계적 호혜성에서 의무의 방향은 의무를 실행할 위치에 있는 사람으로부터 그들과 적절하게 관계된 사람을 향해 진행된다.

어느 엄마의 아이로서 의존노동자

"우리 모두는 어느 엄마의 아이다"는 말은 관계에 기초한 평등 개념을 제시할 뿐만 아니라, 관계를 통해서 각 개인이 받게 되는 대우에 관한 중요한 무언가를 제공한다. "저 또한 어느 엄마의 자식입니다"라고 말하는 것은 나 또한 엄마가 아이에게 대했던 것과 유사하거나 그에 상응한 대우를 정당하게 받을 자격이 있음을 의미한다. 한 엄마의 아이로서 인식되는 것은 모성적 실천과 양립되거나 유사한 방식으로 대우받아야 함을 의미한다. 즉, 그러한 대우를 받을 가치가 있음을 의미한다. 그 가치는 양도될 수 없는 것이다.

우리 자신의 행실이 우리의 가치를 떨어뜨릴 수 있으며, 그 결과 다른 사회적 필요에 의해 어느 엄마의 아이로서의 온당한 대우를 보장받을 수 없을 수도 있다. 그럼에도 불구하고 우리가 어느 엄마의 아이로서 대우를 받는 것은 완전히 포기될 수는 없다. 양도할 수 없는 권리와도 비슷하다. 좋은 시민이라면 보장받는 권리 예를 들면, 방해받지 않고 이동할 수 있는 자유 혹은 투표할 권리(범죄자라면 이러한 권리가 임시적으로 제한될 수 있다)가 있는 반면, 누구도 박탈당할 수 없는 어떤 권리(우리는 수감자에게도 의식주와 의료지원을 할 뿐만 아니라 가장 사악한 수감자에게도 면회를 허용한다)가 존재한다. 이 점은 개인으로부터 돌

봄을 받고 관계 속에 있을 가치를 뺏을 수 없다는 일정 정도의 사회
적 인식을 보여준다.

어떤 것도 어느 엄마의 아이로 인정해야 할 타인의 책임을 완전히
양도할 수 없다. 이는 관계를 인간생존을 위한 기본적인 조건으로 요
구하는 인간의 존재적 특징에 속하기 때문이다. 보존을 위한 사랑,
개인의 성장을 증진시키는 관심과 사회적 수용을 향한 훈련을 제공
하는 엄마품 같은 돌봄을 제공하는 사람들의 이해가 없다면, 누구도
생존할 수 없으며 누구도 인간 공동체의 구성원이 될 수 없을 것이
다.²⁸ 우리가 한 개인을 어느 엄마의 아이로 존중할 때, 우리는 엄마
처럼 돌봐주는 사람의 노력과 보다 상징적으로는 돌보는 모든 사람
을 존경할 것이다. 우리가 그렇게 하지 않는다면, 학대받는 개인의
권리가 침해당할 뿐만 아니라 돌보는 모든 사람의 노력이 천대받게
될 것이다. 모든 인간관계를 가능하게 만드는 의존관계의 신성함이
침해될 것이다. 즉, 인간관계의 중요성이 그 자체로서 묵살되는 것이다.

관계에 기초한 평등은 다음과 같은 비유가 가능하다. 돌봄이 필요
한 아이와 돌봐주는 엄마 사이의 관계는, 엄마 자신의 필요와 엄마의
필요를 충족시켜야 하는 위치에 있는 사람에게도 유사하게 적용된다.
모성적 관계는 취약성을 바탕으로 한 사회적 관계에서 하나의 전형
으로 이해될 수 있다. 필자가 비유적 표현을 쓰고 있다는 점은 강조되
어야 한다. 엄마가 아이를 대하듯, 모든 사람도 그런 대우를 받아야
한다고 제안하는 것은 아니다. 그것은 모성주의를 가부장주의 만큼
비호감으로 만들 수 있다. 비유적 사고는 관계에 기초한 평등 개념에
서 매우 중요하다. 한 상황에서 다른 상황으로 이동하는 과정은 일반
화 혹은 보편화의 과정이 아니며 일반적인 규칙으로부터 연역도 아
니다. 대신에 이것은 비유된 확장이다.

우리는 의존노동에서 자아와 관계의 도덕성을 살펴보고 있다. 그러나 여전히 관계 자체의 요구에 대응하는 응답의 도덕성을 비판적으로 이해할 필요가 있다. 이 응답은 가능해야 할 뿐만 아니라 개인 사이의 우선적 관계성, 돌봄에 대한 우선적 헌신, 그리고 대상자의 필요와 의존노동자가 이러한 필요를 충족시킬 때 자리매김하는 취약성의 조건 사이의 긴장이라는 관점에서 고려되어야 한다. 타자와 본질적인 관계로서 우리 자신을 이해하는 관계에 기초한 평등은 이론뿐만 아니라 심지어 정책의 영역에서도 지침으로 작용할 수 있다

만일 우리가 모든 사람을 어느 엄마의 아이라고 생각한다면, 그 아이가 자신의 안녕을 위해 엄마에게 의존하는 만큼 취약하기 때문에, 그 결과 엄마의 아이에게 무엇을 해주어야 할지를 고려하게 된다. 그렇다면 이를 비유적으로 생각해볼 수 있다. 누가 엄마의 위치에 서 있는가? 누가 아이의 위치에 서 있는가? 무엇이 모성적 실천이 될 수 있을까?[29] 모성적 패러다임은 돌봄이 **필요한** 곳에서 일어나는 -사회적 피조물로서 우리의 생존, 성장, 안녕이 누군가의 돌봄, 관심, 그리고 우리와의 관계의 확장에 의존하는- 모든 일에 비유적으로 확장될 수 있다. 내가 다른 사람의 취약성에 응답할 때, 의존노동자로서 내가 대상자를 수발할 때, 이 때의 평등의 개념은 나 또한 어느 엄마의 아이라는 사실을 기억할 필요가 있다. 하지만 나의 필요는 지연될 수는 있어서도 천대받아서는 안 된다. 왜냐하면 의존노동자가 타인의 필요를 충족시키기 위해서는, 보다 큰 사회질서는 의존노동자를 엄마의 아이로 보살피는 조건을 제공해야 할 책임이 있기 때문이다. 그렇지 않다면, 의존노동자는 불평등하게 대우받을 뿐만 아니라 대상자에 대한 자신의 의무를 하지 못하게 될 것이다.

취약성 모델로 부분적인 정당성을 갖는 관계에 기초한 평등은, 돌

봄제공자 혹은 의존노동자에게 부과되는 도덕적으로 허용되는 희생의 한계를 제안한다. 이는 취약인의 필요의 정당성에 대한 문제제기가 수반되지 않고서도 가능하다. 관계에 기초한 평등은 의존노동자가 타인의 취약함에 응답할 때 부당하게 취약해지지 않기 위해, 의존노동자를 충분히 지원하기 위한 배태된 사회적 관계 속에서의 평등이다. 곤경에 처한 사람이 도움과 돌봄을 받게 되는 것처럼, 사회적 관계가 의존노동자의 필요를 채워주기 위해 준비되어 있어야 한다. 이 필요는 배타적이지는 않더라도 의존노동자의 타인을 지향하는 노고의 특징에서 비롯된 취약성과 필요이다.

개인에 기초한 평등의 관점에서는 평등한 위치에 있지 않은 두 사람 사이의 도덕적 관계를, 모성적 실천이라는 패러다임으로 받아들이는 관계에 기초한 평등의 관점으로부터 우리는 다양한 결과를 추론할 수 있다. 이러한 결과는 관계에 기초한 평등과 둘리아의 공적 개념에서 구현된 정책 제안을 논의하는 뒷 장에서 심도 있게 생각해볼 것이다.

모성적 실천은 의존노동자의 투명 자아에게 대상자의 필요에 헌신하기를 요구하면서도, 동시에 사회 역시 돌봄제도가 필요하다고 요구한다. 우리 모두는 어느 엄마의 아이라는 사실에 기초한 평등, 즉 관계에 기초한 평등은 의존노동의 필요 요건에 대한 중요한 함의를 갖는다. 의존노동은 의존노동자에 대해서만 도덕적 요구를 하는 것이 아니라 사회에 대한 도덕적 요구를 한다. 이러한 도덕적 요구는 사회질서가 의존노동자를 지원함으로써 의존노동자가 2차 의존에 놓이지 않게 되어 의존관계를 보존하고 키워나가도록 허락해야 한다.

취약성 모델은 의존노동자에게 의존하는 의존인의 도덕적 요구 그리고 의존노동으로 인해 취약해지는 의존노동자에 대한 도덕적 요구와 가장 잘 부합하는 모델이다. 구딘은 취약성 모델은 특정 관계에 대한 모든 도덕적 요구의 기본이 된다고 주장했다. 우리는 이 모델을 기본적으로 관계적인 것으로, 즉 도덕적 요구가 관계 그 자체에서 발생하는 것으로 이해했다. 우리의 이러한 해석이 맞는다면, 의존관계는 도덕적 관계의 **바로 그** 전형이라 간주될 수 있다.[30]

강제의 재검토

우리는 지금 타인에 대한 도덕적 책임이 의지주의의 결과가 아니라 강제된 관계의 산물일 때, 타인에 대한 도덕적 책임이 제한됨을 정당화하는 입장을 지지했다. 모성적 실천이라는 규범에 맞는 방식으로 행동하는 엄마는 아이에게 타인의 이익을 위해서 아이 자신의 안녕을 희생하도록 강요하지 않는다. 그렇게 강요하는 것은 아이의 안녕을 위하는 모성적 실천과 양립하지 않는다. 노예의 경우가 극단적인 강제의 사례이다. 한 노예의 비애가 우연의 일치는 아니다. "때때로 내 자신이 엄마없는 자식처럼 느껴진다."

만일 우리가 모성적 관계를 관계에 기초한 평등의 전형으로 받아들인다면, 누군가가 타인의 돌봄을 맡았을 때, 돌봄을 제공하는 의존노동자 역시 어느 엄마의 아이라는 사실을 잊지 말아야 한다. 모성적 실천의 관점에서 본다면, 강제된 상황에서의 '취약성 응답의 의무감'은 도덕적으로 유효하지 않다. 돌봄제공자 역시 어느 엄마의 아이라는 사실을 감안한다면, 강제는 피돌봄인 뿐만 아니라 돌봄제공자에게도 해당되어서는 안 되는 것이다. 그렇다고 해서, 돌봄제공자 혹은 의존노동자의 강제된 노동이 모성적 실천과 같은 돌봄을 제공하지 못한다고 말하는 것은 아니다. 경험적 자료에서 보면, 강제된 의존노동자도 모성적 실천과 같은 돌봄을 제공할 수 있다고 밝힌다. 하지만 여기에서의 문제는 의존노동자의 도덕적 지위에 해당된다. 의존노동을 행하도록 강제된 개인은 누구도 어느 엄마의 아이라는 개념에 온당한 방식으로 대우받고 있지 못하다. 따라서 강제된 개인에 부과된 추정 의무는 그 강제가 모성적 실천에서 도출된 패러다임과 조응하지 않기 때문에 무효화된다. 모성적 실천을 도덕적 힘이 있는 전형으로 만드는 윤리는 정의에 기반한 의지주의 윤리(justice-based voluntaristic ethic)가 아니며 또한 강제에도 반대한다. 그리고 어떤 이의 지위에서 나온 의무가 도덕적 정당성을 갖는다고 전제하지도 않는다.

우리는 지금 취약성 모델을 무력화시키는 것처럼 보이지만, 의존관계라는 도덕적 조건에 잘 부합하는 취약성 모델의 비판점 중 하나인 강제의 문제를 해결하고 있다. 의지주의 윤리의 프레임 내에서는 강제된 책임의 문제는 발생하지 않는다. 왜냐하면 톰슨이 주장하듯, 의지주의 윤리에서는 강제된 도덕적 의무감을 비판하기 때문이다. 하지만 한쪽 당사자의 안녕이 다른 당사자의 행동에 취약할 때 도덕적 의무가 발생한다면, 강제된 상황에서 나오는 관계는 도덕적 의무감을 만들어내는 것으로 보인다. 이것이 바로 구딘의 실용적 당위성이다.

그러나 구딘의 실용적 당위성은 직관적으로 부정의한 의존관계에 -기초적인 의미와 확장된 의미 모두에서- 도덕적 정당성을 제공한다. 노예 짐(Jim)이 자유를 얻기 위한 기회를 얻기보다 주인을 집으로 데려다주는 도덕적 의무감을 가졌다고 생각하는 것은 언뜻 납득이 되지 않는다.[31] 왜냐하면 여기에서 우리는 정의에 호소하기 때문이다. 이것은 바이올리니스트로부터 벗어날 권리를 방어하는 논리 혹은 원하지 않은 임신에 대해 낙태하는 권리를 옹호하는 논리에서 톰슨이 택했던 전략이다. 톰슨의 주장은 우리의 의지와 관계없이 바이올리니스트에게 생명줄로 연결되었거나 원하지 않는 태아를 발견했을 때, 우리는 싫다고 말해왔다는 사실에 기인한다. 이러한 상황에서 정의는 타인의 행동에 취약한 사람이 우리에게 무엇인가를 요청할 수 없다고 톰슨은 주장한다. 비록 도덕적 측면에서 설사 그럴 수 있을지언정 말이다. 이에 대해 필자는 우리의 행동에 의존적인 누군가의 도덕적 요청을 무의미하게 만드는 것은 비자발성이 아니라 강제성이라고 답했다. 정의가 자발적인 결합을 필요로 한다는 주장은, 사회제도에 대한 잘못된 견해와 개인에 기초한 평등에 뿌리를 두고 있다. 이 주장은 도덕적 의무감이란 동등하게 위치 지워진 개인에서 출발해서, 이러한 개인이 도덕적으로 정당한 방식으로 어떻게 함께하고 상호작용하는지를 결정하는 입장에서 비롯된다고 주장한다. 이것이 가능한지를 결정하는 것은 도덕적 관계의 특징에 달려있으며, 이 지점에서 의지주의가 핵심적인 역할을 한다. 반면에 의존에 주목하는 것은 의존관계를 통해 관계 맺는 사람으로부터 출발함을 첫 번째 전제로 하며, 그래서 다른 어떤 도덕적 관계보다 의존관계에 필요한 도덕적 헌신을 우선시한다. 하지만 이러한 관계는 종종 비자발적이며, 그렇기 때문에 어떤 관계가 자발적인지 그렇지 않은지의 문제는 도덕적 의무감을 정립하는 데 있어서 핵심적인 역할을 하지 않는다.

더욱이 의존관계가 도덕적 관계의 기초가 된다면, 필요에 대한 응답을 강조하는 취약성 모델이 도덕적 관계를 설명하는 도덕이론으로 적절할 것이다. 물론 여기에서 필요는 의존인의 속성에 한정되지 않는다. 의존노동자 역시 필요를 갖는 사람이다. 아이에게 수유하는 엄마 역시 먹어야 한다. 저녁식사 시간 엄마의 음성이 다시 메아리친다. 내 엄마 역시 어느 엄마의 아이다. 좋은 의존노동이란 의존노동자가 대상자에게 강제적으로 행동하지 말 것을 요구하는 것과 마찬가지로(강제는 지배와 마찬가지로 돌봐야 하는 사람이 아닌 다른 사람의 혜택을 위해서 행사된다), 의존관계에서 시작된 평등은 강제된 관계 혹은 강제된 행동을 도덕적으로 보장하지 않는다. 강제와 지배의 금지는 개인 기반의 도덕적 비전과 마찬가지로, 관계로 출발한 도덕적 비전에 내재한다. 우리는 강제적 책임 할당을 도덕적으로 보증하지 않고도 취약성 모델을 수용할 수 있다. 즉, 우리는 구딘의 실용적 당위성을 받아들이지 않고도 취약성 모델을 채택할 수 있다. 하지만 우리가 원하는 취약성 모델은 사회질서의 근간이 되는 의무가 동등한 지위와 권한을 지닌 개인의 자발적인 결사에서 추론된다는 개념을 반박하는 도덕·사회·정치이론으로부터 나와야 한다. 다음 두 장에서 이러한 견해를 심화시킬 것이다.

제 2 부

정치적 자유주의와
인간의존성

"모든 인간은 자유롭고 평등하게 태어났다."

이것은 제퍼슨의 미스테리이다.
그는 무엇을 말하고자 했을까? 물론 쉬운 방법은
그것은 사실이 아니라고 정해버리는 것이다.
사실이 아닐 수 있다. 나는 누군가가 그렇게 말하는 것을 들었다.
하지만, 상관없다. 웰스맨(Welshman)이 심어놓은 곳에서,
천 년을 곤혹스럽게 할 것이다.
모든 세대가 그것을 재고할 것이다.
-로버트 프로스트(Robert Frost), "검정 오두막"

충분조건의 척도로서 의존

사회질서 수립의 근간이 되는 의무가 동등한 지위와 권한을 지닌 개인들의 자발적인 결사에서 추론된다는 아이디어는 사회계약론에서 분명히 드러난다. 존 롤즈(John Rawls)의 『정의론(*A Theory of Justice*)』이 발표되기 전까지 정치이론은 공리주의가 지배했다. 롤즈는 포괄적이고 체계적인 사회·정치이론을 제시했고, 정의의 원칙 그 자체는 암묵적으로 사회계약에 의존한다고 주장하며 사회계약론을 부활시켰다. 이 과정에서 롤즈는 가장 강력하고 설득력 있는 자유주의적·민주적 평등주의 이론을 정립했다.

정의로운 사회에서 **모든 사람**은 자유롭고 평등하게 대우받아야 한

다는 입장은 자유주의 전통의 다른 이론도 함께 했다. **모든 사람을** 포용함은 참정권이 배제되었던 여성과 흑인에게도 확대되었다. **모든 사람은** 아이, 장애인, 허약한 노인 등 가장 기초적인 측면에서 타인에게 의존해야 하는 특별한 필요가 있는 사람도 포함한다. 하지만 의존이라는 특별한 필요를 지닌 사람을 포용하기 위해서는 이러한 필요에 특별한 관심을 가져야 한다. 의존노동자는 그녀와 유사한 의무를 갖지 않은 사람과 비교해볼 때, 의존인의 의존성으로 인해 불평등한 지위에 위치하게 된다. 필자의 **의존비판**(dependency critique)은[1] 의존이 간과된 지점을 지적하고, 평등과 사회정의론에서 의존이 누락된 결과에 주목한다. 앞으로 다룰 두 장에서 필자는 롤즈의 정치이론을 의존비판의 시각에서 재조명하고자 한다.

현대 자유주의 철학을 대표하는 가장 저명한 학자인 롤즈는 전통적인 서구 철학의 용어로 정치적인 것(the political)을 정의한다. 롤즈 이론의 포괄성과 설득력에도 불구하고, 그의 이론은 이전의 이론과 마찬가지로 인간의존이라는 엄연한 사실을 간과했으며, 인간의존이 사회조직에 미치는 영향을 주목하는 데 실패했다. 그는 정치적인 것에서 의존인에 대한 책임을 누락했던, 즉 의존인에 대한 책임을 정치적인 것의 주변부로 치부한 기존의 논의와 입장을 같이 했다.[2] 롤즈 이론의 전제는 이러한 책임이 공적 관심이 아니라 사적 관심에 속한다고 보았다. 정치적인 것을 정의할 때 의존을 간과한다면, 이러한 공사구분은 합리적인 것으로 보이기에 충분했다. 따라서 구성원이 평등하다고 간주되는 정치적 영역에서 의존인을 돌보는 의존노동자의 특별한 지위는 감춰져 있다. 자유주의적 이상으로서의 평등은 이와 같은 공적 영역에 관심을 갖기 때문에, 인간의존의 세계를 조망하는 데 실패했다.

필자는 우리 인간의 삶에서 오로지 의존적인 시기인 **불가피한 의존** (inevitable dependencies)을 조명하고자 한다. 왜냐하면 의존이 사회적으로 구성된 역할, 특권 혹은 분배 정책의 결과라기보다 인간조건의 특징으로 인식된 경우에, 의존노동의 분배와 조직에서의 불평등이 -그리고 의존노동이 평등의 가능성에 미치는 영향이- 가장 명확하기 때문이다.[3] 앞서 필자는 의존에 대한 몇몇 특징을 언급했다. 느슨한 의존일 때는 이러한 특징이 개별적으로 보일 수 있겠으나, 절대적인 의존일 때는 모두 관련성을 보인다. 첫째, 의존인은 기본적인 생존과 보존을 위한 기본적인 필요를 충족시키기 위해 돌봄과 돌봄인(caring persons)을 필요로 한다. 둘째, 의존의 조건에 있을 때 의존인은 그가 받는 혜택에 대해 호혜적일 수 없다.[4] 셋째, 의존인의 필요가 충족되고 있는지 또한 사회적 맥락에서 의존인의 필요가 인정되는지를 담보하기 위해 제3자의 개입이 중요하다.[5] 의존은 개인의 능력에는 한계가 있음을 그리고 의존노동자의 노동은 필수적임을 강조한다.

의존비판의 핵심은 정의의 영역이 자유롭고 평등한 사람의 호혜적 관계를 대상으로 하는 한, 의존인은 계속해서 배제될 것이며 사회구성원으로 완전한 협력을 할 수 있었을 의존노동자도 계속해서 의존인이 겪는 박탈을 함께 겪을 수밖에 없을 것이라는 점을 보여준다.

롤즈는 이러한 걱정을 간접적으로 다뤘다고 주장할 수 있을지 모른다. 예를 들어, 의존인의 필요는 비(非)정치적인 가사영역을 통해 충족될 수 있다고 보거나 혹은 롤즈의 "최소 수혜자(the least well off)"에 대한 논의를 통해서 의존에 대한 관심을 드러냈다고 주장할 수 있을지 모른다. 그러나 롤즈는 직접적으로 이 이슈에 대해 다루지 않았다. 더욱 중요하게, 롤즈는 의존의 이슈를 그의 정치이론의 중심에 두지 않았다. 특히 그가 『정치적 자유주의(*Political Liberalism*)』에서 정치적인 것에 대한 관심을 정교하게 했을 때에도 이 관심사는 배제되었다. 그러나 이러한 배제는 사소한 것이 아니며 또한 롤즈만 그러한 것도 아니다.

의존이 평등한 시민(사회적 협력의 혜택과 부담을 함께하는 평등한 사람)으로서 우리의 지위에 상당한 영향을 미치기 때문에, 그리고 의존이 우리 모두에게 한 번쯤 혹은 그 이상으로 영향을 미치기 때문에, 이는 제쳐둘 문제가 아니며 더욱이 피할 수 있는 문제도 아니다. 이 문제는 사회조직에 미칠 파장을 생각한다면, 사회구조에 대한 다른 전통적인 질문을 통해 정의로운 사회질서의 특징을 왜곡하지 않으면서도 해결될 수 있을 것이라 기다릴 수만은 없다. 의존은 **모든** 사람을 평등의 지평에 담아내기를 바라는 평등이론을 기획하는 시발점이 되어야 한다.

논의의 중심에 의존을 고려하지 않는 이론은 인간은 도덕적으로 평등하다는 개념에 토대를 두고 있겠지만, 인간은 도덕적으로 평등하다는 것이 **모든** 사람에게 적용될 수 없는 사회로 귀착될 것이다. 이 장과 다음 장에서 필자는 의존을 배제한 채 정치적인 것의 이론을 구축하는 것은, 의존노동을 하는 사람에 대한 착취와 의존인의 고심을 간과한 채 존재할 뿐이라 주장하고자 한다.

롤즈가 이 시대 정치이론에 미친 대단한 영향력 때문에, 그리고 기존에 정치영역에서 배제되었던 여성과 타인의 복지에 동정적인 이론을 만드는 데 대한 그의 지극한 관심 때문에, 필자의 관심은 롤즈의 저작을 주로 다룰 것이다. 롤즈는 『정치적 자유주의』에서 페미니스트 논평자를 언급하면서,[6] (낙천적으로) "젠더와 가족에서 논의되는 문제점은 극복될 수 있다"고 말했다(1992, xxix). 그는 정치철학의 "몇몇 주요하고 지속적으로 중요한 문제"와 특히 남성으로 이해된 정치 행위자라는 오랜 전통에서 차용한 인간 개념에 자신의 이론이 기초하고 있다고 방어했다. 자신의 개념은 단지 "대표라는 장치(device of representation)"이며, 완전한 의미의 인간의 특징이 아니라고 독자를 설득했다. 분명 롤즈는 자신의 이론에 여성을 포함시키려 했다. 필자는 롤즈가 의도하지 않았겠지만, 그의 이론은 두 부류의 인간을 평등한 시민에서 효과적으로 배제했기 때문에 성공할 수 없다고 주장한다. 즉, 타인에 의존해야 하는 사람인 의존인과 그들의 필요를 채우는 사람인 의존노동자이다. 의존노동자는 대체로 여성이라는 사실은 롤즈의 정의론이 여성에게 실제로 불이익을 준다는 점 또한 의미한다. 롤즈 이론에 대한 필자의 많은 비판이 (다른 조건이 같다면) 다른 자유주의 이론에도 해당된다고 첨언한다. 다른 자유주의 이론에 대한 비판을 여기에서 설명하지는 않겠다.

평등의 역할과 전제조건

자유와 함께 평등은 자유주의 정치이론을 받치는 두 개의 축이다. 그리고 평등은 롤즈 이론의 핵심이다. 사회적 협력의 혜택과 부담을 평등하게 나누는 것이 "공정으로서 정의(justice as fairness)"의 척도이다 (Rawls 1992, 282). 평등은 이론의 출발점(모든 사람은 도덕적으로 평등하다)이자 종착점(사회조직은 모든 사람이 평등하게 향유하는 정치적 자유와 최소 수혜자에게 이익이 되는 기회의 평등을 제공함으로써 공정한 경제적 분배로 귀결되어야 한다)의 역할을 한다.[7]

롤즈는 질서정연한 사회(well-ordered society)의 기본구조(basic structures)에 운영되는 정의의 원칙을 제안한다. 이 원칙은 원초적 입장이라고 불리는 특정한 조건에 위치해 있는 합당하고(reasonable) 합리적인(rational)

개인들에 의해서 선택된 것이다. 롤즈의 구성주의(constructivism)[8]에서 원초적 입장은 질서정연한 사회의 시민 대표가 사회의 기본구조(즉, 법과 제도)에 적용하고 싶은 정의의 원칙을 선택하는 가상적 상태이다. 원초적 입장에 위치해 있는 사람들은 합리적이며 상호무관심한, 그리고 평등하고 자유로운 도덕적 인간으로 설계되어있다. 그들은 인간 본성과 사회에 대한 일반적인 사실을 알고 있지만, 그들 자신의 위치, 그들 자신이 갖고 있는 "좋음(good) 개념" 그리고 "그들의 특별한 심리적 특징"에 대해서는 알지 못한다(1971, 11). 원초적 입장에 위치한 참가자들에 대한 이러한 **무지의 베일**(veil of ignorance)은 정의의 원칙에 대한 선택이 그들 자신의 사회적 지위, 그들 자신의 좋음에 대한 전망, 혹은 누군가의 특별한 심리적 특징에 영향받지 않는다는 점을 보증한다. 즉, 당사자들이 원칙을 불편부당하게, 그래서 공정하게 선택하도록 보증한다는 것이다. 원초적 입장에 위치한 당사자들은 자신의 안녕에 주된 관심을 보이는 서로에게 무관심한 **합리적인** 행위자들의 대표자이다. 원초적 입장은 합리적인 행위자들이 동의할 수 있는 사회적 협력의 공정한 조건을 반영한다.

『도덕이론의 칸티안적 구성주의: 듀이 강론(*Kantian Constructivism in Moral Theory: The Dewey Lectures*)』에서 롤즈는 그가 명명한 "모형 개념(model-conceptions)"을 통해 『정의론』의 기본 개념과 방법론을 선보인다(1980, 520). 원초적 입장은 질서정연한 사회와 도덕적 인간 사이의 "모형 개념"을 중재한다. 이는 "질서정연한 사회의 시민이자 도덕적 인간이 사회를 위한 정의의 우선 원칙을 선택하는 방식"에 대한 모형화를 통해 가능하게 된다(1980, 520). 후기저작에서 롤즈는 모형 개념에 대한 비판에 대해 대응하면서,[9] 우리 자신을 원초적 입장의 당사자로 생각하는 것은 "역할 행동"과 유사하다고 덧붙였다(1992, 27).[10] 따라서 원초적 입장과 모형 개념은 "기본적인 권리와 자유를 구체화하는 원칙을 찾고, 협력하는 시민으로서 자유롭고 평등한 사람을 대상으로 한 적합한 평등의 방식을 찾기 위해서, 정의로운 사회적 협력 시스템으로서의 사회라는 아이디어가 어떻게 전개되어야 하는지를 보여주는" 의미가 있다(1992, 27).

필자는 의존관계에 있는 사람은 롤즈의 평등주의의 개념적 외연 밖에 있다고 주장할 것이다. 필자는 롤즈의 구성주의에서 발견되는 평등 개념의 배후에 있는 다섯 가지 전제조건을 분석하고, 이러한 분석의 관점에서 원초적 입장에서 선택된 원칙을 검토함으로써, 롤즈 이론에서 개념적으로 배제가 형성되는 지점을 추적할 것이다. 필자는 롤즈의 전제조건이 바뀌지 않는다면, 정의의 두 가지 원칙은 의존비판의 반대를 수용할 수 없다고 주장한다. 롤즈 이론에서 누락된 부분을 지적하면서, 필자는 롤즈의 입장이 수정될 수 있는 방식을 고민하고자 한다. 필자의 제안으로 롤즈 이론이 의존의 관심에 맞게 수정될지의 여부는 롤즈 이론가들에게 남겨두고자 한다. 필자의 목표는 롤즈 이론을 수정한다거나 혹은 그것이 수정될 수 있다고 논의하는 것이 아니다. 오히려, 필자는 의존비판의 논지가 평등주의를 지향하는 **어떠한** 정치이론에도 적용될 수 있는 충분한 기준이 됨을 제시하고자 함이다.

쟁 점

"평등한 정의(equal justice)"는 "공적 이해의 시작점에 참여하고 이에 부합하는 행동을 하는 사람에게 해당된다"고 롤즈는 지적한다(1971, 505). 질서정연한 사회의 모든 구성원의 도덕적 평등은 인간의 모형 개념으로 대표된다. 『듀이 강론』에서 롤즈는 다음과 같이 지적한다. "평등을 대표하는 것은 쉬운 문제이다. 우리는 단지 모든 당사자를 동일한 방식으로 설명하고, 그들을 평등하게 즉, 서로를 대등적으로 위치시킨다. 모든 사람은 합의에 이르는 과정에서 똑같은 권리와 권력을 갖는다"(1980, 550). 이 구절의 "평등"은 사회구성원이 특정 특징을 동일하게 갖는 것을 의미한다. 즉, 합의에 이르는 과정에서 권리와 권력을 동일하게 가짐을 뜻한다. 이것은 또한 당사자가 서로 간에 평등하게 위치해 있음을 의미한다.[11] 평등을 이렇게 표현하는 것은 문제없어 보인다. 하지만 평등을 "쉬운 문제"로 만듦으로써 이미 많은 부분이 전제되었다고 필자는 주장하고 싶다. 이 전제를 보다 가시적으로 들춰내 보겠다.

첫째, 흄(Hume)을 차용하여 롤즈는 "정의의 여건(circumstances of justice)"을 정의한다. 이것은 한 사회의 정의의 전제이며, 사회를 구성하는 자유롭고 평등한 사람에 의해 인식되고 알려진 사실을 포함한다. 정의의 여건은 모든 후속적인 고려사항에 대한 기준을 제시한다.

둘째, 질서정연한 사회에서 시민은 도덕적으로 평등한 사람이라고 롤즈가 이야기할 때, 그는 질서정연한 사회의 시민에 대한 "이상(idealization)"으로 논의를 시작하는 것이다. 이는 "모든 시민은 **삶 전체에 걸쳐서**(over the course of a complete life) 협력적인 사회구성원이다"는 의미이다(필자 강조, 1980, 546).

이 점은 롤즈에게 누구도 예기치 않은 병원 치료처럼 특별한 과세가 부가되거나 비용이 많이 드는 필요를 갖고 있지 않다는 것을 의미한다. 『정치적 자유주의』에서 롤즈는 다음과 같이 지적한다. "정상적인 [기능의] 범주는 다음과 같이 구체화된다. 정의의 근본 문제는 사회에서 완전하게 활동적인 참여자들 간의 관계에 관심을 두고 있고, 직접적으로 혹은 간접적으로 모든 삶의 과정에 걸쳐 함께 관련되기 때문에, 모든 사람은 일정한 정상적인 범주에서 신체적인 필요와 심리적인 능력을 지녔다고 가정하는 것이 이치에 맞다. 따라서 특별한 건강유지 문제와 정신적으로 결핍된 사람을 어떻게 대할 것인지에 대한 문제가 남는다. 만일 우리가 정상적인 범주에서 유용한 이론이 활용된다면, 이러한 특별한 사례는 뒤에 다뤄 볼 수 있을 것이다"(필자 강조 1992, 272 n.10). 즉, 롤즈의 입장은 처음부터 "정상적인" 상황을 감안하고 만들어졌고, 그런 다음에 중요하지만 특별한 의료적 필요가 있는 일반적이지 않은 사례를 고려하기 위해 수정될 수 있다고 보았다.[12]

셋째, 모든 사람이 정의의 원칙에 대해 평등하게 이해하고 동의할 수 있고, 평등하게 그 원칙에 대해 자부심을 가질 수 있을 때, 그리고 각자가 자유로울 때, 즉 각자가 "자기 근원적(self-originating)" 혹은 "타당한 주장의 자기 인증적 원천(self-authenticating source of valid claims)"일 때, 정의의 원칙이 결정되는 과정에서 각자 자신이 대표할 가치가 있는 것으로 바라본다.[13] 정의감의 관점에서 평등과 타당한 주장의 자기 인증적 원천으로서 평등은, 인간은 평등한 가치를 지닌다는 주장의 근거를 정립한다.

넷째, 평등의 실현은 공통된 기준을 가정한다. 하지만 모든 사람이 각자의 좋음에 대한 개념을 갖고 있는 한, 롤즈는 모든 사람이 필요로 하는 좋음(good)으로 구성된 목록을 제안한다. 이 때 모든 사람에게는 두 가지 도덕적 힘(moral power)이 있는데, 하나는 자신의 좋음 개념을 형성하고 개정하는 능력과 다른 하나는 정의감이다. 이러한 두 가지 도덕적 힘의 소유야말로 바로 참여자가 평등하게 다뤄지는 모델의 특징이다.[14]

다섯째, 참여자가 평등하게 대표되는 것이 사회적 협력 개념의 시발점이다. 시민을 대표하는 이들의 평등은, 이들이 두 가지 도덕적 힘을 가져야 하고 정상적인 능력을 지닐 것을 요구한다. 왜냐하면 이러한 것이 사회적 협력이라는 공정한 조건을 만드는 필수요건이기 때문이다.[15]

롤즈 자신도 말했지만, 그의 논지는 이상에 기초한 것이다. 여전히 그는 모형 작업이 "인간 본성과 사회에 대한 일반적인 사실에 근거한 적절한 인간 개념"을 고려해야만 한다고 밝히고 있다(1980, 534). 그러나 불행하게도 롤즈의 이상은 사회조직을 구성하는 데 있어 가장 중요한 인간의존의 사실을 "적절한 인간 개념"에서 누락했다. 롤지안의 이상적인 모델에서 그 다음의 문제는 시민의 평등이 기초적인 의존인 혹은 파생된 의존인 모두에게 적용될 수 있는지의 여부이다. 이어지는 두 장에서 필자는 아래 다섯 가지의 기본 전제에 물음표를 던질 것이다.

(i) 질서정연한 사회의 개념적 척도를 정하는 **정의의 여건**

(ii) "모든 시민은 인생 전반에 걸쳐서 사회의 온전히 협력적인 구성원이다"라는 이상에 투영되고 강조된 규범

(iii) "타당한 주장의 자기 인증적 원천"으로 스스로를 간주하는 **자유로운 사람 개념**

(iv) 정의에 부합하는 **사람의 도덕적 힘**인 1) 정의감과 2) 자기 자신의 좋음 개념; 개인 사이의 안녕을 비교하는 지표로서 작동하는 **기본적 가치의 목록**

(v) 개인 사이의 평등을 전제하는 **사회적 협력의 개념**

필자는 위의 다섯 가지 전제에서 의존의 이슈가 누락된 지점을 밝힐 것이다. 이러한 방식으로 필자는 롤즈 이론의 핵심 개념에서 의존의 이슈가 빠져있다는 점을 증명해 보일 것이다. 특히 인간에 대한 모형 개념과 평등이 실현된 질서정연한 사회라는 개념을 살펴볼 것이다. 제3장에서는 **정의의 여건**을 고려할 것이다. 그리고 그의 이상

속에서 인간에 대한 모형 개념이 어떻게 그려지는지 살펴보고자 한다. 첫째, "모든 시민은 삶 전체에 걸쳐서 사회의 **온전히 협력적인 구성원이다**"라는 **규범**과 인간이 "타당한 주장의 자기 인증적 원천"일 때 자유로운 인간으로 이해된다는 지점을 살펴볼 것이다. 제4장에서는 이상적인 사회질서에서 도덕적 인간, 그들의 필요와 상호작용에 대한 구체적인 개념을 살펴보기 위해, 우선 **도덕적 인간을 정의하는 특징**과 **기본적 가치의 목록**을 주목할 것이며, 그 다음에는 **사회적 협력**에 대한 개념을 살펴볼 것이다. 이러한 검토를 통해 사회조직이 의존관계를 고려하기 위해서 사회적 가치와 사회적 협력 개념이 어떻게 재고될 수 있는지 논의할 것이다. 또한 원초적 입장에서 선택된 정의의 원칙을 검토하고, 그 원칙이 롤즈 이론의 핵심인 평등주의적 관심을 제시할 수 없다는 점을 확인하며 끝마치려 한다.

제3장

평등의 전제조건

| 질서정연한 사회의 정의의 여건

객관적이고 주관적인 정의의 여건으로서 의존

인간 본성과 사회에 대한 일반적인 사실은 인간 개념과 질서정연한 사회 개념을 구성한다. 이는 또한 롤즈 이론에서 평등 개념과 정의 개념의 가장 근본적인 기본 전제를 구성한다. 인간 본성과 사회에 대한 일반적인 사실은 롤즈가 흄을 차용하며 칭한 **정의의 여건**에 담겨 있다. 정의의 여건은 객관적일 수도 주관적일 수도 있다(Rawls 1971, 126-27; Rawls 1980, 536). 개개가 매우 기본적이기 때문에, 롤즈가 중요한 배경을 간과했다는 사실은 전체 이론에 심각한 영향을 미칠 수 있다.

의존이라는 객관적 여건은 우리 모두에게 친숙하다. 복잡한 현대 사회에서 "온전히 협력적인 사회구성원"이 되기 위해서는 거의 20년 동안 길러져야 하며, 모든 사회에서 대략적으로 10년이라는 시간 동안 거의 전적으로 성인에게 의존하는 시간을 보내야 한다. 우리가 더 오래 살게 되면서, 우리는 우리 삶의 더 많은 부분을 허약한 노년 상태, 즉 온전히 협력하는 사회구성원일 수 없는 상태로 보내게 된다.[1] 의료기술이 발전했음에도 불구하고, 장애 정도가 심각한 인구가 미국 전체 인구의 10%에 달한다. 우리 삶의 이러한 가장 근본적인 특징이 정의의 여건에 포함되어야 한다고 누군가는 분명히 생각할 것이다.

유사하게 우리는 주관적인 형태의 의존과도 친숙하다. 이는 의존이 우리의 필요와 열망에 영향을 미치기 때문이다. 우리는 우리에게 중요한 사람을 돌봐야 하며, 돌봄을 받아야 할(혹은 누군가를 돌봐야 할) 필요와 열망이 있다. 이러한 열망을 만족시키고, 이러한 필요가 충족되는 것은 좋음(good)의 부분일 수 있다(제4장 참조). 반면에 모든 사람이 생각하는 좋음 개념에 이러한 필요와 열망에 대한 고려가 필수적으로 포함되지 않을 수 있다. 따라서 이러한 필요를 충족시키는 부담과 책임의 정당한 분배가 이뤄지는 방법은, 좋음에 대한 서로 다른 개념 사이의 조정이 정당한 사회적 협력을 위해 요구되는 방법과 유사하다. 더 나아가, 불가피한 인간의존에서 발생하는 주관적인 조건은, 좋음에 대한 서로 다른 개념이 존재하는 것과 마찬가지로, 우리를 사회적이고 정치적인 결사체로 추동하는 핵심적인 고려사항이다.

"정의의 여건"에서 의존의 부재

『듀이 강론』에서 롤즈는 분배문제가 일어나지 않을 정도로 자연자원이 풍족하거나 협력이 필요하지 않을 정도로 자연자원이 희소한 상황이 아닌, 완화된 결핍(moderate scarcity)이라는 객관적 여건에 대해서만 언급한다. 정의의 주관적 여건에 대해서, 롤즈는 "서로 다른 사람과 서로 다른 결사체가 좋음에 대한 대조되는 개념을 가질 수 있을 뿐만 아니라, 이러한 좋음을 실현하는 방법도 대조되는 개념을 가질 수 있는" 조건을 언급한다(1980, 536).

하지만 풍족한 조건에서도 의존의 필요를 충족시키기 위한 자원의 분배, 그리고 의존노동의 부담과 책임에 대한 분배라는 중요한 문제가 제기된다. 의존의 필요에 대한 분배문제는 완화된 결핍에 관한 정의의 여건에서 찾아볼 수 없다. 롤즈의 저작 어디에도 인간의존이 정의의 여건에서 명시적으로 인용되지 않는다.

앞서 우리는 다음의 두 문구에서 의존 이슈에 대한 암시를 발견할 수 있었다. 첫째, 롤즈는 보다 많은 객관적 여건을 나열하면서 외부적 공격에 대한 모든 사람의 평등한 취약성, 그리고 다른 사람의 연합에 의해 방해받을 수 있는 모든 사람의 평등한 취약성을 그 속에 포함시켰다(1971, 127). 하지만 이러한 취약성을 의존의 취약성과 혼동해서는 안 된다. 롤즈는 **평등한** 취약성 -예를 들어, 똑같이 공격에 취약함- 에 대해 언급한 것이다. 의존의 취약성은 모든 사람이 **평등하게** 취약한 조건이 아니라, 일부가 **특별히** 취약한 조건을 의미한다. 의존인의 불평등한 취약성과 돌봄제공인의 불평등한 취약성까지 포함하여, 이러한 불평등은 출발선 상의 불평등으로서 정치적 상황에 노출되어 왔다.

둘째, 그리고 보다 유망한 문구는 다음과 같다. "본질적이며... 원초적 입장에 있는 각각의 사람들은 일부 다음 세대 사람들의 안녕에 대해서도 관심을 가져야 하며...[그리고] 다음 세대를 위해, 현재 세대에서 다음 세대에 대한 관심을 갖는 사람들이 존재한다"(1971, 129). 이 문구는 만일 세대 사이에 서로에 대해 무관심하다면, 미래 세대를 위한 자원 고갈을 예방하는 노력은 없게 될 것이라는 우려에서 비롯되었다. 이러한 우려로 인해 롤즈는 "정당한 저축 원칙(just savings principle)"

을 생성하는 "동기가 발생되는 가정(motivational assumption)"을 제안한다 (1971, 285). 그는 원초적 입장에 있는 당사자들은 세대 대표이고, 집안의 가장이며, 따라서 후속 세대의 이해를 보장한다고 주장한다.

롤즈가 다음 세대의 좋은 삶을 걱정하는 원초적 입장의 당사자에 대해 언급했지만, 그것은 세대 간에 걸친 자원 부족에 관한 것이지 의존인에 대한 돌봄은 아니다. 심지어 롤즈는 다음 세대에 대해 "마음을 쓰는" 각 세대의 구성원에 대해 이야기할 때, 그는 지나치게 확장된 자연적 감성을 가정하지 말아야 한다고 강조한다.[2]

의존과 가장

롤즈는 의존에서 비롯된 문제를 풀기 위해 가장(家長)을 원초적 입장의 대표로 삼지 않았으며, 『정치적 자유주의』에서는 이 아이디어를 모두 포기했다. 그럼에도 불구하고, 가장이 의존인의 이해와 가족 내 돌봄제공자를 대표하게 된다면, 롤즈 이론이 의존의 여건을 고려하기에 유용할 수 있지 않을까?

현실 정치에서 자신의 이해를 자신과 다른 처지에 있는 누군가가 대표하도록 하는 것은 언제나 위험한 일이다. 아비가일 아담스(Abigail Adams)는 남편이 자신을 **대표해 준다고** 생각했지만, 남성 가장으로 구성된 제헌의회에서 그 누구도 그녀가 외쳤던 "여성을 기억하라"[3]는 목소리에 귀 기울이지 않았다. 하지만 원초적 입장은 가상의 대표를 상정한다. 왜 대표하는 사람이 충실하게 대표할 것이라 가정하지 않는가?

롤지안의 틀에서 가상 대표의 문제점은 제인 잉글리쉬(Jane English 1977)를 비롯하여 후에 수잔 오킨(Susan Okin 1989b)에 의해서도 지적되었다. 비록 가족이 사회구조의 중요한 근간이기는 하지만 가장을 대표로 활용하는 것은 정의가 가족 내에 적용된다고 말할 수 없음을 의미한다.[4] 즉, 가정을 이루는 구성원 간의 성평등을 지적하기에 어려움이 있다. 만일 원초적 입장에 있는 당사자가 가족과 관련하여 이미 결정된 사회적 지위를 점유하고 있다면, 그들은 자신의 사회적 지위에 무지한 상태에서 정의의 원칙을 선택할 수 없다. 그리고 롤지안 구성주의 틀 안에서는 사회적 지위를 알지 못한 채 우리가 선택하는 유일한 원칙이 기본제도에 관한 공정한 원칙이 된다. 롤즈는 가족을 기본제도라고 말하고 싶었고, 정의는 가족에 적용되어야 하기 때문에, 가장은 원초적 입장의 당사자가 될 수 없다.

오킨은 가장이 아니라 개인이 대표되어야 한다고 제안한다. 필자의 질문은, 개인을 대표하는 당사자가 의존인과 돌봄제공자의 이해를 대표할 수 있겠느냐는 것이다. 만일 인간의존의 사실이 원초적 입장의 대표자가 인식론적으로 접근할 수 있는 일반론적 사실이라면, 대표자는 무지의 베일이 걷힐 때 자신이 의존인이거나 돌봄을 제공해야 하는 당사자임을 알게 될 것이다. 만일 대표자가 가장이 아니라 개인이라면, 대표자는 자신의 원칙을 선택할 때 그러한 조건을 고려해야만 한다.

설령 원초적 입장에 있는 개인이 자신을 의존인과 의존노동자로 생각할 수 있더라도, 원초적 입장의 구성 자체가 정의의 원칙이 의존인 혹은 의존노동자의 관심사를 반영하도록 보장하지 않을 것이다. 원초적 입장에서 대표자가 자신을 의존인으로 혹은 돌봄의 책임을 담당하는 사람으로 상상하게 할 수 있겠지만, 원초적 입장의 구조는 질서정연한 사회를 위한 원칙을 선택할 때 대표자가 필수적으로 그렇게 하도록 하지 못한다. 롤지안의 구조에서 의존인은 명시적인 구성원이 아니다.[5] 분명히 자신을 돌봄책임이 있는 사람으로 생각하는 일부 대표자는 타자 지향적인 이해를 자신의 자기이해로 채용하는 선택을 할지도 모른다. 하지만 이것은 의존인의 대표성을 우연적인 요소로 볼 뿐이며, 정의의 원칙으로 결정하는 과정에 통합해서 만들어내지는 못하고 있다.

　대신에 우리가 개별 당사자가 각 세대를 대표한다고 주장한다 하더라도,[6] 우리는 여전히 또 다른 곤경에 빠질 것이다. 원초적 입장에서 당사자의 합리적 선택이 (원초적 입장으로 추정되는 다른 조건과 함께) 충족된다면, 다음 세대를 위해 자원을 확보하는 것과 같은 어떠한 추가적인 동기가 발생되는 가정이 필요 없게 될 것이다. 그러나 미래 세대의 모든 사람은 자신의 이해를 돌봐줄 누군가가 필요하다는 점을 담보하기 위해 개인의 자발적인 결정에 의존해야 한다면, 현 세대에 미래의 그러한 책임을 자발적으로 짊어질 사람은 거의 없을 것이기 때문에, 그러한 추가적인 동기가 발생되는 가정은 반드시 필요하다.[7] 그러한 책임을 감당하지 않겠다는 선택은 비이성적인 것도 비합리적인 것도 아니다.[8] 이는 자녀를 갖지 않는 것이 사회적으로 인정되고 있듯이, 우리의 성찰적 판단도 그러한 결정을 내릴 수 있다.[9] 그러한 책임을 강제로 규정하는 것은 개인이 갖는 좋음에 대한 심각한 제약으로 보일 수 있다. 이러한 강제를 대체하는 "정당한 저축 원칙"은 사회의 모든 사람이 다음 세대의 또 다른 누군가를 돌봐야 한다는 점을 보여준다. 하지만 만일 강제 그 자체가 개인의 좋음에 대한 부당한 제약이 된다면, 강제를 대체하는 "정당한 저축 원칙"이 보다 수용 가능한 것이 될 수 있을까? 이러한 대체 역시도 우리 현재의 좋음에 기여하지 못하는 미래 세대의 좋은 삶을 위해서, 우리 자신의 일부 자원을 마음껏 향유하지 못하게 함에도 불구하고 말이다. 따라서 롤즈의 동기가 발생되는 가정이 실패한 것이거나, 아니면 이 가정은 좋음에 대한 개인 각자의 선택에 대해 원하지 않는 제약으로 작동할 뿐이다.

원초적 입장의 당사자가 가장이라는 전제가 -이 전제는 여전히 자연적 감성의 지나친 유대관계를 배제한다- 지나치게 강력해서 합리적이고 합당한 어떤 좋음 개념을 수용할 수 없게 된다면, 그 전제는 미래 세대를 위한 자원 저축보다 더 힘든 헌신을 요구하는 의존인의 필요를 감당하는 데 도움되지 않는 것은 확실하다. 따라서 우리는 원초적 입장의 당사자가 개인을 대표하든 혹은 가장을 대표하든 (혹은 세대를 대표하든) 간에, 원초적 입장의 구성에 의존인과 돌봄제공인의 대표가 포함되어 있다고 볼 수 없다. 그리고 이 점은 심지어 우리가 무지의 베일에 둘러싸여 있음에도 불구하고, 원초적 입장의 당사자가 의존과 관련된 사실을 안다고 하더라도 그렇다.

연대기적 불공정(chronological unfairness)과 세대 간 정의

롤즈(1992)는 정당한 저축 원칙을 담보하는 자신의 전략을 수정했다. 잉글리쉬(English 1977)의 제안을 인정하면서, 롤즈는 "당사자는 모든 **앞선** 세대가 따라야 하는 더 심화된 조건에 적용되는 저축 원칙에 동의할 필요가 있다"고 주장한다(1992, 274). 따라서 "당사자가 저축을 거부할 수 없도록 제약하는" 동기가 발생되는 가정은 유지되었고 (1992, 274n. 12), 이 가정은 저축 원칙에 고유하게 적용되는 호혜성으로 특징지어졌다. 롤즈는 아래와 같이 썼다.

> 일반적으로 이러한 [호혜성] 원칙은 이익이 교환되는 곳에서 발생하며, 각자가 서로에게 정당한 대가로 무언가를 줄 때 적용된다. 하지만 역사적으로 어떤 세대도 이전

세대의 저축으로 혜택받은 것을 이전 세대에게 되돌려주지 않는다. 저축 원칙을 지킬 때, 모든 세대는 후세대에게 기여하는 것이며, 이전 세대로부터는 받는 것이다(1971, 290).

"우리는 후세대를 위해 무언가를 해줄 수 있지만, 후세대는 우리를 위해 아무것도 할 수 없다"(1971, 291)는 것은 매우 당연한 사실이다. 이것은 "후세대를 사는 사람이 이전 세대의 노동에 대한 대가를 치르지 않고도 그들의 노동에서 이익을 얻기 때문에, 연대기적 불평등의 한 종류"이다(헤르젠(Herzen)에서 인용, 1971, 291). 하지만 비록 변경이 불가하다 하여도, 그것은 그 자체가 정의의 문제는 아니고 정의로운 사회를 만들 때 고려해야 하는 사항이다.

하지만 인간의 생(生), 노(老), 병(病)이라는 조건 역시 변경될 수 없다. 이는 의존노동자로 하여금 무연고적(unencumbered) 독립적 행위자로 기능할 수 없게 하는 의존노동의 본질적인 요구처럼 변경될 수 없는 것이다. 변경될 수 있는 것은 의존과 의존노동자에 대한 지원 수준이다. 만일 우리가 미래 세대의 안녕이 위험에 빠지지 않기 위해 정당한 저축 원칙이 필요하다면, 우리는 의존인과 돌봄제공자의 안녕이 위험에 빠지지 않게 하기 위해 유사한 원칙이 필요하다. 왜냐하면 의존인이 고려되는 자연발생적 과정은 각 개인의 삶의 역사에서도 거울처럼 똑같기 때문이며, 만일 의존인이 정의론으로 고려되어야 할 필요가 있다면, 돌봄제공자도 역시 마찬가지이다.

만일 이러한 고려사항이 정의론에 도입된다면, 인간이란 무엇인지에 대한 정의는 반드시 인간 존재에 대한 가장 기본적인 사실을 어떤 식으로든 반영해야만 한다. 하지만 다음 두 절에서 살펴보겠지만, 그러한 반영이 롤즈의 구성에서 발견되지 않는다. 우리는 온전한 기능을 하는 사람이라는 이상을 전제하는 정의의 원칙에 관한 물음을 던지고자 한다.

"모든 시민은 온전히 협력적인 사회구성원"이라는 이상

인생의 처음부터 끝까지(throughout a life) **온전히 협력적인**
-엄격한 해석

롤즈에 따르면, 질서정연한 사회에서 시민의 평등을 대표하는 것은 "모든 사람이 정의의 원칙을 존중할 수 있으며, 자신의 일생을 **처음부터 끝까지** 사회적 협력에 온전히 참여하는 존재"라는 이상을 필요로 한다(필자 강조, 1971, 546). 롤즈는 이것이 "예외적으로 비용이 많이 드는 의료지원이 필수적인" 소수의 몇 안 되는 사례와 사람을 지나쳐 버릴 수 있는 순수 이상이 되어야 한다고 가정한다. 그는 장애인과 건강상 특별한 필요를 요하는 이들과 같은 "힘든 사례"에 대한 배제를 정당화한다. 이들은 "도덕적으로 무관"할 뿐 아니라, "동정과 염려를 일으켜서 우리와 거리가 먼 이들의 운명을 생각하게 함으로써 우리의 도덕적 인식을 혼란시킨다"고 주장한다(Rawls 1975a, 96).

하지만 이러한 이상은 심각하게 잘못된 것이다. 아마티아 센(Amartya Sen)은 "실수를 두려워해서" 장애인, 특별한 건강상 필요가 있는 사람 혹은 신체적·정신적 결함이 있는 사람을 배제하는 것은 "**그 반대**의 실수가 만들어질 것이라는 점을 보증하는 것"이라고 언급했다(Sen 1987, 157).[10] 필자가 보기에 그 반대의 실수란 "정상적인 기능을 하는 개인"과 특별한 필요와 장애가 있는 사람 간의 거리를 지나치게 멀리

두는 것이라고 생각한다. 어떠한 개인도 혼자서 인생의 **처음부터 끝까지** 온전한 기능을 오롯이 다 한다는 이상에 걸맞는 삶을 사는 사람은 없다. 따라서 대조적으로 이 이상은 온전한 기능을 하지 못하는 사람이 상대적으로 극소수이며, 특별한 필요의 결과는 오직 금전적인 방식으로 중재될 수 있다고 제안하는 것이다.

　우리는 "인생 **처음부터 끝까지**"라는 구절을 강조하면서 롤즈를 엄격하게 해석했다. 이 문구는 인생 전 구간에서 **매 순간** 온전하게 기능함이 평등한 성원자격의 필요조건임을 암시한다. 또한 롤즈는 "인생 전반에 걸쳐서(over the course of a complete life)"라는 구절을 사용한다. (이 구절은 『정치적 자유주의』 내의 『듀이 강론』 개정판에도 그대로 남아 있다). 이에 대한 온건한 해석이라면, 개인이 온전히 기능하기를 기대하는 것이 합리적인 시점에서 사회의 온전한 협력적 구성원이 된다고 볼 수 있다. 따라서 어떤 사람이 특정한 시점에 의존적이라는 사실이 필연적으로 그들이 "평등"하지 않다는 것을 의미하는 것은 아니다. 왜냐하면 인생 **전반을** 고려한다면 그들도 평등하다고 볼 수 있기 때문이다.[11] 그러나 이들 개인은 소수이거나 장애자이고, 그래서 단지 **잠재적으로** 평등한 시민인 반면, 원초적 입장의 대표자는 동등한 힘과 대등한 위치에 자리매김 된 합리적이고 심신이 건강한 당사자로 모델링이 되었다.

인생 전반에 걸쳐서(over a lifetime) 온전히 협력적인
-온건한 해석
온전히 기능하는 개인이라는 이상을 온건하게 해석한다면, 당사자의 삶에서 일정 기간 돌봄에 의존적이라는 −그리고 돌봄책임을 져야 할 수도 있다는− 지식을 갖고 원초적 입장의 "협상 테이블"에 모이도록 할 수 있다. 원초적 입장의 당사자가 대표하는 사람은 **잠재적으로 의존인이다**(또한 잠재적으로 의존노동자이기도 하다). 합리적이고 자율적인 대표자로서(Rawls 1992, 316), 비록 그들이 자신의 권한을 온전히 소유한 채 원초적 입장의 협상 테이블에 모인다 하더라도, 의존인은 (적어도) 원초적 입장의 당사자를 통해 빈틈없이 대표되어야 한다. 무지의 베일에 가려, 우리는 우리가 의존적인지 혹은 비의존적인지, 의존노동자인지 그렇지 않은지 알지 못한다. 대표자의 속성이나 대표자가 심의하는 상황에서 의존인과 의존노동자의 이해가 정의의 원칙을 선택하는 과정에 반영될 수 있도록 중요하게 다뤄져야 한다. 필자는 앞서 다음과 같이 언급했다. 원초적 입장에서 대표자가 의존인 혹은 의존노동자로서 자신에 대해 고민할 수는 있어도, 실제로 원초적 입장에서 그러한 고민이 보장되지 않으며, 따라서 의존인 혹은 의존노동자의 이해가 필연적으로 대표되지 않을 것이다. 단지 최소 수혜자만이 대표될 뿐이다. 제4장에서 필자는 의존인이나 의존노동자가 최소 수혜자의 위치로 동화되는 것이 롤즈의 이론으로 근거가 없을 뿐 아니라 뒷받침되지 못한다고 주장할 것이다.

하지만 **만일** 의존이 정의의 여건 중 하나로 인식된다면, 의존인은 유아기와 같은 의존기간에도 온전히 기능하는 시민으로서 **대표된다**. 만일 내 자신이 원초적인 위치의 당사자라고 상상한다면, 나는 내가 의존의 기간을 겪게 될 것이기 때문에, 그 기간에 내 이해가 보호되는 정의의 원칙을 선택하기를 원할 것이다. 동시에 내가 항상 의존적일 것이라 생각하지 않을 것이기 때문에, 나는 의존기간과 비의존기간에서 균형 잡힌 내 이해를 반영하는 정책을 만들 수 있는 원칙을 원할 것이다. 온건한 해석은 이러한 방식으로 의존인의 관심사가 포함되는 길을 찾을 수 있다.

그러나 원초적 입장에서 당사자가 자신의 좋음을 의존인의 필요를 충족시키는 의존노동자의 좋음으로 이해할 수 있도록 전제되지 않는 한, 원초적 입장에서 의존노동자를 대표하는 문제는 해결된 것이 아니다. 시민이 온전히 기능하는 사람으로 이상화되는 경우, 원초적 입장의 당사자가 의존노동자를 대표한다고 보장하지 못한다고 하더라도, 이는 이론상의 내재된 모순이 아니게 된다. 이론은 단지 의존노동자의 필요에 관심이 없을 뿐만 아니라, 의존의 필요가 충족되는 방법이 정의로운지 부정의한지에 대한 관심도 없는 것이 된다. 하지만 이렇듯 이론이 의존의 이슈를 간과한다면, 사회적 협력을 추구하도록 견인하는 인간 삶의 현실은 사실이 아닌 것이 된다. 의존이 묵살되지 않을 때라야, 우리는 의존의 필요가 어떻게 하면 모두에게 평등한 방식으로 충족될 것인지에 대해 생각할 수 있게 될 것이다.

우리 모두는 의존기간이 있다는 사실을 인식하는 원초적 입장에 있는 대표자로서, 내가 의존노동을 선택할 수 있다(의존노동의 책임을 담당해야 한다)는 점을 **생각한다**고 해보자. 다른 당사자와 어떤 종류의 협상이 필요할까? 나는 다른 당사자도 역시 의존노동을 할 수 있다는 가능성을 열어둔 경우에만 그들과 대등한 위치에 서게 될 것이다. 그들도 그럴 수 있지만, 롤즈가 논의한 도덕 심리에서 그들이 그럴 것이라 보증하지 않기 때문에,[12] 그들은 그렇지 않을 수 있다.

제1장과 제2장에서 우리는 의존노동자는 대상자와의 관계에서, 그리고 의존관계 밖에서 의존관계를 조달하는 사람과의 관계에서 대등하지 않게 위치해 있다고 살펴보았다. 의존노동을 하는 시민을 대표하는 당사자 역시 의존노동을 하지 않는 시민을 대표하는 당사자와

비교해볼 때 대등한 위치에 있지 못한다. 의존노동자를 대표하는 당사자는 의존노동자가 단지 자신의 이해만을 생각할 수 없으며 의존인의 이해도 고려해야만 한다는 사실을 안다. 그 자체로 (가장이 아니라 개인을 대표하는 당사자를 가정해보자) 의존노동자를 대표하는 당사자는 단지 시민의 이해만을 고려할 필요가 있는 다른 당사자와 대등한 위치에 있지 않다. 원초적 입장에서 이러한 불평등한 관계가 어떻게 작동하는지 살펴보자.

원초적 입장을 지배하는 평등주의적 기준은 정의의 원칙을 선택하는 데 있어 모든 개별 참여자가 한 사람으로 간주된다는 것이다. 이상적인 시민이란 자신의 삶 전반에 걸쳐서 온전히 기능하는 사람이라고 모델링하는 것은 필요한데, 왜냐하면 이러한 전제가 성립해야 개별 시민이 사회적 협력의 혜택과 부담을 분배받는 일인으로 간주될 수 있기 때문이다. 원초적 입장에서 시민의 대표는, 자신이 고소득 전문 종사자이든 청소부이든 상관없이, 사회의 기본구조를 운영하는 근본적인 원칙을 선택할 때 평등한 발언권을 갖고 협상에 임한다. 왜냐하면 개별 대표자는 모두 공정한 사회적 협력의 조건에 맞게 온전하게 참여할 수 있는 능력이 있기 때문이다.

우리가 기능적으로 온전한 상태가 아닐 때 그래서 의존인일 때 무엇이 일어나는지를 생각해보자. (일시적으로) 장애가 심각하거나 너무 어려서 혜택과 부담에 대해 온전히 협력하지 못한다면, 이는 도덕적인 것과 무관한 것이다. 이렇듯 기능이 떨어지는 사람도 여전히 권리를 가져야 한다. 또한 이들의 권리는 온전한 기능이 있는 다른 이에 의해서 보호받아야 할 필요가 있다. 하지만 의존인은 시민으로서 사회적 협력의 혜택을 누려야 함에도 불구하고, 의존상태에 있는 경우 이들에게 사회적 협력의 부담과 책임을 지울 수는 없다. 의존인의 정치적 참여는, 이들이 단지 자신을 위해서 이야기할 수 있을 때, 의존인으로서 자신의 발언이 경청될 때(두 경우 모두 일반적인 "미성년"자의 경험을 의미하는 것은 아니다), (의존 때문에 한정된) 자신을 위해서 행동할 수 있을 때, 정도로만 한정될 뿐이다. 나머지 경우, 의존인은 자신의 안녕에 대해 책임지는 사람에게 의존해야만 한다. 다른 누군가가 의존인의 신체적인 안녕을 돌봐주는 책임을 맡아야 하는 것과 마찬가지로, 다른 누군가는 신뢰에 기초해[13] 의존인의 권리를 확보해야 한다.

만일 우리 모두가 번갈아가며 의존인과 의존노동자가 된다고 한다면, 우리는 의존기간에 부담감 없이 받은 혜택에 대한 빚을 되갚을 수 있게 될 것이다. 그러나 그러한 상황이 되리라고 기대할 수 없으며, 그러한 상황이 인생 전반에 걸쳐서 온전히 기능하는 시민의 규범에서 추론될 수도 없다. 따라서 의존노동자로서 떠안은 의존의 책임과 부담으로 인해, 의존노동자의 이해는 무연고적이고 또한 온전히 기능하는 시민의 이해와 상당히 다른 것이 된다. 부담과 책임으로 사회적 협력의 경제를 바라볼 때, 의존노동자가 하나 이상의 책임과 부담을 맡고 의존인은 하나 이하의 책임과 부담을 맡는 반면, 기능적으로 온전한 비의존인으로서의 시민은 하나의 책임과 부담을 맡는다고 볼 수 있다. 만일 우리가 혜택을 매개로 동일한 경제를 본다면, 온전한 비의존인이 그렇듯 의존인 역시 하나로 셀 수 있다. 하지만 대조적으로 의존노동자가 돌봄대상자의 권리와 혜택을 보장해야 한다면, 의존노동자 자신의 좋은 삶은 하나 이하로 계산되게 된다.

만일 의존노동을 맡은 시민이 단지 그가 추구하는 가능한 다양한 좋음의 개념 중 하나로서 그렇게 한다고 한다면, 그 시민은 개인의 자발적인 선택에 따르는 이익과 불이익도 함께 받아들여야 할 것이다. 좋음 개념을 갖는 모든 시민은 자발적인 선택에 따르는 결과를 받아들여야 하지만 의존노동을 맡는 것은 좋은 삶에 관한 하나의 선택이 아니다. 만일 아무도 그러한 선택을 하지 않는다면, 사회는 한 세대 이상 지속되지 못할 것이다. 따라서 사회의 복지라는 관점에서 볼 때, 이는 특별한 위치를 점하는 좋음 개념이다. 또한, 어떤 사람이 돌봄책임을 맡을 때, 그 사람은 개개인이 하나로 셈이 되는 사회적 협력이라는 시스템에서 열악하게 자리매김 되는 사람이 된다(제4장 참조).

일부 시민은 다른 시민을 돌보고 재생산하는 데 필요한 노동을 제공할 때조차도 불이익을 받는다는 사실을 인정하지 않으며 모두의 전망을 평등하게 제공하는 기제를 제공하지 않는다면, 의존인의 대표자가 비의존인의 대표자와 대등하게 자리매김하는 것으로는 모두가 공정하게 대표될 수 없다. 무지의 베일은 그 자체로 그러한 기제가 되지 못한다. 왜냐하면 무지의 베일에서는 모든 합리적인 당사자가 자유롭고 평등한 시민을 대표하는 경우, 사회적 협력을 위해 참여하는 당사자가 단지 합당하기만 하면 된다고 보기 때문이다. 하지만 우리는 첫째, 의존노동자는 필수적인 의미에서 자유롭지 않으며, 둘째, 의존인과 의존노동자가 함께하는 사회적 협력은 평등한 사회적 협력이 아니라는 점을 알 수 있다. 이는 왜 최소적 의미로도 정당한 저축원칙과 유사할 수 있는 동기가 발생되는 가정을 필요로 하는지를 보여준다. 이 때의 동기가 발생되는 가정은 모두의 인생에서 돌봄과 의존의 역할을 고려하는 가정이다.

원초적 입장의 당사자가 합리적이고 합당한 헌신을 할 수 있다는 가정을 가능하게 한 대등성(symmetries)은 의존관계의 조건을 담아내기 어려우며, 이는 온전히 기능하는 사람이라는 규범을 온건하게 해석하는 것도 어렵게 한다. 인생 처음부터 끝까지든지 혹은 인생 전반에 걸치든지 간에 우리가 온전히 협력적인 사회구성원인지에 대해 말하는 것은, 잘해야 의심의 소지를 유발하는 이상이거나 최악의 경우 위험한 이상이 된다. 이러한 이상의 미덕은 존엄성을 갖는 인간의 특징으로 자율성을 지적하는 칸티안의 입장에서 연유한 것이다. 하지만 이러한 이상은 온전히 협력적인 사회구성원으로서 기능을 다 할 수 없다는 것을 인간 삶에서 정상범주가 아닌 예외적인 것이라고 보는 허구를 조장한다. 또한 이는 의존이란 일반적으로 정기적이고 때로는 장기간이며, 의존기간에 기인한 비용과 부담이 정당하게 공유되어야 하는 것으로 보기보다, 의존을 정치적 삶에 관심을 갖기에는 지나치게 짧고 파편적인 것으로 간주하는 허구를 조장한다.

자기통치(self-governance)라는 의미에서 자율은 분명 매우 중요하지만 이러한 칸티안의 관심은 사람을 보다 충분히 대표하는 방법, 다시 말해 의존을 자기 통치에 관한 필수적인 제한 사항으로 인정할 수 있는 방법을 찾아야 한다. 스스로 통치하는 성인의 조건도 -자유주의적 칸티안 모델- 소수자의 조건도 -세속적이고 종교적인 권위주의 모델- 사회질서를 설계할 때 "정상" 조건에 맞춰서는 안 된다. 대신 인간 기능[14]의 모든 범주가 "정상" 조건이다. 그렇지 않으면, 원초적 입장과 질서정연한 사회에서 의존인과 돌봄제공자를 대표하는 것은 **문제**가 된다. 그리고 의존인을 돌보는 사람에 대한 요구는 평등과 정의의 고려사항 외부에 남겨진 개인적인 이슈가 된다.

모든 사람이 인생 전반에 걸쳐서 온전히 협력적인 구성원이라는 규범을 채택하는 것은, 대등하게 자리매김한 원초적 입장의 당사자로서 질서정연한 사회의 시민이라는 모델을 설득력 있게 만든다. 하지만 (평등한 지위와 평등한 힘이라는) 이상과 (위상의 비대등성과 능력의 불평등이라는) 현실 사이에는 의존인과 돌봄제공자를 악조건에 떨어뜨릴 위험이 존재한다. 원초적 입장의 구성 과정은 "정의의 원칙이 어떻게 사회와 개인이라는 개념과 결합된 실천이성의 원칙에서 나왔는지를 보여준다"(Rawls 1992, 90). 비록 롤즈는 그가 사용한 인간 개념이 그 자체로 실천이성의 아이디어라고 생각하겠지만, 그것은 의존에 대한 인간 취약성이라는 사실에는 부족한 아이디어다. 온전히 기능하는 사람이라는 규범에 기초하여 대표자를 구상하는 것은, 비의존적으로 기능하는 사람과 돌봄에 대해 책임을 담당하지 않는 사람을 선호하여 정의의 원칙이 선택되도록 왜곡하는 것이다.

자유로운 사람은 "타당한 주장의 자기 근원적 원천"이다

질서정연한 사회에서 평등한 사람은 자유로운 사람으로 간주되어야만 한다. 작금의 시대는 노예, 농노, 혹은 천역(賤役)과 유사한 어떤 것도 질서정연한 사회 내에서 용납되지 않는다. 롤즈는 자유 시민과 노예 혹은 농노를 대비했다. 그는 질서정연한 사회의 시민을 『듀이 강론』에서는 "타당한 주장의 **자기 근원적**(self-originating) 원천"(필자 강조)으로, 『정치적 자유주의』에서는 "타당한 주장의 **자기 인증적**(self-au-thenticating) 원천"(필자 강조)으로 기술했다.[15] 또한 롤즈는 우리 자신이 근원인 주장과, 우리 자신의 권리와 힘에 의존하는 타인을 위해 행동하는 사회적 역할에서 추론된 주장을 대비했다. 다음 두 절에서 필자는 "타당한 주장의 **자기 근원적** 원천"이 의존노동자의 자유와 양립하지 않는다고 주장할 것이다. 이것은 롤즈가 "자유롭고 평등한 시민"의 속성으로 지목한 자유의 중요한 특징이기 때문에, 자유로운 사람을 기반으로 모델링된 원초적 입장의 당사자는 의존노동자를 (이러한 의미로) 대표하지 못한다고 주장할 것이다.

의존노동자는 주장의 자기 근원자인가?

자신을 위한 것이 아니라 자녀를 위한 교육권을 주장하는 엄마에 대해서 우리는 뭐라 말해야 하는가? 엄마의 주장은 자기 근원적 주장인가 혹은 사회나 타인에 대한 의무나 책무에서 나오는 주장, 즉 그녀의 특별한 사회적 역할에서 추론되거나 할당된 주장인가? 아이를 대신해 주장을 펼치는 부모는 그 주장을 -대략적으로 필자가 생각해봤을 때- 자신의 자기이해로 생각한다.[16] 아이를 돌보고 책임지는 부모에게 부모 자신에 대한 자존감은 그들이 제공하는 돌봄과 아이를 위해 그들이 만들어준 기회와 밀접한 관계가 있다. 비록 이러한 주장이 사회적 역할 속에서 타인을 대신하는 것이라 하더라도, 아이를 위해 엄마가 하는 주장은 자기 근원적 주장으로 합리적으로 경험된다.

의존노동자와 대상자 간의 관계는 보다 거리가 있는 관계이며, 그래서 의존노동자 자신의 안녕과 대상자의 안녕 사이에는 다소 간극이 있지만, 그럼에도 불구하고 의존노동자는 타인을 위한 요구를 -이러한 요구는 의존노동자의 규정된 의무를 초과한다- 한다. 의존노동자의 요구가 규정된 의무사항을 넘어서는 경우, 비록 일반적으로는 대상자를 대신한 의존노동자의 요구가 사회적 역할에서 비롯된 것이라 하더라도, **특별한** 요청사항은 의존노동자의 사회적 역할에 기인하는 것이라 말할 수 없다. 따라서 엄마(아이를 위한 요구를 할 때 사회적으로 정의된 역할을 함에도 불구하고, 아이에 대한 요구는 그녀 자신의 요구로 경험된다)와 대상자의 좋음과 자신의 좋음이 밀접하게 일치하지 않는 의존노동자(대상자를 대신하여 제시하는 특별한 요구는 의존노동자의 구체적인 책임의 범위를 초과한다) 모두에게, 자유는 그것이 독립적인 기원을 갖는 요구인 것만큼 타인으로부터 나온 요구와도 관련된다.[17]

대상자의 안녕에 대한 의존노동자의 깊은 관여는, 종종 묘사되듯이 자신의 권리를 행사할 희망이 없는 개인에 대한 과민하거나 보충적인 행동이 아니라는 점이 강조되어야 한다. 이는 매우 중요하다. 의존노동이 종종 억압적인 조건에서 이뤄지기 때문에 과도한 관여와 자기희생이 좋은 돌봄이 아닐 수 있지만, 대상자에 대한 깊은 관여는 좋은 의존노동을 위해 정상적이고 필수적이라는 사실은 놓치기 쉽다. 한밤중에 깨어난 열이 나는 아이는 돌봄제공자가 지치고 심지어 병들어 있을 때도 돌봄제공자의 관심을 필요로 한다. 의존노동자가 아이의 교육 기회를 강조하거나 혹은 아픈 아이를 돌보기 위해 자신의 피곤을 감내하는 행동은 좋은 돌봄이며, 일반적인 의미로 과민하거나 과도한 동일시나 자기 부정적인 희생은 아니다. 대상자의 안녕에 마음을 쓰는 것은 정상적이고 **효과적인** 돌봄에 반드시 수반된다. 돌봄의 제도화가 많이 이뤄졌음에도 불구하고 실패한 이유는, 돌봄제공자로부터 이러한 깊은 관여를 불러일으키는 데 실패했기 때문이다. 즉, 돌봄제공자가 매우 빈번히 대상자에게 대해 **크게 관여하지 않기** 때문이다.

의존노동자는 타당한 주장에 대한 자기 근원적 원천에 해당되지 않는다고 할 수 있다. 적어도 『듀이 강론』의 표현에 따르면 그렇다. 의존노동자가 주장의 자기 근원적 원천에 해당되지 않는다는 입장은 (왜냐하면 의존노동자의 주장은 구체적인 사회적 역할을 수행함으로써 나오기 때문에) 의존노동과 다른 노동과의 중요한 차이를 인식하지 못한다. 의존노동의 도덕적 요구 때문에(제2장 참조), 의존노동자의 도덕적 자아는 그들의 사회적 역할과 쉽게 분리될 수 없다. 따라서 타당한 주장의 자기 근원자로 자신을 바라보는 관점을 요구하는 자유는 의존노동자의 상황에 적용될 수 있는 자유가 아니다.

물론, 롤즈 이론은 설명적이지 않다. 이는 규범적인 이론이다. 노예 역시 타당한 주장의 자기 근원적 원천을 갖고 있지 않기 때문에, 사회적 협력의 결과물을 동등하게 주장할 수 있는 자유로운 개인으로 간주되지 않는다. 하지만 질서정연한 사회에서 모든 사람은 자유롭고 평등하게 대우받아야 하며 노예제도 허용되어서는 안 된다.

아마도 의존노동이 요구하는 심리상태가 의존노동자의 자존심(self-worth)이 자신을 위한 것이 아니라, 타인의 성취와 좋은 삶을 위한 수단으로 작동된다면 의존노동은 금지되어야 한다. 탄광업처럼 일부 직업은 본질적으로 억압적으로 보일 수 있다. 임금을 아무리 많이 준다 해도 광부가 겪는 고통으로 인해 축소된 좋은 삶에 대한 보상이 될 수 없으며, 따라서 정의는 석탄 채굴을 폐지할 것을 요구한다고 주장할 지도 모른다. 그러나 의존노동은 탄광업과는 성격이 다르며, 정의도 이를 폐지하라고 주장한 적이 없다. 의존노동은 폐지될 수 있는 것이 아니며, 우리가 그것을 원하는 것도 아니다. 롤즈가 썼듯이, 질서정연한 사회의 구성원이 "그들 공통의 정체(polity)를 세대를 넘어 앞선 세대와 후세대로 확장"(1980, 536)시키고, 인간 성장의 경로가 불가피하게 일부 사람에게 의존인을 돌볼 것을 요구한다면, 우리는 의존노동자에게 대상자의 안녕을 위해 자신의 관심을 포기하라고 말할 수 없다. 비록 의존노동자의 대상자에 대한 관심으로 인해 자신의 자유, 즉 타당한 주장의 자기 근원으로 해석되는 자유를 공허한 추상에 불과한 것으로 만들지라도 말이다.

자유에 대한 제약, 즉 의존노동이 노예제와 공유될 수 있는 이러한 측면은, 타당한 주장의 자기 근원적 근거로서의 자유가 추앙받고 있는 이 시대에 의존노동에 오명을 씌웠다. 따라서 의존노동을 자연스러운 것으로 보는 이데올로기(예를 들어, 여성이 아이, 환자, 노인을 돌보는 것이 더 **자연스럽다**)를 통해서만이, 자유에 대한 제약이 이 시대의 도덕적 구미에 맞는 것으로 착색될 수 있었다.[18] 의존노동을 그렇게 자연스러운 것으로 간주함으로써, 의존노동에 종사하는 현대 여성들에게 요구되는 강압이 감성적인 것으로 포장될 수 있었다(Badinter 1980 참조). 의존노동이 다른 노동보다 중요하다고 주장하는 것과, 의존노동이 억압적일 수 있으며 다른 누군가에게 부당하게 전가되어서는 안 된다고 주장하는 것 사이에는 불가피한 긴장이 존재하지 않는다. 만일 의존노동이 억압적으로 보인다면, 그것은 자유라는 규범이 우리 삶에서 의존의 역할에 관심을 기울이지 않고 형성되었기 때문이다. 만일 의존노동이 억압적이라면, 그것은 의존노동이 의존노동자와 대상자 모두의 안녕을 증진시키지 못하는 사회적 환경 속에서 어색한 동거를 하기 때문이다. 그렇다고 의존노동이 대단한 보상을 받을 수 없다고 이야기하는 것은 아니다. **그럴 수** 있을 뿐만 아니라, 우호적인 조건에서는 **그렇기도** 하다. 하지만 이러한 방식으로 자유를 해석한다면, 우리는 의존노동을 생명 유지에 반드시 필요하고 인성을 함양하며 인간적인 모습을 갖출 수 있도록 기여하는 노동으로 인식하지 않을 것이다.

의존노동자는 주장에 대한 자기 인증자인가?

여기서 진행하는 비판은 시민에 대한 개인주의적 관점과 원초적 입장에 위치한 시민의 대표자에 대한 비판이다.『듀이 강론』의 논의는 아마도 이러한 비판에 노출되기 쉬운 대목일 것이다.[19] 앞서 롤즈는 원초적 입장의 당사자가 이기적인 목적으로 자기이해를 추구하는 것으로 해석됨을 분명히 경계했다. "일단 무지의 베일이 제거되면, 당사자는 그들 사이가 감성적이고 정서적인 연대로 얽혀있다는 것을 알게 될 것이며, 다른 사람의 이해를 먼저 생각하고 그들의 목적이 달성되기를 원한다고 가정하는 것이 전혀 모순되지 않는다"(1972, 129). 따라서 원초적 입장의 당사자는 타인의 욕구와 이해를 대표할 수 있으며(그리고 당사자는 가장일 때 그들은 아마도 그렇게 행동할 것이다), 자기 근원적 주장이 자기의 이해일 필요도 없다. 예를 들어, J가 원하는 것이 무엇이든 내가 원하거나, 내가 원하는 것에 대한 만족이 내가 아니라 J에 의해 결정된다고 하더라도, 내가 원하는 것이 J가 원하는 것이라고 한다면, 나의 주장은 자기 근원적이다. 이것은 비강압적이고 타인과 연계되어 있는 2차 요구의 모습이다. 그러한 방식으로 원한다고 해서 노예와 같아지는 것이 아니며, 오히려 타인을 대신하여 주장을 펼치는 교회나 혹은 자발적인 행위자와 흡사하다고 볼 수 있다.[20]

이러한 요구는 동일한 도덕적 위상 혹은 도덕적 결과를 초래하지는 않는 다양한 방식으로 이해될 수 있다. 우리는 비강제적이면서 타인과 연계된 요구에 기반을 둔 두 가지 종류의 관계를 구분할 필요가 있다. 하나는, 관계된 사람의 필수적인 이해를 위태롭게 하지 않고 그 관계에서 빠져나올 수 있는 경우이다. 다른 하나는, 그 관계에서 나올 출구가 없는 경우이다. 특정 노동에 필수적으로 의존해야 하는 사람이 있기 때문에, 특정 노동자의 파업을 제한하는 노동규제는 이러한 차이를 인정하고 있다.

의존노동자는 -의존노동자가 무급으로 노동을 제공하고 돌봄의 책임이 가족관계일 때는 더욱이- 의존인과의 관계에서 비롯되는 도덕적으로 납득될 만한 선택권이 거의 없다. 심지어 대상자가 원하는 것을 더 이상 원하지 않게 될 때조차도, 의존노동자는 타인의 이해를 대변해줘야 할 도덕적 의무감을 느낀다. 잘해야 매일 매일의 이러한 책임이 유급 의존노동자에게 맡겨질 수 있을 뿐이다. 하지만 유급으로 대체된 의무도 그 의무에서 해제될 때까지 도덕적인(심지어 법적인) 의무감이 된다. 예를 들어, 24시간 돌봄제공 시설과 같은 지체장애인을 위한 그룹홈에서, 의존노동자는 만약 자신을 대체할 사람이 나타나지 않는다면 초과 근무를 해야 하며, 자신의 의무를 다할 때까지 끝까지 남아 있어야 한다. 분명히 이러한 상황에서 유급 의존노동자의 이해는 원하든 원치 않든 대상자의 이해를 따라야만 한다.

일반적으로 모든 노동자는 노동시간이나 노동량에 대한 계약기간 동안 노동상황에서 자신이 원하는 것을 앞세우지 못한다. 의존노동자의 경우, 계약된 시간과는 별개로 어쩔 수 없이 초과되는 시간도 -법적 그리고 도덕적으로- 의존인의 필요로 통제되는 근무시간이다. 의존노동자는 더 많은 급여의 다른 일이 기다리고 있어도 혹은 초과 수당이 필요 없어도 혹은 그 일을 더 이상 하고 싶지 않아도, 이 일을 떠날 수 있는 선택권이 없다. 비록 의존노동자가 자기이해의 선호와 비(非)자기이해의 선호를 선택할 필요가 없거나 혹은 선택하지 못한다 하더라도, 갈등이 존재하게 되면 의존노동자의 상황은 비자기이해의 선호를 우선하게 되는 도덕적, 그리고 때로는 법적인 의무가 부과된다.[21]

타당한 주장의 자기 근원자로서 개인의 지위와 의존노동의 요구 사이의 불일치는 조화될 수 없다. 롤즈(Rawls 1972)가 세대 대표로서 원초적 입장의 참여자를 설명했을 때, 이들 대표자는 의존노동자처럼 덜 자발적이지만 비강제적인 방식으로 제3자를 대표하는 책임을 지며, 의존노동자의 출구선택의 제약 조건과 유사하게 가족구성원의 이해를 도덕적으로 보호하지 않을 수 없게 된다. 그리고 각 세대의 대표자 혹은 각 가정의 가장은 역시 유사하게도 자신의 이해와 그들이 대표하는 사람의 이해 간의 도덕적 균형을 잡아야 할 뿐만 아니라, 심지어 자신의 이해보다 제3자의 이해를 우선시해야 할 수도 있다. 이와 같은 이유로, 롤지안은 우리에게 원초적 입장에서 당사자의 상호무관심이 -이는 사회 개인들 사이의 상호무관심은 아니다- 중요하다고 상기시킨다.

세대 대표(generational line) 개념은 추후에 빠졌지만, 『듀이 강론』에서 언급된 당사자의 타당한 주장의 자기 근원자의 개념은, 당사자의 타당한 주장의 "자기 인증적" 원천이라는 주장으로 대체되었다. 개정판은 고도로 개인화된 형이상학적인 개인 개념 -세대 혹은 가장을 대표하는 참여자의 개념을 누락시켰을 때 악화된 문제- 에 대한 공동체주의자 그리고 여성주의자의 반대를 일부 수용한 것처럼 보인다. 롤즈는 "자기 인증적"이라는 표현으로 변경하면서 다음과 같이 말했다. "시민이 자신의 좋음 개념과 그들이 자신의 삶에서 확인한 도덕적 원칙을 기초로 한 의무와 책무에 대한 주장 또한 여기서 우리의 목적을 위해 자기 인증적인 것으로 간주되어야 한다"(1992, 32).

이러한 변화는 의존노동자의 이해가 공존할 수 있는 확장된 "자아" 개념의 공간을 열었다. 아이의 교육받을 권리를 주장하는 엄마는 자기 근원적 주장에 의해 행동하는 것이 아니라, 자기 인증적 주장에 의해서 행동하는 것이라는 것이다. 의존노동자로서 엄마가 하는 구체적인 주장은, 이러한 의미에서 볼 때 자기 인증적일 수 있다. 그러나 이러한 해법은 단지 부분적일 뿐이다. 왜냐하면 개인이 자신의 일과 좋음 개념에 대해 상대적으로 자의적인 선택을 한다고 간주한다는 전제 하에서, 이는 원초적 입장의 대표자가 정의롭고 평등한 방식으로 의존의 필요를 다룰 원칙을 선택할지 그렇지 않을지의 불확실성으로 환원시키기 때문이다. 의존에 대한 관심이 평등하게 다뤄질 것이라

보증되지 않는다면, 우리는 여전히 의존노동자가 되고자 하는 선택의 자기 인증적 성격에 의문을 던질 수밖에 없다.

만일 의존노동이 돈을 많이 받거나 높은 위상을 지니거나 사회적인 인정을 받는다고 하면, 우리는 자유의 제약이나 의존노동의 다른 요구도 의존노동자를 충분히 공급함으로써 해결된다고 결론내릴 수 있을 것이다. 하지만 의존노동이 노동시장에서 받는 보상과 좋은 의존노동을 제공받기 위한 관심 사이의 부조화는, 충분한 의존노동을 공급하기 위해 시장의 힘에 의존해오지 않았다는 점을 명확히 한다. 실제로 여성의 돌봄과 여성의 종속이라는 보편적인 두 가지 특징을 보면 다음의 사항을 알 수 있다. 1) 특정 계급의 사람들은 의존노동을 위해 필요로 하는 속성과 의지를 발전시키기 위해 종속되어 오고 사회화되어 왔다.[22] 2) 애착을 형성하는 것과 같은 특정한 성적 행동 (sexual behavior)이 누군가의 의지에 순종적으로 여성에게 강요되어 왔다(Rich 1978 참조). 3) 빈곤층 여성과 유색인 여성이 부족한 재정과 그들에게 허용된 제한된 고용기회 때문에 의존노동자로서의 유급노동을 전담할 수밖에 없는 상황에 내몰리게 되었으며, 중산층 여성은 의존노동자의 (대체로 무급인) 의무와 양립할 수 없는 고용 시장에서 쫓겨나지 않을 수 없게 되었다. 따라서 남성이 광범위하게 다양한 선택을 해온 동안, 여성이 일관되게 의존관계와 의존노동을 자신의 좋은 삶의 중심으로 "선택한" 것은 단순한 "우연"이 아니다.[23] 의존인을 돌보는 것은 어느 사회이건 선택 사항이 될 수 없기 때문에, 돌봄이라는 피할 수 없는 필요를 충족시키기 위한 일부 사회적 조치는 어쩔수 없이 취해지게 된다. 만약에 어떤 사회가 의존노동의 책임을 분배하는 수단이 공정한 원칙으로 이뤄지지 않는다면, 예상할 수 있는 대응은 −종종 전통과 관습이라는 이름의 그리고 종종 명백한 자발적인 선택이라는 이름의- 강압적 방식이다.

의존노동은 자유롭게 선택되었고 자기 근원적은 아니라고 하더라도 자기 인증적이라는 주장은, 의존노동의 분배문제를 사적인 영역으로 밀쳐 버린다. 이는 사적인 선택이며 정의에 대한 공적인 요구의 범주 밖에 있는 것으로 여기게 만든다. 결과적으로 많은 주장은 실제로 그렇지 않을 때에도 자기 인증적인 것으로 추정되어 버린다. 이러한 설명에 들어맞는 의존노동자는 타당한 주장의 자기 근원적 원천이 아니듯, 더 이상 타당한 주장의 자기 인증적 원천이 될 수 없다.

주장의 자기 근원은 아마도 의존노동자의 자유에 대해 적절하지 못하게 해석한 것으로 보인다. 하지만 둘리아 같은 돌봄원칙이 작동하는 사회가 아닌 단지 질서정연한 사회는, 의존노동자가 자기 인증적 원천이라고 말할 수 없는 사회이다. 의존노동자는 질서정연하다고 추정된 사회의 자유로운 시민에 속하지 않는다. 롤지안의 의미에서 자유롭고 평등한 사람만 사회적 협력에 참여할 자격이 있다고 한다면, 의존노동자는 사회적 협력의 결과물에 대해 동등하게 주장할 수 있는 "자유"로운 개인에 속할 수 없다.

제4장

사회적 협력의 혜택과 부담

롤즈가 예시한 평등주의적 자유의 전통에서 정의는 정의의 여건이 조성된 아래에서 자유롭고 평등한 개인들 사이의 사회적 협력의 혜택과 부담을 공정하게 분배하는 원칙을 제시해야 한다. 제3장에서는 롤즈의 정의의 여건에 대한 개념과 자유롭고 평등한 개인 개념에 적용되는 규범에 대해 살펴보았다. 이번 장에서는 질서정연한 사회를 -모든 사람에게 정의가 제공되는 사회- 위한 기초 개념에 의존의 요소가 포함되어 있는지에 대한 질문을 계속해서 던질 것이다. 이 점에서 혜택과 부담이 무엇인지를 결정하는 개념에 초점 맞추고자 한다. 이것은 사회적 가치의 개념과 사회적 협력의 아이디어이다.

도덕적 인간의 두 가지 힘(power)과 기본적 가치(primary goods)의 목록

기본적 가치로서 돌봄의 누락

롤즈가 이해한 사회적 협력은 일정한 도덕적 능력, 정의감, 그리고 자신의 좋음에 대한 개념을 인지하고 있는 사람들 사이에서 성취될 수 있다. 롤즈는 "인간의 요구와 능력, 인간의 단계적 특징과 양육의 필수요소, 사회적 상호의존의 관계와 다른 많은 것에 대한 다양한 보편적 사실"을 가정하면서 **기본적 가치**의 목록을 제시한다. 이러한 가치는 개인의 두 가지 도덕적 힘을 전제하며 개인들 상호간 안녕을 비교 평가할 수 있는 기준을 제시한다.

기본적 가치의 목록은 『정의론』 이후 수정되지 않았다.

(i) 기본적 자유(사상의 자유와 양심의 자유)...
(ii) 이동의 자유와 다양한 기회를 배경으로 한 직업 선택의 자유... 또한 자신의 목표를 수정하거나 변화시킬 수 있는 결정에 영향을 주는 [능력]...
(iii) 책임 있는 지위와 직위의 권력과 특권
(iv) 소득과 부...
(v) 자기존중의 사회적 기반... (Rawls 1980, 526).[1]

개인들 사이의 안녕을 비교 측정하는 기준이라는 장점에 의문을 제기하지 않지만,[2] 필자는 다음과 같이 묻고 싶다. 이러한 목록이 의존인과[3] 이들을 돌보는 사람에 대한 필요를 충분히 반영하는가?

이러한 질문은 롤즈가 언급한 시민이 갖는 두 가지 도덕적 힘이 시민으로서 개인에 적합한 힘임을 전제한다. 가치의 목록은 정의감을 소유하고 합리적인 삶의 계획을 세우고 수정할 수 있는 능력을 갖는 도덕적 인간이라는 개념에서 발전된 것이다. 의존관계에 있는 사람을 시민으로 상정하면서, 이러한 두 가지 도덕적 힘이 의존을 중요하게 고려하는 시민이 갖는 도덕적 힘으로 충분한지에 대한 질문으로 위의 기본적 가치의 목록이 적절한지를 평가하고자 한다.

의존인과 그들이 돌보는 사람에 대한 고려를 반영하는 윤리는 다음의 세 가지를 요구한다. 첫째는 타인에 대한 애착심(a sense of attachment)이고, 둘째는 타인의 필요에 대해 공감하는 관심(empathetic attention)이며,[4] 셋째는 누군가의 필요에 대한 응답성(responsiveness)이다. 제2장에서 지적했듯이, 이러한 윤리는 전통적으로 정의에 따르는 의무를 넘어서지만, 돌봄관계의 맥락에서는 충분하지 않다. 이러한 의무를 이행하는 것은 전통적인 정의에서 요구하지 않지만, 의존을 중요하게 고려하는 것이 정의의 필수요건임을 인지하는 국가에서 제공하는 능력의 배양으로 이러한 의무 이행은 가능해진다.

롤즈의 두 가지 도덕적 힘은 의존을 중요하게 고려하지 않았으며, 의존을 반영하는 윤리를 선보이지도 않는다. 첫째, 어떤 사람은 좋음의 가치가 타인을 돌보는 능력을 배양할 수 있도록 하는 애착심을 포함할 수 있다. 그러나 여전히 이것은 사회의 책임과 무관한 사적 문제로 남아 있으면서, 의존인이 돌봄제공자의 부당한 희생 없이 돌봄을 받을 수 있다는 보장이 없다.[5] 둘째, 자신의 좋음에 대한 개념을 만들고 수정할 수 있는 능력과는 달리, 정의감은 필수적으로 타자 지향적인 도덕적 힘이다. 비록 이것이 호혜성(reciprocity)과 관련되기는 하지만 롤즈의 정의감은 호혜적일 수 없는 누군가의 필요에 대한 공감에 대해서 언급이 없다. 결과적으로 롤지안의 구조에서 돌봄에 대한 도덕적 능력은 정의의 도덕적 능력으로 간주되지 않는다.[6]

의존인의 필요를 충족시키는 구조에서 기본적 가치의 목록이 확대되고 수정되어야 한다.[7] 개인의 도덕적 힘은 1) (롤즈가 제안한 것처럼 협소하게 해석한) 정의감과 2) 좋음의 개념을 추구하는 능력뿐만 아니라 3) 돌봄취약성에 대응할 수 있는 **능력**을 포함해야 한다.[8] 1)과 2)는 시민을 나이, 질병 또는 장애로 인해 의존에 취약할 수 있는 사람으로 혹은 의존상태에 있는 사람을 돌봐줘야 하는 사람으로 간주하지 않는다. 비록 정의와 돌봄이 명확히 구분되는 덕목이거나 심지어 반대인 것처럼 보일 수 있음에도 불구하고, 이 책의 주장은 다른 관점을 제시한다.[9] 돌봄취약성에 대해 응답하는 필요를 고려하지 못하는 정의는 불완전하며, 돌봄을 간과한 사회질서는 정의롭지 못하다.

기본적 가치로서 돌봄

기본적 가치에 대한 롤즈의 목록은 돌봄을 고려한 다른 가치를 간과한다. 롤즈의 목록이 돌봄고려를 반영한다면, 1) 만일 우리가 의존인이 된다면 돌봄을 받을 수 있을 것이라는 이해, 2) 만일 우리가 의존인을 돌보는 일을 해야 할 때 우리에게 필요한 지원, 3) 만일 우리가 의존적이 된다면 누군가 우리에게 의존하는 이를 돌봐줄 것이라는 보장을 찾을 수 있어야 한다. 우리가 의존인이 되었을 때 돌봄을 받을 수 있다는 확신, 우리가 돌봄책임을 담당했을 때 우리가 그 일을 하는 데 충분한 지원을 받을 것이라는 확신, 그리고 우리의 에너지와 관심을 타인에게 집중할 때 우리 자신을 돌볼 수 있는 능력이 유실(流失)되지 않는다는 확신없이도, 우리는 기본적인 자유, 이동의 자유, 직업선택의 자유, 공직의 권력과 힘, 심지어 소득과 부를 소유할 수 있어야 한다.

이러한 고려가 **기본적 가치**의 항목에 반영되어야 하는가? 즉, 이러한 가치가 자신을 위한 좋음 개념을 형성할 수 있는 어떤 개인에게도 기본적이며, 개인의 인생 계획에 어떤 일이 발생한다 해도 이러한 가치는 필수적인가? 그리고 만일 그렇다면, 돌봄에 대한 고려가 "정의의 문제에 적절한" 요구가 될 수 있는가?(Rawls 1982, 172).[10]

두 질문에 대한 답은 모두 "그렇다"이다. 우리가 좋음에 대한 우리의 개념을 어떻게 그리느냐와 무관하게, 우리는 의존인이 된다면 돌봐주기를 원할 것이고, 만일 우리가 의존인에 대한 책임을 담당해야만 할 때라면 충분히 지원을 받기를 원할 것이다. 더 나아가, 이러한 조건을 보장하지 못하고 의존에 가장 취약한 사람과 의존노동이 질서정연한 사회에 동등하게 참여할 수 있는 가능성을 침해한다면, 이러한 조건은 진정으로 정의의 문제로 제기되어야 한다. 따라서 **누군가가 스스로를 돌볼 수 없거나 없을 때, 응답적인 돌봄관계를 통해서 돌봄을 받을 수 있고, 자신을 부당하게 희생하지 않고도 타인의 돌봄필요를 충족시키는 좋음**은 롤지안의 의미에서 기본적 가치이다. 왜냐하면, 시민이 자신의 좋음 개념을 추구하고 정의와 돌봄의 도덕적 능력을 행사하는 것은 시민의 좋음(a good of citizens)이기 때문이다.[11]

다른 기본적 가치와 같이, 무엇보다도 이 가치는 질서정연한 사회 구성원의 자기존중(self-respect)의 사회적 기반으로 역할한다. 페트리시아 윌리암스(Patricia Williams 1991)는 듀라스(Marguerite Duras)의 『연인 (*The Lover*)』을 인용한다.

바로 여기에 [우리는] 사회가 죽여 버린 숨길 수 없는 생명체이자, 우리 어머니의 자식이라는, 우리의 공통된 운명의 중심에 존재한다. 우리는 어머니를 절망으로 몰아온 사회의 편이다. 우리의 어머니들에게 저질러 온 일들이 퍽이나 사랑스럽고 한없이 믿음직스러워, 우리는 삶을 증오하고 우리 자신을 혐오한다(Duras 1985; Williams 1991, 55에서 인용).

충분히 복원될 수 없는 타인의 희생을 통해서 확보된 돌봄의 결과로 우리가 꽤나 어엿하고 든든한 성인으로 성장한 만큼, 우리는 자기존중을 위축시키는 부끄러움과 마주하게 된다. 돌봄이 오직 희생으로만 채워지는 사회에서 살고 있는 한, 이렇듯 우리는 자기존중이 줄어든다.

만일 여성이 엄마라는 역할을 통해 희생양이 되었다면, 그들은 돌봄이 기본적 가치라는 점을 인식한 이들이며, 자신의 돌봄능력이 서서히 힘이 떨어질 때 정치적 투쟁에 관여한 이들이었다. 역사학자 테마 카플란(Temma Kaplan 1982)은 다양한 국가, 문화 그리고 역사적 시기에서 여성의 정치참여는 여성이 가족을 돌볼 수 없게 만드는 조건과 관련이 있다는 점을 보여주었다. 여성은 자신의 가족을 돌보는 능력을 확보하기 위한 정치적 투쟁에 기꺼이 참여함으로써, 적어도 타인을 돌볼 수 있는 것이 기본적 사회의 가치라는 점을 주장해왔다. 이러한 투쟁의 정치적 본질은 개인이 사적으로 행동하는 것뿐만 아니라 "기본적 사회제도의 공적 특징"과 "공적으로 기대되는(그리고 일반적으로 명예로운) 행동양식"에 의존하는 자기존중이라는 롤즈의 개념과 일치한다(1992, 319).

▌사회적 협력이라는 공적 개념

롤즈의 사회적 협력 개념에서 의존의 관심사

롤즈에게 사회적 협력은 "단지... 어떤 전체적인 목적을 달성하기 위해 공적으로 인정된 규칙으로 효율적으로 조직되고 안내되는 협력적인 사회적 활동"을 넘어선다(1992, 300). 실제로 사회적 협력은 시민간 "협력의 공정한 조건"을 요구한다. 이 같은 조건은 시민은 **합리적**(rational)일 뿐만 아니라 -시민의 합리적인 이익이라는 관점을 만족시킨다는 점에서- **합당**(reasonable)하기 때문에 -모든 사람이 사회적 상호작용을 할 때 동일한 목적을 갖고 있지 않다는 점을 인정하고 받아들인다는 점에서- 받아들일 수 있다.

만일 의존의 관심사가 합리적이고 합당하다면, 이는 지금 당장은 아니더라도 사회적 협력이라는 공적 개념이 반영된 질서정연한 사회의 특징에 포함되어야 한다.[12] 돌봄요구가 합당하다는 점은 바로 성립될 수 있다. (롤지안의 용어에 따르면) 합당하다는 것은 나의 이해와 함께 타인의 이해도 고려해야 한다고 인식하는 것이다. 우리가 태어난 사회와 우리가 남은 생을 보낼 사회는 (비유적으로 말한다면) "충분히 기능하는" 능력을 지닌 사람과 의존적이며 자신의 능력을 혼자서 실현할 수 없는 사람 모두 포함하기 때문에, 이러한 모든 사람의 이해를 고려해야 한다. 더 나아가, 인간 사회가 특별히 가혹한 조건에 있지 않다면, 인간이라면 약하거나 장애가 있는 사람을 돌보는 것이 합당하고 옳은 것이라 생각한다. 따라서 질서정연한 사회는 의존인의 필요가 무엇이든 간에 그것을 보살피는 사회일 것이라 기대하는 것은 합당하다.

의존의 관심사 또한 합리적인가? 다시 말해, 사회적 협력의 조건 속에서 의존의 관심사가 포함된 원칙을 선택하는 개인의 자기이해와 양립하는가? 우리는 정의의 원칙을 선택할 때 충분히 기능하고 있을지라도, 이전에는 의존적이었으며 언젠가는 의존적이 될 것임을 알게 될 것이다. 이러한 조건 때문에, 우리는 우리가 적절하게 돌봄을 받을 수 있거나 우리에게 의존적인 사람의 필요를 돌보는 일을 충분히 할 수 있도록 가용한 자원이나 지원과 도움을 받을 수 있는 방안을 알고 싶어진다.

하지만 이러한 관심사는 롤즈의 저작에서 거의 언급되지 않는다. 어떤 지점에서 롤즈는 공정으로서 정의는 "우리가 **정상적인** 헬스케어라고 부르는 것까지 확대될 필요가 있다"고 말하면서(필자 강조, 1992, 21), 논의를 일부 의존의 관심사로 확장시키고자 한다. 하지만 영아와 유아의 매일 돌봄, 연장된 의존시기(예, 허약한 고령자), 그리고 "정상적인" 것의 경계를 넘는 헬스케어는 "헬스케어"도 아니고 "정상적인" 것도 아닌 것으로 간주된다.[13]

롤즈는 자신의 이론이 정상적인 헬스케어뿐만 아니라 다른 문제까지 확대될 수 있기를 희망했다. 아마도 그는 의존의 이슈가 그러한 다른 문제에 속한다고 인정할 수도 있다. 필자가 주장하고 싶은 것은 사회적 협력에 대한 롤즈의 개념은 이러한 다른 관심사의 상당 부분을 **정치적인** 이슈의 고려 대상에서 체계적인 이유로 배제시킨다는 점이다.

우리는 이를 롤즈의 후기 저작뿐만 아니라 이미 『정의론』에서, 특히 사회적 협력 개념의 특징이 묘사되는 지점에서 알 수 있다.

> 핵심 아이디어는 많은 사람이 규칙에 따라 서로에게 이익이 되는 협력에 힘쓸 때, 그래서 모든 사람을 위한 이익을 생산하기 위해 필요한 방식으로 그들의 자유를 제한할 때, 자유의 제한에 복종하는 사람은 그들의 복종의 혜택을 받는 사람의 입장에 대한 유사한 묵인의 권리를 갖는다는 점이다(Rawls 1971, 112).

또한 롤즈는 『정치적 자유주의』에서 다음과 같이 적는다. "인생 전반에 걸쳐서 사회적 협력에 참여할 수 있는, 그리고 기꺼이 공정한 합의의 조건을 명예롭게 생각하는 사람은 동등한 시민으로 간주된다"(1992, 302).

장애가 있어서 영원히 의존적인 사람에게 동등하게 호혜적인 돌봄을 기대하는 것 혹은 "모든 사람을 위한 이익을 생산하기 위해 필요한 방식으로 그들의 자유를 제한"하기를 기대하는 것은 분명 합당하지 않다(Rawls 1972, 112).

그들은 사회적 협력의 영역 밖에 놓이게 되며, 롤즈는 『정치적 자유주의』에서 이러한 사람에게 **성원자격**을 부여하기를 기꺼이 거부했다.[14] 단지 일시적으로 의존적인 사람이 -우리 모두를 포함하는- 사회적 협력의 공정한 조건에 따라 호혜적일 수 있는 위치에 있을 것이라 혹은 그러한 위치에 있었다고 보았다. 하지만 심지어 의존의 문제가 일시적인 것이라 하더라도, 의존시기 동안 그들은 거의 그러한 위치에 있을 수 없다. 그리고 호혜적인 순간은 아마도 결코 오지 않을 것이다. 즉, 어떤 아이는 완전히 성숙하지 못할 수 있으며, 병약한 사람은 숨을 거둘 수 있고 혹은 평생 회복하지 못할 수 있다. 지금의 궁핍한 고령의 부모는 충분한 조달자 혹은 양육자가 되지 못할 수 있다. 그리고 돌봄제공자의 필요가 어떤 형태의 호혜성으로도 충족되지 않는다면, 돌봄제공자가 유일하게 사용가능한 도덕적 특징은 착취이거나 필요 이상의 노동이 될 뿐이다.[15]

필자는 사회적 협력 개념의 범주에서 의존의 관심사가 정치적 정의에 **타당하다**고 주장해왔다. 왜냐하면 첫째, 돌봄의 관심사는 정의의 개념을 선택할 때 합리적이고 합당한 고려대상이기 때문이다. 둘째, 의존인을 돌보지 않는 사회나 돌봄노동을 부당하게 착취하면서 돌봄에 신경을 쓰는 사회는 질서정연한 사회라고 할 수 없기 때문이다. 그리고 셋째, 우리의 행복과 안녕에 인간관계가 중심에 있음을 이해하기 위해 정치적 통찰력을 재조정할 때, 우리는 의존의 필요를 사회질서를 만드는 기본적인 동기로 인식하기 때문이다. 이것은 우리가 사회적 협력에 대한 우리의 이해를 비의존인과 기능적으로 온전한 사람 사이의 상호작용으로 국한시킬 수 없음을 의미한다. 왜냐하면 그렇게 국한시킨다면 돌봄과 -인간관계의 본질에 기여하는- 돌봄 제공자의 사회적 기여가 모호하게 되거나 축소되기 때문이다.

호혜성과 둘리아

공정한 협력의 조건에서 언급되는 호혜성(reciprocity)과 상호성(mutuality)은 "협력하는 모든 사람"에게 적용된다. 그들은 반드시 각자가 "적합한 비교 기준으로 판단되는 적절한 방식으로 혜택을 받거나 부담을 함께 져야" 한다(1992, 300). 따라서 의존인과 의존노동자의 관계나 이들과 사회와의 관계는 호혜성 모델의 기준에 부합하지 않기 때문에, 공정으로서 정의 개념 안에 의존의 관심사가 포함되기는 어렵다.

혹자는 위의 주장을 의존의 관심사가 정치적 정의의 범주 내에 있음을 방어하는 것으로 해석될 수 있음에도, 이러한 정의 개념은 **공정으로서 정의** 범주 밖이라고 주장할지 모른다. 롤즈도 공정으로서 정의가 정치적 정의와 완전히 일치하지 않을 수 있다고 지적하면서, "자세히 검토되기 전까지 간극이 얼마나 심각한지 밝히는 것은 미뤄야 한다"고 밝히고 있다. 그는 정치적 정의는 추가적인 미덕으로 보완해야 할 필요가 있다는 점을 상기시킨다(1992, 21). 필자는 다른 가능성을 제안한다. 우리는 공정성(fairness)을 재검토할 수 있다. 앞서 우리는 호혜성 개념을 확대함으로써 이를 세대 간 정의 아이디어에 적용하였지만, 여기서는 모두가 비의존적이지 않으며 기능적으로 온전하지 않을 수 있는 이들 간의 관계에 이를 적용하고자 한다.

이렇게 된다면, 돌봄관계의 필요는 호혜성 개념으로 확대되며, 이러한 확대는 의존의 관심사를 반영하는 정의로운 사회의 사회적 협력이라는 개념적 공간을 열 수 있게 된다. 우리의 생각을 다지기 위해 신생아를 돌보는 산모의 상황을 고려해보자. 신생아의 절대적인 필요와 분만의 심리적 트라우마는 산모를 특별히 취약하게 만든다. 일부 전통 문화와 종교에서 보이는 이 기간의 모성애는 특별나다. 산모는 신생아를 돌보는 동안, 다른 누군가는 산모의 필요, 산모의 다른 가사일, 가족의 의무를 돌본다. 일부는 산모를 보조하는 산후 조리사인 둘라를 임명하고 종종 이들을 쉬게 해준다. 가족이 지리적으로 분산되어 있으며 노동자의 휴가정책이 충분하지 못할 뿐만 아니라 공동체의 지원이 부족한 오늘날 미국에서, 둘라 개념을 채용하려는 풋풋한 노력이 보이기도 한다. 산모 대신 신생아를 돌봐주는 "신생아 유모"같은 진부한 유급지원 대신, 산모가 신생아를 돌보듯 산모를 돌보는 둘라가 그것이다.[16]

둘라는 어원적으로 그리스의 하인이나 노예를 의미했다. 이 개념이 재조정되어, 타인을 돌보는 사람을 돌보는 돌봄제공자를 의미한다는 것은 흥미롭다. 우리는 둘라의 기능에 초점 맞추는 하인이라는 개념보다, 스스로를 돌볼 수 없는 사람에게 도움을 주기 위해 도움을 필요로 하는 사람과 도와주는 사람을 연결하는 관계 -엄격한 의미에서 호혜성은 아니지만 의존성이 배태된 관계- 를 인식하는 상호의존성의 개념에 주목하고자 한다. 둘라가 수행하는 서비스 개념을 확장해보자. 즉, 의존인을 돌봄으로써 돌봄이 필요하게 된 돌봄제공자를 돌보는 방식의 서비스 제공 구조에 둘리아라는 용어를 적용해보자.[17] 둘리아는 일상 속담을 통해서도 알 수 있는 윤리이다. "한 만큼 돌아온다."[18] 만일 누군가가 곤경에 있는 사람을 돕는다면, 그 다음에는 도움을 준 사람이 곤경에 빠져있을 때, 누군가가 그 사람을 도와줄 것이다. 여기에서의 곤경은 돌봄제공자로서의 위치 때문에 발생할 수도 있으며 혹은 건강이나 연령 때문에 발생할 수도 있다. 우리는 둘리아 원칙을 설명할 수 있다. 마치 우리가 생존과 성장을 위해 돌봄이 필요했던 것처럼, 우리는 다른 사람이 ―돌봄노동을 하는 사람을 포함해서― 생존과 성장에 필요한 돌봄을 받을 수 있는 조건을 제공할 필요가 있다.

사회는 세대를 거쳐 지속되는 결사체이기 때문에, 세대 간 정의를 위해서는 확장된 "호혜성"(타인에게 의존하는 우리의 의존성에 대한 전이된 응답성) 개념이 필요하다. 롤즈도 인식했던 것처럼, 고갈되지 않은 세상을 물려주기 위해 우리가 애쓰는 돌봄은 우리에게 혜택을 준 사람들에게 돌려줄 수 있는 방식으로는 절대 호혜적이지 않다. 오히려, 우리가 다음 세대에 주는 혜택은 아마도 우리 앞 세대가 우리에게 해주기 바랐던 혜택이었음에 틀림없다. 확장된 개념의 호혜성과 둘리아의 유사성은 우연의 일치가 아니다.[19] 두 가지 모두에서, 인간의 성장과 그 성장의 "연대기적 불공정"을 다룰 수 있다. 더욱이, 앞 세대로부터 이전된 혜택과 저축이 우리로부터 다음 세대로 전해지는 것처럼, 엄마가 아이에게 준 돌봄은 어른이 된 아이가 부모에게 돌려주는 호혜성뿐만 아니라 미래 세대에게 전해줄 호혜성을 요구한다.[20]

이제까지 논의된 둘리아는 사적인 상호작용과 관계된다. 롤즈의 관심은 공적인 것, 즉 사회의 기본구조에 한정된다. 현 논의의 패러다임은 주로 가정 내 상호작용에 관심을 두지만, 필자는 둘리아 아이디어를 유추적으로 확장시켜 공적 영역까지 확장하고자 한다. 돌봄제공자는 의존인을 돌봐줄 책임이 있다. 보다 큰 사회는 돌봄제공자의 노동과 관심이 착취되지 않은 채 돌봄제공자가 의존인에 대한 책임을 다할 수 있도록 함으로써, 돌봄제공자의 안녕을 보살피기 위한 방법을 찾는다. 이것이 둘리아의 **공적** 개념이다. 인간의 의존은 불가피한 정의의 여건(인간의 가장 심오한 애착심으로 표징되는)이며, 의존노동자는 의존인을 돌봄으로써 대상자의 안녕을 우위에 두게 된다. 따라서 둘리아의 공적 개념은 의존노동자에 대한 평등한 대우, 의존인에 대한 돌봄제공, 그리고 근본적인 인간의 애착이 함양되고 성장하는 의존관계에 대한 존중이라는 세 가지의 목적을 성취할 필요가 있다.

"질서정연한 사회는 나눠지고 다원화되었지만... 정치적이고 사회적인 정의의 문제에 대한 공적인 합의는 시민적 우애를 결속시키고 결사체의 유대를 보존한다"(Rawls 1980, 540). 공적인 합의에 의해 만들어진 결사체의 유대는 강할 수 있겠지만, 돌봄관계에 의해 만들어진 유대만큼 강력하지 않다. 이것은 개인을 가족, 친족 그리고 다른 친밀한 관계에 묶는 유대이며, 서로 다른 인생의 장을 살고 있는 개인이 그들에게 영향을 미치는 외풍을 이겨낼 수 있도록 하는 유대이다. 이러한 친밀한 유대는 시민적 질서와 시민적 우애를 가능하게 만든다(Held 1987a).

이제까지 강조해 온 돌봄원칙과는 대조되지만, 노예로서 둘리아의 어원은 반면교사로 삼을 만하다. 노예제는 도덕적으로 용인될 수 없는 노동의 한 형태인 반면, 의존노동은 불가피한 노동이다. 가장 우호적인 조건에서도 노예제는 자기 비하적이고 비인간적인 반면, 올바른 조건에서 의존노동은 인간애의 본질에 다가간다. 노예제가 인간관계에서 가장 타락한 형태인 반면, 의존노동은 사회관계의 가장 기본을 형성한다.

권리원칙과 전통적인 정의 개념은 보다 우선하고 근본적인 돌봄원칙과 실천에 의존한다. 암묵적인 돌봄원칙에 근거한 실천 없이 인간은 생존하지 못하거나 아주 간신히 생존할 -그리고 분명 성장하지는 못할 것이다.[21] 정치이론은 의존인과 돌봄제공자의 관계에 관심을 보여야 하며, 또한 다른 모든 시민적 결합이 의존하는 돌봄제공자와 의존인의 **관계**에 관심을 보여야 한다. 그러려면 돌봄원칙은 반드시 다음 사항을 담고 있어야 한다. 개인이 성장하고 번성하며 또한 질병과 장애, 쇠약을 견뎌내고 생존하기 위해서, 개인의 안녕을 주된 책임과 기본적 가치로 삼는 타인과의 돌봄관계가 필요하다.

하지만 사회가 돌봄필요를 보살피고 이를 정당하게 수행하기 위해서는, 의존노동자 혼자 돌보는 것으로는 충분하지 않다. 돌봄책임을 홀로 감당하는 의존노동자를 보조하고 지원하는 사회제도를 보장할 원칙이 필요하다. 이것은 둘리아 개념에서 드러난 호혜성의 확대된 개념을(그리고 각 세대 내에서 적합하게 수정된 공정의 개념을) 요구한다. 둘리아는 돌봄을 주고받는 가치가 공적으로 인정받아야 하며, 의존인을 돌보는 노동을 수행함으로써 야기되는 부담과 비용이 의존노동자에게만 전가되어서는 안 되며(의존노동을 자유롭게 맡을 수 있을 때조차도), 돌봄관계를 보존하려는 헌신을 사회가 담지할 수 있게 해야 한다. 둘리아 원칙은 다음의 사항을 요구한다. 첫째, 의존인과 의존노동자를 만족시키는 의존관계를 가능하게 하는 (사회적 협력에서 실현되는 정치적 정의에서 추론된) **사회적 책임**을 요구한다. 둘째, 돌봄제공자가 사회적 협력의 혜택을 위한 경쟁에서 불이익을 당하지 않으면서 돌봄을 수행할 수 있게 함으로써 돌봄태도를 권장하고 돌봄을 존중하도록 하는 사회제도를 요구한다.

협소한 의미로 권리와 정의를 개념화함으로써 질서정연한 사회를 규정한 롤지안(그리고 자유주의)의 논지는 불완전하거나 불충분하다. 이는 공동체주의자가 강조해온 이유 때문이 아니다. 공동체주의자는 한편으로 롤지안이 인정하는 좋은 삶이란 개념이 많은 것을 주장하기 때문이며, 다른 한편으로 충분히 만족할 정도로 좋은 삶에 대한 충분한 지침을 제공하는 데 실패했기 때문이라고 지적해왔다. 이러한 이유보다, 오히려 구성원 모두에게 정의로운 방식으로 사회 전체가 제공할 책임이 있는 가치로 돌봄을 공적으로 인정하는 사회가 되지 않는다면, 구성원을 끊임없이 존속시키고 그들에게 기본적인 자존감을 줄 수 있는 질서정연한 사회는 요원할 뿐이다.

롤즈는 기본적인 자유가 우선해야 하는 필요를 언급하면서, 필요한 것을 하기 위한 정치적 의지가 아직 존재하지 않을 때조차도 (질서정연한 사회보다 못한 사회는 아닐 것이다), "그것(정치적 의지)이 형성되도록 도움을 주는 것이 정치적 임무의 일부"라고 지적한다(Rawls 1992, 97). 그렇다면 마찬가지로, 돌봄민감성과 돌봄우선성을 시민에게 심어주는 정치적 의지가 아직 존재하지 않는다면, "그것이 형성되도록 도움을 주는 것이... 정치적 임무의 일부"가 되어야 할 것이다.

결론: 정의의 원칙과 의존의 관심사

제3장과 앞선 장에서 모형 개념이 의존이란 관심사를 누락시켰으며, 왜 이러한 누락이 평등주의적 정의론의 단점인지를 살펴보았다. 그렇다면 우리는 평등주의적이라 간주되었던 전제가 평등주의적 결과를 충분히 만들지 못한다고 결론을 내릴 수 있을까? 명확한 답은 궁극적으로 선택된 원칙이 의존의 관심사를 수용할 수 있는지에 달려있다. 원초적 입장에 있는 당사자가 선택한 정의의 원칙은 전통적인 서구 정치사상 −어떤 이론도 의존인뿐만 아니라 의존노동자를 위한 돌봄의 정의(justice)를 고려하지 않은− 에서 추론한 "짧은 목록"에서 선별된 것이다. 이 짧은 목록의 어떤 원칙도 돌봄의 관심사를 수

용하지 않고 있다. 예를 들면, '모든 시민은 온전히 협력적인 사회구성원'에 대한 온건한 해석은 계약주의 가정과도 충돌할 뿐만 아니라 적어도 선호 만족(preference-satisfaction)의 공리주의에 대해서도 난제를 제시한다. 엄마가 아이의 안녕에 좋은 것을 선호하는 것이 아이를 걱정하는 엄마 개인으로서 선호로 간주될까 혹은 아이와 엄마 둘 모두의 선호로 간주될까? 만약 그 선호가 한 개인의 것으로만 간주되어야 한다면, 엄마의 것일까, 엄마와 아이 둘의 것일까? 엄마의 선호와 아이의 선호가 하나로 간주된다면, 각각을 정당한 하나로 간주하는 평등주의적 원칙을 위배하는 것이 된다. 의존과 의존노동의 결과에 초점을 맞춘 정치이론은 거의 없다. 왜냐하면 불가피한 의존인을 상대해야만 하는 사람(여성)이 사는 삶에 대해서 진지하게 관심을 갖는 정치이론은 거의 없기 때문이다.

그럼에도 불구하고 이제 이러한 관심사가 제기되었기 때문에, 우리는 정의의 원칙이 적합한지를 "진단"하기 위해 성찰적 평형(reflective equilibrium) 개념을 사용할 수 있다. 롤즈의 『정의론』에서 선택된 원칙이 의존인과 의존노동자를 위한 평등주의적 결과를 만들 수 있다면, 이 장과 앞 장의 필자의 주장이 불필요한 것이 될 수도 있다. 첫 번째 원칙인 평등한 자유의 원칙은 현재 우리의 논의와 관련되지 않는다. 비록 의존노동을 하는 사람에게 정치적 자유의 공정한 가치(fair value of political liberties)가 담보되지 않는다는 걱정이 존재함에도 말이다. 하지만 필자는 그러한 걱정을 여기서 제기하지는 않을 것이다. 필자는 두 번째 원칙, 즉 차등의 원칙의 측면에서 의존의 관심사를 반영하지 못한다는 점을 증명하고자 한다.

최소 수혜자로서 의존인과 의존노동자

가장 최근 버전의 차등의 원칙은 다음과 같다. "사회경제적 불평등은 다음의 두 조건을 만족시켜야 한다. 첫째, 그 불평등은 공정한 기회균등 아래에서 모든 사람에게 개방된 지위와 직책에 결부되어야 한다. 둘째, 그 불평등은 사회의 최소 수혜자에게 최대한 이득이 되는 것과 결부되어야 한다"(Rawls 1992, 6).

의존노동은 유급인 경우에도 임금이 매우 낮다. 더군다나 이 노동은 대체로 성별에 따라 결정된다. 만일 두 번째 원칙이 돌봄관계에 있는 사람에게 가치(goods)를 공정하게 분배하도록 담보한다면, 다음과 같이 해석되어야 한다. 1) 최소 수혜자 집단은 유급 의존노동자를 포함한다. 2) 공정한 기회균등은 여성을 저임금이나 무급노동으로 제한시키는 성차별을 금지하도록 보장한다. 만약에 공정한 기회균등이 실현된다면, 그 다음 질문은 이렇다: 최소 수혜자에 우호적인 분배정책이 의존인과 돌봄제공자의 필요를 충분히 충족시키도록 보장하는가? 필자는 그렇지 않을 것이라 생각한다.

공정한 기회균등이란, 비록 저임금이라 할지라도 유급노동으로서 의존노동을 선택한 여성이 성차별에 의해서 선택을 제약당하는 일이 없어야 함을 의미한다. 그리고 만일 그러한 선택으로 인해 여성이 최소 수혜자의 지위로 전락한다면, 정의가 여성의 조건을 개선시키지 않고는 어떤 집단에게도 우호적일 수 없는 분배정책을 요구한다는 점을 여성은 알고 있다. 이것은 의심의 여지없이 작금의 상황을 개선할 것이다. 하지만 이것으로 충분한가?

유급 의존노동자가 사회의 안녕과 사회성(sociality)에 필수불가결하게 기여함에도 불구하고, 이들의 지위가 최소 수혜의 지위로 자리매김할 수밖에 없도록 저임금을 주는 것은 공정함에 부합하지 않는다.

혹자는 최소 수혜의 지위란 천부적으로 부족한 능력 때문에 단지 자신의 조건을 향상시킬 수 있는 공정한 기회균등을 활용할 수 없는 사람의 조건으로 생각할 수도 있다. 그렇다면, 진정으로 공정한 기회의 평등이 목전에 있을 때, 줄곧 최소 수혜자의 지위를 가정하면서 의존노동자가 좋은 의존노동에 매우 **정성을 다하는** 돌봄을 계속해서 제공할 것이라 기대하는 것이 합당한 것인가? 일반적으로, 의존노동을 "싼 값"에 갖게 될 때는 강제가 있게 마련이다.

아마도 시장의 힘이 의존노동을 금전적 가치로 내몰 것이다. 만일 우리가 아이를 위해 매일 매일의 좋은 돌봄을 원한다면, 우리는 많은 돈을 지불해야 할 것이며, 그렇다면 아이와 돌봄제공자 모두 좋은 여건에 놓일 수 있게 될 것이다. 그 결과 우리는 유급 의존노동에만 주목하는 것처럼 보일 수 있다. 하지만 많은 의존노동은 주로 무급노동의 역사였으며, 이러한 많은 무급노동이 정서적 유대를 내포하고 또한 사회적 의미를 갖기 때문에, 무급노동임에도 지속될 수 있었다. 돌봄의 질과 정서적 유대의 중요한 관계 때문에 -돌봄을 하는 **사람**이 돌봄 그 자체만큼 중요하기 때문에- 의존노동자는 대체될 수 없다. (의존노동이 가족에 의해 무급으로 진행될 때 특별히 그러하며, 심지어 의존노동자가 급여를 받을 때조차도 그러하다.) 의존노동이 지속적으로 무급으로 진행되면서 그것의 사회적이고 정서적인 중요성이 강조되는 한, 모든 사람을 위한 공정한 기회균등이 제공되어도 유의미한 임금 변화가 있을 것 같지 않다. 왜냐하면 의존노동의 가치는 시장의 방식으로 평가되지 않을 것이기 때문이다. 최상의 시나리오로 본다면, 의존노동자를 최소 수혜의 임금을 받는 노동자로 통합함으로써 의존노동자의 지위는 현재보다 더 나아지게 될 것이다. 하지만 이러한 해법은 무급 의존노동자에게 해당되지는 않을 것이며, 다른 임금노동을 하면서 동시에 주요한 책임으로 의존노동을 하는 개인에게는 와 닿지 않을 것이다. 의존노동의 많은 부분이 비대체적(non-fungible)이라는 것은, 기회균등 아래서 돌봄제공자는 향유하도록 전제된 **자유**의 상당부분을 침해받게 되며, 정서적 유대와 의무감에 의해 대상자에게 자신이 국한되게 된다.[22]

사회적 지위로서 의존관계

롤지안의 논의에 따르면, 의존노동자의 지위를 시민의 지위나 최소 수혜자의 지위와 같이 별개의 사회적 지위로 인정할 것 같지 않다 (Rawls 1972, 95ff). 롤즈가 사회적 지위를 다양화해야 한다고 권장하지는 않았지만, 의존노동자의 지위를 구별하는 전략은 불평등이 의존노동자에게 이득이 되지 않는다면, 기본적 가치의 분배에서 어떠한 혜택도 의존노동자보다 잘 사는 사람에게 주어지지 않는다는 점을 보증할 수 있다. 하지만 롤즈의 두 가지 도덕적 힘과 기본적 가치의 목록을 고려한다면, 그러한 새로운 사회적 지위를 구축할 수 있는 근거는 존재하지 않는다. 의존노동자를 위한 별개의 사회적 지위를 만드는 것은 사회적으로 유용한 노동의 한 형태를 다른 형태보다 자의적으로 우대해주는 것으로 보일 것이다. 더욱이 개인이 생각하는 좋음의 가치와 부합하기 때문에 선택한 노동의 한 형태를 자의적으로 우대하는 것으로 보일 것이다.

하지만 만일 우리가 도덕적 힘에 돌봄을 제공하는 능력을 추가할 수 있다면, 그리고 만일 기본적 가치의 목록에 취약한 상태에서 우리의 상호의존성과 관련된 가치를 포함시킨다면, 우리는 공정함과 정의로운 분배를 고려하기 위한 사회적 지위의 짧은 목록에 의존노동자와 의존인을 추가할 수 있을 것이다. 예를 들어, 우리는 의존관계에서 고용된 노동자, 즉 의존책임이 있는 노동자가 각자에게 맞는 의존관계의 지원을 위해 추가 급여, 혜택, 휴식, 서비스를 받을 수 있는 경우를 생각할 수 있다. 그녀는 자신의 의존노동을 대신할 다른 사람을 고용하여 **충분히** 지불하도록 선택하거나, 자유로운 시간과 추가 지원 덕분에 자신이 직접 의존노동을 제공하겠다고 선택할 수 있다. 하지만 이것은 특권으로 간주되기보다, 정의로운 돌봄사회 -우리가 우리에 대한 돌봄책임을 지고 있는 사람으로부터 부당한 책임을 쥐어짜내지 않고도 우리 모두를 돌볼 수 있는- 의 정당하고 올바른 시민의 것으로 간주되어야 한다. 당신이 돌봄을 받는 것, 그리고 당신에게 의존하는 누군가를 돌보는 것이 기본적 가치로 받아들여지지 않는다면, 정의의 원칙이 정책화되어 선택되어야 할 이유가 없다. 차등의 원칙이 의존을 간과하는 기본적 가치의 목록에 기반한 정도만큼, 정의의 원칙은 이러한 임무를 완수하지 못하게 된다.[23]

정의의 제3원칙?

시민의 사회적 지위는 정의의 첫 번째 원칙을 제시한다. 최소 수혜자의 사회적 지위는 공정한 기회균등이 있는 차등의 원칙을 제시한다. 만일 의존관계 참여자의 사회적 지위를 포함시키기 위해 '공정으로서 정의' 이론이 수정된다면, 제3의 원칙이 제시될 것이다. 이 원칙은 다른 원칙과 대조적으로, 우리의 동등한 취약성에도, 우리가 소유한 합리성, 정의감, 우리 자신의 좋음에 대한 비전에도 근거하고 있지 않다. 대신, 이 원칙은 의존이라는 불평등한 우리의 취약성, 도움이 필요한 타인에 대해 응답하는 도덕적 힘, 그리고 행복과 안녕보다 우선하는 인간관계에 근거한다. 돌봄에 대한 사회적 책임의 원칙은 다음과 같이 읽힐 수 있다. 돌봄에 대한 각자의 필요에 따라, 돌볼 수 있는 각자의 능력으로부터, 그리고 돌봄을 제공하는 사람이 사용할 수 있는 기회와 자원을 만들어주는 사회제도의 지원에서, 모두가 충분히 지속되는 관계에 참여하게 될 것이다.

필자가 보기에 롤즈의 두 가지 원칙은 둘 중 어떤 것도 제3원칙을 포함하지 못한다. 따라서 위에서 논의하고 살펴본 가정에 의존하는 공정으로서 정의는, 의존의 관심사를 충족시키지 못했으며, 따라서 애초에 설파하려 했던 평등주의 비전을 유지하는 데 실패했다고 평가할 수 있다.

제 3 부

어느 엄마의 아이

도 입

대부분 서구 산업사회의 공공정책, 특히 미국의 공공정책은 가족의 의존노동(학대와 유기같은 예외적인 상황을 제외하고)까지 다루고 있지 못하다. 이는 미국에서 가장 확실히 천명되고 있는 공적 영역과 사적 영역 간의 자유주의적 구분과 일치한다. 많은 민주주의 복지국가들은 성평등의 모델을 지향하든(스웨덴은 복지정책의 분명한 목표는 성평등이다) 혹은 출산장려정책을 지향하든(프랑스와 독일의 경우이다) 간에 의존에 관심을 갖기 시작하고 있다.

미국에서의 공공정책은 최소 세 가지 방향에서 의존의 관심사(dependency concerns)를 직접 수용하고 있다. 첫째, 복지정책, 특히 극빈가정을 지원하는 복지정책에서이다(모두 그렇지는 않지만 일반적으로 한 부모 빈곤가정이 해당된다). 둘째, 가족의료휴가(Family and Medical Leave)정책이다. 셋째, 장애인의 권리와 관련된다. 아이돌봄과 노인돌봄에 대한 정책 요구는 다른 산업선진국에서 상당한 진전을 보이고 있지만, 미국에서는 아직까지 의견수렴 단계에 머무른다.

다음 세 장에서 필자는 정책이슈와 의존의 실상을 보여주고자 한다. 첫 번째 장은 빈곤 여성과 그 아이들에 대한 복지정책을 논할 것이다. 특히 미국의 부양아동가족지원책(Aid to Families with Dependent Children, AFDC) -1996년 폐지됨- 과 가족의료휴가법(Family and Medical Leave Act, FMLA)에 대해 살펴볼 것이다. 다음 두 장에서 필자는 장애인

돌봄에 주목할 것이다. 장애인차별금지법이 있음에도 불구하고, 장애인이 있는 가정에 대한 지원정책은 눈에 띄지 않는다. 장애인돌봄에 대한 공공정책은 돌봄제공자의 입장에서 장애의 개인적·사회적 영향이라는 큰 맥락에서 논의될 것이다.

필자의 논의는 개인주의를 강조해 돌봄관심사를 아주 손쉽게 차단할 수 있는 나라인 미국에 맞춰져 있다. 비록 미국이 가장 부유하며 돌봄의 경제적 수요를 가장 잘 충족할 수 있는 나라임에도 불구하고, 미국은 가장 고집스러운 나라이다. 인종주의의 역사, 사나운 시장 이데올로기, 그리고 개인주의에 대한 강조는 미국이 호주, 뉴질랜드, 그리고 유럽 복지국가의 발전을 추동한 동력과 충돌한다. 미국은 필자가 가장 잘 아는 사례일 뿐만 아니라, 의존의 관심사 측면에서 앞으로 다가올 무엇에 대한 예시이다. 미국에서는 의존 관련 정책을 확대하라는 투쟁이 진행되는 것과 달리, 돌봄정책에 관심이 많던 다른 나라의 복지정책은 "복지국가의 구조조정"이라는 기치 아래 서비스가 삭감되고 있다. 의존의 관심사가 가장 중대한 영역에도 예외가 아니다. 미국의 진보 세력은 이 나라를 다른 선진 산업국가와 같이 의존에 친화적인 국가로 견인하려는 노력을 경주하고 있다. 하지만 동시에 미국과 같은 수전노 복지국가에서 복지서비스의 삭감은 진보적 복지국가를 모델로 삼는 많은 나라에서 전개될 양상을 전조한다.[1]

제5장

정책과 돌봄의 공공윤리

복지기형

미국에서 "복지"는 "좋은 삶"을 의미하지 않는다. 복지라는 단어
가 20세기 마지막 10년 동안 가장 흔하게 회자되었지만, 좋은 삶이라
는 용어는 현대 산업사회의 특징이라 할 수 있는 복지국가 정책에서
제외되었다. 복지국가가 "좋은 삶"과 연계된 자애(benevolence)를 담고
있지만, 복지라는 용어는 빈곤, 경멸, 그리고 사회적 아노미를 연상시
킨다. 하지만 사회보장법(Social Security Act)에서 출발한 사회보장[1]으로
알려진 대중적 복지프로그램은, 자신과 가족을 돌보면서 동시에 조달
할 수 없는 여성에게 버팀목이 되어 주었다. "우리가 아는 복지"에는
적어도 두 가지 낙인이 찍혀 있다. 복지는 가난한 사람을 위한 것이
며, 복지는 여성을 위한 것이다. 지금은 시행되지 않지만 부양아동가
족지원책(AFDC)의 수혜자 중 90%가 아이인 반면, 우리가 복지정책이
라 부르는 프로그램의 성인 수혜자 중 90%는 여성이다. 빈곤가정긴
급지원책(Temporary Assistance to Needy Families), 개인책임및직업기회조정

법(Personal Responsibility and Work Opportunity Reconciliation Act) 등 새로운 정책 역시 대부분 여성과 그 자녀가 대상이다. 1996년의 개인책임및직업기회조정법 아래서 제도화된 새로운 복지프로그램인 빈곤가정긴급지원책도 역시 대부분 여성과 그 자녀가 대상이다. 분명 복지는 **단순히** 빈곤의 문제가 아니라 **여성의** 문제이다. 다른 나라도 그렇겠지만 미국에서의 빈곤은 빈번하게 인종문제와도 겹치면서, 복지는 삼중고 -유색 여성과 그 아이들에게 훨씬 더 냉혹하다- 를 겪고 있다.[2]

이 같은 복지 -부양아동가족지원책- 는 낙인이 되어 별다른 가용자원이 없는 극빈한 조건에서 아이를 돌보고 있는 여성을 거리로 내몰고, 자신의 아이보다 다른 사람의 아이를 보살피도록 강요하는 가혹한 정책이 되어 결국에는 폐기되었다. 지원기간 5년 안에 여성이 취업을 하지 못한다면, 해당 여성과 가족은 모든 지원을 받지 못하게 된다. 그러나 앞서 설명한 둘리아 원칙을 도입한다면, 복지 -의존적인 자녀, 의존적인 고령의 부모 혹은 장애인 및 노인과 함께 사는 사람에 대한 지원- 는 경멸받는 정책이 아니라 돌봄원칙에서 출발한 권리이자 모든 의존노동자에게 자유롭게 베풀어지는 권리가 되어야 한다.

왜 복지가 경멸의 대상이 되었는가? 왜 미국과 같은 부유한 나라가 연방 예산의 1%, 주정부 예산의 2%도 사용하지 않은 채, 가난한 여성과 그 아이들을 거리로 내모는 선택을 하는가? 왜 좌파는 복지는 "개혁되어야" 한다고 -"개혁"은 거의 해체를 주장하는 수준까지 다다른- 주장하는 우파의 주장에 맞설 그럴듯하고 멋진 대항 논리를 만들지 못하고 있는 걸까? 이 문제에 충분히 답하는 것은 필자의 전문 분야를 벗어난 사회정치적 요인이 결합된 복합적인 문제이다. 필자가 살펴보고자 하는 것은 복지를 반대하는 수사와 더불어 복지의 정당성에 관한 것이다. 이러한 작업은 불가피하게도 빈곤한 한 부모 자녀를 지원하는 복지정책의 이론적 근거를 제공하는 복지국가의 정당성을 검토하는 것과 관련된다. 필자는 복지국가의 이론적 근거가 복지를 ─특히 여성 가장을 지원하는 복지─ 무력화하려는 공격에 무방비한 기본 전제 위에 있기 때문이라 주장할 것이다. 필자는 둘리아 원칙에 기반한 복지가 어떤 모습인지를 비전으로 제시하며 마무리 할 것이다.

"복지는 여성의 문제다"[3]: 복지"개혁"의 숨겨진 의미

미국의 복지논쟁은 복지와 복지개혁에 대한 정당화와 대항 담론이라는 이상한 불협화음을 만들었다. 우파는 "가족의 가치," "미혼모," "가족의 해체," 그리고 "미성년자 임신"을 이야기하는데, 좌파는 "구조적 실업," "일자리 창출," 그리고 "빈곤 해결"에 호소하며 응답한다. 우파는 "복지정책은 의존(dependency)을 부추긴다"고 주장하고, 좌파는 "일자리를 제공한다"고 맞선다. 이에 우파는 "가치를 제공할 뿐이다"며 반박한다. 주장과 반박이 서로 맞지 않아 보인다. 하지만 필자는 양측 입장의 전제에서 공유되는 철학적 인식을 보여주고자 한다. 방식은 다르겠지만 양측 모두 "비의존적인(independent)" 임금소득자라는 남성 모델에 기초한 시민의 개념을 토대로 하고 있다. 양측 모두 복지의 혜택을 받는 사람은 "비의존적인" 임금소득자의 역할을 수행함으로써만 완전한 시민으로 통합될 수 있다고 인식한다. 즉, 두 진영 모두는 의존관계를 사회조직의 중요한 특징으로 받아들이지 않고 확장된 호혜성(reciprocity) 모델로 의존노동을 이해하고 있지 않다. 따라서 어느 진영도 돌봄제공자로서 여성의 무급노동을 상정한, 하지

만 인정하지도 않는 사회적 협력의 개념에 문제를 제기하지 않는다
(Young 1995; Pateman 1989).

그럼에도 불구하고, 좌파와 우파는 핵심적인 사항에서 입장을 달리
한다. 좌파 -필자는 페미니스트의 입장을 여기에서 제외한다- 는 복
지이슈를 근본적으로 빈곤문제, 즉 **경제문제**를 어떻게 다룰지의 문제
로 간주하지만, 우파는 복지의 문제를 시장경제나 혹은 가부장적인
결혼제도의 지침을 거부하는 여성의 극단적인 행동의 문제, 즉 **사회**
문제로 바라본다. 따라서 비페미니스트 좌파는 복지에서 비젠더화된
(ungendered) 이슈를 보는 반면, 우파는 복지에서 젠더화된(gendered) 이
슈를 본다.

한편 페미니스트는 복지와 복지국가를 여성의 이슈로 이해한다.
즉, 가난한 여성의 삶에 대한 가부장적 통제로서 이해하며, 그러면서
도 동시에 모든 여성을 위한 기본적으로 필요한 안전망으로서 이해
한다.[4] 복지 관련 대담에서 조니 틸몬(Johnnie Tillmon)의 말을 인용하며
케이트 밀렛(Kate Millet)은 다음과 같이 말한다.[5] "남자는 떠나면 됩니
다 -그게 다예요."[6] 하지만 빈곤은 계속 남아있으며, 여성이 이 빈곤
을 겪는다.

복지가 주로 여성과 그 자녀에게 영향을 미친다는 점에서 "여성의
이슈"로 간주되기에 충분하다. 복지입법의 효과가 주로 여성에게 미
친다는 것이 우연적인 이슈였다면, (왜냐하면 복지입법이 빈곤층에게 영향을
미치며 여성이 상대적으로 더 가난하기 때문에) 가난과의 전쟁은 복지의 필요
를 경감해 주는 방법이었을 것이다. 하지만 복지에 대한 우파의 공격
에서 색다른 의제가 등장한다. 그것은 돌봄책임을 담당한 사람에게
불이익을 주며 남성에게 특권을 부여하는, 즉, 전통적인 방식의 의존
노동(비록 새로운 모습으로 제시되기는 하지만)에 대한 강력한 옹호이다. 이

러한 의제는 법안의 문구, 법안 발의서, 법률의 기대되는 효과에서도 발견된다.

104회 의회(104th Congress) 개원과 함께 가장 최근의 미국 복지개혁안의 요지는 빈곤 종식 이상의 그 무엇이었다. 104회 하원(Congress, HR. 4)에서 통과된 첫 번째 복지법안인 "개인책임법(Personal Responsibility Act)" "미국의 가족을 복원하고, 불법을 줄여나가며, 복지비용을 통제하고, 복지의존인을 줄이기 위한" 법안으로 갈채를 받았다.

가정의 회복이라는 것이 가족에 대한 페미니스트의 비판에 동요되지 않는 사람들에게 청명한 울림이었겠지만, 법을 보다 면밀히 뜯어본다면 많은 문제점이 노정된다. 그것은 성차별적일 뿐만 아니라 암묵적으로는 인종주의적이다. 법안의 첫 번째 부분은 "제1편 -불법 축소(Reducing Illegitimacy)"이며, 다음과 같이 시작한다.

하원은 다음과 같이 의결한다.

1) 결혼은 성공적인 사회의 초석이다.
2) 결혼은 아이들과 사회의 이해를 전체적으로 증진시키는 본질적인 사회제도이다.
3) 아이, 엄마, 그리고 사회에 미치는 혼외출산의 부정적인 영향은 다음과 같이... 증명된다.

제1편은 "불법성(illegitimacy)"과 인종에 의해, 역시 의문스럽게, 구분되는 잠정적인 "악영향"에 대한 의문투성이의 통계를 열거한다. 불법성 논의의 시작은 "싱글맘"과 "미성년 엄마"로 시작하는데, 마치 한 부모 가정은 모두 "혼외 출산을 한 엄마"이고, 이들은 여전히 미성년인 채 아이의 아빠와 결혼을 하지 않은 것처럼 적고 있다. 어떤 주장도 경험적으로 증명되지 않는다. 반대로 이것은 싱글맘의 일탈, 미성년 여성의 섹슈얼리티 일탈이라는 이데올로기이다.[7] 만약에 남성이

일탈(특히 어린 흑인 남자 아이가 범죄에 연루된)했다면, 남성은 어떠한 책임도 없으며, 그들의 비행에 대한 원인은 이들을 보살피는 싱글맘에게도 돌아간다. 예를 들면 이렇다.

(O) 아버지 없이 자란 흑인 남성 청소년의 범죄 연루 가능성은 두 배 증가하고, 한 부모 가정이 많이 사는 지역 인근에 거주할 경우 세 배로 증가할 개연성… 그리고
(P) 한 부모 가정이 많을수록, 이웃의 폭행과 강도 사건의 빈도수가 높아진다.

다음과 같이 결론 내린다.

4) 나라의 위기를 증명하는 관점에서, 혼외 출산의 감소는 정부의 중요한 관심사이고, 이 주제에 부속 조항으로 포함된 정책은 이 위기를 반영한다(Rep Shaw et al., 1995: Title 1)

"복지개혁"의 구조 속에 주도적인 이러한 이데올로기를 떠올리면, 아마도 복지담당자의 다음의 언급은 놀랍지 않을 것이다.

거리에서 여성 노숙자를 볼 때마다, "폐경기로 인해 더 이상 임신을 못하면서 더 이상 자신을 부양할 돈도 벌지 못하는 부양아동가족지원책(AFDC)의 수혜를 받는 여성이 아닐까 궁금하다"(Lawrence Townsend, 캘리포니아 주 리버사이드 복지개혁 담당자 [Williams 1995, 6]).

여성 혐오증이 우리 앞에 여실히 드러나는 장면이다. 그리고 미디어에서 보여주는 "복지행녀"와 "여성 노숙자"의 이미지는 일반적으로 흑인이나 유색인종이기 때문에, 인종주의가 은근히 드리워져 있다.

우파는 사회안전망과 여성의 자율성 간의 관계를 보았으나, 그 관계가 은폐되는 수사를 제시했을 뿐이며, 오랜 시간 동안 지속되어온

가부장적 가족제도를 재론하는 주장만을 겨우 만들어냈을 뿐이다. 복지를 "개혁"하는 운동은 여성의 복지의존도를 줄이려는 의도와 여성의 자립을 높이려는 의도로 입안되었다. 그러나 남성의 지원이 없는 여성에 대한 연방정부의 보조금이 동시에 철회됨에 따라, 이 법안은 홀로 자녀를 키우려는 여성을 가난에 빠지도록 위협함으로써, 여성이 남성의 지원없이 자녀를 키울 엄두를 내지 못하게 했다. 이를 통해 이 법안은 여성의 비의존(독립)을 독려하지 않고, 여성을 전통적인 결혼제도 안에서 -여성이 원하든 그렇지 않든 그리고 남성이 의존할 만한지 그렇지 않든 간에- 경제적으로 남성에게 의존하도록 퇴행시켰다. 전통적인 가족 안에서 남성은 가부장적 특권을 보유한다. 이에 따른 책임이 뒤따르지만, 조달자(provider)로서의 권력도 함께 주어진다. 이러한 권한은 계급이나 인종에 따라붙는 특권이나 혹은 계급과 인종적 특권을 대체하는 특권일 수 있다. 이러한 특권은 조달자의 역할에 기생하기 때문에 비주류 계급의 가난한 남성은 이 특권에 대한 접근성이 다소 떨어진다.[8] 따라서 싱글맘의 대안은 점점 더 가혹해진다. 너무 혹독해서 여성은 가족을 위해 조달하지 못할 수 있다는 생각을 하며, 돌봄과 양육을 위해 자녀를 포기하거나 입양을 보낼 필요성에 직면한다.

우리가 목도한 것은 우파의 정치적 성공으로 실행되어온 "개혁들"은 많은 여성에게 부정적인 영향을 끼쳤을 뿐만 아니라 페미니스트 성과를 위협했다는 점이다. 복지"개혁"이라는 수사는 "불법성" 개념을 소생시켰다. 이 개념은 아이를 양육하도록 인정되는 제도 밖에서 아이를 낳고 기르겠다는 여성에 대한 공격을 의미하는 성불평등에 함몰된 추악한 생각이다.[9]

실제로 낙태의 증가 없이 혼외 출산율을 감소시키는, 즉 "불법률"

을 감소시키는 비율에 따라 주정부에 대해서는 재정적 보상이 약속되었다. 우리는 이 비율이 복지혜택을 받는 여성의 출산 행태에 따라 산출된 것뿐만 아니라, 이 나라의 **모든** 여성의 출산 형태에 따라 산정되는 것임을 알 수 있다. 더 나아가, 동법은 "금욕교육"에 재정지원을 하고 있다.[10] 금욕교육은 결혼 외의 성관계에 대한 금욕은 정상적이며, 성병, 다른 연관 질병과 혼전임신을 피하는 유일한 방법이고, 혼전임신에 의한 출산은 아이, 부모 그리고 사회에 해를 미치는 것이라 가르친다.[11]

새로운 복지법안은 특히 가난한 여성이라면 스스로 통제하기가 어려운 권리인, 여성의 재생산권리에 대해서도 도전한다. 상당수의 주정부는 엄마가 복지수당을 받는 기간 동안 출생한 아이에 대해 지원을 제한하는 "가족상한제(family cap)"법을 실시했다.[12] 싱글맘에 대한 보조금 제한은 학대관계에서 여성의 출구전략에 막대한 영향을 미치게 된다.[13] 더군다나 모든 사람, 심지어 어린 아이를 돌보는 여성도 유급 고용을 찾아야 한다고 주장하는 복지법은 여성의 가정 밖 시장노동의 처우개선과 임금인상을 요구한 페미니스트를 조롱거리로 만들어 버렸다. 당신의 아이를 생면부지 낯선 사람에의 품에 맡길 **수밖에 없게 하거나** 심지어 돌봄 없이 방치하지 않을 수밖에 없으면서 주어지는 일은 무슨 일이든 그 일을 수락해야만 한다면, 그것은 해방이 아니라 또 다른 형태의 종속이다. 게다가 이는 여성이 전통적으로 해왔던 일을 평가절하한다.

부양아동가족지원책의 마지막 문장은 왜 "가난한 여성과의 전쟁은 곧 모든 여성과의 전쟁(페미니스트 그룹인 백인 위원회의 슬로건)"이 되는지를 이해하는 경종이 되었지만, 또한 그것은 복지의 기본이 무엇인지에 대해 다시 한 번 생각하는 계기가 되었다. 가족을 보살피는 여성의 곤경이 낙인이 되지 않고 이들 여성을 도와주는 복지정책이야말로 평등이 모두에게 확대될 수 있는 정의로운 사회와 양립하는 것이다. 여성, 아니 의존노동을 담당하는 누구라도 이러한 복지혜택에 접근할 수 있어야 한다. 이러한 정책은 페미니스트의 성과를 공고히 하고, 특히 현대 산업경제에서 평등의 성취와 여성의 완전한 성원자격의 성취를 위해 필수적이다(Orloff 1993; Mink 1995; Young 1995; Sevenhuijsen 1996; Fraser 1997). 만일 이러한 정책을 견인할 정치적 의지가 없다면, 롤즈의 표현을 빌리자면, "그것이 형성되도록 도움을 주는 것이... 정치적 임무의 일부"인 것이다.

❙ 복지의 정당성

전통적인 정당성

필요한 정치적 의지를 가다듬기 위해, 우리는 일반적으로 복지의 정당성, 그리고 보다 구체적으로 여성의 필요에 초점을 둔 복지의 정당성에 대해 보다 명확히 할 필요가 있다. 동시대의 "좌-우" 논쟁은 복지와 복지국가에 대한 찬성과 반대의 다양한 이해의 토대를 보여준다.

복지국가 그리고 특히 가난한 사람을 향한 복지국가의 정책은 시장실패에 대한 방어와 가난을 없애기 위한 필요에 근거한다. 시장경제에서 필요의 만족, 필요의 창출, 그리고 무엇으로 필요를 구성하는가에 대한 협상은 부의 생산과 소비라는 상호관계에 개인이 참여하는 것과 밀접한 관계가 있다. 이러한 상호관계에 참여하는 것은 성원자격을 위한 필수적인 사회적 협력과 관련된다. 이러한 참여는 무엇보다도 임금이나 봉급으로 보상되는 노동을 특징으로 한다.[14] 이것이 바로 "비의존"을 뜻한다. 이러한 상호방식의 울타리 밖에 있는 것은 의존적인 상태라고 일축한다. 의존적인 상태의 개인은 타인에, 자선단체에 혹은 국가에 의존한다.[15]

하지만 시장경제의 초기 옹호자도 알고 있었던 것처럼, 시장경제는 일하고 싶어 하며 일할 수 있는 모든 사람에게 충분한 고용을 담보하지 못한다. 자본주의 경제의 역동성은 어마어마한 부를 생산했지만, 동시에 그만한 빈곤을 만들었다. 이러한 빈곤은 부의 집중과정에서 도덕적으로 받아들여지지 않는 것이었으며 정치적으로도 불안정한 것이었다. 하지만 불평등을 교정하려는 노력은 도날드 문(Donald Moon 1988)이 칭한 "헤겔의 딜레마(Hegel's dilemma)," 즉 헤겔이 그의 저서 『법철학(*Philosophy of Right*)』에서 철학자에 의해 설명될 수는 있지만 해결될 수 없는 딜레마와 마주한다. 부의 재분배가 빈곤을 완화시킬 수는 있지만, 한편으로 이러한 재분배는 시민의 공동체 참여의식을 저하시키며, 따라서 시민의 자존감을 저하시킨다. 다른 한편으로 국가가 일자리를 창출하기 위한 어떤 조치를 한다면, 그러한 조치는 시장의 자율적 기능을 간섭하게 되며, 따라서 부를 창출하는 기계를 멈춰 세운다.

복지국가의 탄생은 자본주의와 민주주의의 타협의 산물이다. 마모, 마쇼, 하비(Marmor, Mashaw, and Havery 1990)의 공동연구는 복지정책은 다음 중 한 가지 형태를 취한다고 주장한다. 즉, 사회보험, 잔여주의, 행태주의, 그리고 포퓰리즘이다. 이러한 정책 중 몇몇은 자존감을 침해할 수 있는 민감한 사안을 담고 있을 수 있다. 누진세 혹은 무상 공교육과 같은 포퓰리스트 정책은 공동체와 평등에 기여하기 위한 재분배 목표를 갖고 있다. 사회보험은 자존감을 건드리지 않기 위한 또 다른 타협이다. 사회보험의 혜택은 "현대 삶의 예상 가능한 위험으로부터 시민을 보호하기" 위한 목적으로 "땀 흘려 얻은 자격"으로 이해된다(Mamor, Mashaw and Harvey 1990, 27). 비록 재분배가 사회보험의 목적이 아니라 하더라도, 일반적으로 지불한 것보다 더 많이 받아간다는 점에서 이 역시 부를 재분배한다. 남은 두 가지 비전인 잔여주의와 행태주의는 가난한 사람에 대해 초점을 둔다. 잔여주의는 안전망, 즉 더 이상 추락하지 않을 수 있도록 준비된 바닥을 설계한다. 행태주의는 가난한 사람의 행동을 고치려 한다. 행태주의는 빈곤은 가난한 사람의 잘못이라는 견해를 대외적으로 천명한다. 오늘날 미국에서 실시되고 있는 잔여주의도 암묵적으로 이러한 가정을 전제한다. 포퓰리즘과 사회보험은 헤겔의 딜레마에서 하나의 뿔을 피하고 있는 반면, 잔여주의와 행태주의는 정책수혜자의 등골을 남아나지 않게 한다. 수혜자에게 "(복지)의존증자"라는 흉터를 남긴다. 프레이저와 고든(Fraser and Gordon 1994)이 주장한 것처럼, 의존이라는 것이 산업화 이전에는 구조적이고 사회적인 특징으로 간주되었지만, 산업화 시대는 물론이고 탈산업사회에서는 보다 두드러지게 공적 부조에 의존하는 가난한 사람의 기질적 특징으로 이해되었다. 가난은 그 자체로 개인적 기질의 흠결 때문에 생긴 것으로 간주되는 것이다.

　오늘날 복지논쟁은 좌파의 잔여주의자와 우파의 행태주의자 사이에서 자주 벌어진다.[16] 우파는 국가지원에 대한 의존증이라는 악마(evils of dependency)를 비판하며, 복지수혜에 대한 대가로 근로복지(workfare) 혹은 집 밖에서의 근로에 역점을 두어 왔다. 좌파는 "의존의 부작용"에 이의를 제기하지 않으면서, "공짜로 주기"보다 일자리를 우선해야 한다는 전제에 토를 달지 못한다. 좌파는 만일 취업할 의사가 있지만 취업이 되지 않는 비자발적 실업자가 있다면 일자리를 만들 필요가 있다고 주장한다. 복지"의존인"에게 "일자리가 어디 있지?"라는 질문의 함의는 새롭게 만들어진 (그리고 강요된) 비의존으로 탈바꿈해야 한다는 것이다.

그러나 지지자와 반대자 모두 일자리가 무제한적이라 할지라도, 사회의 **모든 사람**이 임금노동을 할 수는 없다는 점을 인정한다. 건강악화, 장애 혹은 부족한 교육과 훈련 때문에 고용에 필요한 역량을 갖추지 못한 사람이 있을 수 있다.[17] 어떤 사회도 **모든 사람**이 일할 것이라 기대하지 않는다. 가장 산업화된 사회에서 아동노동은 금지 대상이며, 일정 연령을 넘는 사람이 계속해서 일할 것이라 기대하지 않는다.[18]

초기의 복지정책은 싱글맘은 집 밖에서 일을 하면 안 된다고 전제했었다. 부양아동가족지원책의 전신인 부양아동지원책(Aid to Dependent Children)은 [1937년 경제안보위원회(Committee on Economic Security)의 언급에 따르면,] "자신의 아이들에게 신체적·정서적 후견역할을 하는 사람이, 이러한 역할로 인해 사회적 불운에 빠지지 않으며 보다 능동적으로 사회에 기여할 수 있는 시민이 되는데 필수적이 되도록, 이러한 자연적 기능의 후견역할을 그들의 급여소득자 역할에서 해방시키기 위해 제정되었다"(Abramovitz 1996, 313). 부양아동지원책은 **정당하게** 임금노동에 참여하지 않은 여성을 대상으로 정확히 맞춰져있다. 부양아동지원책은 전신인 모성연금(Mother's Pensions)처럼 어머니에게 -비록 남편이 사망했거나 버려진 여성 같이 "자격이 되는" 어머니만이 해당되었지만- 분배되었다. 당시의 인종차별적 정치는 흑인 여성에게는 이러한 자격이 주어지지 않도록 했다.

1962년 사회보장법 개정안은 가족과 가족의 자급자족을 강화하고자 하는 두 가지 목표를 강조했다. "1962년 처음으로 연방법은 주정부가 성인 수급자에게 부조 대신 노동을 요구할 수 있도록 했다"(Abramovitz 1996, 333). 연방복지프로그램의 이름을 부양아동지원책에서 부양아동가족지원책으로 변경한 수정안은 가장이 실직했을 때 두 부모 가정은 보조금을 받을 수 있도록 허용했다. 의회와 복지규정은 어머니가 자녀를 돌보기보다 일을 찾도록 강제하면서, 동시에 가족부양자로서 아버지의 근로에 초점을 맞추는 일반적인 모순을 보였다. 하지만 아브라모비츠(Abramovitz)가 지적한 것처럼, 여전히 1966년에도 "많은 주정부가 지역 노동시장의 여건을 방해할 개연성이 있다면, 부양아동가족지원책의 자격요건자인 흑인 여성에게는 보조금 지급을 거부했다"(1996, 333)고 할 정도로 인종주의가 득세했다. 근로복지프로그램을 제도화하려는 첫 번째 압력은 흑인 어머니가 부양아동지원책이나 부양아동가족지원책의 수급자 대열에 합류했을 때였다는 점은 우연이 아니다.

역설적으로 1962년 이래로 공적지원에 대한 여성의 의존은, 여성의 노동시장 진입과 여성에게 더 많은 기회의 평등이 실현되던 시기와 일치한다. 기대와 기회가 변화하면서 주정부 부조에 의존하는 여성에 대한 우리의 인식도 상당히 변화했다. 1937년 경제안보위원회의 언급과 1962년 사회보장법 개정안은 미취학 자녀를 둔 여성의 거의 절반이 적어도 파트타임이더라도 고용된 현 시점에서 쉽게 이해될 수 있다.

사회적 가치에 대한 체계적이고 형식적인 장벽이 철폐됨에 따라, 부정의는 점점 비가시화 되었고 새로운 기회를 포착하지 못하는 사람은 자신의 실패에 대한 비난의 대상이 되었다.[19] 따라서 이전 사회정책이 "자격"과 "미자격" 빈곤 여성을 구분하려 했다면, 여성의 고용 장벽을 제거하려는 작금의 노력은 가난한 모든 실업 여성을 미자격자로 규정하는 빗장이 풀리기 시작한 것이다. 그럼에도 불구하고,

탈산업사회에서 조차 모든 가난이 다 흠결이 있는 것으로 간주되지는 않는다. 장애인이 가난할 때, 우리는 일을 할 수 있도록 작업 환경을 개선하려 하거나, 장애 때문에 개선된 작업장에서도 그들이 일을 계속해서 할 수 없다면 부가적인 수입을 제공할 것을 고려한다. 그들에게 "일을 하거나 아니면 보조금을 포기하라"고 말하지 않는다. 얼마 전까지 노인 빈곤이 가난의 대부분을 차지했을 때, 이 나라는 고령자를 위한 해법을 찾아 나섰다. 그 해법은 모든 건강한 어르신에게 일을 찾으라며 내모는 것이 아니었으며, 이들에게 노령보험을 지급하고, 보조금 지급을 물가인상과 연동시켰으며, 고령자를 위한 의료지원을 제공하는 것이었다.

남성이나 일부 여성이 쓴 문헌을 읽어나갈 때, 왜 이론가들과 사회과학자들은 **여성**의 빈곤에는 뭔가 다른 특별한 것이 있는 것은 아닌지에 대한 질문을 하지 않았는지 의아해 할 수 있다.[20] 왜 여성, 특히 의존인을 돌보는 여성이 직면하는 삶의 조건은 조명되지 않았는가? 대부분의 논의에는 일자리를 잡을 때 남성과 여성 간 불평등이 존재하지 않는다는 전제와, 여성의 무직이 가정 및 경제적 영역에서 여성이 직면하는 젠더 관련된 취약성과 무관하다는 전제가 깔려있다. 또한 젠더화된 임금 불평등, 젠더화된 가족 내 돌봄담당의 책임, 배우자 학대와 직장 내 성추행에 대한 젠더화된 민감성(gendered susceptibility)에 대한 논의를 찾아볼 수 없다.

여성 빈곤의 배면에 존재하는 젠더 이슈에 대한 무관심이 페미니스트의 특별한 관심사가 되어야 한다. 페미니스트는 언제나 젠더를 간과한 분석을 경계해야 할 뿐만 아니라, 일부 여성의 성취가 다른 여성 —특히 기회균등과 재생산권리 입법에 의해 최소한의 지원을 받는 여성— 을 위험에 빠뜨릴 수 있다는 점을 잊지 말아야 한다. 예를 들어, 극빈층 여성은 피임약을 조달하거나 낙태를 선택할 수단이 없기 때문에, 재생산권리는 극빈층 여성에게 혜택이 아니다. 그러나 이들 극빈층 여성은 중산층 여성과 같은 선택권이 주어진 것처럼 간주되어, 임신과 출산에 대해 각자가 책임을 져야 했다. 심지어 페미니스트도 빈곤한 여성에게 "키울 힘도 없으면서 왜 애를 낳으셨어요?"[21]라고 묻는다. 자녀가 있는 여성도 고용될 것이라는 기대에 대해서, 린다 고든(Linda Gordon)은 다음과 같이 지적한다. "오늘날 대부분 어머니가 고용된다는 사실은… 부양아동가족지원책의 혜택을 받고 있는 다른 어머니를 대상으로 한 분노를 키운다"(1995, 92)고 지적한다. 특히 페미니스트의 성공(여성의 경제적·정치적 참여에 대한 법적 장벽을 제거하고 재생산권리를 성취하는 등)은 성평등의 전제를 조장해왔다. 이 전제는 가족을 부양하기 위해 복지에 의존해 온 여성에 대한 젠더화된 관심을 간과하는 분석을 부추겨왔다. 또 다른 맥락에서 나오미 잭(Naomi Zack 1995)은 "조심해서 호랑이에서 내려와야 한다"고 경고한다. 가부장제라는 호랑이 등에서 내려오기가 상대적으로 수월했던 여성의 노력이 그렇지 못한 여성을 치명적인 위험에 방치해왔다 해도 과언이 아니다.

복지의 모성주의적 정당성

앞서 살펴본 것처럼, 초창기 미국의 사회정책에서 여성의 빈곤은 다르게 생각되었다. 페미니스트들은 미국의 복지국가 건설과 부양아동가족지원책으로 발전해 온 정책형성에 여성의 영향력을 입증해 왔다(Sapiro 1990; Gordon 1994; Nelson 1990; Fraser 1990). 여성을 위해 여성이 주도한 복지프로그램이 어떻게 지금 그냥 "복지"라고 경멸적으로 부르는 프로그램으로 전락했는지 그 과정은 실망스러울 수 있겠지만 또한 매우 흥미롭다. 이는 잘해야, 여성이 선거권을 얻기 이전, 고등교육을 받은 상류층 및 중상류층 여성의 노력으로 동력을 얻은 "진보적 모성주의"의 이야기일 뿐이다. 이는 못해야, 대부분의 백인인 상류층 및 중상류층 여성이 "미국화"되기 위해 (그래서 동부와 남부 유럽 여성의 고유한 민족 정체성을 지우기 위해) 흑인 여성과 비유럽계 이주민에게 사회부조가 확대되는 것을 막으면서까지 여성에게 주어지는 사회부조를 어떻게 활용했는지 보여주는 이야기이다.

"사회적 살림(social housekeeping)"의 철학을 받아들인 진보적인 모성주의자의 역할은 모성적 미덕을 공적 영역에 적용하는 것이었다. 행정부 내에 아동국(Children Bureau)을 설립하고, 쉐퍼드 타우너 법(Sheppard–Towner Act)과 모성연금을 실시하면서, 이들은 어머니의 섹슈얼리티를 점검하고, 여성의 살림기준을 확인하고, 수유에 관여하고, 구시대의 관습을 복원하는 행정규칙에 대한 책임까지 맡았다. 이들 정책입안자들은 여성의 가치를 공적 영역에 적용시키려 한다는 점에서 **모성주의자**였다. 하지만 도시의 살림꾼으로서 이들 선한 개혁가들의 기본적인 최종 목표는 아이들에 향해 있었다. 그들은 어머니를 시민으로 간주하지 않았다. 그웬돌린 밍크(Gwendolyn Mink)는 이렇게 적는다. "모성주의적 사회정책의 연구성과는 문화개혁을 통해 모성애를 함양하려 기획된 정책이라는 점이다. 이 같은 정책의 수혜자는 아이, 즉 어머니의 매개자, 다시 말해 사회적 목표로서 완전히 미국화된 아이였다"(1995, 27).[22]

모성주의적 페미니스트의 비전은 오늘날 특정 페미니스트 시각, 특히 돌봄의 페미니스트 도덕성을 반향한다.[23] 그러나 비록 역사적인 사례와 오늘날 페미니스트 사이에는 상당한 차이가 있지만, 역사적인 사례는 여성 돌봄의 가치, 아이에 대한 관심의 가치 등을 공적 장에 적용하고자 하는 매우 가치 있는 기획에 도사린 일부 암초를 경계할 것을 당부한다. 왜냐하면 어떻게 그리고 어떠한 마음가짐으로 이러한 가치를 오롯이 담아내려고 노력하느냐가 바로 모성주의적 페미니스트와 돌봄의 페미니스트 간의 차이를 만들기 때문이다.

| 의존의 관심사에 의해 정당화된 복지

의존의 재고찰

지금 우리 앞에 놓인 문제는 우리가 여성의 삶을 고려하는 복지, 특히 여성이 의존노동의 사회적 부담을 계속해서 책임지고 있음을 고려하는 복지를 고안할 수 있는지의 여부와 어떻게 고안할 수 있는지에 관해서이다. 즉, 여성을 의존의 상태나 종속의 상태에 더 이상 머물게 하지 않으면서도, 어떻게 모든 여성이 남성 임금노동자의 프로크루스티안의 침대*에 획일적으로 끼워 맞추지 않는 정책, "가족임금(family wage)"의 종식을 인정하는 정책, 어머니의 돌봄을 받는 이의 의존성을 인정하는 정책을 만들 수 있을 것인가? 이 문제를 던지는 또 다른 방식은 **사회적 성원자격**이라는 평등을 모든 여성에게 확대하는 사회복지정책을 생각할 수 있는가를 묻는 것이다.[24] 페미니스트가 주장하듯, 여성의 사회적 성원자격은 사회적 인정이 필요하며, 여성의 돌봄노동에 대한 지원을 요구한다.[25] 이러한 목적을 충족할 만

---

* [역자 주]: 프로크루스테스는 그리스 신화의 인물이다. 그의 집에는 철로 만든 침대가 있는데 프로크루스테스는 지나가는 행인을 붙잡아 자신의 침대에 눕히고 행인의 키가 침대보다 크면 그만큼 잘라내고, 작으면 억지로 침대 길이에 맞추어 늘여서 죽였다고 전해진다. 프로크루스티안의 침대라는 말은 자신의 생각에 맞추어 남의 생각을 뜯어 고치려는 행위, 남에게 해를 끼치면서까지 자신의 주장을 굽히지 않는 횡포를 말한다.

한 정책을 만들 수 있을까?

여성의 완전하고 평등한 성원자격이라는 목표를 추진할 정책에 대한 인식과 주장을 위해, 우리는 프레이저와 고든(Fraser and Gordon)이 설명한 사회적, 정치적, 경제적, 그리고 도덕적 고정관념에서 한발 떨어져 의존을 살펴볼 필요가 있다. **부양**아동가족지원책이라는 약어에는 없지만 복구할 수 있는 단어는 이 책이 강조해온 것처럼, 인간발달, 질병, 장애 노쇠에 의한 "불가피한 의존"의 복원이다(Fineman 1995 참조). 의존인이 의존하는 사람, 즉 필자가 의존노동자라고 지칭한 사람의 운명에 대해 고려하기 위해서는, 어떤 의미에서 누군가에 의존하는 사람에 대해 관심을 갖는 것은 필수적이다. 필자가 앞서 주장했듯, 타인의 돌봄필요를 보살피는 사람에게는 (돌봄이 상근 혹은 비상근, 유급 혹은 가족에서 이뤄지든 간에) 제2의 의존이 파생된다. 의존노동자와 그녀의 대상자가 맺는 의존관계 없이는 어떤 인간 사회도 존재할 수 없다. 싱글맘과 자녀의 관계에서 이 같은 근본적인 사회적 관계는 증발해 버렸다.

로버트 구딘(Robert Goodin 1988)이 썼듯이 복지국가의 정당성은 근본적으로 윤리적이다. 즉 의존인의 필요를 반영하는 것이다. 그의 논지는 "자신의 기초적인 필요를 충족시키기 위해 타인에게 의존하는 사람은, 바로 그 의존 사실로 인하여, 그들이 의존하는 타인에 의해 착취에 민감한 상태에 놓이게 된다. 이들의 기초적 필요에 대한 공적 조달 -이것은 분명한 복지국가의 형태인 공적 조달이다- 을 정당하게 만드는 것은 다름 아닌 의존인이 착취당할 수 있는 위험성이다"(Goodin 1988, 121). 복지를 취약한 이들에 대한 보호로 이해하는 것은 많은 부연설명이 필요하다. 하지만 보호가 필요한 취약성은 연령, 질병 혹은 장애로 인한 의존인의 취약성뿐만 아니라 의존노동자의 취약성까지 포함한다.[26] 더 나아가, 의존인은 성장하기 위한 돌봄뿐만 아니라 의존관계를 필요로 한다. 왜냐하면 의존노동자는 관계를 통해서 인정받기 때문에, 의존노동자가 정성을 다하는 노동자가 되기 위해서 관계에 대한 보호가 필요하다. 또한 파생된 제2의 의존 때문에, 의존관계와 의존관계를 구성하는 사람 모두를 지원하기 위한 사회질서에 의무가 이양된다. 이것이 필자가 둘리아라 부르는 돌봄의 공공윤리(public ethic of care)의 출발점이며, 이 지점에서 바로 우리는 복지를 주장할 수 있다.

여기서 필자가 제안하는 것은 둘리아 개념은 싱글맘에까지 확대 적용되는 복지의 정당성을 제공할 수 있으며, 또한 보다 광범위한 복지집행을 요구하는 정당성까지 제공할 수 있다는 점이다. 복지는 빈곤한 싱글맘에게 확대되어야 함은 물론이고, 이는 잔여주의에서 벗어나고 사회보험과 포퓰리즘의 보편주의에 근접할 수 있는 모델에 기초하여 모든 의존노동자에게 확대되어야 한다.

의존노동자의 파생된 의존을 위한 조건

논의의 전개를 위해 의존노동자의 파생된 의존과 복지비판에서 사용되는 복지"의존" 사이의 관계를 정립해야 할 필요가 있다. 후자는 아이의 의존이 아니라 어머니의 의존을 의미한다. 하지만 이러한 두 가지 의존은 의존노동자의 제2의 의존과 관련된다. 우리는 이미 사회적 협력의 산물을 얻기 위한 경쟁에서 돌봄제공자에게 불리함을 야기한 의존노동의 도덕적 필요성 및 노동 관련한 필요성을 지적했다. 이에 더해 몇몇 고려사항을 추가하고자 한다. 발전된 경제체계에서 일반적으로 볼 수 있듯이 돌봄을 유지하기 위한 물적 지원이 동반되지 않는다면, 의존인뿐만 아니라 의존노동자는 지원이 절박한 상태에 처하게 된다. 의존노동자는 경제적으로도 취약할 뿐만 아니라 그들의 사회적·정치적 목소리가 잘 들리지 않게 된다. 특히 의존노동자와 대상자를 지탱하는 데 도움이 되는 유익한 물적 지원자인 조달자에게 거역하는 발언일 경우에 더욱 그렇다.[27]

페미니스트 연구는 "모든 산업국가에서 복지 -아이, 고령자, 환자 및 장애인을 대상으로 하는- 는 국가, 시장 그리고 자발적인 비영리 기관에 의해서가 아니라 대부분 무급인 여성의 사적인 가사 형태로 제공되었다"고 밝힌다(Orloff 1993, 313). 즉, 여성은 의존노동의 대부분을 담당했을 뿐만 아니라 이를 무급으로 했다. 그러나 작금의 산업생활과 경제를 고려해볼 때, 의존인을 돌보기 위한 수단을 부가적이 지원 없이 스스로 조달하면서 동시에 의존인을 돌보는 것을 병행할 수 없다. [조안 트론토(Joan Tronto 1993)는 "돌봄"을 유용하게 구분한 논의를 소개한다.] 이것은 부가적인 지원 없이는 의존노동자는 시장경제에서 정의된 생산과 소비의 상호방식에 참여할 수 없다는 것을 의미한다. 그렇다면, 지원의 필수요건은 무엇보다도 무급으로 의존노동을 담당하는 의존노동자의 파생된 의존이라는 추가된 조건을 반영해야 한다. 무급 의존노동자의 의존은 파생된 것이지 불가피한 것은 아니다. 이것은 구조적인 것이지 개인의 어떤 특질에서 비롯된 것이 아니다.

앞 장에서 의존노동의 본질적인 성격과 의존인과의 관계 때문에, 우리는 유급 의존노동자라 하더라도 파생된 의존에 특별히 취약해질 수밖에 없다는 점을 주장했다. 취약성의 원인이 되는 이러한 노동 -사랑의 노동- 의 세 가지 특징이 있다. 첫째, 의존노동은 많은 측면에서 돌봄제공자 없이는 무력할 수밖에 없는 사람에 대한 책임을 포함하기 때문에, 대다수 노동의 영역을 뛰어넘는 도덕적 의무감이 존재한다. 둘째, 의존노동이 필요에 대한 -대부분의 경우 기대되는 필요에 대한- 응답성을 요구하기 때문에, 좋은 돌봄을 위해서 의존노동은 대상자에 대한 상당한 정도의 감정적 애착을 필요로 한다는 사실이다. 앞에서 지적한 것처럼 우리가 돌봄을 필요로 하든, 돌봄을 책임지는 누군가를 원하든, 우리는 **감정적인 애착으로 돌보는** 돌봄제공자를 원한다.[28] 게다가, 의존노동은 "기능적으로 특화"되었다기보다 "기능적으로 분산"되었기 때문에, 돌봄제공자는 한정된 임무를 담당하는 것이 아니고 개인의 안녕이라고 하는 대상자의 필요를 충족시키기 위한 것은 무엇이든지 해야 한다. 돌봄제공자가 자신의 필요를 충족시키는 것이 대상자의 필요를 충족시키기 위해 중요하다고 생각할 때를 제외하고, 이러한 책임은 종종 돌봄제공자 자신의 필요를 무력화시킨다.[29] 셋째, 가족을 대상으로 하는 의존노동은 종종 시장 중심의 고용 수요와 충돌한다.

조엘 핸들러(Joel Handler)가 지적하듯, 시민과 국가 혹은 시민과 시민의 상호작용을 관할하는 규제모델(regulatory model)과 법적 권리는 의존인을 충분히 보호하지 못할 뿐만 아니라 의존노동자에게 적절한 보상을 제공하지 못하며 또한 의존노동자의 의무를 제한하고 있다.[30] 이러한 이유 때문에 의존노동자는 파생된 의존에 취약하며, 이러한 의존노동자의 의존은 여느 노동자가 경제구조 및 정부구조에 종속되어 있는 의존과는 다른 것이다.

제1장에서 지적한 바와 같이, 산업사회의 핵가족 형태이든 농업 공동체의 대가족 형태이든, 가부장적 가족구조는 의존관계에서 요구하는 필요에 대해 대응해 왔다. 그러나 가부장제에 대한 페미니스트 비판이 지적하듯, 가부장제 가족구조의 대응은 유일한 것도 최상의 것도 아니다. 가부장제 가족구조에서 의존노동자의 의존은 이들 노동자

가 착취, 학대 혹은 페미니스트가 맞서 싸워온 온갖 병폐에 취약할 수 있는 조건이 되었다. 뿐만 아니라, 의존노동은 기술이나 기질이 아니라 성별로 할당되었다. 복지형식을 띤 가부장적 국가의 지원은 자본주의 복지국가에서 곤궁에 처한 싱글맘에 대한 대응이었다.[31] 그럼에도 이것 역시 초라한 대응이었다. 이 대응은 무대응보다 나을 수 있었겠지만, 지나치게 미미하고 지나치게 낙인을 찍고 지나치게 관여하는 대응이었다. 복지철회, 즉 복지"개혁"은 결국 대응이 아니었다. 복지지원을 받기 위해서 "일"을 하라는 조건은 복지지원을 자신과 아이를 부양하기 위해 사용하는 여성의 무급 의존노동에 대한 가치를 인정하지 않는 것일 뿐만 아니라, 이들 여성에게 남성 부양자 모델을 적용함으로써 의존노동의 엄마품 같은 돌봄(mothering)을 간과하는 것이다. "비의존"이라는 허구적 미명 아래서 이는 모든 시민의 관계가 기초한 의존관계를 보살피는 사회의 책임을 인정하지 않는 것이다. 이러한 관계를 지원하지 않는 사회는 가장 근본적인 의무 -사회의 근본에 대한 의무- 를 배임(背任)하는 것이다.

시민과 사회적 가치

앞서 제2부 제4장에서 우리 시대 가장 영향력 있는 정의론에서 의존노동자, 의존인, 의존관계의 필요를 반영하는 사회적 가치가 누락된 점을 지적했으며, 이러한 누락은 롤즈의 저작이라는 존경할 만한 전통에서 찾을 수 있다고 주장했다. 다시 한 번, 자유롭고 비의존적이며 평등한 개인으로서 시민, 즉 권리를 갖고 있는 시민을 생각해보자. 시민은 정의감과 좋음에 대한 개념을 가지며, 평등한 교환관계에 자유롭게 진입한다. 시민은 다른 시민과 평등한 관계에서 발생한 사회적 협력의 혜택을 얻으며, 또한 그러한 협력의 부담을 동등하게 진다. 시민의 도덕적 특징(자신의 좋음 개념을 형성하고 변경하는 능력과 정의감)으로 인해 시민은 정치적이고 시민적인 참여를 동등하게 할 수 있으며, 시민은 그러한 참여에 필요한 사회적("기본적") 가치를 요구할 수 있다. "기본적 가치"는 사람들 사이의 안녕을 비교 평가하는 목록이 된다. 필자가 제4장에서 주장했듯이, 롤즈의 목록에서 누락된 것은 돌봄과 돌봄관계라는 가치이다. 이는 여성의 사회적 성원자격을 보장하는 데 있어 중요한 사회적 가치다.

만일 우리가 시민의 도덕적 능력에 제3의 도덕적 힘, 즉 의존인의 필요에 대한 응답 능력을 포함시킨다면, 제3의 도덕적 힘을 행사하는 데 필요한 사회적 가치가 하나 더 추가되어야 한다고 주장할 수 있다. 만일 우리가 기본적인 자유, 이동의 자유, 직업선택의 자유 등을 소유하고, 공적 직위에 대해 접근할 수 있는 권한과 특권을 가지며, 수입과 부를 소유할 수 있다면, 성원자격에 필요한 정치적·시민적 권리를 보유하고 있다고 말할 수 있다. 하지만 온전한 사회적 성원자격을 위해서는, 우리가 타인을 돌봐야 할 때 우리 자신을 돌볼 수 있는 능력이 유실되지 말아야 하며, 우리가 타인을 돌볼 때 돌봄책임만이 아니라 경제적 부양의 책임이 오롯이 우리에게만 전담되지 말아야 함이 보장되어야 한다. 이러한 보장이 없이는 우리는 자유롭고 평등한 시민으로서 기능을 할 수 있는 힘과 능력을 여전히 갖추지 못한 것이다. 이러한 힘과 능력은 여성에게만 해당하는 것이 아니라 모든 시민의 사회적 성원자격을 보장하기 위해 필요한 사회적 가치라고 볼 수 있다. 이러한 사회적 가치가 어떻게 구체적인 사회정책으로 구현될 수 있는지에 대한 논의에 들어가기 전에, 먼저 우리는 사회적 가치의 목록이 의존의 필요를 반영할 수 있는 적합한 방식인지를 고려해볼 필요가 있다.

아마티아 센(Amartya Sen)은 재화(가치, goods) 혹은 자원(resources)이 사람들 사이의 안녕을 비교할 수 있는 적절한 지표가 아니라고 주장해왔다.[32] 센에 따르면 재화에 대한 강조는 단지 집착에 불과하며, 이러한 집착은 우리가 추구하는 평등이 재화 자체보다는 우리가 재화로 무엇을 할 수 있는지에 관련된다는 점을 인식하지 못하게 한다고 보았다. 자원의 목록이 아니라 기능할 수 있는 자유, 즉 가능성(capabilities)이야말로 사람들 사이에 평등해야 하는 것이라고 주장한다. 센의 접근은 롤지안의 기본적 재화(가치) 개념보다 필자가 주장한 의존의 관심사에 보다 잘 양립한다. 온전히 기능하는 시민이라는 이상에 부합하는 기본적 재화(가치)의 목록이 표준화되었다. 필자가 꿈꾸는 질서정연한 사회에서 표준화되지 않은 시민의 출발점은 저마다 다르다. 시민의 초기 조건이 상이한 경우, 개인의 안녕을 재화의 리스트로 목록화 하는 것은 잘되더라도 문제의 소지가 있다. 출발점에서 상이한 가능성을 지닌 개인은 자원을 다르게 활용할 것이다. 우리가 보장하고 싶은 것은 모든 사람이 공정한 기회균등 아래 동등한 재화에 접근할 수 있음이 아니다. 오히려 센이 주장하듯, 모든 사람이 자유롭게 기능할 수 있도록 이들의 가능성을 평등하게 하는 것이다. 이 점을 상기하면서 의존관계를 반영하는 "재화"를 고려할 수 있다. 이것은 1) 우리가 의존적일 때 돌봄을 받을 수 있다는 이해, 2) 우리가 의존인을 돌봐야 할 때 필요한 것에 대한 지원, 3) 우리가 (제1차 의존에 의하든 혹은 제2차 의존에 의하든) 의존인이 된다면 우리에게 의존하는 사람을 누군가가 돌봐줄 것이라는 보장이다. 이러한 고려를 "재화"로 생각하는 대신 "가능성"으로 간주할 수 있겠다. 우리가 적절한 지원이 필요할 때 이러한 지원을 받을 수 있다는 이해는 재화뿐만 아니라 가능성이기도 하기 때문이다. 여기서 고려되는 가치는 돌볼 수 있는 가능성이며, 우리가 스스로를 돌볼 수 없을 때 돌봄을 받을 수 있는 가능성이다. 따라서 여기서 필자가 제안하는 것은 의존의 필요를 반영하기 위해서는 재화에 기초한 목록도 병행할 수 있겠지만, 평등을 가능성에 기초한 접근으로 제시할 때 보다 더 잘 들어맞는다는 점이다.[33]

복지의 정당성: 둘리아 원칙

필자가 제4장에서 주장했듯이, 의존과 의존관계를 사회적 관계로 융화시키기 위해서는 "배태된 의존성(nested dependencies)"을 인정하는 상호의존성의 개념이 필요하다. 필자가 둘리아의 특징으로 뽑은 호혜성을 통해서, 이러한 배태된 의존성은 도움을 주는 사람과 도움이 필요한 사람을 연결하며, 도움을 주는 사람과 이들에 대한 지원을 연결한다. 우리 모두는 어느 엄마의 아이라는 명제에 내재한 평등 개념은 배태된 의존성의 개념을 활용한다. 이러한 평등 개념은 우리가 온전히 기능함이란, 의존인과 의존노동자의 필요를 희생하지 않으면서 의존관계에 가담하는 우리의 필요와 능력이 전제되어야 함을 내포한다.

돌봄윤리가 공적 영역에 적용되는 방안을 마련할 때(지금의 모습으로 보면 사회적 가사관리), 우리는 사회적 가치 개념과 의존과 돌봄을 위한 필요를 인정하는 그리고 의존관계에서 한 사람이 상호적일 수 없는 상황에도 적용되는 호혜성을 채택한 사회적 협력 개념을 필요로 한다. 이것은 서비스를 뜻하는 그리스어에서 비롯된 사회적 협의 개념인 둘리아 개념이다. 이는 다음과 같다. **우리가 생존하고 성장하기 위해 돌봄이 필요한 것처럼, 우리는 타인이 ─의존노동을 하는 사람을 포함한 타인─ 생존하고 성장하는 데 필요한 돌봄을 받을 수 있는 조건을 제공할 필요가 있다.**

둘리아는 출산 후 산모가 직접 아이를 돌보지만 산모 자신에 대한 돌봄을 신경 쓰지 않도록 산모를 지원하는 둘라의 서비스 개념을 확장하고, 또한 산후 돌봄이라는 사적 조건으로부터 공적 돌봄의 개념으로 전향함으로써, 우리가 일부이며 우리가 의존하는 보다 큰 사회적 구조를 지향하는 호혜성의 순환을 생각할 수 있도록 한다. 그렇게 되면, 둘리아 원칙은 복지의 근간을 제공할 것이다. 왜냐하면 돌봄제공자가 의존인에 대한 돌봄책임을 지는 것처럼, 보다 큰 사회는 돌봄제공자의 안녕을 보살필 의무가 있기 때문이다. 오직 이러한 순환을 통해서만 혹자가 칭한 "강제적 이타심"과 같은 착취에 돌봄제공자가 종속되지 않고 의존인에 대한 책임을 완수할 수 있다(Taylor-Gooby 1991, Orloff 1993에서 재인용).

만일 돌봄이 의존관계에서 발생한다고 인정한다면, 복지의 원칙인 윤리적 정당성, 즉 복지국가의 윤리적 정당성은 의존관계를 지지해야 한다. 복지의 목적은 의존인을 돌보는 것일 뿐만 아니라 의존노동자가 이러한 관계에 가담하는 비용을 완화시켜주는 것이어야 한다. 우리가 여성의 빈곤과 의존관계의 관점에서 "복지"에 대한 사회적 대응을 살펴봄에 따라, 또한 의존관계의 관점에서 사회적 가치와 사회적 협력을 재건하려고 노력함에 따라, 우리의 복지논의(특히 여성에게도 적용되는)는 빈곤퇴치(잔여주의 모델)뿐만 아니라 사회적 통제의 정당성(행태주의 모델)과도 다른 주장을 펼치게 된다. 더 나아가, 우리의 복지논의는 정치적 실현 가능성을 높이기 위해 가난한 사람에게만 적용되어서는 안 되며, 의존노동과 의존노동자에게 보다 보편적으로 적용될 정도로 확대되어야 한다.

가족의료휴가법

의존인이 돌봄을 받을 수 있는 유일하고도 용인가능한 사회제도가 가부장적인 가족이라고 우파의 수사는 강조하지만, 작금의 산업사회는 여성의 광범위한 노동시장 참여에 직면하고 있다. 여성의 노동시장 진입에 대한 변화된 기대는 의존노동이라 불러온 노동의 오래된 (착취적인) 조직 방식을 해체해왔다. 여성의 노동시장 참여가 동등한 지위를 위한 열망 때문인지 혹은 변화하는 경제적 환경 때문인지 불분명하지만, 이는 우리의 아이, 어르신, 고령의 부모, 병약한 배우자 그리고 장애 이웃을 어떻게 돌봐야 하는지에 대한 많은 난제를 남기고 있다.

여성 고용에 대한 기대가 변화함에 따라, 가난한 여성 가장을 대상으로 하는 복지정책이 큰 변화를 보이고 있다. 동시에, 여성이든 남성이든 노동자가 아이를 가질 수 있는 시간을 가지고, 아픈 아이와 가족을 보살피고, 자신이 아플 때 스스로를 돌볼 수 있도록 하는 정책이 추진되고 있다. 가족의료휴가법은 단지 가난한 여성을 대상으로 한 것이 아니라, 재정적으로 가구 소득에 충분한 기여를 할 수 있는 여성을 대상으로 한 것이다.

지금까지 필자의 논의는 가난한 여성의 의존에 대한 불충분한 대응책에 관한 것이었다. 필자는 가난한 여성의 의존에 기인한 필요를 충족시킬 수 있는 정책은 둘리아 개념을 근간으로 해야 한다고 주장했다. 더 나아가 필자는 둘리아에 근간을 둔 정책은 빈곤한 여성과 그녀의 자녀를 대상으로 하는 현재의 복지정책보다 훨씬 큰 그물망을 던지는 것이라 제안했다. 만일 확대된 사회적 가치 개념과 사회적 협력의 개념에 기초한 복지정책이 존재한다면 (즉, 둘리아에 근간을 둔 복지정책이 존재한다면), 그것이 어떤 모습인지를 검토하기에 앞서, 우선 먼저 여성을 —극빈층 여성이 아니라— 대상으로 한 (의존의 관심사를 고려하는) 자유주의적 사회정책이 어떤 모습으로 운영되는지를 살펴보는 것은 유익할 것이다.

고용기회의 평등이 일찌감치 법으로 명문화되었지만, 산업화된 나라 중 특히 미국은 유급 고용노동과 무급 가족 의존노동 간의 갈등을 대처하는 데 있어 매우 원시적이다. 1993년 연방법의 연장선으로 자녀를 돌보고 아픈 가족을 돌보기 위한 휴가를 제공하는 가족의료휴가법이 제정되었다. 이 법은 돌봄의 공적 책임을 인정하고 있다는 점에서 매우 이례적인 사회정책으로 간주된다. 이 장에서는 이 법의 긍정적인 기여와 동시에 그 한계를 검토할 것이다.

가족의료휴가법 독해

1993년 가족의료휴가법[34]은 여러 측면에서 유급노동자의 돌봄필요를 충족시키는 상징적인 입법이자 사회정책이다. 이 법은 다음의 사항 중 하나 또는 그 이상의 사유로 일 년 이내에 무급휴가를 12주까지 허용한다.

A) 피고용인의 출산과 양육을 위해
B) 피고용인의 자녀 입양 및 양육을 위해
C) 피고용인의 배우자, 아들, 딸 혹은 부모가 심각한 건강상의 이유가 생겼을 때, 이들을 돌보기 위해
D) 피고용인이 심각한 건강상의 이유로 자신이 맡은 일을 수행할 수 없을 때 (Public Law 103-3 — Feb. 5, 1993, 107 STAT 9)

이 법은 기존의 정치이론에서 애석하게도 무시되었던 의존관계를 명시적으로 인정하고 있다. 또한 이 법은 피고용인 자신의 돌봄뿐만

아니라 피고용인에게 의존하는 사람의 의존에서 기인하는 요구를 인식하고 그 중요성을 인정하고 있다. 가족의료휴가법이 매우 중요한 법률임에는 분명하지만, 이 법은 적용대상과 혜택이 비교적 제한적이다. 결과적으로 모두를 위한 공정한 평등에 대한 이 법의 기여는 제한적이라고 볼 수 있다. 이 법의 한계는 의존의 관심사를 사적인 영역에 가두려는 호혜성과 평등의 이데올로기에서 찾을 수 있다. 즉, 의존의 관심사가 질서정연하고 정의로운 사회에서 요구되는 사회적 협력의 이슈로 여전히 인식되지 못하는 점에서 그 원인을 찾을 수 있다.[35]

이 법의 한계는 다음과 같다.

1) 무급휴가
2) 50인 미만의 사업장은 가족의료휴가법에서 제외
3) 상대적으로 전통적인 방식으로 가족을 간주하는 가족의료휴가법의 해석

가족의료휴가법의 "현황과 목적"을 살펴볼 것이며, 이러한 "현황과 목적"이 앞서 언급한 이 법의 한계를 담고 있는지 다시 검토하고자 한다.

"현황"을 먼저 살펴보자. 전문은 이렇다.

a) 현황 - 의회가 조사한 결과는 다음과 같다.
1) 한 부모 가정 혹은 두 부모 가정에서 한 부모 혹은 두 부모 모두가 일하는 가정의 수가 급격하게 증가하고 있다.
2) 아버지와 어머니가 영유아기 아이의 양육에 참여할 수 있고 건강상의 심각한 문제가 있는 가족구성원을 돌볼 수 있는 것은 아이의 성장뿐만 아니라 가족을 위해 매우 중요하다.
3) 일하는 부모를 고려하는 고용정책의 부족은 개인에게 직업의 안정과 양육 중 하

나를 선택하도록 강제할 수 있다.

4) 심각한 건강상의 이유로 일정 기간 일을 할 수 없는 피고용인을 위한 직업 안정
대책이 부족하다.

5) 우리 사회의 남성과 여성의 역할 성격 때문에 가족을 돌보는 주된 책임이 대부분
여성에게 일임되며, 그러한 책임은 일하는 남성보다 일하는 여성의 삶에 많은 영
향을 준다.

6) 한쪽 성(gender)에만 적용되는 고용 기준은 고용주가 피고용인에 대한 차별을 조
장하고, 성차별적인 취업지원을 조성할 심각한 가능성이 있다. (Public Law 103-3,
107 STAT 6-7)

첫 번째 항목은 한 부모 혹은 두 부모 모두가 일하는 한 부모 가정
과 두 부모 가정의 수가 급격하게 증가하는 추세를 밝힌다. 이를 가
족의료휴가법에서 검토했다는 사실은, 남성쪽의 성별노동분업이 무
너짐으로써 (유급 고용노동에 여성이 대거 진출하기 시작함으로써) 여성쪽의
노동(의존인에 대한 사적이고 무급의 돌봄노동)에 대한 성별구분이 무력화되
고 있음을 의미한다. 이것은 의존의 관심사가 사회적 협력에 대한 공
적 이해로 받아들여지게 되는 중요한 첫 걸음이다. 즉, 의존인을 돌
보는 결정이 사적 결정의 문제로 남는 것이 아니라 공적 영역에 속한
다는 이해이다.

두 번째 항목은 아픈 아이에게는 부모의 보살핌이 필요한 것과 같
은 의존관계의 비대체성(nonfungibility)을 인정한다. 하지만 이 조항 역
시 돌봄을 사적으로 접근하는 퇴행적인 모습이 보인다. 왜냐하면 아
픈 가족구성원과 영유아를 양육하는 돌봄이 국가의 보편적인 복지와
사회적 협력을 위해서라기보다 "아이의 성장과 가족"을 위해 중요하
다고 제시했기 때문이다.

세 번째 항목은 직업의 안정을 추구하는 것과 양육의 요구에 부응
하는 것이 대치되는 정책은 피해야 함을 지적한다. 직업 안정과 양육

은 둘 다 개인의 안녕을 위해 중요한 문제로 다뤄져야 한다. 이 법은 경쟁하는 관심 사이에서 고통받고 있을지 모르는 개인에게 두 가지 관심 모두를 보장해 주는 데 있어 국가의 중요성을 인정하고 있으며, -개인이 직업 관련 의무뿐만 아니라 돌봄책임을 충실히 할 수 있도록 보장하기 위해 공적 제도의 책임을 수립함으로써- 의존노동의 부담이 의존노동을 담당하는 사람에게만 일임되지 말아야 함을 인정하고 있다. 하지만 얼마만큼 인정하고 있을까? 그렇게 충분하지는 않다. 휴가는 무급이며, 50인 이하 사업장은 이 법의 적용에서 면제이다. 그 결과 이 법은 돌봄을 제공해야 하는 노동자의 직업 안정성을 보장하는 데 매우 제한적인 공적 책임을 인정한다고 볼 수 있다.

따라서 바로 이 지점에서 둘리아의 공적 개념 -둘리아라는 특별한 호혜성- 이 필요하다. 단지 "편의를 제공"하는 수준을 넘어야 한다. 편의를 제공한다고 함은 경제체제에 도전하거나 고용 조건을 재구조화 한다는 것의 중요성을 인정하지 못한 채, 현재의 고용상황을 그대로 전제하는 것이다. 이는 의존의 관심사가 사적인 책임일 뿐 사회정의의 문제로 접근되지 못한다. 네 번째 항목은 심각한 건강 상태에 있는 노동자에 대한 불충분한 직업 안정성을 인정하고 있다는 점에서, 모든 피고용인이 공유하는 의존에 대한 취약성을 지적하고 있다.

다섯 번째와 여섯 번째 항목은 대다수 의존노동의 성별화된 특징을 인정하고 있으며, 노동의 성별분업에서 여성쪽 일에 대한 지원이 불충분하면 남성쪽 일에서도 성불평등한 결과가 야기된다는 점을 인정한다는 점에서 매우 흥미롭다. 다섯 번째와 여섯 번째 항목에서 유추할 수 있는 이 법의 정당성은 평등 논의이다. 이는 아래에서 살펴보게 될 이 법의 목적에 관한 네 번째와 다섯 번째 설명에서도 유추할 수 있다. 하지만 우리가 정의와 사회적 협력과 같은 평등 개념과 정치적 개념을 새롭게 구성하지 않는다면, 그리고 이러한 새로운 구성을 공적 관심사의 우위에 두지 않는다면, 가족의료휴가법은 성별로 구분되어 구조화된 의존의 관심사를 단지 방관할 뿐이다. 정의와 평등 개념에 주목하여 의존노동이 사적 영역에 방치되거나 성별화되어서는 안 된다는 인식을 선도할 수 없다.

이제 이 법의 "목적"을 살펴보자. 전문은 이렇다.

b) 목적 -이 법의 목적은 다음과 같다-
1) 작업장의 요구와 가족의 필요 사이의 균형을 맞추기 위해, 가족의 안정과 경제적 안전을 증진하고 또한 가족의 통합을 보존하는 국가적 이해를 증진하기 위해
2) 피고용인에게 건강상의 이유로 인해, 출산 혹은 입양으로 인해, 자녀, 배우자, 그리고 심신에 심각한 문제가 있는 부모를 돌보기 위해 합리적인 휴가를 정당하게 부여하기 위해
3) 1)항과 2)항에 명기된 목적을 고용주의 정당한 이해를 고려하여 달성하기 위해
4) 개정헌법 14조의 평등보호조항(Equal Protection Clause)에 양립할 수 있고, 그리고 합당한 건강상의 이유(임신과 관련된 장애를 포함하여)와 급박한 가족의 사유로 휴가를 사용할 수 있도록 성중립에 근거해서 보장함으로써, 성에 근거한 고용 차별의 가능성이 최소화됨에 따라 1)항과 2)항에 명기된 목적을 달성하기 위해
5) 남성과 여성의 평등한 고용 기회를 증진시키기 위해(Public Law 103-3, 107 STAT 6-7)

이 법의 목적은 "가족의 통합을 보존하는 국가적 이해"를 인정하는 것이다. 하지만 가족의 통합을 유지하는 것이 **왜** 국가적 이해에 중요하며, 가족이라는 것이 어떤 구조를 가져야 하는가? 3)항에서 밝힌 목적은 "1)항과 2)항에 명기된 목적을 고용주의 정당한 이해를 고려하여 달성하기 위해서"이다. 하지만 왜 1)항과 2)항이 고용주의 이해보다 우선되어서는 안 되는 것인가? 그렇지 않다면, 어떤 결과를 기대할 수 있는가?

앞서 살펴본 "현황과 목적"에 비추어 이 법의 한계를 짚어보자.

첫째, 휴가는 무급 -사용할 수 있는 12주 휴가 기간 동안 무급- 이다. 아픈 아이를 돌보기 위해 결근하는 것은 사치스럽게 보이거나 혹은 더한 빈곤으로 향하는 요인이 될 수 있다. 미국은 가장 최근에 가족의료휴가법을 실시한 산업화된 국가 중 하나이지만, 유일하게 무급으로 시행하는 국가이기도 하다(Olson 1988). 이 법이 지적하는 현황과 목적 중 하나는 한 부모 가정의 증가세이다. 하지만 1년에 3개월의 급여를 받지 않고 생계를 꾸려나갈 수 있는 한 부모 가정은 얼마나 될까? 어떻게 그들이 아프고 돌봄이 필요한 사람의 식탁 위에 음식을 가져다 줄 수 있을까? 12주 전체를 유급으로 해야 한다고 주장하는 것은 아닐지언정, 한 부모 가정(미국 전체 가정의 1/4에 해당한다)에 미치는 실질적인 영향을 고려한다면 12주 중 일부만이라도 (몇몇 고용주의 선한 의지가 아니라 법에 의해서) 유급휴가로 해야 한다.[36]

둘째, 50인 이하 사업장의 경우 가족의료휴가법의 적용에서 제외된다. 그러나 50인 이하 사업장에서 근무하는 피고용인은 미국 노동시장의 상당 부분을 차지한다. 실제로 그들은 노동인구의 **다수**를 구성한다.[37] 이 말인 즉슨, 이 나라의 대다수 임금노동자가 가족의료휴가법의 대상자가 아니다! 여기서 분명한 것은 의존의 관심사가 보편적인 책임으로 간주되지 않는다는 점이다. 이 책임은 고용주의 필요에 따라 묵살될 수 있다. 고용주의 혜택은 단지 개인적인 것으로 인식되지 않는다. 고용주의 혜택은 보다 큰 공적인 경제의 안녕으로 개념화된다. 반면에 피고용인의 단순한 **개인적** 요구를 대체할 수 있는 것은 거의 아무것도 없다. 예를 들어, 돌봄은 경제구조의 일부분으로 간주되지 않는다. 돌봄은 국민총생산(GNP)에 포함되지 않는다.

셋째, 가족의료휴가법은 상대적으로 전통적인 방식으로 가족을 해석한다. 비록 **부모**는 생물학적인 부모뿐만 아니라 **부모품 같은 돌봄을 제공하는 사람**을 포함하지만, "아들 혹은 딸"은 "생물학적, 입양 혹은 양자, 의붓 아이, 법적 보호자 혹은 부모품 같은 돌봄을 제공하는 사람의 아이"를 의미한다. "배우자"라는 용어는 결혼하지 않은 동거, 게이 그리고 레즈비언 가족, 대가족 등 기타 형태는 인정하지 않고, 남편 혹은 아내의 의미로 제한적으로 사용된다. 이와는 대조적으로, 페미니스트 법이론가 나딘 타우브(Nadine Taub 1984-5)는 모든 성인 구성원을 위한 "양육휴가"를 주장한다. 의존관계의 유지가 사회구조의 밑받침이기 때문에 이를 지원하는 것이 우리의 정책적 강조 사항이라면, 전통적으로 수용되었던 사회제도가 아니라 의존관계 그 자체가 관심의 초점이 되어야 한다.

의존관계에서 나온 결정은 그 관계에 관련된 당사자 (그 관계 밖의 제 3자의 양도된 의무를 포함하지 않는다) 간의 사적인 결정으로 보일 수 있다. 어떤 사회제도는 당사자 간의 사적 결정으로 형성되었지만, 그럼에도 불구하고 제3자의 의무를 유발하는 경우가 있다. 결혼이 그러한 제도이다.[38] 나와 누군가가 결혼을 한다는 사적인 결정은 나의 고용주, 나의 집주인, 병원, 보험회사 그리고 국세청을 대상으로 사회적이고 법률적인 구속을 유발한다. 유추한다면, 의존노동을 담당하고 대상자와 의존관계를 형성하는 사적인 결정은 그 대상자를 돌보는 의존노동을 지원해야 한다는 제3자의 의무를 유발해야 한다. 결혼을 예로 들면, 결혼제도에 따르는 법적 구속력은 이를 유지하기 위한 사회의 보다 큰 관심의 일부이다. 결혼제도의 이러한 법적·사회적 위상을 인정한다는 것은 두 사람 사이에 어떤 관계가 존재하는 것처럼 두 사람을 대한다. 하지만 결혼제도를 인정하는 주된 이유는 이 제도가 의존인에 대한 돌봄과 존속의 중심에 있기 때문이다. 의존관계는 도덕적으로 사회적으로 여전히 기본적이고 주요한 현안이며, 이러한 이유로 결혼관계의 근본적인 특징을 형성한다. 전통적 가족제도의 사회공학은 (센의 용어를 빌리자면) "협력적 갈등"의 관계에서 의존노동자와 대상자 모두를 취약하게 만든다. 결혼의 형식과 관계없이 제3자에게 의존관계를 유지할 수 있는 지원과 도움을 요구하는 것은 훨씬 강력한 도덕적 파워를 갖는다. 이러한 청구는 둘리아 원칙을 통해 사회적 협력에서 돌봄제공을 인정하는 공적 의무를 통해 현실화된다. 둘리아의 주장은 전통적으로 이해되는 결혼을 넘어서고 또한 전통적인 결혼과 생물학적 관계를 통해 인정된 가족 형태를 넘어선다. 그 기본은 돌봄을, 돌봄책임을, 그리고 돌봄제공자를 취약하게 만드는 의존을 담임 (擔任)하는 것이다.

복지재편: 둘리아에 기반한 복지

복지개혁이 의존의 요구에 대한 별다른 수단을 갖고 있지 않은 빈곤 실업 여성을 대상으로 하든, 의존노동을 계속해야 하면서도 노동시장에 참여하는 여성을 대상으로 하든, 사회정책은 시민은 건강하고 자율적인 성인이며, 즉 여전히 롤즈가 말했던 "온전히 기능하는" 성인을 시민으로 여기고 정의란 이들이 대등한 위치에 있는 호혜성을 요구한다는 허구를 지속시킨다. 의존은 바로 이러한 규범에 대한 위반으로 이해될 뿐이다. 의존의 관심사에 초점을 맞춘 정책은 하찮아 보이거나 불충분하다. 만일 우리가 의존을 진지하게 받아들인다면 이것이 어떻게 변화할 것인가?

앞에서 우리는 의존의 관심사를 충분히 반영하는 가족의료휴가법은 무엇보다도 보편적인 유급휴가를 강제해야 하고 "가족"을 보다 광범위하게 해석해야 한다고 제안했다. 여기서 우리는 가족의료휴가법의 혜택을 받을 수 있는 여성보다 돌봄의 사회적 책임 결핍으로 훨씬 힘겨운 생활을 하는 여성의 필요를 살피면서 이 문제에 접근하고자 한다. 우리는 복지를 재인식함으로써 이 문제에 접근하려 한다. 하지만 둘리아 개념은 그 자체로 의존노동자가, 프레이저(Fraser)가 명명한 "필요 해석을 둘러싼 투쟁"과 관계됨을 의미한다. 이론가와 옹호자는 둘라를 조력하는 것이 아닌 간섭적인 아이 양육이 되지 않도록 주의해야 한다. 그럼에도 불구하고, 의존노동으로 인해 의존노동자의 정치적 발언권이 부분적으로 박탈되기 때문에, 개입은 매우 중요하다. 필자는 이러한 단서에 유념하며 둘리아 개념에 근간한 복지정책의 근거는 무엇일지에 대해 몇 가지 관찰을 하고자 한다.[39] 첫째, 모든 의존노동은, 아이, 환자, 고령자 혹은 장애인에 대한 돌봄이든, 그것의 사회적 기여로 인정되어야 한다. 이는 단지 의존인의 관점이 아니라 의존관계가 내재한 사회전체의 관점에서 이해되는 호혜성에 의해 사회적 기여로 인정되어야 한다. 또한 분배되고 분담되어야 할 사회적 가치와 부담에 의존관계가 포함되어야 한다. 그러한 가치와 교환이 인정되는 많은 다양한 방식이 존재한다.

이미 언급했던 것처럼, 생계부양자와 돌봄제공자를 축으로 하는 전통적인 가족은 적어도 어린 아이를 돌보기 위한 돌봄을 품은 둥지(embedding nest)와 같은 모습을 갖추고 있다. 성별노동분업에 대해 의문을 제기하는 비판적인 사회세력에 대해 잠시 내려두고, 전통적인 가족제도의 유용성에 대해 생각해보자. 한 명의 생계부양자가 가사일과 돌봄노동을 담당하는 배우자와 두 세 명의 아이를 지원할 수 있도록 충분한 돈을 버는 가족형태와 경제를 생각해보자. 그리고 이 가족이 전통적으로 성별노동분업에 의해서 운영되지 않는다고 생각해보

자. 의존노동자는 의존인을 돌보며, 한편 "사적 조달자"인 생계부양자는 모두를 보존할 수 있는 충분한 자원으로 의존관계를 지원한다. 이것이 추가적인 사회적 지원을 필요로 하지 않는다고 간주되는 사적인 운영방식이며, 그래서 "자급자족"[40]의 모습이다.

이러한 해법에는 적어도 세 가지 문제점이 있다. 첫 번째는 개념적인 것이고, 두 번째는 경제적인 것이며, 세 번째는 윤리와 정의의 문제이다. 첫째, 이러한 구조를 "자급자족"으로 간주하는 것은 본질을 호도한다. 의존노동이 의존노동자의 파생된 의존을 낳지만, 모든 고용은 일정한 의존을 포함한다. 조달자는 고용주에게 의존하고, 또한 특정한 기술, 서비스, 제품이 시장화 될 수 있는 경제에 상당히 의존한다. 임금노동자는 그 자신이 배태된 의존성에 있다. 그는 고용주에 의존하고, 시장에 의존하고, 이자율이나 글로벌 경쟁과 같은 경제구조와 경제세력에 의존한다. 자급자족이라는 개념은 자본주의 경제에서 개념적 괴물이기 때문에, 사적 조달자는 의존관계를 "자급자족"하지 않는다. 의존노동자와 다른 노동자 간의 분명한 대조는 자족적인 사람과 의존인 간의 관계에서가 아니라 자신의 노동으로 인해 취약해지는 사람과 그렇지 않는 사람 간의 관계에서이다.[41]

둘째, 경제적으로 자족적이라 간주되는 조달자-돌봄제공자 모델은 조달자가 가족을 부양할 수 있는 일정한 보상을 필요로 한다. 그러나 우리가 알고 있는바, 현대 자본주의의 구조적인 실업에서 모든 조달자의 고용, 특히 가족을 부양하기에 충분할 정도의 고용이 이뤄지지 않는다. 두 부모 가정의 빈곤율은 충분한 고용이라는 목표가 작금의 경제에서는 달성될 수 없음을 보여준다.[42] 오늘날 대부분의 두 부모 가정이 마주하는 현실은 남편만큼의 수입이 보장되지 않는 시간제 일을 하면서도 가사일과 의존노동을 기본적으로 책임지는 아내의 모습이다. 조달자-돌봄제공자 모델의 순수한 형태는 혼합되었다. 이러한 변화는 부분적으로 여성의 열망 때문이며, 또한 부분적으로 1973년 이래 평균 주급이 19% 이상 감소된 것을 감안하면 경제적 필요성 때문이다.[43]

의존노동과 조달은 분리될 수 있기 때문에 두 부모가 노동과 돌봄관계의 두 가지 중 하나에 관여한다. 하지만 혼합모델도 많은 부분에 있어서 역할분담이 정확히 구분되는 순수모델과 동일한 구조적 특징을 보여준다.[44] 역할분담이 혼재된 의존노동자는 돌봄책임을 계속해서 담당하며 역할분담이 혼재된 생계부양자의 수입에 대부분을 (혹은 전적으로) 의존하는 상태로 남는다. 만일 결혼이 파경에 이르면, 재정적인 고통은 의존노동의 책임을 주로 담당했던 사람에게 대부분 전가된다. 의존노동을 담당하는 사람은 의존노동의 필요에 의해 재정적으로 보다 유리한 상황을 추구하지 못한다.

셋째, 제2장에서 살펴본 바, 만일 생계부양자와의 관계가 불안정하다면, 의존노동은 의존노동자가 그 일을 그만두는 출구전략 측면에서 의존노동자에게 불리하다. 올로프(Orloff)는 여성에게 필요한 사회적 권리는 자율적인 가족을 형성하고 지속할 수 있는 능력이라고 주장했다. 이러한 권리만이 의존노동자의 취약성을 충분히 반영할 수 있다. 사적 조달자의 선의에 의존하는 의존노동자의 취약성으로 인해, 복지국가가 노동을 "탈상품화"함으로써 남성노동자에게 허용한 사회적 성원자격이 여성에게 사실상 허용되지 않았다(Orloff 1993, 319). 더 큰 사회에서 여성의 종속된 지위는 협력적 갈등관계에서 여성의 열악한 협상지위와 남성에 대한 경제적 의존의 결과를 악화시켰다. 즉, 여성이 적은 급여를 받을수록 직장에서의 성적 위협에 쉽게 노출되었다. 하지만 친밀관계의 부정의, 공적 부정의, 의존노동의 성별화는 의존노동과 의존관계로부터 야기되는 취약성을 더욱 악화시킬 뿐이었다.

이는 의존노동의 정당한 호혜성이 소위 전통적인 생계부양자-돌봄제공자 모델 혹은 심지어 혼합모델의 사적 방식에 기반할 수 없다는 것을 의미한다. 필자는 의존노동의 보상이 사회화되고 보편화되어야 한다고 주장한다. 노동자의 보상과 실업보험이 합리적이고 일상화된 혜택과 함께 노동자에게 보편적으로[45] 적용되는 프로그램이 된 것처럼, 의존노동에 대한 보상 역시 그래야 한다(Waerness 1987).

예를 들어, 합리적이고 일상화된 혜택처럼 의존노동에 대한 보상을 생각해보자. 이는 자녀를 돌보는 엄마에 대한 보상이 될 수 있다. 엄마는 그 돈을 자녀의 주간돌봄 비용으로 지출할 수 있을 것이다. 혹은 그러한 보상은 노부모를 돌보는 아들, 딸에게 재정적 지원으로 제공되거나 돌봄서비스를 제공하는 다른 누군가에 대한 대가로 제공될 수 있다. 더 나아가 호혜성의 수준은 의존노동자가 생존할 수 있을 정도뿐만 아니라 의존인과 더불어 자신을 적절하게 돌볼 수 있는 자원을 갖출 수 있도록 해야 한다. 이 점은 의존노동자가 필요로 하는 무엇을 고려해야 함을 의미한다. 이는 건강보험의 범위(모든 의존노동자와 모든 의존인에게 담보되어야 하는), 현물교환 서비스 혹은 재화 혹은 금전적 효력을 갖는 어떤 것, 그리고 주거 등을 포함한다. 하지만 이러한 것은 의존노동자의 목소리를 통해서 구체화되어야 하는 작업이다. 센에 따르면 강조되어야 하는 것은 재화가 아니라 가능성 그 자체이다.[46]

둘리아 개념은 의존관계를 존중할 뿐만 아니라 의존**노동자**로서 돌봄제공자를 존중한다. 다른 노동자처럼, 의존노동자 또한 휴식과 대안적 출구전략, 그리고 그들이 고용되지 않았을 때는 재교육이 필요하다. 다른 모든 노동처럼, 의존노동은 허울만 그럴싸한 것이 아니라 실제로 탈젠더화되어야 한다. 이 점은 소년과 남성을 대상으로 한 의존노동에 대한 공교육 프로그램의 필요를 제안한다.

하지만 일반적으로 노동자는 자신에게 임금을 주는 사람에게 책임을 다해야 한다. 의존노동에 대한 공적 지원의 문제점은 아마도 정부가 자녀나 부모의 돌봄에 대한 대가를 지불할 경우, 정부가 의존노동의 질과 의존노동자의 고용에 대해 감독할 권리를 주장할 수 있기 때문이다. "사적 영역"에 대한 이러한 개입은 자유주의 사상과 배치된다. 우리가 주정부를 향해 "'공적' 조달자가 되어주고, 의존노동자에게 급여를 지불하되, (의존노동자가 대상자와의 신뢰를 침범하고 학대하거나 방치하는 상황을 제외한다면) '사적' 의존관계에서 물러나 있으라"고 정당하게 말할 수 있을까? 이 이슈를 이러한 시각에서 보는 것은 페미니스트가 재고를 주장하는 공/사 구분의 이분법에 지나치게 의존하고 있기 때문이기도 하다. 그러나 개인관계를 국가가 관리하는 것은 개인을 학대나 지속적인 성억압으로부터 보호하는 경우를 제외하고는 대부분의 자유주의 페미니스트의 목표와도 상충되는 것처럼 보이기도 한다.

필자는 둘리아 개념에 내재한 사회적 협력 개념이 이 같은 딜레마에 해법을 제시할 수 있다고 확신한다. 호혜성의 일반적 개념은 다음과 같이 함의한다. 내가 당신에게 물품 혹은 서비스를 제공한다면, 당신은 나에게 내가 그 물품 혹은 서비스에 쏟은 산물이나 노력에 보상한다는 것이다. 책임의 끈이 호혜성의 끈을 따라간다. 만일 당신이 내게 지불하지 않는다면 나는 내가 노동한 결과를 받지 못하는 것이며, 그래서 나는 당신에게 책임을 물을 수 있으며, 그리고 그렇게 하는 것이 나의 권리이다. 만일 당신이 나에게 대가를 지불했지만 내가 물품을 전달하지 않았다면, 당신은 내가 지불받은 것으로부터 혜택을 받지 못한 것이며, 그래서 당신은 내게 책임을 물을 수 있고, 그리고 그렇게 하는 것이 당신의 권리이다. 이러한 교환관계에서 제3자는 없다. 당사자는 서로에게 책임을 진다. 예외적으로 국가는 당사자가 서로의 합의를 존중할 수 있도록 보증할 뿐이다. 하지만 의존노동자의 노동은 의존인에게 유입된다. 만일 내가 의존노동자로서 돌봄을 제공한다면, 의존인은 수혜자가 된다. 나는 최우선적으로 내 행동의 직접적인 수혜자, 즉 대상자에 대해 책임을 진다. 나는 다른 노동자처럼 내 노동에 대해 보상받을 권리가 있다. 하지만 자명하게도 의존인은 보상을 해줄 만한 처지에 있지 않고, 보상은 다른 원천인 조달자로부터 나온다. 그럼에도 의존노동을 잘 해달라고 요구할 수 있는 권리는 의존인의 권리이다. 국가의 의무는, 국가가 조달자의 역할을 하든 그렇지 않든 간에, 의존노동이 잘 수행되고 있으며 의존노동자가 보상받을 수 있도록 보증하는 것이다. 국가의 의무는 대상자와 같이 취약한 당사자의 경우일 때 특히 중요하다. 논점은 보다 큰 사회구조가 조달자가 될 때, 그 조달자는 노동자에 대해 책임 있는 고용주와 같은 존재가 아니라는 점이다. 이러한 국가의 의무는 의존관계에 무례하게 개입할 수 있는 혹은 의존노동자의 삶을 규제하는 백지수표가 아니다. 공적 조달자의 의무는 현재 국가의 의무로 남아있다. 즉, 아이들이 방치되거나 학대받거나 기본적인 보장을 거부당하지 않도록 담보하는 것이다. 이러한 의무는 국가가 시민을 다른 시민의 학대로부터 보호하는 의무와 부합한다. 배우자 간의 "사적 관계"가 국가의 의무에서 예외로 간주되지 않기를 바라는 것처럼, 의존관계도 국가의 의무에서 예외로 간주되지 않기를 바란다.

그렇게 될 때, 의존노동에 대한 적절한 공적 지원은 의존노동자에게 보다 유리한 협상적 지위를 제공할 수 있게 된다. 의존노동자와 대상자가 가정 내 학대로부터 보다 잘 대처할 수 있으며, 또한 간섭적인 국가의 규제로부터 보다 자유롭게 될 것이다. 심지어 인색했던 부양아동가족지원책조차도 학대에서 벗어난 엄마와 아이에게는 주요한 혜택이었다. 의존노동에 대한 보상을 보편화하는 복지프로그램은 가정에 또 다른 성인이 있건 없건 간에 여성이 복지의 낙인 없이 학대에서 벗어날 수 있도록 해줄 것이다.

우리 사회에서 의존노동자 -유급이든 혹은 무급이든- 는 상대적으로 가난하다. 아이돌봄 노동자와 같은 유급 의존노동자는 그들의 교육 수준과 능력에 비해 상대적으로 매우 열악한 급여를 받고 있다(Hartmann and Pearce 1989). 병원과 간호 시설에서 환자와 고객에 직접 의존노동을 제공하는 당번 간호사와 조무사는 가장 낮은 임금을 받는 직군에 속한다. 미국에서 가장 가난한 가정은 여성이 가장인 가구이다. 둘리아는 유급 의존노동에 대해 적정한 급여를 요구한다. 여성이 가용할 수 있는 아이돌봄 서비스가 준비된 것으로는 충분하지 않다. 우리의 아이를 돌보기 위해 다른 여성을 착취한다면 둘리아 원칙을 어기는 것이다.

마지막으로 둘리아 개념은 의존노동이 충분히 실현될 수 있는 어떤 형태의 가족이라도 환영할 것이다. 둘리아는 가족 내에서 이뤄지는 다양한 형태의 돌봄을 지지한다. 예를 들어, 고령 부모를 돌보는 아이, 에이즈 환자인 배우자를 돌보는 게이 남성, 유방암과 사투를 벌이는 연인과 연인의 자녀를 돌보는 레즈비언 여성, 아이를 키우는 한 부모 가정 혹은 아이를 키우는 다수의 성인으로 구성된 가정 등이다. 둘리아 개념은 -가족의 규범, 성별, 젠더, 계급 혹은 인종이 아닌- 단지 필요와 이에 응답하며 야기된 취약성을 인정한다.[47]

부양아동가족지원책의 논쟁 바탕에는 여성의 의존노동을 가시화해야 하는 문제와 이에 대한 사회적 책임의 문제가 있다. 부양아동가족지원책이 돌봄책임을 사적 책임으로 간주함에 따라, 빈곤한 여성은 빈곤상태에서 벗어나지 못하게 될 것이고, 빈곤하지 않았던 여성도 남성의 지원 없이 가족을 돌보고자 한다면 빈곤해지게 될 것이다. 의존노동은 다양한 인종과 계급의 여성들 간의 이해가 상충되는 범주이기도 하다. 백인 여성은 유색 여성의 의존노동으로 혜택을 받고 있으며, 부유한 여성은 가난한 여성의 의존노동으로 혜택을 받고 있다. 그렌(Glenn 1992)은 돌봄과 관련하여 여성을 하나로 묶으려는 노력이 갖는 어려움을 이렇게 지적한다.

> 모든 인종과 계급을 망라한 여성의 노동시장 유입으로, 우리는 "일하는 여성"에 대한 공통의 문제를 단일화할 수 있을 것이라 생각한다. 이러한 생각을 가지고 페미니스트 정책 입안자들은 아이돌봄과 노인돌봄과 같은 일을 하는 엄마들을 돕기 위한 서비스 확대를 요구해왔다. 그러나 우리는 질문해야 한다. 누가 이와 같은 의존노동을 할 것인가? 서비스가 확대되면 누가 혜택을 보게 될 것인가? 역사적으로 볼 때, 유색 여성이 의존노동을 담당하게 될 것이며... 중산층 여성이 서비스의 혜택을 받게 될 것이다(1992, 36).

이 시나리오를 일하는 중산층 여성의 필요와 복지수급 여성은 일을 해야 한다는 법안의 주장에 대입해 본다면, 여성들 간 이해가 일치하는 우연은 찾기 힘들어진다고 그렌은 지적한다. 현재의 임금 수준에서 아이돌봄 서비스는 복지수급 여성을 가난에서 구제하기에 충분치 못한 임금을 제공할 것이며, 반면에 아이돌봄 서비스에 대한 임금이 인상된다면 중산층 여성은 자신보다 형편이 불리한 여성의 아이돌봄 서비스를 이용할 수 없게 될 것이다. 페미니즘이 여성들 간 증가하는 불평등을 완화시키고 양측 여성 모두에게 혜택이 되는 정책을 만드는 방법에 대해 머리를 맞대지 않는다면, 이는 실패로 돌아갈 것이다.

둘리아 개념과 보편적 정책(universal policies)에 대한 요구는 다른 인종과 계급, 다른 이해를 갖는 여성들 사이의 이 같은 난제를 완화시키는 것이 목적이 아니다. 혹은 정체성의 정치(identity politics), 포스트모더니즘, 비판적 인종이론을 중요하지 않은 것처럼 치부하며 보편주의의 복원을 시도하고자 함도 아니다. 보편적 정책에 대한 요구는 보편주의(universalism)가 아니다. 보편적 정책은 우리 모두는 어떤 특성을 동일하게 공유하는 점에서 동일하다고 전제하지 않는다. 보편적 정책은 어떤 사람이 특정 자원에 접근해야 한다면, 모든 사람이 그러한 자원에 접근해야 한다고 주장할 뿐이다. 왜냐하면 그러한 자원은 우리가 공동체의 구성원이기 때문에 우리에게 주어진 것이며, 또한 그러한 자원이 우리가 공동체의 완전한 구성원으로서 기능하는데 필요하기 때문이다. 필자가 앞에서 언급한 것처럼, 보편적 정책도 나름의 비판받는 지점이 있다. 보편적 정책을 통해서 재분배가 충분하게 이뤄지지 않으며, 가장 필요가 적은 이들에게 가장 많은 혜택을 준다고 비판을 받아왔다. 하지만 최소 수혜자의 관점에서 형성되고 그들의 필요를 우선적으로 충족시키기 위해 제정된 보편적 정책은 적어도 부족하지는 않을 것 같다. 장애인의 경우가 좋은 사례이다. 인도의 경사로와 개조된 인도는 장애인을 위한 것이지만, 모든 사람이 사용할 수 있으며 장애인의 효용을 줄이지 않으면서도 목적과 취지에 없었던 많은 사람에게 혜택이 된다.

둘리아 개념에 기초한 보편적 정책은 여성이 탈산업사회에서 온전한 시민으로 기능하기 위해 갖춰야 할 필요에서 출발한다. 여성이 유급 혹은 가정 내 의존노동으로 인한 착취의 취약함에서 자유롭게 기능하기 위해, 그리고 그들의 발언이 온전히 울릴 수 있도록 자유롭게 참여하기 위해, 여성은 의존노동자의 필수불가결한 역할과 온전한 시민으로서 그들의 참여의 중요성을 인정하는 보편적 조달(universal provision)에 접근할 수 있어야 한다.

제6장

"내 방식이 아니라, 세샤. 네 방식으로. 천천히."
개인적인 이야기

▍한 아이가 태어났다

장애아가 태어났을 때 가장 중요한 것은 아이가 태어났다는 것이다
(Ferguson and Asch 1989, 108).

여성이 장애아의 엄마가 되었을 때 가장 중요한 것은 한 아이의 엄마가 된다는 것이다. 세샤(Sesha)가 태어났을 때, 아이의 아버지이자 내 인생의 반려자인 제프리(Jeffrey)와 나는 정말 미치도록 우리 아이와 사랑에 빠졌다. 그 때가 1969년이었다. 나는 23살, 남편은 25살이었으며, 우리는 자연분만운동의 개척자였다. 나는 "각성과 자각(awake and aware)"(Lamaze 1956)의 성과를 수확하고 있었다. 힘들게 아이를 세상에 선보인 기쁨과 온 힘을 다한 내 몸을 칭찬하며, 나는 생명의 탄생을 알리는 떨리는 입술을 바라보고 있다. 간호사가 아이를 씻어 내

게 건네주었고 세샤가 나의 품에 안겼다. 흑발 머리에, 미소를 머금은 생명의 얼굴, 그리고 향기로운 핏덩이, 이 아이는 우리 꿈의 성취였다. 우리는 세샤에게 "완벽한 아기"의 모습을 보았다. 생명 탄생의 신비였다. 그 때는 12월 23일이였고, 온 세상이 성탄절 준비에 한창이었다. 하지만 우리는 아기의 희망, 새로움, 아름다움과 탄생을 축하하는 우리만의 성탄절을 보냈다. 내 아이의 탄생 그리고 모든 생명의 탄생은 유일하면서도 보편적이지만 공통적이며 심지어 일반적이기까지 하지만 매 순간이 경이로움이다. 고대하고 고대하던 아이와 함께한다는 환희에 겨워, 아이를 샤워시키던 뉴욕시 병원 창 밖에는 눈이 내리고 있었다. 병원은 내 기분과 기대에 못 미쳤다. 병원 직원은 사무적이거나 미숙했다. 나는 분만 후 바로 우리 아이를 보고 싶었고, 아이가 내 방에서 바로 나와 함께할 것이라고 생각했다. "모자 동실"은 엄격하게 하루 4시간 수유하기 위해 복도와 병동을 지나지 않고 곁에 신생아를 두고 수유를 원하는 여성의 목소리가 반영된 혁신이었다. 나는 하루의 관찰 시간을 지나 내 방에서 아이를 보기를 원했었다. 하지만 24시간이 지났지만 아무도 아이를 데려다 주지 않았다. 왜? 뭔가 잘못된 걸까? 간호사가 내 질문을 피했고, 주변에 의사도 찾아보기 어려웠다. 마침내 누군가가 세샤가 ("일반적이며, 걱정할 정도는 아닌") 황달 기운이 있으며, 원인모를 (일시적인 호흡곤란 증상인) 청색성 심장질환이 관찰된다고 설명해 주었다. 소아과 진료를 받았으며, 괜찮아 보였다. 나도 움직이는 데 이상이 없어 아이와 함께 일정대로 퇴원을 했다. 이 질환이 발병하기 4개월 전의 일이었다.

몇 개월이 지나면서, 나는 서서히 엄마가 되고 있었으며, 세샤도 잘 도와주었다. 제프리와 나는 내가 수유를 특별히 더 맡은 것을 제외하고 양육을 함께했다. 글쓴이가 누군지 기억나지 않지만, 아이 양육에 있어 엄마의 양육에 상반되는 조언을 한 양육지침서가 있었다. 그 책은 아이에게 수유하는 일을 제외하고 아빠가 엄마를 돌볼 것을 권장했다. 이렇게 할 때 엄마의 회복을 도와주며, 평온한 조건과 심리적 상태에서 아이를 수유할 수 있게 된다는 것이다. 이 지침대로 할 수 있게 되어 나는 정말 운이 좋았다. 사실, 당시 나는 이러한 조언이 심오한 원칙을 포함하고 있다는 확신을 내가 갖게 될 것이라는 점을 알고 있었다. 즉, 양육자 자신이 피해받지 않으면서도 좋은 양육을 제공하려면, 양육자가 자신이 보살핌을 받아야 한다는 원칙이다.[1] 이러한 조언은 평등주의적 결혼의 이상과 내가 제프리와 함께했던 양육으로 구체화되었다.

제프리와 나, 우리 둘 모두는 이러한 양육방식을 받아들였으며, 우리 아이와 너무나 행복했다. 세샤는 많이 울지 않았으며, 밤에는 내 품에서 잠들었고, 낮에는 먹고 자고 (비록 내가 생각한 것보다 활동량이 못 미치기는 했지만) 했다. 세샤가 잠을 많이 자기는 했지만, 깨어있었을 때 세샤는 똥그란 눈망울로 주변의 모든 것에 경계하며, 궁금한 듯 호기심에 가득 찬 표정이었다. 4개월 쯤 지나자 세샤는 아름답고 잘 따르며 사랑스러운 어린 아기가 되었다. 단지 새로운 "기법"을 하지는 않았다. 친구들과 친지들이 어린 천재를 어떻게 키우겠냐고 물었을 때, 우리도 궁금했지만 별로 해준 답은 없었던 것 같다. 하지만 나는 이렇게 어린 내 아이가 그렇고 그런 어리석은 경쟁에 파묻혀 지내는 데 관심이 없었다. 누구나 할 수 있는 근심걱정은 그 당시 내게는 소귀에 경 읽기였다. 나는 내 삶의 새로운 시기를 내 새끼와 배우자와 함께 끌고 가는 행복한 엄마였다. 하지만 정확히 4개월 째였다. 아이의 비정상적인 비율이 점점 늘어나 우리를 삼키고 모성의 행복 여행을 간섭했다.

이 시기 세샤와 비슷한 또래 아이가 있는 친구가 찾아왔고, 우리는 두 아이의 발달 상태가 눈에 띌 정도로 달라서 놀랐다. 내과의사 친구가 내게 소아신경과를 찾아가 보라고 했다. (우리가 찾아다녔던 소아과 의사는 세샤가 목을 가누지 못하는 것은 부모 중 한 사람의 머리가 클 경우 유전으로 아이의 머리가 커서 목을 가누지 못할 수 있으니, 집에 가서 남편의 머리 크기를 재보라 했고, 우리는 줄자로 남편의 큰 머리 크기를 재보며, 그럴 수 있겠다고 생각했다. 솔직히 알리고 전문의에게 진찰을 받도록 해야 할 책임을 회피하는 이 의사의 비겁함!) 찾아간 신경외과 전문의는 세샤에게 심각한 장애가 있다는 사실을 2년에 걸쳐 서서히 알려주었다. 이전 소아과 의사와 대조적으로 이 의사는 친절하면서도 책임을 회피하지 않았다. 그는 가짜로 우리를 안심시키지 않았다. 그러나 세샤의 큰 장애를 서서히 파악할 수 있도록 도와준 지속적인 노력에도 불구하고, 서부에 있는 유명한 소아 신경과 의사를 방문했을 때 우리는 좌절했다.

세샤가 6개월일 때, 어느 아이와 진배없이 여전히 말 잘 듣고 사랑스럽고 귀여운 아이였다. 잘 태운 피부와 외모의 의사는 간단히 우리 아이를 검진했고, 주저없이 세샤가 심각한 지체장애이며, 계속 그렇게 지내야 한다고 -잘해야 중증상태인- 얘기해 주었다. 의료적인 진단과 예측에 있어서 그는 신뢰할 수 있는 의사였지만, 가혹한 소식을 접한 부모에게 접근하는 방식에 대한 그의 이해는 또 다른 문제였다. 2개월 동안 우리를 삼켜버렸던 걱정이 이제 정점을 향했으며, 세상이 우리에게 가혹할 수 있는 극한의 힘에 밀려 절벽으로 몰리는 느낌이었다. 샌프란시스코 호텔에서 내가 얼마나 아팠는지 잊지 못할 것이다. 한 모금도 소화시킬 수 없을 정도로 내 몸의 균형은 완전히 무너져 있었다. 남편은 심지어 내가 아플 때에도, 세샤와 나를 보살펴야 했다. 하늘이 무너지는 소식을 접한 부모를 대하는 잔인하고 무감각한 방식은 계속해서 들려오는 것 같았다. 또 다른 이야기이다. 예후에 따른 암담함의 고통은 둔감하고 무감각한 의사에 대한 분노로 악화되었다. 우리의 경우 처음으로 만난 인간적인 의사가 미심쩍은 부분에 대해 한 번 더 진찰을 권할 때에도 우리는 거의 비슷한 경험을 하게 되었다. 우리는 지금 지옥으로 향하고 있으며, 산을 다시 오르는 -이 심판에 따라 살아갈 방법을 찾는 어떤 균형을 찾아 고행을 준비해야 한다고 생각했다. 그러나 세 번째 소아 신경과 전문의를 만났을 때, 단 5분의 검사로 세샤의 지체가 심각하고 "썩은 사과 하나가 사과나무를 망치지 않기" 때문에 다른 아이를 가져 보라는 조언을 들었다. 거의 20년이 지나 내가 이 글을 적으면서, 나는 여전히 인간에 대한 공감 능력이 전무한 그 의사의 전문성 -단지 신경 장애를 제외하고- 에 대해 의아한 생각을 금할 수 없다.

세샤는 정상적인 생활을 할 수 없다. 첫 번째 의사의 진단을 확인하기까지 검사와 진료에 일 년이 더 흘렀다. 세샤의 장애 정도를 완전히 받아들일 수도 완전히 알 수도 없었지만, 몇 가지는 분명했다. 세샤의 장애는 퇴행성 장애가 아니었고, 우리는 그 사실을 다행으로 여겼다. 하지만 최악의 두려움은 세샤의 장애가 '지적 장애를 포함한다는 점이다. 부모인 우리는 지적 작업을 하는 사람들이었다. 필자는 철학을 삶으로 살고 있다. 추론하고, 이해하고, 성찰하는 것은 내게 아무런 문제도 아니다. 이것은 숨 쉬는 공기와 같은 것이다. 정신적인 부분을 같이 하지 못하는 딸을 어떻게 키운다는 것일까? 만일 내 인생이 사유에서 인생의 의미를 갖는다면, 세샤 인생의 의미는 어떤 것일까? 하지만 지금까지도 세샤를 포기하거나, 위탁하거나, 내가 사랑하는 아이를 직접 키운다는 생각 말고 다른 방식으로 키우겠다는 생각은 단 한 번도 한 적이 없다. 세샤는 내 딸이고, 나는 세샤의 엄마이다. 이 점이 가장 근본적인 것이다. 세샤의 장애는 결코 세샤에 대한 내 사랑을 줄어들게 하지 못했다. 오히려 세샤의 장애가 영향을 미쳤다면 세샤에 대한 내 모성을 더욱 강하게 만들어 주었다. 세샤는 매우 취약했다. 세샤는 그만큼 많은 보호를 필요로 했으며, 세상의 조롱, 위험, 무관심, 그리고 세샤의 인류애와 세샤를 이해하지 못하는 모든 것에서 세샤를 구호해 줄 사랑을 필요로 했다. 우리는 그 당시 세샤가 우리에게 얼마나 많은 것을 가르쳐 줄지 모르고 있었지만, 우리는 무언가를 배우고 있다는 점은 이미 알고 있었다. 우리가 믿고 가치를 두는 것, 우리 -내가- 가 생각했던 것은 인간성의 핵심이며, 사고와 이성적 역량은 결코 아니었다.

▎ 27살 세샤의 자화상

이안(Ian)의 유머감각은 이안을 만든 부분이지만, 이안을 지체장애로 만드는 부분은 아니다. 이안의 인지장애가 유머감에 도움이 되었음에도 불구하고, [이점은] 차이의 관용을 넘어선다... 아이의 개성을 인정할 정도로(Ferguson and Asch 1989, 112).

나는 깨어 있었으며, 세샤의 옹알거림과 킥킥거리는 웃음이 반쯤 깨있던 내 의식을 관통한다. 짝짝짝 박수소리. 세샤는 "사운드 오브 뮤직(The Sound of Music)"을 듣고 있었다. 세샤를 23년 간 돌봐온 페기(Peggy)는 세샤에게 다가갔고, 세샤는 페기에게 손을 뻗어보려 했지만 거의 할 수 없었고 페기에게 세샤만의 키스를 한다. 입을 살짝 벌리고 위 치아로 가볍게(가끔 가볍지만은 않은) 볼을 누를 때, 흥분과 행복감의 숨소리와 함께 양팔로 목을 껴안는다(운이 좋을 때이고, 운이 없을 때는 팔을 들어 머리털을 감아서 얼굴을 입으로 당긴다). 세샤의 키스는 아주 유명하다(준비하고 있지 않으면 아플 수도 있다).

세샤가 키스와 포옹을 배우기까지 거의 12년이 걸렸다. 이건 아주 큰 성취다. 나이로만 따진다면 세샤는 이제 숙녀이다. 신체적으로 세샤는 어린 10대이다. 키는 크고, 홀쭉하고, 다리도 날씬하며, 아름다운 짙은 갈색 눈빛, 고상해 보이는 짧고 노란 반곱슬 머리와 수줍은 미소를 짓고, 고개를 갸우뚱 숙이고, 아주 기분 좋을 때는 고개를 뒤로 젖히며 환하게 웃는다. 세샤는 태어날 때부터 소녀처럼 예뻤으며, 이제 숙녀 티가 난다. 다소 꼬인 몸과 (학교에서 잃어버린) 몇 개의 앞니를 대신한 의치, 그리고 인지장애를 통해 발산되는 세샤의 사랑스러움은 빛이 난다. 사람들이 세샤를 직접 만나거나, 사진으로 보면 다들 예쁘다고 감탄한다. 나는 항상 세샤가 정말 아름다워 보이며, 그래서 사랑스러운 세샤 때문에 언제나 감사하게 생각한다. 피부는 보들보들하고, 눈은 초롱초롱하며, 숨소리는 새근새근하고, 영혼은 다정다감하다. 그녀의 영혼이.

아니 세샤의 사랑스러움은 피부 한 꺼풀이 아니다. 어떻게 말할 수 있을까? 어떻게 설명해야 할까? 환희. 환희의 원천이랄까? 음악이 흐를 때 세샤는 종알거린다. 엘비스 프레슬리의 "러브 미 텐더(Love Me Tender)"를 들을 때면 눈동자가 꿈을 꾸는 듯해 보이곤 하며, 베토벤의 9번 교향곡 합창을 들을 때는 세샤의 영혼이 흥분되고, 기쁨의 키스와 쓰다듬기를 차례로 한다. 스피노자는 환희를 자기보존(self-preservation)을 가능케 하는 권력의 증가로 설명했는데, 그 설명에 따르면 세샤의 환희는 매우 잘 보존된 자아라고 볼 수 있다. 하지만 세샤는 매우 제한적이다. 말을 할 줄 모른다. [우리가 생각하기에 "사랑해요(I love you)"] "알루(Aylu)"라고 이따금 말하긴 하지만 "엄마(Mama)"라고 하지 못한다. 다른 도구를 가르쳐 봤지만, 세샤는 손가락만 빨 수 있다. 가끔 컵으로 물을 마신다(다 흘리기도 한다). 세샤는 용변 볼 때 "시간 훈련"을 받아야 한다. 이는 아직 기저귀를 사용해야 한다는 의미이다. 비록 다섯 살이 되어 걷기 시작했지만, 혼자서 걷지 못하며 휠체어를 타고 다닌다. 심각하지는 않지만 뇌성마비가 있다.

세샤는 측정할 만한 지능지수(I.Q.)가 없다. 소위 "발달지체"로 성장해왔다. 여기서 지체란 발달속도가 느리지만 언젠가는 발달될 가능성을 갖고 있다는 의미이다. 이것으로 끝이 아니다. 그녀는 대부분의 능력을 발달시킬 수 없다. 그러면, 세샤가 "식물"인가? 이 용어를 세샤에게 적용하면 우스워진다. 왜냐하면 세샤에게는 식물적인 것이 없기 때문이다. 그녀는 완전한 사람이지 식물이 아니다. 인간의 가능성과 능력의 폭과 범위를 고려할 때, 세샤는 제한적인 스펙트럼을 차지하지만 가장 주요한 능력을 갖추었기 때문에 그렇게 잘 지낸다. 그것은 사랑과 행복에 대한 능력이다. 이러한 능력은 세샤를 돌보고, 사랑하고 세샤의 좋은 삶에 마음을 쓰고 있는 우리가 그녀에게 깊고 끈끈한 애착을 형성할 수 있도록 해준다. 다른 아이에게는 동전과 현금이 필요하지만, 세샤는 사랑이면 된다. 이것은 세샤가 받고 싶은 것이며, 이것이 세샤가 주고받고 싶은 것이다.

중증장애아의 도전과 엄마품 같은 돌봄의 가능성에 대해
어머니께서는 세샤가 태어나고 몇 개월 동안 도와주셨다. 어머니는 따스함과 정감이 있는 분이다. 기적적으로 홀로코스트에서 생존하신 분이며, 심리적인 후유증도 없으시다. 아이를 좋아하시고, 특히 갓난아이를 좋아하신다. 나는 무남독녀였기 때문에, 나만이 어머니께 손녀를 안겨드릴 수 있었다. 세샤는 어머니와 아버지 쪽 모두의 첫 번째 손녀가 되었다. 할머니 할아버지 모두 세샤의 탄생에 감격스러워 하셨고, 세샤가 지체아일 수 있다는 소식에 몹시 슬퍼하셨다. 우리가 알고 있는 가슴 먹먹한 예후(prognosis)를 부모님들께 서서히 알려드리려 마음먹고 있었다. 남편과 내가 모두 바쁘거나 밤을 새워 대학원 논문을 써야할 때, 어머니께서 세샤를 데려가 돌봐주셨다. 우리는 우리가 겪었던 고통을 겪지 않게 해드리기 위해서, 부모님을 병원에 절대 모시고가지 않았다. 그러나 이는 결국 성공하지 못했다. 어머니께서는 운명의 병원 방문을 하셨고, 세샤의 뇌에 미친 외상의 증후를 모두 파악하셨다. (여전히 세샤의 장애원인은 불명이다 -선천성 심장질환의 원인은 다른 손상이나 선천성 문제의 원인이거나 영향일 수 있다고 한다). 어머니는 돌아오셔서 그녀만의 단호한 어법과 몸짓으로 세샤를 시설로 보내라고 하셨다.

세샤의 일생 일 년 반 동안 겪었던 어떤 일보다도, 심지어 세샤가 장애가 있다는 것을 알게 된 사실보다도, 내가 인생에서 가장 사랑하는 어머니의 입에서 그런 말씀을 듣는 것만큼 고통스러운 것은 없었다. 내게 엄마가 된다는 것, 아이를 사랑한다는 것, 생명을 보살피고 보듬고 키우는 기쁨에 설레는 것, 아이를 위해 희생하는 환희를 내게 가르쳐 주시던 분이었다. 모범적으로 모성을 가르쳐 주셨던 어머니께서 내게 아이를 포기하라는 말씀을 하셨다? 내가 만일 "심하게 아팠으면" 나를 시설에 보내셨을 수도 있었겠네? 분명, 이걸 의미하지는 않으셨을 것이다. 하지만 아니었다. 어머니는 **내가** 이 아이를 내 인생 밖에 **두어야 한다**는 게 옳은 일이고 그런 확신을 갖고 단호히 **말씀** 하셨다. 나를 미치게 만들었다. 나는 이해할 수 없었다. 내게 어머니와 그녀의 사랑은 홀로코스트의 장면과 이야기를 연상시킬 뿐이었다. 절룩거리기만 해도 사형집행(장애가 조금이라도 있으면 사형집행 영장이었던)

이나 다름없었던 참담한 시기의 시대적 한계라고 생각하기 때문에, 이제는 묵인할 수 있다. 물론, 자식의 행복만을 생각하는 사람처럼 어머니는 그렇게 행동하셨다. 나는 이제 어머니가 이 아이가 자식의 인생을 망칠 것이라 생각하셨다는 점을 이해하지만, 어머니는 그녀 자식에 대한 모성애를 초탈할 수도 없었으며, 그 생각을 내게 투영할 수도 없었다. 나에 대한 그녀의 관심과 어머니로서의 사랑을, 나도 세샤에게 갖고 있다는 것을 깨달았다. 나는 여전히 그녀에게 아이이며 딸이었지, 딸을 가진 엄마로는 보이지 않았을 것이다. "그녀도, 또한 한 엄마의 아이"라는 것을 내게 가르쳐준 어머니는 그녀의 아이 또한 엄마라는 사실을 이해하지 못했다. 똑같이 생각하지 못한 점이 내 어머니의 실수였다.

하지만 나의 분노와 실망 또한 자식에 대한 내 마음과 똑같이 나를 생각하는 어머니 마음에 대한 이해부족 때문이기도 하다. 이제 다시 생각해보면 어머니의 대응이 얼마만큼 잘 알지 못함(알고 있다 하더라도 매우 다른 환경에 처한)에 대한 두려움 때문인지, 얼마만큼이 장애에 대한 낙인 때문이었는지, 얼마만큼이 딸아이가 겪을 모성적 고초에 대한 거부감 때문이었는지 궁금해진다. 시간이 흘러, 어머니도 세샤와 좋은 삶을 만들어 갈 수 있다고 생각하시게 되었고, 할머니의 따뜻한 사랑으로 세샤를 감싸주시기 시작했다. 그리고 또 시간이 흘러, 어머니를 용서하게 되었고, "세샤를 들이지 말라"고 고집을 부리실 만큼 나에 대한 어머니의 뜨거운 사랑이 어느 정도였는지를 감사하게 생각한다.

이 때가 1970년이었다. 부모들은 지체아동을 시설에 맡겼다. 세샤의 일은 뉴욕주 윌로우브룩(Willowbrook)*의 참상이 드러나기 전 일이

---

* [역자 주] 1970년대 미국 뉴욕주에 위치한 발달장애 아동과 성인을 수용하는 윌로

었다. 사실 지체 아동시설의 참상이 드러났다고 하더라도, 윌로우브룩 만큼이나 놀랍거나 주목받지 않았더라면, 발달장애 아이를 시설에 위탁하기를 주저하는 이에게 여전히 냉랭한 시선이 향했던 시대였다. 우리는 세샤를 돌볼 수 있는 충분한 자원(가정의 유복함으로)을 가지고 있었지만, 만약에 그렇지 않았다면 과연 어떻게 생각했었을지 생각조차 하기 싫다. 내가 갖고 있었던 공공시설에 대한 인상은 쓰레기 하역장이었다. 어떤 물질적 지원도 돌보는 사람에게 "돌봄"이라 생각할 만큼의 선택권이 주어지지 않았다. 사설시설은 그 정도는 아니었지만, 재정적·심리적·감정적 여러 이유로 지체 아이를 가정에서 키우겠다는 도전을 할 수 없는 가족에게는 눈물나는 일이었다. 하지만 내 심장과 마음 어디에서도 대안이 될 만한 곳을 찾지 못했으며, 남편 역시 나와 똑같은 생각이었다.

아이를 포기하는 건 불가능한 일이었다. 그것은 내가 아는 모성이며, 적어도 내가 선택한 모성이다. 당신에게 아이가 태어났다. 이 아이는 당신의 대상자이다. 당신 인생을 통해 이 아이를 돌보고 양육하고 사랑하는 것이 성스러운 당신의 책임이다. 이것이 "모성적 본능"일까? 이 단어의 의미는 잘 모르겠다. 어머니가 되는 모든 여성은 그렇게 생각할까? 분명 그렇지는 않다. 문화적 산물일까? 그렇다면 다양한 문화와 많은 역사적 시간 속에서 구성된 신념이다. 아마도 이러한 헌신은 오히려 모성이 가능한 ―다양한 조건의 서로 다른 문화에서 실현되고, 단일 문화 혹은 단일한 역사적 시기에서 다르게 실현되는―

우브룩(Willowbrook)이라는 대형시설이다. 1972년 당시 한 인권운동가는 학생인 것처럼 가장을 하고 시설을 방문해 언론사에 자기가 목격한 것을 보고했다. 장애 아동들이 벌거벗은 채로 내동댕이쳐져 있고, 얼굴과 바닥은 오물로 덮여 있고, 음식을 빨리 먹도록 강요당하는 장면이 담겨 있었다. 이 사건을 계기로 장애인 탈시설화의 공감대에 대한 논의가 촉발되었다.

조건이다. 그것은 출산으로만 받는 영감이 아니라 입양으로도 받는 영감이며, 일단 이 아이가 "당신의" 아이가 되면, 그 순간 당신은 엄마가 되고 그 유대에서 차오르는 의무감은 모든 의무 중에서 가장 준엄한 것이다. 당신에게 생존, 성장 그리고 발달을 의지하는 아이의 안녕에 헌신하는 것이다. 이 사회적 존재[2]는 원칙적으로 (온전히는 아닐지언정) 당신의 책임인 것이다.

중중장애아의 탄생은, 엄마품 같은 돌봄(mothering)을 가능하게 하는 조건인 헌신의 한계를 시험한다.[3] 이는 역경과 같은 어떤 어려운 처지에 처해 있는 여성에게 해당될 수 있다. 필자에게 있어서 이렇게 느끼는 확신은 매우 근본적이어서 하나의 척도가 된다. 불리한 정치적·경제적·사회적 조건 때문에 엄마품 같은 돌봄을 실현하기 어려운 조건이라면, 그 여성은 부정의를 대면하는 것이다. 나는 엄마품 같은 돌봄을 제공할 수 있는 필요조건, 다시 말해 엄마품 같은 돌봄이 가능한 조건을 실현하는 것이 "정의의 여건" 중 하나를 구성하는 것이라고 확신한다.[4] 세상의 많은 여성이 중중장애아의 엄마가 되겠다는 선택 앞에 놓인 무시무시한 장벽에 직면한다. 나는 장애아의 엄마가 되지 않겠다는 선택을 한 여성을 판단하는 것이 아니다. 나는 운이 좋아 확실한 도덕적 선택을 할 수 있었다. 우리의 도덕적 선택은 나와 아이의 아빠가 아이의 운명을 알지도 못하는, 간절하지만 공허해지는 우리의 애원만이 허락되는, 어떤 낯선 사람의 친절에 맡기지 않겠다는 원칙적이면서도 심장이 묵인하는 확신을 지켜가겠다는 것이었다.

엄마품 같은 돌봄의 분담: 돌봄의 의존노동

> 엄마들은 정신적으로 지체된 아이를 무능력하고 무력한 것과 같이 인식하여 더욱 심각한 고난으로 이해한다(Wikler 1986, 184).

세샤의 개방적이고 다정다감한 성격은 선물이다. 자폐아에 대한 비교연구에서 연구자들이 찾아낸 사실은 "모성의 돌봄제공자 역할을 하는 엄마의 열정과 능력은 정감없고 표현하지 **않는** 발달장애아로부터 부정적인 영향을 받는다"는 것이다(Wikler 1986, 184, 필자 강조). 또한 연구자들은 "불능하고 무력함"의 정도가 클수록, 엄마의 부담이 더 커진다고 지적한다. 27개월이 아니라 27년 동안 세샤를 돌보고, 세샤 일상과 의료적인 필요를 충족시키고, 세샤의 필요와 바람을 해석하는 것은 상당한 도전이었다.

나는 세샤를 돌보기 위해 누군가를 고용하고 싶지 않았다. 부모의 역할을 나눠서 세샤를 돌볼 수 있고, 다른 일도 할 수 있을 것이라 생각했었다. 얼마 안가 그것이 틀린 생각이라는 것을 깨달았다. 아이 돌봄과 가사 의무에 더해 부모가 각자의 일이 있는 모든 가정은 아이 돌봄을 위한 도움이 필요하다. 미국처럼 풍요로운 나라에서 돌봄을 위한 도움이 제공되지 않는다는 것은 부끄러운 일이며, 미국의 페미니즘이 여성의 문제를 진전시키려는 노력과 노동시장에서 여성의 급속한 증가에도 불구하고, 여성의 가장 기본적인 이러한 권리문제에 대해 지속적이고 투철하게 싸우지 않았다는 점 또한 부끄러운 일이다.

만일 세샤가 정상적인 아이였다면, 나는 모성과 다른 일에 **동시에** 투신하는 필자 같은 (어떤 경제적 필요 때문이 아니라) 새로운 수요를 충족시키기 위해, 1970년대 설립되고 있던 주간 아이돌봄 프로그램을 찾아 다녔을 것이다. 하지만 세샤는 다른 어린 아이처럼 쉽게 놀 수 없다. 강한 자극이 필요했다. 세샤는 모든 걸 입에 가져갔다(지금까지 계속 그런다). 세샤의 집중력은 오래가지 못한다. 장난감을 갖고 놀기를 기대하면 금세 먼 산을 바라본다. 세샤가 계속 자극 받도록 하는 것은 힘든 일이었다.

세샤는 발달지체인을 위한 시범사업에 잠깐 등록했었다. 처음 5개월 동안 놀라운 발달 속도를 보였다. 하지만 세샤의 경우는 필자가 읽었던 많은 사례와는 달라서,[5] 계속 발달하는 사례는 아니었다. 동일한 프로그램을 몇 년 이상 참여했지만, 나아지는 정도가 점점 줄어들었다. 이러한 특별 교육이 많은 다른 장애아의 경우에는 해당될 수 있었겠지만, 세샤의 조건과 세샤의 필요는 너무 달랐다.

아이돌봄에 필요한 내용은 다른 엄마들과 함께 공유할 수 있었던 반면, 세샤의 심각한 장애 정도로 인해 집에서 상주하는 도움에 의존하게 되었다. 좋은 돌봄을 찾는 것은 힘든 일이었다. 분명, 누군가는 세샤의 몸을 살피지 않거나, 바람을 상하게 하거나, 잠재력에 개입하거나, 감성 −세샤는 교류와 교감 활동을 하는 데 필요한 언어와 그밖의 다른 역량이 부재하기 때문에, 그녀의 감성은 다른 사람과 자신을 연계시키는 가장 효과적인 수단이다− 에 대응하지 않거나 귀 기울이지 않고, 단지 세샤의 신체적인 수발만을 하는 형식적인 "돌봄"을 해 줄 수 있다.

어떤 경우에는 훌륭한 도움과 어떤 경우에는 못 미치는 도움으로 세샤의 돌봄이 채워졌다. 한 젊은 여성으로부터 세샤와 같은 예민한 아이에게 접근하는 것은 예술가적 재능과 섬세함이 필요함을 배웠다. 일반적으로 아이돌봄은 수위 아저씨의 일 만큼 특별한 기술이 필요 없는 일로 인식된다.[6] 만일 훌륭한 아이돌봄 노동자가 아이와 함께

하는 모습을 본다면, 여성의 가장 오래되고 가장 보편적인 노동에 대한 저평가를 부끄럽게 생각하게 될 것이다. 하지만 세샤를 돌보겠다고 다짐하는 것은 심장을 한 아이에게 내줄 수 있는 능력이 필요하다. 왜냐하면 이 아이는 끊임없는 돌봄필요의 단계를 넘어 성장하지 못하기 때문에, 떼어낼 수 없는 유대와 의무에서 당신을 놓아주지 않기 때문이다. 재능있는 많은 돌봄제공자를 겪었지만, 장시간 세샤의 돌봄필요에 헌신할 수 있는 사람을 찾기란 어려웠다. 세샤를 돌보는 것은 강도 높은 노동이며, 그러한 돌봄을 가능하게 하는 관계 또한 이미 그만큼 강도가 높다.

장애아돌봄에 관한 문헌을 보면, 필자가 "의존노동자"라 부르는, 즉 (기본적인 필요를 직접 해결할 기능이 전혀 없는 의존인의) 가장 기본적인 필요를 위해 직접 수발하는 사람 군(群)에게 보이는 별다른 관심을 찾을 수 없다. 아마도 상대적으로 어머니가 장애아에 대한 의존노동을 거의 다 하기 때문에, 어머니가 아닌 의존노동자의 이야기는 매우 적을 수 있다. 혹은 장애인과 장애인의 가족에 대한 관심을 보이는 많은 문헌도 장애인과 그 가족과의 삶에 있어서 의존노동의 중요한 역할에 여전히 둔감하기 때문일 수도 있다. 장애를 다루는 많은 영웅담에서도 의존노동자는 보이지 않는 무대 담당자로 남아있을 뿐이다.[7] 이러한 단상이 의존노동과 장애아에 대한 모성의 관계, 의존노동과 장애의 관계, 그리고 의존노동자와 장애인과의 관계에 대한 보다 많은 논의를 촉진시켰으면 하는 바람이다.

페기와 함께 지내다

남편과 평등하게 세샤를 보살피는 방식에서 전문적인 시간제 돌봄으로 점차 바뀌면서, 남편과 나는 정확한 용어는 아니지만 "분담된 엄마품 같은 돌봄(distributed mothering)"이라 부르는 모델로 전환했다.[8] 나는 세샤의 하나 밖에 없는 엄마다. 하지만 실제로 세샤를 돌보는 엄마품 같은 돌봄은 여러 사람에게 분담되었다. 즉, 세샤의 아빠, 다수의 돌봄제공자, 그리고 페기이다.

세샤가 4살 때 한 여성이 우리와 함께 지내기 시작했다. 언제 어디서 세샤와 함께할 사람이 나타날지 모르던 나날이었지만, 페기가 그 사람이라는 것을 우리는 바로 알았다. 그녀는 우리에게 관심이 없었다. 그녀는 세샤와 인터뷰를 했다. 하지만 그녀는 일을 잡으려 하지 않았다. 페기는 세샤를 돌보는 것이 필연적으로 매우 어려운 일임을 두려워했다. 우리는 페기에게 부탁도 하고 봉급도 올려 주었다. 페기는 소개소에서 시험적으로 한 번 해보라고 종용하지 않았더라면 절대 이 일을 잡지 않았을 것이라고 후에 내게 말해 주었다. 한 주가 끝날 때 쯤, 이미 페기는 이 일은 그만두기에 너무 늦었다는 것을 알았다고 말했다. 세샤는 그녀 나름의 방식으로 페기의 마음속까지 닿는 모종의 길을 뚫었으며, 23년이 지나 페기는 내게 다음과 같이 말했다.

> 센트럴 파크(Central Park)에서 세샤와 함께 있을 때, 러스크(Rusk)(세샤의 발달 프로그램을 맡았던 뉴욕대 진료센터 부설 재활기관인 러스크 기관) 직원이 지정해준 보행 연습을 하고 있었어요. 세샤와 보조를 맞추며 세샤의 걸음 연습을 시키고 있었죠. 세샤를 보행기에 앉히고, 저도 공원 의자에 앉아 있었어요. 저는 너무 지쳐서 힘이 다 빠져 있었어요. 내가 이 일을 계속 할 수 있을지 생각했죠. 내가 어떻게 이 일을 할 수 있을까? 세샤를 내려 보았을 때, 세샤가 작은 머리를 보행기 앞뒤로 따라가며 위 아래로 흔드는 것을 봤어요. 세샤가 뭘 하고 있었는지 몰랐죠. 세샤의 눈동자가 무엇에 고정되어 있었는지 알아차릴 때 까지는요. 낙엽을 보고 있었던 거예요. 낙엽이 떨어지는 걸 계속 응시하고 있었던 거예요. 저는 중얼거렸죠. "당신이 내 선생님이네요.

세샤. 이제 깨달았어요. 내 방식이 아니라, 당신 방식으로. 천천히" 그 이후로, 저는 제 자신을 완전히 세샤에게 건네주었어요. 유대가 형성된 거죠.

노동으로서의 돌봄과 관계로서의 돌봄 간의 관계를 서술하면서, 사라 러딕(Sara Ruddick)은 이 같이 말한다. "[돌봄] 노동은 돌봄을 주고받는 사람의 관계 속에서 그리고 그 관계를 통해서 구성된다"(Ruddick 근간). 위 이야기만큼 이를 잘 보여주는 장면도 없다. 그리고 모성역할의 일과 돌봄에 대해서 생각이 필요함을 -러딕의 용어를 빌리자면 "모성적 사고"- 위 이야기만큼 잘 이해하는 것도 없다. 세샤가 누구이고 세샤가 세상을 어떻게 보는지에 대한 통찰을 통해서, 관계가 화학적으로 하나가 되면, 그것이 돌봄노동 그 자체를 가능하게 만든다. 이러한 관계로 융합된 돌봄노동은 둘 간의 관계를 끌어올리며, 모성애의 유대만큼 견고하게 만든다.

필자가 이 글을 쓰는 지금, 훨씬 나이가 든 페기는 여전히 나이 들어가는 세샤를 예전과 다름없이 돌보고 있다. 하지만 페기와 세샤가 나이가 드는 것처럼, 인간은 육체적 노동이라는 측면에서 돌봄의 한계를 느낀다. 돌봄관계는 "노동의 '과도함'"에 다다른다(Ruddick, 근간). 부모인 우리, 페기, 그리고 세샤가 이해한다면 세샤에게도 이것은 어렵고 고단한 일이다. 페기없는 세샤의 미래는 매우 나를 어렵게 만든다. 우리가 단지 그녀에게 의지하고 있어서가 아니라, 세샤의 삶에서 세샤와 페기의 관계가 사라진다는 생각을 내가 참을 수 없기 때문이다.

이것은 무슨 관계인가? "뭐라 말할 수 없는 관계"라 예전에 내 아들이 얘기했었다. 왜 누구도 이런 관계에 대해 이야기하지 않았을까? 우리 가족이 독특할 정도로 특권을 누린다고 할 수 있을까? 무엇보다 세샤를 돌봐줄 평생의 동무이자 돌봄제공자를 만났기 때문에 누릴 수 있는 특권일까? 세샤와 이 관계가 내게 엄마품 같은 돌봄에 대해 가르쳐 준 것은 무엇일까? 한편으로 그러한 특권이라는 관점에서 배우고 일반화시킬 수 있는 것과, 다른 한편으로 비정상적인 것은 어떤 것일까? 필자가 특별히 장애에 대한 글을 접하게 되면서, 세샤의 상태가 얼마나 극심한 정도이며 세샤의 발달장애와 한계가 어느 정도 인지를 이해하게 되었기 때문에, 우리에게 세샤는 그냥 우리 딸이라 부르는 세상에 하나 밖에 없는 세샤이다.

머지않아 페기뿐만 아니라 세샤의 아빠와 엄마도 세샤가 필요로 하는 모든 돌봄을 충족시키지 못할 것이고, 우리는 다른 사람 -이들 중 대부분은 세샤와 함께 했었던 사람이다- 이 필요할 것이다. 세샤에게 이것은 마을을 하나 만드는 것보다 오래 걸리는 일이다. 세샤가 나이가 들면서, 우리는 전문직 종사자로서, 우리 아들의 부모로서, 여가를 즐기는 사람으로서 점점 더 많은 도움이 절실히 필요하다. 우리는 감사와 충만 그 자체를 위해서라기보다, 우리 주변 사람들의 삶을 위해서도 그렇지만, 세샤의 막대한 돌봄필요가 없었더라면 누렸었을 만족감에 대한 분노 없이 세샤를 사랑할 수 있기 위해서 감사와 충만이 필요하다. 달링(Darling 1988, 144)은 다음과 같이 말한다. "사회의 다른 부모처럼,"

> 장애아의 부모도 "정상" 생활을 희망한다(Birenbaum 1970, 1971). 그들은 적어도 초기에는 그들의 아이가 장애 없는 아이와 동일한 교육기회와 의료지원을 받을 수 있을 것이라 생각한다. 그들은 직업을 계속 유지하고, 가족과 친구들과 함께 여가 및 사회활동에 계속 참여하며, 그들과 유사한 경제 계층에 있는 다른 이들과 마찬가지로 재정적 안정을 계속 찾을 수 있기를 소망한다. 이러한 소망이 충족되지 않았을 때, 그들은 속았다는 기분이 들게 된다.

이러한 기대는 부모가 된다는 것에 대한 기대이기 때문에, 이러한 기대에는 매우 깊은 무언가가 있다. 이러한 기대는 장애아가 태어났다고 달라지지 않는다. 아마도 아이에게 심각한 장애가 있을 때 이 같은 기대가 충족되지 않을 수 있다는 두려움 때문에, 일부 부모는 아이를 시설에 데려가고자 할 것이며, 신생아 검사결과가 심각하게 좋지 않을 경우 잠재적인 부모가 유산을 선택하도록 영향을 미칠 것이다.

세샤를 돌봐주는 사회적 방법이 없는 실정에서, 분담된 엄마품 같은 돌봄으로의 전환은 속았다는 심정으로 상처받지 않기 위한 예방접종일 뿐만 아니라, "정상적인" 아이가 있는 부모의 삶과 비슷한 삶을 살 수 없다는 격분과 비통함에 대한 예방접종의 역할을 했다. 물론, 타협과 희생은 있었다. 우리의 기동성에는 한계가 있었으며, 세샤의 돌봄에 대한 상당한 재정적 비용이 들었다. 세샤가 아플 때(세샤의 장애는 의료적으로도 세샤를 취약하게 만든다) 우리의 생활은 멈춘다. 엄마품 같은 돌봄을 분담하는 것은 의심의 여지없이 짐을 더는 것이다. 하지만 분담된 엄마품 같은 돌봄은 그 자체로 내가 기꺼이 지불하는 물질적 비용을 훨씬 초과하는 비용을 갖는다. 심각한 중증장애아를 가까이서 돌보며 친밀함을 **함께 나누는** 것은, 뭉개진 발톱과 실망한 마음으로 가득차지만 그 자체의 희열과 보상이 있는 미묘하고 섬세한 춤을 함께 하는 것과 같다.

페기와 나

페기와 나는 매우 다른 환경에서 자랐지만 서로 많이 다르지 않은 요소로 만들어진 두 개의 금속과 같다. 페기는 나보다 10년 1개월 연장자이다. 페기는 2차 대전 전에 태어났으며, 아일랜드(Ireland)와 브리튼(Britain)에서 젊은 시절을 보냈다. 나는 2차 대전 후에 태어났으며,

경제 호황 시절 스웨덴과 미국에서 성장했다. 우리 둘 다 이민자이다. 페기는 어린 여동생을 데리고 단 둘이 미국으로 이민 왔으며, 나는 부모님께 끌려온 까다로운 어린 소녀였다. 페기는 아버지의 출병으로 가난했지만 사랑을 듬뿍 받으며 자란 13남매 중 한 명이었고, 나는 히틀러의 유대인 학살에서 살아남으신 두 생존자의 소중한 희망을 한 몸에 받은 외동딸이었다. 페기는 아주 독립적으로 성장했으며, 나는 과잉보호를 받았다. 그녀는 자립심을 키우며 강하게 컸으며, 나는 온실의 화초처럼 보호를 받으며 컸다. 그녀는 일찍부터 자신의 길을 찾아 나섰고, 나는 나만의 길을 스스로 찾을 **필요가 없었다.** 페기와 나는 쉽게 친해지지는 않았다. 그녀는 항상 정확하고 나는 언제나 늦었다. 그녀는 행동형이고 나는 사색형이었다. 그녀는 시간에 맞춰 움직였고 나는 짜여진 계획대로 움직이는 것을 잘하지 못했다. 그러나 우리는 함께 정치 이야기를 하고 동정적이었으며 책읽기를 즐겼으며 무엇보다도 세샤에 대한 우리의 열정을 같이 했다.

페기와 나는 서로를 존중한다. 존중에는 사랑도 있지만, 굳이 말하지는 않았다. 최악의 시기는 세샤가 아팠을 때였다. 세샤의 장애는 쉽게 합병증세를 보일 정도로 복합적이다. 미열, 경미한 감염, 구토 증상만 있어도 발작으로 이어진다. 발작이 시작되면 탈진해서 잠이 들고, 세샤의 건강이 더 악화된다. 병세가 눈 깜박할 사이에 심각해진다. 세샤가 아플 때, 우리는 무엇 때문에 그러는지, 어디가 아픈지, 고통이 어떤지 알 수 없다. 우리는 진단할 방법이 없는 셈이다. 이 점이 세샤를 그만큼 취약하게 하고 우리를 미치게 만든다. 페기가 낙담했을 때, 내게 두려움과 분노를 쏟아낸다. 나는 죄책감을 느낀다. 내가 부족하다는 점과 왜 내가 세샤를 직접 돌볼 수 없을까라는 죄책감을 느낀다. 하지만 내가 왜 페기의 분노에 대응해야 하는지 의문이었다. 우리가 얼마나 이런 긴장감 속에서 오래 함께할 수 있을까? 이런 분노 속에서? 이런 고통 속에서? 집에서 세샤를 계속 돌볼 수 있을까? 페기가 떠나면 어떻게 되는 건가? 세샤의 통증이 생명을 위협할 정도인가? 우리가 죽으면 어떻게 되지?

세샤가 죽을지도 모른다는 두려움, 우리도 죽게 될 것이라는 전망, 이러한 것들은 언제나 세샤와 관련된 우리의 모든 질문의 종착점이었다. 페기의 종착점은 무엇일까? "내가 여기 없을 때 무슨 일이 생긴다면? 내가 왜 머물러야 하나? 세샤는 내 딸도 아닌데, 내가 세샤의 엄마도 아니잖아. 만일 내가 세샤를 돌보지 않는다면, 세샤가 죽게 될까?" 페기가 종종 내게 말했다. "일이 있으시면 세샤에 대해 좀 신경 쓰지 않으셔도 됩니다. 하지만 **세샤는 내 일입니다.**" 페기도 떠날 생각을 할 수는 있다. 하지만 정말, 페기가 떠날 수 있을까?

때때로 나는 세샤에 대한 페기와 나와의 관계는 아이에 대한 아내와 남편 사이의 가부장적인 관계와 비슷하다는 생각이 든다. 페기는 세샤와 병원에 갈 때 나와 동행한다. 실제로는 세샤와 페기를 내가 수행하는 것 이상을 느낀다. 내가 폼을 잡고 의사를 상대하고(마치 아버지가 그러하듯), 페기가 세샤의 옷을 벗긴다(마치 어머니가 그러하듯). 비록 옆에 빈둥거리고 서있는 건 딱 질색이지만 나도 "조력"자이다(마치 적극적인 아버지가 그러하듯). 나는 병원비를 내고, 페기는 휠체어를 밀고 나간다. 어떤 일을 할 때는 역할이 서로 바뀌기도 하지만 어떤 일에서는 -좀 더 큰 재활을 할 때는- 그럴 수 없다. 이런 생각을 할 때 마다, 나의 페미니스트적 기질과 평등주의적 욕망이 스멀거린다. 하지만 나도 여기서 탈피할 방도를 알지 못한다. 이러한 특혜 없이는 한 시라도 버틸 수 없었음에도, 나는 이 특혜를 경멸한다. 나는 어떻게 사는 것이 내 신념에 맞는 것인지 알 수 없었다. 물론, 이런 고민은 굉장한 사치다. 세샤 같은 아이를 둔 많은 다른 사람들은 훨씬 더 고통스러운 선택을 해야만 한다.

　내 선택과 고민은 내가 발딛고 있는 이 사회와 세상의 조건에서 실현가능해지는 것처럼, 이는 역시 나의 개인적인 여건과 포부라는 조건에서 만들어진다. 필자가 살아가는 방식인 분담된 엄마품 같은 돌봄은 하나의 사적 모델이다. 이러한 불안감과 힘겨움 중 많은 부분은 사회서비스 -의존에 대해 보다 많은 관심을 기울인 나라에서 제공되는 서비스- 의 부족 때문이다. 세샤가 태어난 -같은 해 장애인인권운동이 시작되었다- 이후, 미국 내 장애인공동체는 장애시민의 삶을 개선시켜 왔음에도 불구하고, 미국은 아직도 장애인과 장애인가족을 위한 훌륭한 서비스 체계를 제공하고 있는 덜 부유한 나라에도 훨씬 못 미치는 수준이다. 더 좋은 사회복지 체계를 갖춘 나라에서였다면, 내가 이처럼 뭔가 꽉 막힌 듯한 느낌을 받았을까? 그렇지 않았을 것이지만, 솔직히 말할 수도 없다. 내가 아는 것은 보다 많은 사회서비스가 자유롭게 널리 가능한 곳에서는, 엄마들은 배우자뿐만 아니라 타인을 돌보는 누군가와 함께 돌봄책임을 나눌 수 있다는 점이다. 거기에는 도움을 구하고, 휴식을 취하며, 세샤처럼 특별한 사람을 사랑하는 기쁨이 함께 나눠지는 보다 많은 공간이 있을 것이다.[9]

미답(未踏)의 대안

나는 민권운동, 반전운동, 여성운동, 그리고 최근에는 복지권리운동을 해왔다. 그러나 다른 장애아의 부모들과 함께해 본 적은 없었다. 장애인공동체가 동원되었을 때, 전체 규칙이 바뀔 때, 장애인을 위한 새로운 자원봉사 활동이 개최되었을 때, 이들과 함께할 수 있는 자리에 나는 왜 없었을까? 왜 이들 부모의 운동을 내 자신의 운동으로 인식하지 못했을까? 내 마음속에는 세샤를 낙인 된 그룹에 속하지 않은 예외로 바라보고 싶었던 기대가 있었던 것 같다. 아마도 부인(denial)의 기제가 작동했던 것 같다. "부인이란 장애 자체를 부정하는 것에서부터 장애의 심각성을 최소화하고자 하는 것까지 범주가 넓은 복잡한 현상이다"(Lipsky 1989, 160). 전적으로 그렇지 않았다 하더라도, 일부는 그랬다.

우리가 갖고 있는 자원과 더불어, 나의 일 욕심과 세샤의 장애의 심각성에 대한 우리의 자기 합리적 "대처"로 인해, 다른 부모의 문제와 나의 문제는 매우 다른 것 같았다. 그리고 우리의 문제에 대해서는 어떤 타협점을 찾기가 어려운 것 같았다. 우리는 장애인 권리옹호와 운동에 참여하지 않아도 좋을 만큼 세샤(그리고 조만간 어린 남동생도 포함해서)와 좋은 삶을 찾고 꾸려가고 있다는 점에서 성공적이었기 때문일 지도 모른다. 장애아부모의 운동에 대해, 달링(Darling)은 "부모는 기존 사회에서 충족될 수 없는 필요를 체감할 때, 도전정신으로 무장한 채 기나긴 소임의 길로 접어든다. 도전정신의 목표는 **정상화**, 즉 비장애 가족의 생활방식과 큰 차이가 없는 생활이다. 도전정신은 어떤 상황적 계기나 **전환점**이 생겼을 때, 결과적으로 권리 옹호와 행동주의로 확대된다"고 지적한다(Darling 1988, 150). 달링은 이러한 운동을 선도자 정신이라 부른다. 그러나 그 누구도 이러한 선도자로서 역할하기 위해서는 사회화되어야 한다. 선도자는 자신과 아이의 필요에 대해 답해줄 수 있는 여건을 조성하기 위해 일한다. 달링에 따르면, "대다수 부모의 경우, 적극적인 선도자 정신은 그들이 생각하기에 정상화되는 단계에 이르렀을 때라야 그 여정을 마치는 반면," 일부 부모는 "성전(crusadership)"을 계속한다고 한다. 이러한 부모는 장애아와

장애인의 필요가 충족되었을 때도 이들을 위해 계속해서 활동하는 사람들이다.[10]

세샤와 함께하는 우리의 여정은 계속된다. 세샤가 성인이 되었을 때, 전환점이 우리에게 다가올 것이다. 우리는 새로운 도전정신을 시작할 것이며, 아마도 세샤와 우리 자신의 필요를 충족시켜 줄 선도자 여행을 시작할 것이다. 우리 삶에 있어서 함께하는 새로운 여정은 이제 막 시작되었다. 의존노동자의 역할은 우리의 관심을 자신의 대상자로부터 다른 엄마의 아이에게로 전이시키면서, 의존노동을 가능하게 하는 자원을 위한 투쟁을 하는 것이다. 그렇게 하는 것은 우리의 대상자를 위한 우리의 의존노동뿐만 아니라, 다른 이의 대상자를 위한 다른 이의 의존노동이 보다 평등하게 이뤄질 수 있는 조건을 만들어가는 것이다. 권리옹호에 임하지 못하게 하는 머뭇거림과 두려움을 마주함으로써 우리의 길은 변경될 수 있으며, 그 결과 중증장애아를 보듬는 엄마품 같은 돌봄에 새로운 국면이 조성될 수 있다.

제7장

차이를 고려한 모성적 사고

제6장에서 필자는 세샤와 폐기와 관련한 개인사를 이야기했다. 내 딸과 같은 의존인과의 삶을 독자가 느낄 수 있게 하는 가장 좋은 방법이 아닐까 생각했기 때문이다. 이 장에서 필자는 세샤와의 경험을 지속적인 성찰의 원천으로 삼고 또한 이를 삶의 현실에서 동떨어지지 않기 위해 묶어 맨 밧줄로 삼으며, 중증장애아를 돌본다는 것이 일반적으로 무엇을 의미하는지를 생각하는 계기를 만들고 싶다. 이러한 장애와 차이의 경험이 의존과 의존노동에 대해 우리에게 시사하는 바는 무엇일까? 엄마품 같은 돌봄이라 부르는 의존노동의 특정한 형태에 대해 이러한 경험은 무엇을 말하고 있는 걸까? 중증장애아에 대한 엄마품 같은 돌봄이라는 이례적인 사례가 전체 구성원에게 정의롭기 위해 또한 진정한 평등의 길을 위해 사회가 무엇을 해야 하는지를 생각하는 데 도움이 될까?

장애아부모가 쓴 글 또는 그들에 관한 문헌에서, 차이(difference)와 같음(sameness)이 꾸준한 주제로 등장하고 있다. (이 책에서 **같음**의 주장은 앞 장에서 필자가 개인적인 이야기를 소개하는 부분에 전반적으로 깔려있고, **차이**의 주장은 앞 장의 제목에서 제시된다.) 차이와 같음의 상반된 주장으로 긴장감이 조성된다. 즉, 장애아의 부모도 비장애아의 부모도 모두 대처한다; 장애아의 부모는 비장애아의 부모보다 더 많은 스트레스를 경험한다. 이 두 문장 모두 일리 있다. 대부분의 어머니와 많은 아버지는 장애라는 특별한 부담에 대처할 수 있는 어떤 힘을 찾는다. 그리고 의심의 여지없이 보다 많은 부모들이 그럴 수 있으며, 보다 좋은 자원이 가용될 수 있다면 더 많은 부모들이 더 잘할 것이다. 하지만 심지어 가장 유쾌한 글을 보더라도, 대처하기 위한 막대한 비용과 고통이 수반되는 것을 알게 된다. 그럼에도 불구하고 중증장애아와 함께 지내는 매일 매일은 단순한 체험이 아니며, 장애아에게 부족하지 않은 부모가 되기 위한 성인(聖人)수준의 무언가를 요구하는 것도 아니다.

세샤에 대한 엄마품 같은 돌봄의 경험에서 필자가 배운 것 그리고 장애아의 부모들이 남긴 글에서 발견되는 것은, 차이는 같음을 재정의한다는 사실이다. 중증장애아를 키우는 것은 일반 아이를 키우는 것과 같지 않다. 그 이상이다. 자주 아주 다르다. 하지만 그러한 차이점을 통해서 우리는 그렇지 않았으면 지나쳤을 수 있거나 혹은 새로운 의미를 전제하는 모든 아이를 기르는 것의 특징을 깨닫게 된다. 일반적인 아이의 엄마 된 관점에서 이론화 작업을 시작할 때는 강조되지 않은 모성적 실천의 면면을 알게 될 것이다.

러딕은 일반적인 아이를 기르는 모성적 실천을 고려했을 때 모성적 일(maternal work)의 세 가지 필요요건을 정의했다. 이는 아이의 생명을 보존하고, 수용을 향한 사회화를 시키며, 아이의 성장을 증진시키는 것이다. 많은 경우, 이는 장애아를 둔 부모에게도 해당되는 중요한 필요요건이다. 그럼에도 불구하고, 모성적 실천의 의미와 범주는 달라진다. 이 글의 나머지 부분에서 필자는 엄마품 같은 돌봄과 중증장애아에 대한 의존노동에 대한 성찰을 시작하는 것이 사회생활에서 모성적 실천과 돌봄의 실천에 대한 의미를 어떻게 재조정하는지 생각하고자 한다.

보존을 위한 사랑

보존을 위한 사랑은 모든 모성적 요건 중 가장 근본적인 것으로 간주된다. 하지만 특히 아이의 장애가 심각하거나 그것이 초기에 확진되었을 경우, 자주 장애는 아이에 대한 이러한 사랑을 **부정하는** 사례가 된다. 더구나 가용자원이 너무나 미약해서 심지어 일반아이 조차도 온전히 보살피지 못하는 곳에서는 더욱 그렇다.

그럼에도 불구하고 모성적 돌봄이 실행되는 현장에서 그리고 아이에 대한 헌신이 실행되는 현장에서, 보존을 위한 사랑은 지배적인 모성적 실천의 중심 위치를 차지한다. 내가 세샤의 돌봄에 직접 관여하든 한발 물러나 (다른 사람에게 세샤를 위탁할 경우) 관여하든, 보존을 위한 사랑은 가장 중요하다. 안전과 의료적 필요에 따른 수발은 세샤를 돌보는 데 가장 중요한 십계명과 같다. 세샤의 돌봄제공자가 안전과 의료적 필요를 우선시하는 것이 무엇보다 중요하다. 세샤의 연약함으로 인해 이러한 모성적 실천이 배로 요구되며, 때로는 세샤와 관련된 모성적 사고의 다른 모든 측면을 압도하기도 한다. 헤스팅 센터 프로젝트(Hastings Center Project)[1] 참여에 관한 필자의 일기에서 발췌한 부분이다.

[헤스팅 센터의] 어떤 참가자가 의사로부터 아이의 저체중이 문제가 될 것 같다고 들었을 때, 이 통보가 그 참가자의 인생에서 가장 참담한 순간으로 떠올린 것을 기억해볼 때, 만일 누군가 내게 세샤가 지체아인 사실을 알게 된 순간이 인생에서 가장 참담한 순간이었냐는 질문을 한다면, 나는 "그렇지 않다"고 대답할 것이다. 인생에서 가장 참담한 순간은 아마도 세샤가 세상을 떠나는 순간일 것이다.

내가 걱정하는 것은 세샤의 원인미상의 병이다. 보존을 위한 사랑은 부모와 아이를 의료 세계로 몰아넣는다. 장애아에 대한 재활과정은 종종 외과적 보정이 필요하며, 심지어 흔한 병세도 너무 쉽게 악화될 수 있다. 장애아를 둔 어머니의 이야기를 들어보면, 그들의 가장 빈번한 고충은 의료기관을 대해야 한다는 점이다.[2] 어떤 연구자는 소아과 의사의 말을 다음과 같이 인용했다. "전 좋아하지 않아요... 침 흘리고, 걷지도 못하는 장애아를 정말로 좋아하지 않아요... 의료 기술은 온전한 사람의 몸에 맞춰져 있어요. 아무것도 할 수 없다는 것은 의사를 시험에 들게 하고, 의사 자신의 무능함을 일깨워 줄 뿐입니다"(Darling 1988, 149; 1979, 152). 같은 연구에서 달링(Darling)은 "[담당 소아과 의사선생님은] 제 고충을 귀담아 듣지 않으십니다... 브라이언의 인후통은 [정상적인 제 딸의] 인후통만큼 중요하다고 생각합니다"라고 말하는 뇌성마비 아이의 엄마의 이야기를 전한다(Darling 1988, 149; 1979, 152).[3]

내가 접한 외과 의사들의 경우, 어떤 외과 의사도 세샤의 고통을 일반 아이의 고통과 다르게 간주하셨던 분은 없었다. 이와 반대로, 나는 언제나 장애로 인한 취약성과 허약함 때문에 세샤가 먼저 진료를 받아야 한다고 생각했다. 의료전문인에 대한 부정적인 경험이 없지는 않지만, 의사들이 세샤의 안녕을 덜 가치 있는 것으로 경시한다고 생각할 정도는 아니었다.

"침 흘리는 장애아를 정말로 좋아하지 않는다"는 의사도 장애의 경중과 상관없이 다른 모든 아이와 마찬가지로 이 아이 역시 "어느 엄마의 아이"라는 사실을 이해해야만 한다. 이 아이가 그 앞에 서 있는 것도 엄마품처럼 돌봐주는 사람의 사랑과 노고가 있었기 때문이다. 만일 외과 의사 혹은 다른 전문의가 너무 제한적이어서 장애의 특징을 떠나 다른 것을 백안시 한다면, 그들이 이 아이를 인간적으로 대할 수 있고 아낌없이 사랑스러운 돌봄을 통해 이 아이의 필요에 대해 관대할 수 있을까?[4]

세샤를 관찰하고 보호하고 죽음의 문턱을 넘지 않게 하는 노력에서 내가 마주친 것은, 단단한 의료계의 장벽이 아니라 떨칠 수 없는 세샤의 의존이다. "정상적인" 아이에 대한 보존을 위한 사랑의 경우, 그 강도가 가장 높은 시기는 아이의 삶에서 초반의 몇 년이다. 중증 장애아는 심각한 취약성 때문에 성장이 매우 제한적일 수밖에 없을 뿐만 아니라 자기보존을 할 수 없다. 중증장애아의 삶을 지탱해주는 노력은 하루도 빠지지 않는 **의료적** 치료가 필요한 **평생**의 헌신을 수반한다. 심각한 중증장애아의 경우, 의존은 피더스톤(Featherstone)이 "자연의 질서"라고 부르던 것을 위배하면서 평생 안고 가야 되는 숙명이 된다.

> 부모가 젊고 건강하고 에너지가 넘칠 때, 아이에게는 많은 양의 고단하고 육체적인 돌봄이 필요하다. 부모와 아이 모두 나이가 들면서, 이러한 요구는 줄어들고, 결국 아이는 비의존인으로 성장한다… 중증장애아의 경우 이러한 자연의 질서에 위배된다. 아이의 의존은 부모의 신체적 힘과 건강을 넘어서 평생 동안 확장된다(Featherstone 1980, 19).

세샤의 연장된 의존은 인간 삶에서 특정한 긴박함에 대해 사회조직이 어떻게 대응해야 할지를 고심해볼 수 있는 좋은 기회를 필자에게 제공한다. 왜냐하면 우리 자신의 어린 시절, 그리고 심지어 우리 아이의 어린 시절마저도 너무도 덧없이 지나가기 때문이다. 그 시절은 너무나 빨리 지나가서, 마치 찰나와 같아 어쩌면 기억상실의 시기를 겪은 듯하다. 결과적으로, 정의, 평등 그리고 사회조직에 대해 논할 때, 우리는 너무도 쉽게 아이를 미래의 비의존적인 존재로 간주한다. 그러나 세샤를 돌본다는 것은 그녀의 거부할 수 없고 벗어날 수 없는 매일 매일의 의존과 마주하는 것이기 때문에, 세샤에 대한 경험이 없었더라면 변하지 않았을 사회조직과 그 속에서의 모성적 실천에 관한 필자의 기존 이해가 바뀌었다. 어떤 추상적인 이론보다도 필자의 경험은, 우리가 의존의 사실을 정의의 여건으로 받아들일 수 없다면 사회조직의 변화 요구를 이해할 수 없다는 점을 깨닫게 해주었다.

수용을 향한 사회화

아이를 키우는 것은 아이를 돌보고 보호하는 것 이상을 의미한다.[5] 가족보다 더 큰 세상을 위한 준비를 의미한다. 살고 있는 사회의 관행과 사회제도에 대해 경계하고, 사회제도의 억압적인 특징을 이해하는 어머니들은 자신의 아이가 당신들이 보기에도 수용할 수 없는 상황을 받아들여야 하는 사회화는 원하지 않는다. 하지만 가장 비판적인 어머니조차도 각자 인간은 사회적 존재이고, 사회적 수용의 정도는 아이의 좋은 삶에 매우 중요하다는 점을 이해한다.

장애아를 사회화하는 임무 또한 "수용"의 개념을 요구한다. 하지만 현재 수용은 "정상화"에 반(反)하는 것으로 이해된다. "다른" 사람 혹은, 페더스톤의 용어를 빌리자면, "가족 내 차이"가 있는 사람은 수용을 원한다. 즉, 만일 그들이 장애인일 경우 본래 자신에 대한 수용과, 만일 그들이 부모일 경우 그들이 사랑하는 아이와 그들이 만들어낸 가족에 대한 수용이다. **정상화**는 종종 수용을 향한 방법이 되지만, 장애를 이유로 배제를 목적으로 하는 방법이 될 수는 없다.

예를 들어, 장애아를 사회적 수용을 향해 사회화하는 것은 장애가 덜 눈에 띄게 -혹은 아이의 "정상적인" 특징이 강조되도록- 아이를 선보이도록 어머니에게 권장할지도 모른다. 필자 또한 아프지 않은 자녀보다 세샤가 입는 옷에 훨씬 더 신경 쓰며, 옷이나 휠체어에 흙한 점이라도 묻히지 않고 세샤를 가능한 한 세상 사람에게 호감가게 보이기 위해 각별한 신경을 쓴다. 필자가 힘이 닿는 한 세샤에 대한 가장 긍정적인 첫 번째 대응을 만들기 위해서 그렇다.

이 같은 필요에 매우 서글픈 어떤 것이 있다. 하지만 나는 이를 장애에 대한 많은 사람의 반감(말 그대로 혹독한)이라는 현실적인 대응으로 생각한다. 이러한 서글픔은 장애에 대한 반감의 인지, 반감에 대응하기 위해 필자가 할 수 있는 것을 해야 할 필요, 또한 세샤의 예쁜 옷에 대한 대응이 무지와 두려움을 보여주는 피상적 방식일 뿐이라는 인식에 기인한다. 하지만 세샤를 위해, 나 자신을 위해, 그리고 우리 가족을 위해 필자는 그렇게 하고 있고 또한 그렇게 해야 한다고 믿고 있다. 나는 누군가 세샤에게 미소와 유쾌함으로 다가올 때 세샤가 알아차리며, 세샤가 얼마나 예쁜지 사람들이 수군거릴 때 세샤가 수줍게 좋아한다는 것을 알고 있으며, 그녀에 대한 무관심에 세샤가 슬퍼한다는 것을 알고 있기 때문에 세샤를 위해 그렇게 한다. 비록 세샤의 상호작용이 최소적이라 할지라도 세샤가 공동체 한 부분에 녹아들게 하기 위해 내가 할 수 있는 것이기 때문에, 나는 나 자신을 위해 그렇게 한다. 마지막으로, 우리 모두가 장애에 붙은 낙인의 고통을 느끼기 때문에, 우리 가족을 위해 나는 그렇게 한다. 이는 예쁘게 꾸밈받고 깨끗하게 돌봄을 잘 받은 세샤는, 세상에서 사랑받고 있고 돌봄을 받고 있으며 그럴 만한 가치가 있다는 메시지가 다른 사람의 가슴속에 울려 퍼지도록 소리치는 나와 내 가족의 방식이다.[6]

"수용을 향한 사회화"의 주제에서 세샤의 돌봄에 대해 논의하는 것은, 이러한 사회화가 장애아의 경우에 있어 무엇을 의미하는지에 대한 구체적인 특징을 설명해준다. 아이를 찍어낼 수 없기 때문에, 우리는 아이가 자라날 태도와 환경을 배양하는 일을 할 수 있다. 수용을 향한 사회화는 아이가 어떻게 사회화될 수 있는지, 무엇이 수용의 조건인지, 무엇이 수용의 조건을 형성하는지를 의미하기도 한다.

아마도 어머니가 아이를 수용한다 하더라도, 그 자녀의 장애를 완전히 수용할 수 없는 근본적인 측면이 있다. 이러한 두 가지 수용은 함께 얽혀있기가 쉽다. 아드리엔느 애쉬(Adrienne Asch)는 어느 장애 여성의 말을 인용한다.

> 내 어머니는 내가 집에서 보다 "정상적으로" 걷게 하기 위해 재활과 물리치료를 받도록 내 어린시절 내내 어마어마한 노력을 하셨다. 나는 정말로 그녀의 모든 노력을 거부했었다. 어머니는 내가 왜 똑바로 걷지 못하는지 이해할 수 없었다. 이제, 나는 안다. 나의 다른 걸음걸이와 말투, 그리고 제어되지 않는 몸짓이 있는 내 장애는 평생 나를 따라 다녔으며, 나의 부분이었고, 내 정체성의 일부였다. 이러한 장애 덕분에 나는 내가 온전하고 전부라는 느낌을 받는다. 내 걸음이 아무리 이상해 보여도, 내 걸음을 바꾸려는 어머니의 노력은 나를 바꾸려는 시도, 나에 대한 불완전한 수용, 그리고 나에 대한 공격으로 다가왔다(Rousso 1984, 9; Ferguson and Asch 1989, 117 에서 재인용).

수용은 모든 아이의 삶에서 짙게 드리워져 있지만, 장애아의 삶에 있어서는 더더욱 그렇다. 수용을 향한 사회화의 노력에서, 장애아, 자신 그리고 형제자매에게 보내는 사회화의 메시지를 해독(解讀)하는 것은 어려운 일이다.7 시각 장애인 애쉬는 이렇게 묻는다. "행동과 외모에서 나타나는 장애의 차이를 어느 정도까지 제거해야 괜찮다는 것인가?(Ferguson and Asch 1989, 117). 그녀는 자신의 경험담을 이어간다.

> 내 부모님도 똑같은 딜레마에 빠지셨고 매번 다르게 대응하셨다. 반복적으로, 그러나 인내심과 기지로 아버지는 내가 머리를 옆으로 가누고 앉아있거나 내 손이 눈에 닿아 있는 모습이 사람들을 놀라게 하고 나를 알아보지 못하게 한다는 점을 지적하셨다. 대개의 경우, 내가 수치심과 모욕감을 느끼지 않게 설명하셨다. 결과적으로, 10살 쯤 되었을 때 나는 똑바로 앉을 수 있게 되었고, 내 친구들이 지나치게 뻣뻣한 내 등과 어깨를 부담스러워 할 경우 편안한 모임에서는 구부정하게 있어야 했다. 식사 방법도 달랐다. 음식을 집어먹지 않고 수저와 포크를 이용하도록 하려던 부모님이 인내심의 한계를 보게 되었고 좌절하셨다. 가족의 평화를 위해서, 그리고 내가 식사예절이 무엇인지 지금까지 잊지 않고 있다는 점을 확인하며 부모님은 포기하셨다. 부모님은 더 이상 참을 수 없었기 때문에, 그냥 나를 그대로 두시는 게 현명하신 판단이었다. 그렇다. 나는 다르다. 그러나 심하게 다르지 않았다. 그리고 경미한 장애가 있는 사람이 하는 것처럼 내 삶에서 모든 것을 그렇게 하도록 하는 지점은 존재하지 않았다(Ferguson and Asch 1989, 117-8).

내가 언급해 온 수용을 향한 사회화는 연계되지만 구분이 명확한 두 가지 개념이 들어있다. 하나는 **차이**를 수용하고자 하는, 즉 **차이 그대로** 수용하고자 하는 요구를 포함한다. 다른 하나는 적극적으로 해석하자면 상황을 정상화시키고자 하는 정상화 개념, 그리고 덜 적극적으로 해석하자면 **차이에도 불구하고** 수용을 바라는 정상화 개념이다. 헬렌 페더스톤(Helen Featherstone)은 가족이 장애아를 정상화시키려 함을 가장 우선시하는 사례를 인용한다. 비정상적인 것으로 낙인찍힐 수 있는 상황에 항상 촉각을 세우는 경계심이다. 그녀는 뇌성마비와 부분적 시각 장애로 심각한 지체아인 그녀의 아들 조디(Jody)가 새로운 학교에서 시작하는 경험에 대한 그녀의 반응을 이렇게 썼다.

> 오전 시간을 같이 보낼 계획으로 첫날 내가 아이를 데리고 갔다. 아이가 편안히 교실에 앉자마자, 나는 방청 부스 쪽에서 움츠려 있었다. 프로그램이 만족스러웠으나, 몇 분이 지나자 나는 실망감을 느끼고 있었다... [내가 목격한 것으로 인해] 기억을 되살리게 되었다. 일 년 전 나는 10대 베이비시터와 면접을 했었다. 케이틀린(Caitlin)과 나는 그가 마음에 들었으며, 그가 조디를 보기 전까지 그는 우리와 같이 열정적이었다. 조디를 본 순간, 그는 입을 다물지 못했고, 오후 약속이 있다고 머뭇거리며 급하게 나가 버렸다. 실망과 분노가 몰려왔다. 나는 이런 똑똑하고 생기 있는 베이비시터를 잃고 싶지 않았다. 하지만, 더욱 심각한 것은, 문득 청소년의 눈에 비친 조디의 모습을 생각하고 있는 나를 발견한 것이다. 내가 매일 돌보는 잘 생기고 생기발랄한 7살 소년이 아니라, 침 흘리며 알아듣지도 못하는 괴성을 지르는 심각하게 이상한 어린 소년이었다. 조디의 어릴 적 잊혀졌던 공포가 다가왔다. 내가 또 다른 심각한 7살짜리 중증장애아를 만났더라면 하는 생각으로 내 아들을 보았다. 나는 모든 사람이 나처럼 변하지 않았으며, 모든 사람이 나만큼 내 가족이 매력적이라 생각하지 않는다는 것을 깨달았다...
> 새 학교 방청 부스에 앉아서 비슷한 느낌을 받았다. 이번에는 새로운 선생님이 보는 시각에서 아들을 바라보았다. 별로 유용한 비전이 보이지 않는 심각한 뇌성마비 소년이 내 눈에 들어왔다...
> 친숙함과 일상 되어버림이 잠깐 동안 장애의 자각을 무디게 했다. 그러려 하지 않았겠지만, 외부인은 이 같은 우리만의 이러한 내적 균형을 깰 수 있다(Featherstone 1980, 41).

나는 왜 세샤를 데리고 밖에 나가기가 그렇게 어려운지 이 글을 읽고 깨우쳤다. 나는 우리만의 균형을 깨뜨리고 싶지 않았다. 나는 다른 사람들이 세샤를 보는 것처럼 보고 싶지 않았다. 나는 내가 세샤를 보는 시선으로 다른 사람들이 세샤를 봤으면 좋겠다. 장애에 무뎌지는 것은 엄마로서 내가 겪어야만 하는 사회화의 일환이고 부분이다. 내 아이를 사회화시키는 필수 전제조건이다.

사회화는 두 가지로 구성된다. 첫째, 나는 내 아이를 "정상"이 아닌 아이로 보는 시선을 거부한다. 왜냐하면 세샤가 하는 행동은 **세샤에게 정상이기** 때문이다. 세샤의 개성으로 세샤를 수용하는 정상상태를 재정의하는 것이다. 이러한 수용이 없다면, 나는 내가 수용할 수 있는 아이를 세상에 내보낼 수 없을 것이다. 동시에 세샤와 다른 사람 사이의 수용성을 중재하기 위해서, 나는 다른 사람이 세샤를 바라보는 방식으로 바라봐야 한다. 부모의 임무는 작금의 세상이 수용하는 방식으로 아이를 사회화하면서, 할 수 있는 한 최선을 다해 사회가 당신의 아이를 수용할 수 있게끔 세상을 사회화시키는 것을 모두 포함한다. 하지만 두 가지 모두의 전제조건은 세샤의 장애에 대한 수용을 위해 당신 자신이 사회화되어야 하며, 당신을 위해서 그리고 당신이 세상에 선보일 아이의 얼굴을 위해서 정상의 의미를 재정립해야 한다는 것이다.

성장의 증진

나는 다음 학년을 위해... 내 아들의 개인맞춤교육프로그램[8]을 논의하기 위해 모인 자리가 생생히 생각난다. 우리는 탁자 주변에 배치된 다양한 분야의 전문가와 마주했으며, 그들 각자의 정보는 이안(Ian)과 그의 부모의 성장과 발달에 가장 필요한 것이라고 그들은 확신하고 있었다(Ferguson and Asch 1989, 123).

대부분의 "정상적인" 아이들은 적응을 상당히 잘하며 여러 환경에서도 잘 자란다. 모성적 실천의 목표는 그 성장을 증진하기에 가장 적합한 조건을 가능하다면 어디든 제공하는 것이다. 반대로, 장애아의 경우, 성장이 자동적으로 주어지지 않는다. 모성적 실천의 목표는 성장의 증진뿐만 아니라 장애아의 어머니가 심혈을 기울이는 **성장을 가능하게** 하는 것이다. 장애아의 성장을 가능하게 하는 것은 각 개인의 특별한 속도에 (앞 장에서 페기의 이야기로 보여주었듯이) 자신을 맞추는 것이다. 그리고 이를 위해 부모는 복잡한 해협을 항해해야 한다.

첫째, 적절한 시설과 선생님을 찾는 것이 임무의 핵심이다. 이것은 개인적이면서도 집단적인 노력이다. 다른 부모들의 노력이 없었더라면, 세샤의 학교교육은 재정적인 지원을 받지 못했었을 것이다. 비록 세샤가 장애인 통합교육의 대상은 아니었지만, 장애가 심한 학생과 일반 학생이 함께하는 통합교육은 세샤도 대중에게 좋은 환대를 받는다는 것을 의미한다. 다른 장애를 가진 아이와 어른이 자신의 공동체를 향해 첫 발을 내디딤으로써, 그들은 모든 장애인을 위한 길을 만들어 주고 있으며, 또한 이는 가장 심각하게 손상된 아이를 위한 성장이 가능하도록 증진하는 것이다.

둘째, 장애아의 부모는 그들의 아이에게 가능한 전문적인 도움 –25년 전에는 상상조차 할 수 없을 정도로 찾기 힘든– 에 의존한다. 한편으로, 당신 아이에게 적용되는 눈길을 끄는 (종종 감명적이고 때때로 무가치한)[9] 전문지식이 있다. 다른 한편으로, 이 아이에 대한 친밀한 누군가의 깊은 지식이 있다. 하지만 이 지식은 훈련받고 전문화되면서 점점 줄어든다. 필립 퍼거슨(Philip Ferguson)은 자신의 중증 지체장애아의 "개인맞춤교육프로그램"을 논의하기 위해서 아이의 친구들 및 부모 친구들과 함께 준비된 발언으로 무장한 전문가 팀과의 미팅에 참석하는 환상을 갖고 있다.

전문지식과 개인지식을 조율하는 어려움은 전문돌봄과 모성적 돌봄을 이끄는 서로 다른 특징에 의해 더 복합적이다. 달링이 언급한 것처럼, "장애아에 대한 전문인의 대응은 일반적으로 감정적 중립,

보편주의, 기능적 전문성을 특징으로 하며, 반면에 부모의 대응은 감성적이고, 특수하며, 기능적으로 분산되어 있다"(Darling 1983, 148).[10] 이러한 특징과 관점의 차이 역시 전문인과 부모의 성별화된 상호작용의 성격을 반영하면서 젠더화된다. 불편부당하고 보편적인 입장을 취하는 (번번이) 남성 전문인은 아이의 구체적인 좋은 삶에 관심을 갖는 (일반적으로) 여성 부모와 대조적이다.[11]

부모 입장에서는 전문인의 "감정적 중립"이 아이의 구체적인 필요에 대한 무관심으로 종종 비춰지지 않을까 걱정하는 것은 당연하다. 하지만 그러한 "중립"은 아이의 필요가 매우 긴급할 경우 그리고 대부분의 인지장애에 사회적 낙인이 계속 따라붙어 다닐 경우 특히 견디기 힘들어진다. 감정적으로 함께하는 것까지 전문인에게 요구하는 것은 무리이며, 분명 모성만큼 강한 무언가를 기대해서는 안 될 것이다. 하지만 부모와 전문인은 장애아의 장애가 장애 정도와 무방하게 잘 크고 자랄 수 있도록 서로 존중하는 파트너십이 필요하다. 그리고 장애아의 아버지이건 어머니이건 모든 부모는 한결같이 전문인이 전공에 관계없이 환자 혹은 장애아의 필요를 충족시키는 감성적인 면에서 충분히 훈련받지 못한 것 같다고 생각하는 것은 무리가 아니다.

전문인과 엄마품 같은 돌봄을 주는 사람 간의 간극은 "기능적으로 전문화된" 임무를 전문인에게 맡기는 전문주의의 측면에서 훨씬 악화된다. 이는 전문인은 "장애아의 장애 부분에만 집중"하는 것을 의미한다(Darling 1983, 148). 하지만 부모에게 이 아이는 아들, 딸, 형제자매, 손주, 학생, 동료 및 교회구성원으로서 역할하며, 이러한 역할이 일반적으로 이 아이의 장애를 대체한다. 이러한 차이가 엄마품 같이 돌보는 사람과 아이의 성장을 보장하기 위해 노력하는 전문직 의사 사이의 가장 큰 불협화음의 진원지가 된다.

전문인 역시 때때로 부모가 복잡하고 비현실적이지만 시간이 필요한 교육을 받기를 기대한다. 페더스톤(Featherstone 1980, 57)은 이제 부모가 되는 어떤 전문인을 인용한다. "피터(Peter)를 갖기 전에는, 하루 종일 걸릴지도 모르는 프로그램을 제공했습니다. 저는 어머니가 언제 기저귀를 갈고, 옷을 갈아입히거나 식료품을 구입하시기를 원하시는지 몰랐어요"(Darling 1988, 149). 그러한 일상의 필요에 대한 무감각은 결과적으로 전문인에 대한 부모의 분노를 이끌고 또한 부모 자신에 대한 죄책감을 야기한다. 그러한 죄책감은 자신(특히 어머니들 사이에서)의 역할을 잘해내지 못하고 실패하는 게 아닌가 하는 좌절감을 강화시킨다.

보존을 위한 사랑의 실패는 죽음이나 상해로 이어질 수 있다. 성장을 증진시키는 것의 실패는 덜 가시적이지만, 그 위험은 지속적이다. 쉴 틈이 주어지지 않는 걱정이다. 내가 맞게 하고 있는 걸까? 내가 너무 밀어 붙이는 건 아닐까? 좀 더 강하게 해야 하나? 더 좋은 프로그램이 없을까? 어떻게 내가 다른 자녀의 필요와 이 아이의 필요에서 균형을 맞출 수 있을까? 내 배우자, 그 외 내 삶의 중요한 다른 사람의 요구와 이 아이의 필요 사이에서 어떻게 균형을 잡을 수 있을까? 이러한 고심의 일부는 어느 아이를 키우는 공통된 걱정이다. 하지만 이러한 걱정거리의 많은 부분은 아이가 일부 기본적인 기술을 발전시킬 수 있는 일말의 가능성이 부모의 올바른 결정에 달려있을 때 통절함을 느끼지 않을 수 없다. 최선을 다하지 못했다는 죄책감은, 이해해야 함에도 불구하고 충분히 이해하고 있는 것처럼 보이지 않는 사람에 대한 분노로 폭발한다.

이러한 자문(自問)은 모성이 부족한 것이 아닌가 하는 생각을 하게 하지만 가능한 최선으로 아이에게, 특히 취약한 아이에게 제공한 지식 또한 자부심과 성취감의 원천이 된다. 그러나 그러한 자부심과 성취가 실현되기 위해서는 아주 많은 조건이 충족되어야 한다. 당신이 하고 있는 일이 사실상 할 수 있는 최선이라는 사실을 알아야 한다. 이것은 당신이 지식, 재정, 의료 및 교육자원에 접근해야 하며, 환경에 맞춰 신체적으로 필요한 적응을 하고, 필요할 경우 기술과 재정적인 안정에도 접근해야 할 필요가 있음을 의미한다.[12] 이러한 사항은 미국에 사는 혹은 세상 대다수의 장애아부모가 실현하기는 어려운 일이다. 하지만 나 자신이 운 좋게도 가능한 최선의 상황에 처해있을 때 무한한 기쁨에 미소를 머금는다. 이 기쁨도 한순간에 사라질 수 있는 것이다. 또한 세샤의 "전문팀"과 함께하는 개인맞춤교육프로그램에서도 사라질 수 있는 것이다.

장애인공동체는 내게 장애라는 것은 단지 장애가 낳은 신체적 결함의 산물일 뿐만 아니라, 사회적으로 구성된 조건이며 사회적으로 구성된 비장애 개념의 결과라고 말한다. 이 점을 상기해보면, 나는 아이러니를 느낀다. 비의존적 생활과 더불어 공동체에 포용되는 것이 장애아의 교육과 생활정착의 목표가 되어야 한다는 점은 장애인공동체에 대한 엄청난 영감과 통찰의 원천이 된다. 하지만 이러한 이상적 목표를 한 번에 쓸어 담으려 할 경우 이상은 좌절의 원천이 될 수도 있다. 심지어 부모 모임을 포함한 장애인공동체가 포용과 최대한의 비의존적인 생활을 성취할 수 있도록 힘을 모으는 경우, 이들 노력의 일부는 기대치에 미치지 못하는 결과를 낳는 개념과 행동에서 멈춰버린다. 이러한 생각 중 대표적인 생각은 다음과 같다. 부모가 집중적으로 노력을 하면, 아이는 더 나아질 것이다. 전문팀을 동원하면 "고쳐진다." 감사할 정도로 향상된 비의존성이야말로 모든 필요한 노력에 대한 최종 결과이다.

비의존성, 수용성, 그리고 정상화는 장애아부모의 일반적 목표이다. 이는 아이를 키우는 대부분 부모의 목표와 다르지 않다. 하지만 중증 지체장애아부모에게 있어, 성장은 더 이상 비의존적인 생활이라는 목적이 되지 않는다. 왜냐하면 평생 동안 의존상태에서 지내는 것이 불가피하기 때문이다. 세샤의 경우가 그렇다. 우리가 세샤의 심신에 즐거움을 주려고 노력할 때, 우리는 세샤가 기뻐할 만한 활동, 다양한 즐거움을 줄 만한 활동, 그러면서도 가능하면 그녀가 기능할 수 있게끔 하는 활동을 찾는다. 세샤가 물을 좋아해서, 우리는 세샤가 "수영"을 할 수 있도록 준비해 둔다. 세샤에게 수영은 허벅지 높이의 수심에서 걷는 것을 의미한다. 이 때가 세샤가 보조없이 혼자서 앞뒤로 걸을 수 있는, 놀이와 운동을 동시에 하는 유일한 시간이다. 음악은 항상 즐기고 있어서, 세샤 또래와 세샤를 우연히도 연결해 주는 워크맨과 헤드셋을 항상 하고 다닌다. 우리는 적절한 선생님을 만날 수 있다면, 세샤에게 음악치료법을 제공해 주려고 한다. 우리는 여러 번 세샤의 수영과 음악치료 지원금을 받기 위해 노력했다. 하지만 물리치료와 언어치료(세샤의 필요에 부합하지 않는 것들)와 다르게 음악과 수영은 사치품으로 고려되어 지원 대상에 포함되지 않았다. 아마 부분적으로는 수영과 음악이 "비의존적인 생활"에 도움이 되지 않는 것처럼 보이기 때문에 필수항목으로 분류되지 않은 것 같다.

세샤 같은 아이에게 "성장"은 무엇을 의미하는가? 세샤는 이미지에 집중하지 못한다. 그래서 우리는 세샤가 좋아하는 음악이나 음악 영상을 통해 서서히 관심을 갖도록 유도했다. 세샤는 영상에 관심을 갖기 시작했고, 이제는 춤추고 있는 만화 캐릭터와 노래 부르는 모습을 보며 즐거워하고, 매리 팝핀(Mary Poppins), 사운드 오브 뮤직, 미녀와 야수 등의 영화를 즐긴다. 세샤가 비디오 스크린에 시선을 고정시키는 것 -장애가 없는 다른 자녀가 그렇다면 낙담하곤 하는 일- 을 배우는 것은 발전이었다. 그러나 아니다. 존경하는 많은 장애아가족이 목표로 하는 비의존적인 삶을 나는 세샤의 목표로 삼지 않는다. 비의존적 삶이란 한 사람의 능력이 허락하는 한도에서 할 수 있는 충만하고 풍성한 삶에 보조적인 목표일 뿐이다.

비의존성에 초점을 맞추는 것, 그리고 장애인이 공동체의 "정상적"인 생활에 통합되는 것으로 포용이 이해될 때, 포용의 목표에 초점을 맞추는 것조차도 아마도 "비의존적이고 기능적으로 온전한" 시민의 개념에 맞게 재단되어 있다. 장애인공동체는 장애가 태생적인 속성만이 아니라 태생적인 속성과 환경적인 요인의 조합으로 이뤄진다는 점을 강조하면서, 장애인의 필요를 인정하는 바람직한 성취를 이뤄왔다. 주변에 충분한 빛이 없다면 정상 시력인도 시각 장애인처럼 볼 수 없다. 또한 시력 없이 생활하는 사람이 자신 주변을 감지해서 움직일 수 있는 다른 능력을 발달시킨다는 측면에서 볼 때, 시력이 있는 사람도 어떤 면에서는 장애가 있는 것이다. 역량을 향상시키기 위한 환경 조성에 방점을 찍는 것은 세샤의 삶에서 매우 중요하다. 휠체어가 없다면 세샤는 세상을 보기 위해 침대에만 있어야 할지도 모른다. 환경을 아무리 조성해 준다 해도 세샤가 비의존적인 생활을 하도록 하지는 못한다.

비의존성에 대한 강조가 세샤를 마치 온전한 인간이 아니라고 재천명하는 것 같아 두렵다. 세샤를 안을 때마다, 나는 세샤의 휴머니티를 느낀다. 이러한 감정이 스피노자를 읽을 줄 아는 능력과 관계없는 것처럼 비의존성과도 무관하다. 따라서 장애아를 엄마품 같이 돌본다는 것은 그 아이에 대한 성장 증진으로 생각할 때, 성장이란 비의존성을 추구하는 것이 아니라 어떤 능력이든 간에 성장할 수 있음을 의미하는 것으로 재고해야 한다. 세샤에게 성장은 기쁨을 경험하는 세샤의 역량을 향상시킴을 의미한다.

장애인돌봄과 사회정의

브라질 북동부 사탕수수 노동자의 판자촌에서, 엄마들이 주는 묽은 영양식으로 도저히 유지가 되지 않는 신생아들이 죽어가고, 엄마들은 그 아이들을 통곡도 없이 묻었다. 낸시 쉐퍼 휴즈(Nancy Scheper-Hughes 1992)는 눈길을 끄는 그녀의 연구, 말라버린 눈물로 매장 시 울지도 않는 비극적인 상황에서 이름을 딴 『통곡 없는 죽음(*Death Without Weeping*)』을 통해 우리에게 이 이야기를 들려준다. 오염된 물을 사용해야 하는 척박한 환경에서 많은 어린이들은 허약해지고 병에 걸렸다. 태어날 때부터 건강하지 못한 아이들이 가장 취약한 아이들이었으며, 이 아이들은 바로 죽기도 했다. 이 아이들을 돌보는 여성들은 자신들이 아이를 더 이상 사랑하지 않아 아이를 버린다고 생각하지 않았다. 아이가 죽어가도록 허락하는 것은 곧 아이가 "주님 곁으로 돌아가도록" 허락하는 것이다. 그들은 그렇게 믿었고, 그렇게 합리화했다. 이러한 아이들에 대한 그들의 사랑은 보존적일 수 없으며 또한 보존적이지도 않다. 비참한 가난과 가혹한 물적 기반은 생명의 첫 달을 가혹한 테스트 기간으로 삼을 수밖에 없게 만들었다. 제6장에서 **보존을 위한 사랑**이라는 개념으로 함축될 수 있는 엄마품 같은 돌봄이 가능한 조건이라 보았던 필자의 확신이 이 대목에서 한계를 만난다. 이 한계는 신생아를 "천사의 품으로 돌려보내"는 허락이 표현되는 사랑이다. 아마도 이것은 그 지역의 엄마들과 아이들이 참아내야 하는 엄혹한 삶의 조건이 만들어낸 요구일 것이다. 하지만 필자는 그러한 상대성도 쉽게 수긍되지 않는다. 쉐퍼 휴즈가 설명한 가혹하고 엄혹한 상황을 우리의 시각에서 본다면, 엄마품 같은 돌봄책임을 포기하도록 방조하는 환경에서 엄마들이 살아가야 하는 것은 부정의의 혐오스러운 현장을 목격하는 것이다. 이러한 부정의는 아마도 그 지역의 엄마들의 탓이 아니라, 극심한 빈곤이 지속되도록 방치한 부패한 정부, 지주, 그리고 사탕수수 플랜테이션 소유주의 탓이다.[13]

심지어 물질적 조건이 충분한 여건에서도 장애에 대한 낙인은 장애아부모를 힘들게 하기에 충분하다. 예를 들어, 헤스팅 센터(Hastings Center)의 태아검사프로젝트에 참여한 미국 의사는 최근 다운증후군 증상과 항문폐쇄증(평생은 아니고 1년에 걸쳐 인공항문형성술을 받아야 하는)에 있는 신생아 집중관리실의 한 신생아 사례를 보고했다. 이 곳 의사에 따르면 부모가 더 이상 찾지 않는 아이를 부모와 연결하거나 입양할 수 있도록 조치를 취하는 것은 사회복지사라고 한다. 사회복지사는 또한 다운증후군과 연관된 의료적 문제는 "싸늘한 문화적 편견" 때문에 부모가 전적으로 "수용할 수 없는" 사안으로 생각하고 있다고 지적한다. 분명히 부모는 가족과 친구들에게 그 아이가 죽었다고 말할 것이다. 그 신생아는 장애에 대한 사회적 낙인이 재정적 여건보다 더 중요한 중산층 이주자의 아이였다.[14]

가난과 낙인은 장애인과 그 가족의 심장을 찌르는 두 개의 대못이다. 이 대못은 사랑의 노동 가능성을 소진시킨다. 우리가 언제라도 마주하게 되고 들이닥칠지도 모르는 민감한 장애의 비용과 고통을 가족들이(종종 그 어머니 혼자서) 빠짐없이 정면에서 부딪혀야 한다고 주장하는 것은 혹독한 조건을 넘어서 장애아에 대한 서비스를 부정하는 것이다. 이러한 모든 것은 의존의 여건을 질서정연한 사회라는 이상의 중심으로 간주하지 못했기 때문이다. 장애인과 의존인을 돌보는 사람에 대한 사회적 지원의 결여는 장애에 대한 우리의 태생적인 취약성을 부정하는 것이다. 그것은 물질적 자원을 갖고 있는 가족이라 해도 자신의 아이를 병실에서 포기하게 만드는 낙인이 만든 사회의 부정(denial)이다.

장애는 슬픔이라는 상흔을 남긴다. 능력과 가능성의 상실이 존재한다. 하지만 재앙은 장애 그 자체가 아니라, 장애에 대응하는 무감각, 냉대, 그리고 인색함이다. 그래야만 하는가? 불가피한 것일까? 슬픔은 불가피할 수 있지만, 불평등과 부정의는 그렇지 않을 수 있다.

반어적으로 보면, 부정의의 상당 부분이 "공정," "불편부당," 그리고 "평등"으로 가장된다. 달링(Darling 1983, 148)은 전문인이 갖춰야 하는 미덕으로 "보편주의... 모든 경우가 동등하게 취급되어야 한다는 신념"이라 정의하며, 보편주의는 특별한 아이에 대한 모성적 관심과 충돌한다고 지적했다. 취약한 사람이라도 모든 경우가 평등하지는 않다. 불행하게도 자원이 제한적일 때, 보편주의적 평등은 단지 모든 사람이 **형편없이 평등하게** 대우받으라는 것을 의미할 뿐이다.[15] 의료서비스를 받아야만 하는 부모 입장에서, 혈우병 아들을 키우는 메시에즈(Massies)의 경험은 너무나도 익숙하다.

> 병원 대기실에는 기다란 나무 의자가 있었다. 우리는 마치 법정에서 그러하듯 그 의자에 앉아 대기하고 있었다. 병원 개원 시간 아침 8시에 와 있어야 했다. 아무런 안내도 없었다. 기다렸다...
>
> 모든 엄마들이 긴장과 걱정으로 안절부절못하며 지루해하는 아이들을 데리고 거기서 기다렸다...
>
> 모든 엄마들은 "언제 의사 선생님이 오세요?"라고 묻는 게 두려웠다. 혹시나 "의사 선생님"께서 언짢게 생각하실까봐 하는 마음에.
>
> 이렇게 하루가 다 갔다. 하지만 우리는 다른 곳이 없었기 때문에 계속 기다렸다. 이것도 문제였다. 무력함 속에서도 적개심이 타올랐고, 분통이 무엇인지 잘 알게 되었

다. 아무 말도 없었다. 무슨 말을 할 수 있을까? 하지만 분노가 내 안에서 끓어올랐
다(Massie 1975, 75).

개인전담 의사의 진료를 받는 부모들도 길게 늘어선 분노의 대기
선이 낯설지 않을 것이다. 모성의 힘은 언제나 감성적인 것과 특별한
것을 향해 작동하기 마련이지만, 만약에 평등하게 분배되는 것이 최
고 수준의 돌봄과 서비스이고, 그리고 이러한 돌봄과 서비스의 원천
이 실제로 보편적으로 사용가능할 수 있다면, 보편주의와 평등이라는
수사를 기꺼이 받아들일 수 있다. 그러나 그 대신, 부모는 아이의 장
애가 불가피한 것처럼, 부정의와 푸대접을 "조건"으로 받아들일 것을
요구받고 있다.[16]

우리가 요구하는 보편주의는 직원도 없고 장비도 없는 대기실에서
몇 시간씩 모두가 줄을 서서 대기해야 하는 것이 아니라, 제5장에서
필자가 촉구했던 보편적 프로그램이어야 한다. 아파서 일시적인 장애
인의 경우이건 불구로 평생 장애를 안고 살 수 있는 경우이건, 우리
는 우리가 장애일 때, 우리의 필요를 채워주는 보편적 프로그램이 필
요하다. 위의 사례가 잘 보여주듯, 장애가 있는 사람의 필요는 (비록
항상 그렇다고 할 수 없지만) 그들에게 돌봄을 제공하는 사람의 필요와
함께 그 자리에서 채워져야 하는 것이다. 그들에게 홀대는 곧 고통
이다.

달링(Darling)이 묘사한 전문인의 보편성 미덕은 단지 모든 사람을
형편없이 평등하게 대하는 전도된 형태로만 활용되고 있다. 예를 들
면, 보편적 보건의료가 없는 곳, 교육을 재산세로부터 지원받는 곳,
그리고 아이와 의존인의 운명이 근본적으로 부정의한 배분체계에 의
존하고 있는 곳에서 활용되고 있다. 아이의 성장과 발전 능력에 영향
을 미치는 불평등은 장애아에 대한 처우에서도 그대로 반영된다. 모

든 장애아에 대한 교육을 지원하는 법과 신생아장애에 대한 조기 개입은 비장애아의 기회와 버금가는 기회를 장애아에게 가져다 줄 수 있지만, 그러한 입법은 장애가 있는 유색인의 가난한 아이에 대한 인종주의와 빈곤이라는 중층적인 요인을 반영하지 못한다. 인종주의가 장애인돌봄의 모든 측면을 굴절시키기 때문에 정의는 실현되기 어렵다. 인종에 기반한 불평등한 자원 할당으로 낙인의 고통이 배가되기 때문에 장애인가족 연구에서 인종은 중요한 요인이 된다. 그러나 다양한 인종적 배경의 가족을 포함시키는(필자가 밑에 연구한 것 같은) 연구는 여전히 상대적으로 적다.[17]

이 글을 쓰고 있는 순간에도 수천 명의 장애아들이 미약한 예산삭감의 대상이 되고 있지만, 아주 중요한 보충적 소득보장(Supplemental Security Income) 제도의 혜택은 "복지개혁"으로 사라져 버렸다.[18] 게다가, 상당수의 장애아 어머니들 혹은 엄마품 같은 돌봄을 주는 사람들(종종 할머니나 가족 내 돌봄제공자)이 혜택을 지속적으로 받기 위해서는 집 밖으로 일자리를 구해야 한다. 더군다나, 빈곤과 인종주의는 많은 장애 사례와 복합적으로 연관된다. 가난한 사람이 점점 더 자신의 빈곤에 대한 비난을 받는 것처럼, 장애아의 어머니는 종종 그 장애에 대해 책임져야 한다는 시선을 받는다. 장애인가족을 지원하는 혜택만이 -자산조사가 아닌 보편적 혜택- 가난한 유색인 장애인과 그 가족에게 드리워진 낙인과 고초에 대한 보상의 **시발점이** 될 것이다. 이러한 보편적 서비스를 제공할 수 있는 부가 있음에도 불구하고, 현재의 미국은 필요한 입법을 제정하기까지 아직 갈 길이 요원하다.

국가가 정치적 의지를 갖고 필요한 서비스와 지원을 제공해야 한다고 생각하는 것이 유토피안적인 생각인가? 웨이스브런(Waisbren 1980)은 덴마크와 미국의 사회서비스와 그것이 가정에 미치는 영향에 대해 비교하는 연구를 수행했다. 연구 당시 미국에서 발달장애아와 그 가족이 이용 가능한 것들을 요약하면서, 웨이스브런은 다음과 같이 썼다.

> [발달장애아와 그 가족에 대한] 미국의 서비스 체계는 분절적이고 불완전하다. 중앙기구가 불충분하고, 오래 걸리고 지나치게 전문화되었기 때문에, 부모들은 아이를 위한 프로그램을 찾아다녀야 한다. 재정 지원도 각각 매우 제한된 인구만을 대상으로 하는 서로 다른 여러 단체에 의해 제공받는다. 그렇기 때문에, 가족이 보조금을 지원받기 위해서는 명확한 진단서가 필요하다. 미국에서 발달장애인을 위한 학교, 강연회, 그리고 주거시설은 덴마크에 비해 건축설계부터 매우 열악하며, 상당히 밀집되어 있고, 공동체 친화적이지도 않다. 발달장애인에게, 독립적인 생활을 할 수 있도록 돕는 사회적응 시설과 프로그램은 거의 없다(Waisbren 1980, 346).

웨이스브런이 썼던 시기와 지금을 비교해보면, 서비스가 많이 개선되었으며, 장애인공동체와 장애인부모의 권익활동으로 보다 많은 프로그램과 공동체 통합 그리고 가족에 대한 보조금 지원이 보다 유연해졌다. 그러나 장애인차별금지법(Americans with Disabilities Act)의 통과로 향상된 서비스와 지원(여전히 매번 싸움을 해야 하는)조차도 1980년대 덴마크에서 이미 시행되었던 것들에 비하면 부족하다. 덴마크에서의 부조는 발달장애가족을 둔 가족 모두에게 보장된 재정지원과 무료서비스, 한 부모가 집에 남아있을 수 있도록 지원하는 현금보조, 가정상담, 시간제 돌봄, 주간 보호시설, 가정간호, 그리고 부모교육을 포함한다. 그리고 이것이 전부가 아니다.

> 부모는 10대 후반이나 20대 초반까지 발달장애아를 가정에서 함께 생활할 수 있도록 재정적인 지원을 받는다. 그 시기가 되면, 관리된 아파트뿐만 아니라 사회적응 훈련시설, 그룹홈이 가정에 제공된다... 이에 더해, 가족들은 더 좋은 집을 찾을 수 있도록 이사비용 및 월세비를 지원받는다. 정부에서는 집안 구조를 장애인에 맞춰 개

조하는 데 드는 비용을 지원해준다. 정부는 특수 장비, 무료 검진, 그리고 정기검진, 무료 의료케어, 운동발달을 위한 가상 프로그램, 그리고 병원까지의 통원수단을 지원해준다(Waisbren 1980, 346; Bank-Mikkelsen 1969; Sterner 1976에서 재인용).[19]

이러한 조달로도 장애아를 돌보면서 직면하는 긴장, 고통, 낙인을 경감시키기에는 아직 부족해 보인다. 놀랍게도, 웨이스브런의 연구는 연령대별로 미국과 덴마크의 부모를 비교한 결과, 양국의 발달장애 부모가 받는 스트레스 수준의 유의미한 차이가 발견되지 않는다고 했다. 그녀는 다음과 같이 말했다. "조사 자료를 근거로 말씀드리자면, 각국의 부모는 기존의 발달지원 서비스를 그대로 받아들입니다. **서비스의 결핍은 빈번히 의심 없이 받아들여집니다**"(Waisbren 1980, 348, 필자 강조).

이 자료는 몇 가지 음미할 가치가 있다. 첫째, 이 연구의 인구학적 측면은 면밀히 해야 한다. 웨이스브런(1980, 346)이 조사한 인구는 두 부모가 생존해 있는 백인 중산층 가족이다. 하지만 대체적으로 이러한 가족은 (사회적·재정적 지원으로 특별한 가치를 부여받고 있을 수 있는) 장애의 스트레스를 가중시키는 조건(빈곤, 인종차별의 영향 혹은 한 부모로서의 책임)에 덜 고통받기 때문에, 장애라는 사실 하나가 그들 가족의 모든 고려사항을 압도할 수 있다. 분명, 미국 가족의 비교집단 선정은 대부분 백인이며 빈곤하지 않은 덴마크의 모집단(덴마크에서의 빈곤은 미국에서의 빈곤만큼 심각하지 않다)에서 추론된 것이다. 하지만 이러한 방법론적인 고려사항이 연구결과를 왜곡할 수도 있다.

장애아의 유년기에서 가장 강력한 감정과 필요의 대부분이 아이의 장애에 대한 슬픔과 고통에 초점을 두고 있지만, 이러한 슬픔과 고통은 부모가 아이의 장애를 받아들이면서 점차 누그러든다.[20] 하지만 이러한 수용과 함께 아이가 점점 나이가 들면서, 부족한 서비스에 대해 점점 좌시할 수 없게 되고, 가족들은 아이의 돌봄과 안녕을 보장받기 위해 요구하고 싸워야 한다. 이들의 관심은 순식간에 보존을 위한, 사랑을 위한, 사회적 수용을 위한, 또한 성장을 위한 가능성을 제공하는 것으로 기운다.

이론가를 위한 교훈

웨이스브런의 연구는 발달장애아의 가족이 받는 스트레스의 정도를 사회과학적으로 살펴본 뛰어난 연구다. 다른 연구가 제시하는 다양한 경쟁적 관점도 존재한다. 초기 연구들은 대부분 병리학적인 관점에서 장애인가족을 바라본다. 반면, 최근 연구들은 장애인가족은 잘 대처하고 있으며, "정상적인" 자녀가 있는 가족과 유의미한 차이를 보이지 않는 것으로 설명한다. 웨이스브런의 연구결과는 가능한 스트레스 수준을 측정함으로써 얼마나 많은 것이 도출될 수 있을지에 의문을 제기한다. 여기서의 문제는 부모가 얼마나 잘 대처하는가라기보다 장애인과 장애인가족에게 제공되는 것이 정의롭고 공정한가라는 점이다. 사회정의에 천착하는 사람이면 알고 있는바, 피해자의 어깨를 짓누르는 억압이 너무나 버거워서, 피해자가 그 억압에 대응하지 못할 정도로 마비된다면, 그것이 가장 큰 부정의이다. 의존노동을 지원하는 사회서비스는 정의의 이름으로 지원되어야 한다고 생각한다면, 장애인의 취약성으로 인해 그 취약성에 상응하는 지원과 서비스가 필요하다고 생각해서는 안 되는가? 둘리아 원칙은 장애인을 돌보는 사람은 지원받아야 한다는 것이다. 즉, 의존노동자는 재정적으로 지원받아야 할 뿐만 아니라, 이와 함께 돌봄대상자에 대한 추가적인 돌봄제공 도움과 상담, 가옥개조, 직접적인 의료, 교육, 거주 지원이 있어야 한다는 것이다.

장애라는 맥락에서 평등과 정의를 어떻게 이해할 수 있을까? 이 책의 각 장은 보다 관계에 기초한 평등이론을 위해 무엇이 필요한지에 대한 준비를 제공함에 불과하다. 필자는 장애인과 그들의 돌봄제공자를 고려할 경우, 어떤 모습의 관계에 기초한 평등이론이 제시될 수 있을지를 간략히 논의하고자 한다. 그리고 센(Sen)의 가능성(capabilities) 모델이 가장 유용하다고 제안하고 싶다. 가능성 모델은 "수입 (과 다른 외부 자원)을 개인의 이익으로 전환시키는 데 있어 개인 간 편차"를 강조한다(Sen 1992, 195). 센에게 가능성이란 "가치 있는 기능을 성취하기 위한 자유의 반영"이다(1992, 49). "기능(functionings)"은 개인의 "안녕을 구성한다." 센에 따르면, 가능성은 **"안녕을 성취하는 자유"**와 관련될 뿐만 아니라 **"성취된 안녕의 수준을 위한"** 것과도 관련된다 (1992, 49). 따라서 우리가 평등하게 하고자 하는 것은 재화의 목록이 아니라 [심지어 "기본적 재화(가치)"의 목록도 아니며] 우리가 가치 있다고 여기는 그러한 기능들을 실현할 수 있는 가능성이다.

센이 개인들 간 편차라고 지적한 것은 장애인과 이들을 돌봐주는 사람의 이슈를 다룸에 있어 가장 중요한 부분이다. 장애인과 이들을 돌봐주는 사람의 이해는 단일한 개인의 이익으로 이해될 수 있는 것이 아니다. 인지장애처럼 복합장애가 아닌 경우에서도, "기능의 공간 (space of functionings)"은 매우 다양해서 어떤 제한된 목표나 재화의 목록도 모든 다양한 기능에 영향을 미칠 수는 없다(Sen 1992). 결국, 장애(우리 자신의 장애이든 혹은 우리 아이의 장애이든)의 수용은 개인의 안녕에 결정적이기 때문에, 그리고 그러한 수용을 성취하고자 하는 우리의 노력이 우리가 당연히 기대하는 것에서 우리를 차단하기 때문에,

공정함을 위해서 가치 있는 기능을 실현하기 위한 가능성이라는 **자유**를 강조하는 것이 다른 무엇보다 중요하다.

그렇다면 무엇이 평등해져야 하는가? 장애와 장애인을 돌보는 맥락에서 평등이라는 것이 타당한 것인가? 한편으로, 평등해져야 하는 것은 장애인이 갖는 가능성의 공간을 의미한다. 장애인이 혼자 혹은 가족이나 의존노동자와 함께 가치 있는 기능을 결정하는 것은, 그들의 기능이 장애인 본인의 능력과 가능성에서 시작되었을 때이다. 다른 한편으로, 가족과 의존노동자(즉, 장애인에 관심을 갖고 돌보는 모든 사람 -가족구성원이건 유급 고용된 경우이건 간에) 역시 가능성의 평등을 부여받아야 한다. 그들 역시 자신의 가치 있는 기능을 결정해야 하며, 이러한 기능을 실현할 수 있는 자유를 가져야 한다. 하지만 가능한 기능, 즉 가능성 목록(capability set)은 사람들 간 관계에서 타인의 기능 공간과 분리되는 각 개인 차원의 기능 공간을 의미하지 않는다. 만일 이렇게 분리해서 생각한다면, 가능성의 평등은 다름 아닌 또 하나의 개인에 기초한 평등이 될 것이다(제1장 참조). 만일 가능성의 평등이 관계에 기초한 평등이 된다면, 의존관계가 어떻게 지속될 수 있는지와 그 기능 공간이 어떻게 조정될 수 있는지에 대한 고려 역시 있어야만 한다. 이러한 조정은 각각 기능의 자유를 최대화시키는 것, 비록 이것만으로도 바람직한 결과이겠지만, 그 이상이 되어야 한다. 이러한 조정은 사람들 간의 관계 자체를 위한 공간을 제공해야 한다. 돌봄이 필요한 장애인에게 가치 있는 기능은 의존관계 밖에 있으면서 의존관계를 지원하는 데 필요한 사람들의 가치 있는 기능과 연계선상에서 파악되어야만 한다. 마찬가지로 의존관계 밖에 있는 사람들의 가치 있는 기능은 그 관계 안에 있는 사람들의 가치 있는 기능을 고려해야 한다. 더군다나 관계의 질(quality)은 그 자체로 무엇이 가치 있는 기능인지를 고려하는 결정요인이 된다. 타인과 우리의 관계를 배태된 의존성으로 바라보고 이러한 배태된 의존성에 걸쳐 있는 가치 있는 기능을 조정함으로써, 인간의 관계를 매개로 한 평등의 틀을 짤 수 있다. 가능성과 기능의 공간에서 이러한 평등을 가능하게 하는 분배는, 전적으로 차이와 장애에 내재한 의존(장애인과 이들의 돌봄제공자 모두에게 해당되는 의존)과 양립될 수 있다. 모두가 어느 엄마의 아이로 이해하게 된다.

정의와 평등의 문제 그리고 사회조직을 다루는 저작들에서, 아이는 미래의 비의존적인 존재로 여겨진다. 동등한 쌍무적 교환에 가치가 매겨진다. "비의존성"이란 환상 속의 이상을 사회이론가과 정치이론가에게 상기시킴에 있어, 여성은 매우 중요했으며 여성으로 인해 상호의존적이라는 인간 이미지를 제공해줄 수 있었다. 하지만 전통 서구철학에 입각한 원자론적 개인주의에서 탈피할 수 있도록 길잡이 역할을 해주었던 페미니스트조차도 의존의 함의를 전적으로 인정하지 않고 있다. 예를 들어, 로레인 코드(Lorraine Code)는 마치 어느 누구도 페미니스트를 동료나 친구로 둘 수 있는 것처럼, 여성도 아이와 남성 모두 함께 만족할 만한 관계를 만들어 갈 수 있다고 인정하면서, 평등은 아주 중요한 가치라고 주장한다. "구성원 각자가 본인의 혹은 타인의 시간, 편의, 편함 그리고 성공에 대해 타협할 준비를 하는 관계 맺음은 상호성의 문제이다... 이러한 관계를 위해서라면 자율성을 포기할 가치가 있다"(Code 1986, 56). 가장 일반적인 용어와 조건으로 이해되는 상호성에 대한 이러한 주장은 대다수 페미니스트 논의에 널리 퍼져있다.

하지만 이 같은 상호성은 세샤와 같은 아이를 돌보는 관계를 논할 때 적용되지 않는다. 분명 세샤가 상호평등의 관계를 위해 필수적인

"타협할 준비"가 되어 있지 않아도, 나는 내 자율성의 일부를 포기하는 것이 문제가 되지 않는다. 그리고 만약에 내가 아니라면, 누군가는 그래야만 한다. 하지만 이것이 내가 자신을 드러내지 않고 자기희생적인 "여성적" 미덕을 묵인해야 한다는 것을 뜻하지는 않는다. 대신에 의존노동의 경우 호혜성이 어떻게 가능한지 다시 생각해볼 필요가 있다는 점을 의미한다.

상호성과 상호의존의 이미지가 사람들 사이에 중요하지만, 세샤와 함께한 삶은 우리가 "상호"의존적이지 않을 때가 존재한다는 점을 우리에게 강조한다. 우리는 단지 의존적이며 호혜적일 **수 없다**. 더군다나, 의존은 종종 사회적으로 구성되지만, 모든 의존이 그런 것은 아니다. 만일 당신 몸의 열이 40도가 넘는다면, 당신의 의존은 사회적으로 구성된 것이 아니다. 세샤의 의존도 사회적으로 구성된 것이 아니다. 비록 주변 환경의 조성이 세샤가 어엿한 삶을 사는 데 있어 매우 **결정적**이라 하더라도, "사회적 딱지"나 환경적 장애가 세샤의 의존을 만들지 않는다.

세샤와 함께한 삶은 정의로운 사회의 "자유롭고 평등한" 시민적 속성이 모성적 필요를 간과하는 점을 재조명한다. 모성적 필요는 개인이 타당한 주장의 자기 근원자(self-originator)로 행동하지 못한다는 점에서 자유를 제한한다고 롤즈는 생각할 수도 있다. **이러한** 비자유는 우리가 가치 있다고 보는 기능이 보장되고 그것이 실현되는 가능성이 제공된다면 숙명으로 받아들일 수도 있다. 세샤와 함께한 삶은 도식적인 "평등"으로는, 만약에 보다 큰 사회가 의존인뿐만 아니라 돌봄을 제공하는 사람을 돌볼 수 있는 자원을 제공하지 않는다면, 엄마품 같은 돌봄을 제공하는 사람의 필요를 충족할 수 없다는 점을 일깨워 주었다. 이것이 바로 내 간호일기에 담긴 오래된 메시지이다.

중증장애인은 수유받는 신생아만큼 의존적이지 않지만, 돌봄제공자가 중증장애인에 대해 관심을 집중하고 있는 이상, 돌봄제공자는 자신이 속한 경제적·사회적·정치적 질서에 "평등한" 일원으로 참여할 수 없다. 돌봄제공자가 의존하는 타인의 필요를 충족시킬 때 돌봄제공자 자신의 필요 또한 충족시키는 것은 **돌봄제공자를** 위한 평등의 조건이 된다. 즉, 공동체의 평등한 성원자격의 조건이 된다. 누군가 타인의 필요를 충족시킬 때 그 자신의 필요를 충족시키는 것은 동등한 지위를 갖는 비의존적 인간의 관계적 특징이 아닐 수 있다. 그렇지만, 기본적인 필요로 인해 누군가에게 중요하고 불가피하게 의존해야 하는 의존의 관계에 있는 모두를 위한 평등의 조건이 된다.

숙녀가 된 내 딸은 철학책을 결코 읽지 못할 것이다. 영어문장을 말하지도 읽지도 못할 것이다. 내 딸은 결코 비의존적이 될 수 없다. 그럼에도 불구하고, 이 책의 교훈은 그녀가 우리에게 타전한 차분한 개인교습의 산물이다. 수업은 아직 끝나지 않았으며, 우리가 서로를 가슴에 품고 있는 한 계속될 것이다. 마치 결혼이 "죽음이 서로를 갈라놓지 않을 때까지" 끝나지 않는 것처럼, 엄마품 같은 돌봄의 과정도 멈추지 않을 것이다. 그 때까지, 내 딸로부터, 나와 함께 엄마품 같은 돌봄을 분담하는 사람들로부터, 그리고 그 특수하면서도 때때로 일반화될 수 있는 것들로부터, 나는 세샤로 불리는 미려(美麗)한 인간과의 훌륭한 관계를 계속해서 배워나갈 것이다.

후 기

의존에 대한 인정과 평등에 대한 문제제기가 이 책의 두 가지 개념 축이다. 이 책은 여성의 삶에서 의존과 평등이 서로 조화할 수 있는 지의 질문을 다루고 있다.

이 책이 비록 많은 내용을 다루었다면, 그것은 인간의 의존과 평등에 대해 논하는 것이 우리의 삶과 희망을 폭넓게 담아내기 때문이다. 의존을 다루는 것은 우리의 어린 시절, 우리의 노년기, 우리의 병약한 시기와 우리가 장애가 되었을 때, 그리고 우리가 노쇠한 부모님, 어린 자녀, 아픈 배우자, 친구 그리고 연인을 돌볼 때 등 이러한 시절과 시기에 대한 고민과 관심을 기울이는 것이다. 의존이란 남성과 여성 모두가 똑같이 취약할 수밖에 없는 삶의 조건이지만, 의존인에 대한 돌봄은 대부분 여성에게 부담되며 그리고 많은 여성에게 의존인에 대한 부담은 그들 삶의 많은 부분을 채우고 있다.

근대 시기에 평등은 사람들이 투쟁하고 싸워나가는 명분이 되는 도덕적·사회적·정치적 질서의 기초로 복무해왔다. 하지만 자율적이고 자유로우며 자족적인 개인과 이와 대등한 위치에 있는 타인을 상정하는 평등은 여성 삶의 상당 부분을 차지해 온 의존을 쉽게 인정하지 못한다. 이렇듯 의존을 인정하지 못함으로 인해, 평등 개념에서 여성은 효과적으로 배제되어 왔다.

이 책은 의존인 돌봄에 대한 사회적 책임과 돌봄제공자에 대한 사회적 지원을 수용하는 더 큰 공동체에 대한 비전과, 평등하다는 사회에서 평등하게 살 수 없을 정도로 의존인을 돌보는 것이 돌봄노동자에게 고역(苦役)이 되지 않는 더 큰 공동체에 대한 비전을 함께 담고 있다. 이러한 세상에서 의존인을 돌보는 것은 의존노동자가 평등한 사회의 구성원이 되기에 버거운 비용이 되지 않는다. 그러한 세상에서 의존노동을 위한 요구는 평등이 가능한 사회로부터 호혜성을 요구하는 것으로 받아들여진다. 이러한 비전에서 본다면, 돌봄을 제공하고 받는 것은 정치적 자유와 경제적 안녕과 같이 가장 근본적이고 환원할 수 없는 필수적인 가치로 이해되어야 한다. 의존노동이 성, 인종 또는 계급에 의해 결정되지 않는 세상이라야 그러한 요구를 충족시킬 수 있다. 그렇게 될 때라야 의존노동이 완전한 기회균등이라는 이상과 양립될 수 있다. 이 때의 완전한 기회균등이란 각 개인의 기술, 이해, 능력에 따라 평등한 기회가 열려있는 것을 의미한다.

그러한 세상은 현재 우리가 살고 있는 세상이 아니다. 남성의 시각에서 만들어진 진보 논의로 이론화된 세상도 아니다. 우리가 아는 세상은 스스로를 비의존적이라고 생각하는 사람들의 소망으로 조성된 세상이다. 비의존인이라고 보는 자기이해는 어떤 대가를 치러야 구입할 수 있는 것이다. 그 대가는 일반적으로 저평가되고 불가피한 것으로 치부되어서 전통적으로 사회정의의 고려사항으로 간주되지 못했다. 비의존성의 대가는 아내이고, 엄마이고, 하녀이고, 유모이다. 즉, 의존노동자이다. 의존인에 대한 돌봄이 친밀한 생활을 함께하는 여성

에게 전가되든 혹은 이방인에게 전가되든, 우리의 삶을 관류하는 의
존을 돌보는 누군가가 없었다면, 평등한 결사체로서 사회라는 개념에
어울리는 자유롭고 평등한 주체의 한 부분으로 우리는 행동할 수
없다.

가족이든 유급이든 의존노동을 하는 사람은 사랑의 노동에 대한
만족을 준다. 아이의 성장을 지켜보며, 아픈 사람을 위로해주고, 본
인을 돌봐주던 누군가에게 받았던 사랑스런 돌봄을 돌려준다. 그러나
동시에 그들은 경제적 궁핍, 수면 부족, 친밀한 관계의 단절, 여가와
경력기회의 결핍 등등에 취약하게 된다. 이는 돌봄노동자가 겪는
취약성이다. 이는 전적으로 당신의 일거수일투족에 취약한 사람들의
-가장 기본적인 안녕인 생존, 성장, 안위가 돌봄노동자 자신에게 달
려있는 사람들의- 필요를 돌보기 때문에 감내하는 의존노동자의 취
약성이다. 의존노동자는 그들의 노동에서 가장 감정적으로 도덕적으
로 힘겨운 요건에 종속된다. 이러한 요건이 의존노동 자체를 구성한다.

의존노동에는 또한 추가적인 곤란이 존재한다. 추가적인 곤란은 타
인으로부터 의존노동자의 노고가 호혜적이지 않을 때, 의존노동자가
충분한 휴식시간, 충분한 보상, 감정적인 지원을 받지 못할 때, 그리
고 의존노동자에게 의존노동이 필요로 하는 특별한 형태의 사회적
혹은 기술적 서비스가 지원되지 않을 때 발생한다. 이러한 것들은 사
회적이고 정치적인 불평등의 결과이다.

이러한 부정의를 바로잡는 것이 둘리아라는 공적 개념이 요구하는
바이다. 둘리아의 공적 원칙은 대상자와 돌봄제공자 모두에 대한 사
회적 책임을 주장하는 호혜성을 요구한다. 모두에 대한 평등이란 관
계에 기초한 평등을 필요로 한다. 이는 개인이 소유하는 재산권만큼
이나 타인을 돌봐야 하는 필요와 돌봄관계에 내재한 공통된 운명과

공유된 인간애를 인정하는 평등이다.

만일 의존이 우리 삶의 일부분이 아니라면, 의존의 사실을 잊고 사는 것은 쉽고 편한 일일 것이다. 그렇다면, 변기를 닦거나 우는 아이를 달래는 일이 정부의 일, 재정의 문제 혹은 세상의 문화와 관계가 있을까? 물론 답은 **모두** 관계있음이다. 하지만 우리 자신의 의존과 타인의 의존은 비유적으로도 문자 그대로도 눈에 띄지 않는다. 이러한 의존은 유일하게 돌볼 의지를 보여 온, 그러나 아직까지 완전한 사회적 성원자격을 얻었다고 볼 수 없는 여성에 의해서 다뤄져왔다. 여성이 완전한 성원자격을 얻기 위해 노력하고, 여성이 남성에 의해 만들어진 세상에서 평등해질수록 의존이 가시화되고 있다. 여성은 노동시장에서 일하기 위해 아이를 집에 두고 갈 수 없으며, 그 과정에서 의존인을 포기할 수 없다. 여성이 노동시장과 집, 두 곳에 있으려는 시도는 불가능하거나 혹은 처절한 싸움으로 성취되는 것이다. 둘중 하나는 잃게 된다. 평등하게 경쟁할 수 있는 여성의 자율성과 능력을 잃든가, 의존인에 대한 돌봄과 그들의 안녕을 포기하든가.

우리는 평등이 포용적인 이상이라고 생각하기 쉽다. 평등의 본질적 역동성이 보다 넓은 범위의 개인을 진보적으로 아우를 것이라 생각하고 싶어 한다. 하지만 평등은 **누군가**를 포용할 때, 언제나 다른 **누군가**를 배제한다. 어떤 집단이 평등하게 구성되었다고 정의될 때, 이때의 평등은 그 집단에 속하지 않은 사람을 배제한다. 모든 사람의 평등이라는 가장 포용적인 평등 개념조차도 사람이 아닌 대상을 배제한다. 아마도 우리는 사회를 평등한 사람들의 결사체로 생각하는 바로 그 가능성을 평등의 영역 밖에 있는 의존인들에게도 예단해 왔다는 점에 대해 놀라지 말아야 한다. 아주 어린 아이들은 그들이 언젠가는 사회의 다수를 이룬다는 점에서 평등하지만, 아직은 평등하지 않다. 병약자 혹은 장애인은 비장애인의 매력적인 영역 밖에 머물러 있다. 노인은 그들의 자리를 나이가 한창인 평등한 사람들 그래서 현재 "비의존적인" 사람들에게 내어주고 은퇴하거나 한발 물러나 있다. 실제로 우리는 그 누구도 비의존적이지 않다는 점을 알고 있다. 우리 모두는 의존적이다. 우리의 운명은 타인의 운명에 의존적이다. 하지만 그럼에도 불구하고, 상대적으로 우리는 비의존이 무엇을 의미하는지, 비의존이 어떤 권한을 주는지, 그리고 평등의 울타리에 포함된다는 것이 무엇을 상징하는지를 언제나 알고 있다.

평등의 권리는 역사상 어떤 시기보다도 작금의 여성들이 확실히 파악하고 있고 포착하고 있는 권리이다. 왜냐하면 평등한 이들의 공동체는 불가피한 인간의존에 대한 여성의 돌봄에 의존하고 있기 때문이다. 여성은 새로운 구성원을 생산하고, 질병 혹은 장애로 일시적으로 물러나야 하는 사람에게 구호를 제공하고, 평등의 범주에서 이탈된 사람의 돌봄을 담당한다. 여성을 평등의 범주에 포함시킴으로써 평등의 범주 밖에 있는 모든 사람을 돌보는 누군가의 필요가 가시화될 수 있다고 여성들은 주장한다. 동시에 의존의 사실과 의존노동에 대한 여성의 책임은 정치경제적 질서 내에 여성을 평등하게 포함하는 것이 왜 그렇게 문제가 되어왔으며 속도를 내지 못했던 이유를 설명한다.

평등을 달성하는 것은 의존의 불가피성과 양립할 수 있다. 하지만 이러한 양립은 특정한 조건 하에서 가능하다. 즉, 의존인을 돌보는 사람에게 그들이 의존인을 돌보는 동안 그리고 그 후라도 적절한 보상이 주어지며 서비스가 제공되고, 사회적 가치를 위한 경쟁에 참여할 수 있는 수단이 지원되는 정책을 우리가 개발할 수 있을 때 양립할 수 있다. 이러한 정책은 의존노동이 탈젠더화되고 탈인종화되어야 할 뿐만 아니라, 의존노동이 숙달된 기술과 성향에 따라 분담되어야 하는 점을 담보해야 한다.

이 지점에서 독자는 잠시 갸우뚱 할지도 모른다. 능력 있는 의존노동자가 돌보지 않는 의존인은 방치되기 쉽다는 점, 그리고 무급 가족 돌봄제공자는 현재의 방식 하에서 사회적 협력의 성과를 얻기 위한 경쟁에 진입할 때 불리하다는 점을, 심지어 회의적인 독자에게도 설득하는 데 필자가 성공했을 수 있다. 하지만 왜 사회적 협력의 성과가 대상자와의 감정적 애착을 갖지 않는 의존노동자에게도 평등하게 분배되고 있지 않는지에 대해서 여전히 분명하지 않을 수 있다. 예를 들어, 단순히 변기를 청소하거나, 고령 대상자를 위해서 세탁을 하고 장을 보며 돈 심부름을 하거나, 자신의 돌봄 순번이 끝났으면 고민 없이 대상자를 떠나는 의존노동자가 운전자의 안정과 안녕을 생각하며 자동차 조립 라인에 있는 노동자보다 왜 더 불평등한 분배를 받을까? 왜 **이러한** 의존노동자가 포드자동차 조립 라인의 노동자보다 더 취약할 수 있을까?

이 문제에 대해 답하기 위해서는 의존노동이 유급이건 무급이건 간에, 의존노동이 전통적으로 무급노동이었으며 앞으로도 상당부분 그렇게 될 것이라는 점을 인정해야 한다. 또한 이러한 사실은 의존노동을 자원과 비용의 결산에 통합시키는 것이 쉽지 않음을 의미한다. 예를 들어, 아이를 돌보는 비용을 따져야 하는 모든 여성이 알고 있듯이, 가정 밖에서 벌어오는 여성의 수입에 비하면 상대적으로 아이 돌봄의 비용은 아깝다고 간주된다. 이는 의존노동에 대한 보상은 -지금 같은 수치로 보면- 임금 체계에서 항상 가장 아래쪽 끝을 차지한다는 것을 의미한다. 이는 의존노동을 어떻게 충분히 보상할 것인지 밝히기 위한 우리의 노력과 정치적 의지를 끝까지 쏟아 부을 때까지 계속될 것이다. 의존노동의 초라한 보상으로 인해, 시민적 참정권이 박탈된 사람들에 의해서 의존노동은 주로 수행된다. 왜냐하면 이들은 더 좋은 유급직장을 찾기 어렵기 때문이다. 따라서 적어도 유급 돌봄노동자는 그들의 빈곤과 주변화된 자신의 지위로 말미암아 더욱 취약해 질 수 있다.

하지만 이러한 관점에서 본다면, 의존노동자가 농장 이주노동자 혹은 다른 저임금을 받는 시민적 참정권이 박탈된 노동자와 비교할 때, 보다 더 취약하다고 보기는 어려울 것이다. 그럼에도 불구하고, 의존노동자는 적어도 그들에 버금가게 취약하며, 의존노동자는 (실제로 그렇지는 않지만 추정컨대) 자유롭고 평등한 사회에 참여하는 혜택을 누릴 수 없다는 점이 주장될 수 있다. 여전히 존 롤즈가 제시하는 것과 같은 자유주의 이론은 경제적 최소 수혜자의 이해가 평등하게 고려되는 정의로운 사회를 건설하는 방법을 모색한다. 만일 이것이 의존노동자가 자신의 일을 함으로써 겪는 취약성의 전부라면, 의존노동이 특별하다고 보는 필자의 고심은 예외적인 것이 될 수 있다.

그러나 다른 노동자와 달리 의존노동자에게는 -심지어 의존노동자가 대상자와 감정적인 애착을 거부할 때조차도- 분명한 도덕적인 의무가 부가된다. 이러한 의무는 때로는 법적인 감시까지 수반된다. 의존노동자를 자동차 공장의 조립노동자와 대조해보자. 조립노동자는 자신의 직무를 관리지침에 따랐는지에 대한 책임이 부가될 뿐이다. 책임을 결정하는 지시의 위계질서가 존재한다. 만일 조립이 잘못되어 자동차 탑승자가 위험에 빠지게 되더라도, 지시와 지침에 따라 작업을 한 조립노동자는 -도덕적 혹은 법리적 죄책감 없이- 편하게 쉴 수 있다. 불성실하게 일을 한 조립노동자조차도 사상(死傷)을 불러올 수 있는 불량에 대해서 직접적인 책임이 없어 보인다. 왜냐하면 책임은 보다 궁극적으로 고용주에게 있기 때문이다. 고용주는 작업 전반을 감독하고 잠재적인 위험이 교정되어야 함을 확인해야 할 책임이 있다. 그러나 의존노동자가 돌봄대상자에게 무심해서 혹은 적절히 응답하지 못해서, 대상자에게 벌어져서는 안 되는 일이 벌어지거나 체온이 급격히 상승하는 것을 인지하지 못했다면, 의존노동자는 조립노동자와는 대조적으로 대상자의 생명을 잃거나 잃을 위험에 빠뜨린 책임을 직접 져야 한다. 의존노동자는 도덕적 죄책감을 느끼게 될 뿐만 아니라 직업을 잃게 될 것이며, 형사처분을 받을 수도 있다. 이러한 취약성은 의존노동자의 빈곤과 주변화된 사회적 위치에 의해 가중된 취약성이다.

의존노동자가 돌봄대상자를 충분히 응답적으로 보살피는 것은 대상자에 대해 감정적 애착을 가질 수 있도록 자신을 노출시킴을 의미하기 때문에, 이러한 애착은 여전히 더 심한 취약성을 유발한다. 이러한 감정적 애착은 "투명" 자아의 특징인 응답성을 가능하게 하며 (제2장 참조), 자신의 행동에 완전히 취약한 누군가를 위해 최상의 자기이해를 포기하는 것을 마다하지 않도록 한다.[1]

돌봄의 원칙(성장과 발전, 그리고 질병, 장애, 노쇠함으로부터 생존하고 이를 감내하기 위해, 모든 인간은 타인의 안녕을 주요한 책임으로 담당하는 의존노동자와의 돌봄관계가 필요하다는 원칙)과 둘리아의 원칙(우리가 생존과 성장을 위해 돌봄이 필요했던 것처럼, 우리는 돌봄노동을 하는 사람을 포함해, 다른 사람이 생존과 성장에 필요한 돌봄을 받을 수 있는 조건을 제공할 필요가 있다는 원칙)은 의존관계를 지원하는 사회적 자원의 사용에 정당성을 부여한다. 만일 평등이 의존과 의존노동을 직면할 수 있는 현실이 된다면, 그 평등은 의존의 시기와 돌봄에 대한 필요를 인정하는, 즉 관계에 기초한 평등이어야 한다. 관계에 기초한 평등은 자원에 대한 접근성보다 가능성과 기능함에 보다 더 많은 관심을 기울인다. 앞서 이러한 관계에 기초한 평등에 대해 대략이나마 설명하였다.

아마도 의존의 관심사를 (그리고 차이, 지배, 다양성의 이슈에 민감할 수 있는) 반영하는 완전한 평등이론은 보다 더 정교한 이론적 진전과 의존노동을 조직할 수 있는 실천적 변화를 필요로 한다. 예를 들어, 의존의 관심사를 공적 영역으로 통합하기 위해서는 보다 폭넓은 경험이 필요하며, 여성에게 평등한 조건을 조성하기 위해 어떤 자원배분 방식이 최선일지를 결정하기 전에 보다 많은 공적 토론이 필요할 것이다. 예를 들어, 아이돌봄의 경우, 미취학 아동을 가정에서 키우기 원하는 부모를 지원하는 것이 나은지 혹은 보다 많은 주간 돌봄시설을 지원하도록 하는 것이 나은지 견주어 볼 수 있다. 이 책의 결론은 두 가지 노력 모두 필요하다는 것이다. 하지만 문화적이고 경제적 맥락의 경험에 근거한 보다 정교한 이론에 기초한다면, 다양한 필요, 성 고정관념에 무관한 직업으로 진출하려는 여성에 대한 장기적인 영향, 상이한 여건에서 아이들의 안녕 등을 고려하는 보다 정교하게 들어맞는 대응을 찾을 수 있을 것이라 제안한다.

의존노동의 경제적 측면은 의존을 반영하는 평등이론을 위해서 더 많은 학문적인 업적과 실천의 변화가 필요함을 보여주는 또 다른 예가 될 수 있다. 왜냐하면 의존노동은 전통적으로 무급노동이었기 때문에, 그리고 노동 강도에 비해 생산 효율이 매우 떨어지기 때문에, 의존노동에 대한 대가는 **언제나** 지나치게 아깝다고 간주되었다. 이로 인해 의존노동은 가정에서 사적으로 이뤄지든 간에 혹은 복지체계에서 공적으로 이뤄지든 간에 매도(罵倒)의 대상이었다. 그렇다면 의존노동의 이러한 특수한 요구를 감안했을 때, 어떻게 의존노동자가 공정하게 보상을 받을 수 있을까? 예를 들어, 이 책의 제안이 경제적으로도 실효성이 있을 수 있을까? 환경론자가 환경보호의 비용을 고려하는 것과 같은 다른 회계체계가 필요한 것일까?

의존노동에 착종된 젠더 정체성과 성고정관념에 대한 우리의 관심이 변하고 실천을 시작하기 전까지는, 답을 얻을 수 없는 문제들이 있다. 만일 우리가 어릴 적부터 의존노동 교육을 시작한다면 ―학교에서 여학생뿐만 아니라 남학생도 의존노동을 배우도록 실시한다면― 의존노동의 탈젠더화에 대한 새로운 저항이 출현할까? 여성이 (섹슈얼리티의 핵심이고, 감정적인 응답을 반영하고, 인격 형성에 중요하게 간주되는) 의존노동을 한다는 우리의 기대는 바뀌게 될까? 페미니스트들은 이러한 쟁점을 탐색해왔지만, 사회조직이 의존노동을 바탕으로 바뀌기 전까지는 앞선 질문에 대한 답을 얻을 수는 없을 것이다. 사회조직에 대한 변화가 이뤄진 이후에 그리고 의존노동에 대한 더 많은 사회적 책임이 부가된 이후라야, 우리는 진정한 평등이 어떠한 모습인지, 즉 의존을 고려하는 평등은 무엇인지, 언제 그러한 평등이 요구되는지를 진정으로 이해할 수 있을 것이다.

성평등에 대한 요구는 오래전부터 있어왔다. 하지만 적어도 최근까지 심지어 분별 있는 여성조차도 의존노동에 대해 매우 전통적이고 젠더화된 입장을 취해왔다. 의존노동을 가정으로부터 탈출시키는 급진적인 입장도 많은 여성들의 지지를 얻지 못했다. 왜냐하면 이러한 입장이 의존관계의 중요성을 담아내지 못했기 때문이라고 필자는 생각한다. 배태된 의존성(nested dependency)에 기초한 사회는 모든 사람에게 자유와 관계성을 존중하여 기능을 성취할 수 있는 수단을 제공할 수 있다. 이러한 사회에 대한 비전은 여성들이 남성 편향의 평등을 경험하고 이에 만족하지 못함에 따라 이제 막 나타나기 시작했다. 남성 편향의 평등에는 사랑의 노동과 사랑의 노동자를 위한 공간이 없다. 새로운 이론을 준비하고 필요한 정치적 의지를 조성해서 새로운 비전을 함께할 때가 도래했다. 우리는 우리 자신을 의존인과 의존노동자로 인정할 필요가 있다. 이러한 노력을 통해서만이, 우리는 여성과 남성이 세상을 함께한다는 것이 무엇을 의미하는지를 깨닫게 될 것이다.

미 주 ━━━━━━━━

서 문

1 페리의 남편과 남편의 형제들은 어머니를 수발하는 대가로 일주일에 200달러를 그녀에게 지불했다.

2 이 기사는 여성뿐만 아니라 남성이 가정 내 돌봄노동에 가담하고 있다는 점을 명확히 밝히고 있다. 어머니를 위해 기본적인 의존노동을 하는 엘도라 미셸의 아들 내용도 다루고 있다. 친척과 친구들 중 여성은 어머니에게 좀 더 친밀하고 직접적인 돌봄을 제공한다. 하지만 마타 페리의 사례에서, 그녀의 남편은 자신이 어머니를 목욕시킬 수 없거나 보다 친밀한 돌봄을 할 수 없기 때문에, 그러한 돌봄은 아내가 하는 것이 적절하다고 생각했다.

서 론

1 민권법 제7편(Title VII of the Civil Rights Act)은 성(sex)에 기초한 차별을 -심지어 여성에게 부정적인 영향을 미칠 수 있는 어떤 요구사항도- 금지한다. 고용주는 성 혹은 여성에게 부정적인 영향을 미치는 어떤 요구사항이 직무를 수행하는 데 있어 필수적인지에 대한 매우 설득력 있는 이유를 제시하지 않고는 성에 기초한 차별을 할 수 없다. 민권법 제7편에 부속된 임신 관련 수정안(Pregnancy Amendment)은 고용주가 노동자의 임신을 이유로 해고하거나 출산휴가 거부를 금지하고 있다. 제9편은 학교는 운동시설을 포함해 평등한 교육시설을 제공해야 한다고 적시하고 있다. 성평등을 위한 노력은 여성이 교육을 보다 수월하게 받을 수 있게 했으며 -여성은 전체 대학생의 50%을 넘는다- 법조계, 의료계 등 전문직으로의 여성 진출을 도모하였다. 이견이 있을 수 있지만, 여성은 이제 보다 큰 성적 자유(sexual freedom)를 경험하고 있다.

2 1940년부터 1994년까지 노동시장에서의 여성 비율은 24%에서 46%로 증가했다(Herz 1996, 45, 47).

3 성평등 비교연구에서, 피파 노리스(Pippa Norris)는 "미국과 같은 특정 사회에서, 가장 놀랄 만한 현상 중 하나는 여성운동에 대한 기대와 성과 사이의 상당한 간극이다... 여성운동은 지난 20년 동안 동일임금을 위해 목소리를 높여왔지만, 전일제 미국 여성의 남성 대비 평균 임금은 거의 모든 유럽 국가들보다 낮다... 유럽 공동체(European Community)와 비교할 때, 미국은 노동시장에서 여성의 비율이 가장 높은 국가 중 하나이지만, 그들의 평균 임금은 가장 낮은 수준에 속한다"고 지적한다(Norris 1987, 144). 이에 더해, 그녀는 높은 이혼율, 한 부모 가족, 포괄적이지 않고 관대하지 않은 복지체제에 기인한 새로운 여성빈곤에 대해 설명한다. 노리스는 의회와 기타 정부의 대표성 부족을 포함해 미국 여성이 겪고 있는 객관적 불평등에 대해서도 언급한다.

4 예를 들어, 1994년 모든 엔지니어의 8.5%가 여성이었다(1981년의 4%에서 증가한 수치). 여성 엔지니어는 남성 급여의 86.5%를 받았다. 종합대학과 전문대학을 제외했을 때, 교사의 73.5%가 여성(1981년은 70%)이었으며, 이들은 동일노동의 남성 임금의 87%를 받는다. 전문대학과 종합대학 교수 중 36.4%가 여성이며, 남성 임금의 86.6%을 받는다. 간호사 중 92.3%는 여성이다. 의사 중 23.2%(1981년에는 14%)가 여성이며, 남성 임금의 76.7%를 받는다. 비서의 98.8%는 여성이다. 변호사의 31.0%가 여성이며, 남성 임금의 74.1%를 받는다. 비서의 98.8%가 여성이며, 남성 임금의 74.1%를 받는다(Bureau of Labor Statistics 1994).

5 예를 들어, 법무부(Department of Justice)에 따르면 "50만 건의 강간 또는 기타 성폭행을 포함해, 매년 450만 건이 넘는 범죄 사건에서 여성이 폭행을 당하고 있다. 여성을 대상으로 한 범죄의 29%가 단독 범죄이며, 가해자는 동거인(남편, 남자친구), 전 남편 또는 이전 남자친구로 조사되었다"(U.S. Department of Justice 1995). 강간, 폭력, 성폭행, 성산업에 대한 기막힌 통계는 Blum et al.(1993, 49-58) 참조.

6 1976년 하이드 수정안(Hyde Amendment)은 연방정부의 낙태 예산을 금지했으며, 강간이나 근친상간의 경우를 제외하고 의료 지원을 금지했다(Stone 1996, 178). 더 나아가 수정안 제10편은 많은 유색 여성이 의존하는 가족계획클리닉 지원 예산을 1980년에서 1990년 사이에 삭감했다(Facts in Brief, Abortion in the United States 1991). 미국 대도시권 카운티의 83%에서 파악조차 되지 않는 낙태 시설이 존재한다(Henshaw 1987, 63). 이 모든 사실은 가난한 여성을 더 힘겹게 한다.

7 대체로 남성이 1달러를 벌 때 여성은 76.4센트를 번다. 1994년 여성의 평균 주급은 399달러이며, 같은 기간 남성의 주급은 522달러이다(Bureau of Labor Statistics 1994).

8 주요 법무법인과 기업에서 최고 연봉을 받는 여성이 없지 않지만, 1993년 여성 단독 가장 가구는 연간 17,413달러의 수입을 얻는 반면, 남성 단독가장 가구는 26,467달러의 소득을 올렸다. 인종이 이러한 차이를 더욱 심화시킨다. 백인 싱글맘의 평균 수입은 19,962달러이지만, 흑인 싱글맘의 평균 수입은 11,905달러이며, 히스패닉(Hispanic) 싱글맘의 평균 수입은 12,047달러이다(Bureau of the Census 1994). 노동자를 살펴보면, 백인 여성이 흑인 남성 임금의 85.3%를 받으며, 히스패닉 여성은 백인 남성의 79.4%를 받는다. 흑인 여성은 흑인 남성의 86.3%를 받으며, 히스패닉 여성은 히스패닉 남성의 91.5%의 급여를 받는다(Bureau of Labor Statistics 1994).

9 미국에서는 1920년 이후 여성이 시민권(citizenship)을 갖고 선거 정치에 참여하기는 했지만, 1995년 현재 의회의 11%가 여성일 뿐이다(하원의원 48명, 상원의원 8명). 주(州) 단위 공직 중 26%, 주 의회의원 중 21%, 그리고 주지사 중 18%가 여성이다. 클린턴(Bill Clinton) 대통령의 각별한 노력으로 고위직의 여성 진출이 늘었지만, 여전히 29%에 그치고 있다. 연방대법원(Supreme Court)에 긴즈버그(Ruth Bader Ginzburg)를 임명함으로써 연방법관 중 여성은 두 명으로 늘어났다(Center for the American Woman and Politics [CAWP] 1995; National Women's Political Caucus [NWPC] 1995).

10 가사일을 전업으로 하는 여성은 집안일과 양육의 83%를 처리하는 반면, 밖에서 전일제로 일하는 여성도 집안일과 양육의 70%를 담당한다(Stone 1980, 33).

11 평등과 의존관계에 대한 필자의 입장은 많은 여성학자의 연구로부터 도움받았다. 수잔 오킨(Susan Okin)의 연구는 여성이 정치적 영역에서 배제됨의 원인으로 가족 내 여성의 사회적 지위와 역할을 조명하는 어마어마한 가치가 있는 역작이다. 존 롤즈에 대한 논의를 포함한 오킨의 연구는 필자의 분석을 더욱 예리하게 가다듬어 주었다. 법사상의 영역에서는 마사 파인만(Martha Fineman)의 『평등의 허상(*The Illusion of Equality*)』과 『중성 엄마(*Neutered Mother*)』는 필자가 주장하는 의존비판으로 견인할 수 있도록 해주었다. 필자의 초기 사상 중 상당 부분이 파인만의 연구와 독립적으로 이뤄졌으며, 필자가 파인만의 연구를 발견했을 때 계몽적이었을 뿐만 아니라 격려가 되었다. 필자의 연구는 돌봄윤리에 관한 페미니스트 논의에 기초했으며, 엄마품 같은 돌봄(mothering)이라는 돌봄노동에서 도덕적, 사회적, 정치적 통찰을 얻기 위해 많은 노력을 했다.

12 마사 파인만의 접근은 필자의 접근과 가장 유사하다.

13 롤즈는 정의와 관련해서 개념(concept)과 개념화(conception)를 구분한다.

따라서 정의의 개념이 다양한 정의의 개념화와 구분되고, 또한 서로 다른 원칙과 서로 다른 개념화의 공통분모로 인해 정의의 개념이 구체화되는 것은 매우 자연스러운 것처럼 보인다. 그렇다면, 정의에 대해 서로 다른 개념화를 주장하는 사람들도 기본적인 권리와 의무를 분배함에 있어 자의적인 구분이 없을 때, 규칙이 사회적 삶에 이익이 되는 경쟁적인 요구들 사이에서 적절한 균형을 잡을 수 있을 때, 그 제도는 정의롭다고 동의할 수 있다(Rawls 1971, 5). 롤즈의 이러한 구분을 평등 논의에 자연스럽게 활용할 수 있다.

14 Rae(1989) 참조.

15 Minow(1991) 참조.

16 Sen(1987) 참조.

17 제임스 보만(James Bohman)은 평등의 문제는 포용적이어야 할 때 종종 배타적이거나 때때로 지나치게 포용적이라는 점을 지적한다. Bohman(1996) 참조.

18 이러한 방식으로 평등에 문제를 제기해온 -페미니즘의 의미가 남성의 기준(measure of man)에 국한되어서는 안 된다고 주장해온- 페미니스트들은 언제나 있었다. 심지어 뛰어난 "평등 페미니스트"로 일반적으로 간주되던 울스턴크래프트(Wollstonecraft)조차도 여성이 단지 (수많은 바보 같은) 남성을 따라 해서는 안 된다고 신중하게 주장했다.

19 18세기 이래로 여성 해방에 대한 두 가지 주장이 있다는 점을 주목해야 한다. 하나는 평등주의 주장이다. 즉, 남성과 여성은 본질적으로 동일한 인간적 특징을 공유하며, 이러한 공통의 특징을 부정하는 것은 여성을 특권적 지위 밖에 두면서 재원에서 멀어지게 해왔다고 주장한다. 다른 하나는 여성이라는 차이의 가치를 주장하며, 여성의 참정권을 요구한다. 여성이 정치와 사회의 장에 진입하게 되면, 정치사회 분야에서 새로운 성격을 불어넣을 것이기 때문에, 즉 남성과는 다른 여성의 차이가 모든 인간

에게 혜택이 될 것이라 주장한다.

20 차이를 주장하는 페미니스트인 크리스틴 리틀톤(Christine Littleton)은 양성(androgyny) 모델의 문제는 여성의 가치가 동등하게 대표되었다고 하기에는 너무 미미하게 평가된다는 점이라고 언급한다. 캐리 멘켈-메도우(Carrie Menkel-Meadow)를 인용하며, "마블케이크(marble cake)의 문제는 이 케이크에 결코 초콜릿이 충분했던 적이 없다는 점이다"고 지적한다(Littleton 1987a, 224). Littleton(1987b) 참조.

21 이 쟁점은 출산(임신) 이슈에서 보다 분명하게 드러난다. 평등전략은 출산휴가를 장애휴가와 동일선상에서 취급하거나 장애휴가에 동화시킨다. Williams(1985) 참조. 윌리엄스(Williams)는 임신을 장애로 이해해야 한다고 주장한다. 왜냐하면 임신이 그 자체로 장애이기 때문이 아니라 작업장에서 임신은 한 사람을 **노동자**로서 기능할 수 없게 하기 때문이다. 평등전략은 여성을 단순히 남성의 세계로 통합한다는 지적에 대응하면서, 윌리엄스는 다음과 같이 언급한다. "페미니스트 법운동의 목적은... 여성만을 위한 별개의 더 좋은 세상을 만드는 것이 아닌 것처럼, 여성을 남성의 세상에 통합시키려 하지 않았고 그렇게 한 적도 없다. 오히려 법운동의 목적은 미리 정의된 역할로 남성과 여성을 제약하거나, 젠더를 이유로 위계를 세우려는 법적 장벽을 철폐하는 데 있다."

22 맥키논은 아래와 같이 적는다. "지배가 이뤄진 첫째 날은 아마 힘에 의해서일 것이다. 둘째 날은 지배에 의한 남녀 차이가 보다 확고해졌다. 셋째 날은, 바로는 아니더라도 이러한 차이가 구분지어졌다"(1987, 40).

23 맥키논은 다음과 같이 적는다. "당신은 남자와 똑같아 질 수 있습니다. 그렇다면, 당신은 평등해 집니다." 혹은 "당신은 남성과 다를 수 있습니다. 그렇다면, 당신은 여성이 될 것입니다"(DuBois et al. 1985, 21).

24 맥키논은 좀더 과격하게 다음과 같이 쓴다. 비교가능한 가치에 대해 언급하면서, 그녀는 필요한 비교를 할 만한 남성이 당신 주변에 없다면 어떻게 비교할 것인가라고 묻는다. 남자는 비교할 만한 더 좋은 일을 찾아 떠났다.

25 Adams(1980, 2, 3, 6, 7, 26) 참조.

26 예를 들어, 캐서린 맥키논(Catharine MacKinnon)은 성적 학대를 다루는 정책을 촉구했으며, 안드리아 드워킨(Andrea Dworkin)과 함께 포르노그래피가 여성에게 해(harm)가 되며 포르노그래피와 관련하여 여성은 특별한 구제가 필요함을 주장하기 위해 반(反)포르노그래피 법령의 초안을 작성했다. 필자가 지배비판이라 부른 내용에 대해서는 MacKinnon(1987) 참조.

27 맥키논에 대한 드루실라 코넬(Drucilla Cornell)의 비판은 Cornell(1991, 119-164) 참조.

28 "교차성(intersectionality)"은 킴버리 크렌쇼(Kimberly Crenshaw)에 의해 사용된 개념이다. 교차성이란 유색 여성이 "여성"으로 혹은 "유색인"으로 이해되고 결코 "유색 여성"으로 이해되지 않는 경우에, 여성의 다중 정체성이 문제를 야기하는 방식을 지적한다(Crenshaw 1991).

29 이 문제를 면밀하게 검토한 피쉬킨(Fishkin 1983) 참조.

30 아마도 이는 가장의 평등이라는 유산에서 탈피해 개인에 기초한 평등을 주장해야 할 시기가 된 것을 의미한다. 여기에서의 문제는, 필자가 제3장에서 보다 자세히 살펴보겠지만, 의존인을 책임지는 담당자에게 일정한 관할권(jurisdiction)이 필요한지 그리고 의존인을 전적으로 비의존적 시민으로 간주하는 것은 왜 많은 어려움이 따르는지에 대한 중요한 논거가 존재한다.

31 중산층 여성을 대신해 빈곤 여성이 자주 감당하는 "대리모" 관행처럼, 아이를 갖는 바로 그 행위를 필자는 포함시킨다. 도덕적으로 쟁점이 나뉘는 흥미로운 논쟁에 대해서는 Keane(1981)과 Singer(1985, 105-6) 참조.

32 예를 들어, 버지니아 헬드(Virgina Held)는 미국 노동부 간행물을 인용하며, 최저 기술 수준을 887로 최고 기술 수준을 1로 범위를 설정했을 때, "주부, 보모, 혹은 간호 조무 교사에게 필요한 기술은 878번째에 올라있다"고 지적한다(Held 1983, 9). Young(1983)과 Bart(1983) 참조.

33 혹자는 관계적 동기는 유비(類比)된 것이라 할 수 있다. 위에서 언급한 《에르난데스 대 뉴욕》 판례에서, 관계적 동기는 우리가 앵글로(Anglos)와 라티노(Latinos)의 언어적 차이를 넘어서 통역하는 법조 귀족이 이러한 편차를 찾아낼 것을 요구한다.

34 캐롤 길리건(Carol Gilligan 1982), 사라 러딕(Sara Ruddick 1989), 닐 노딩스(Nel Noddings 1984), 아네트 바이어(Annette Baier 1994), 그리고 버지니아 헬드(Virginia Held 1993). 돌봄원칙을 토대로 정치를 설명하려는 시도는 트론토(Tronto 1993) 참조.

35 즉, 젠더 간(inter-gender) 평등이 확대될수록 젠더 내(intra-gender) 평등이 더 확대될 수 있는 것은, 그 천장이 일부 여성을 위해 높아지기 때문일 뿐만 아니라 바닥이 다른 사람에게는 낮아졌기 때문이다. Sen(1993) 참조. 이 문제가 제시하는 것은 불쾌한 전망이지만, 일부 여성의 고임금의 전문직 비율이 증가하는 것이 일시적으로, 그리고 다른 많은 여성의 빈곤과 동시에 나타날 때 이 문제는 피할 수 없다. 이러한 고민은 젠더 중립적 정책은 단지 지금의 위치가 남성과 이미 상당부분 비슷한 여성에게만 혜택을 줄 뿐이라는 맥키논의 주장을 되새기게 한다. 하지만 의존노동의 관점에서 여성들 사이를 비교한다면, 남성이 보다 열악한 지위의 여성에게 행사하는 파워만큼 여성도 그에 못지않은 가해자가 된다.

36 Held(1995), Clement(1996), Bubeck(1995) 참조.

제1부 | 제1장

1 인용구는 다음과 같이 이어진다. "완전히 성숙해진다, 서로에 대한 어떠한 관여도 없이"(Hobbes 1966, 109).

2 다른 하나는 평등한 복지기회이다. Arneson(1989)과 Cohen(1993) 참조. 평등한 복지기회는 자원평등과 복지평등에 대한 흥미로운 대안이지만, 필자가 전개하고 있는 비판적 관점은 평등한 복지기회에도 마찬가지로 적용된다. 가능성의 평등은 필자의 목적에 가장 부합하는 견해라고 생각하지만, 이 견해 역시 개인에서 출발한다. Sen(1987), Nussbaum(1988a), Dworkin(1981), 그리고 Williams(1973a) 참조.

3 초도로우(Chodorow 1978)는 이 점을 남성과 여성의 다른 양육 방식을 이해하는 열쇠라고 설득력 있게 주장한다. 반대 견해는 트레빌코트(Trebilcot 1987)의 에세이 참조.

4 케이트 쵸핀(Kate Chopin)의 『자각(*The Awakening*)』은 비록 여성에게 가장 억압적인 시기에 벌어진 일이라 하더라도, 엄마가 자신의 아이를 떠날 때 엄마의 행동을 개념화한다는 것의 어려움을 보여준다.

5 "아동보호"에 관한 논의는 스택(Stack 1974, 63-89) 참조. 스택이 연구한 공동체에서는 대부분 학생의 어머니인 학부모가 아프거나 다른 직업으로 인해 혹은 새로운 가사일로 인해 아이를 돌보지 못할 경우, 그 부모의 친지 중 믿을 만한 식구에게 자녀를 "맡아"달라 부탁한다.

6 기후나 경제 등 가혹한 조건에서 연로하고 아프신 노인에 대한 돌봄헌신은 공동체의 복지에 대해 너무나도 힘겹고 비용도 너무 많이 들기 때문에 사회적인 기대를 할 수 없다. 극단적인 재앙의 조건이 정당한 재화의 분배라는 규범에 영향을 미치는 것처럼, 극단적인 생존 조건 역시 의존인의 돌봄을 요구하는 최소한의 품위(decency)라는 규범을 바꿔버릴 수 있다. 이 점이 허약자와 노약자를 버리는 에스키모의 칭찬받는 관습을 이해하는 방식이다. 하지만 이러한 관습으로 환경과 조건이 그렇지 않은 사회에서 고령자를 무심하게 방치하는 것이 정당화될 수 없다.

7 최근에 부벡(Bubeck 1995)은 맑시스트의 착취 모델로 돌봄노동을 분석한 논지를 발전시켰다.

8 Fineman(1995, 161-64) 참조.

9 예를 들어, 미국에서 장애인 운동이 일어나면서, 장애와 의존 사이의 불가피한 관계가 중요한 쟁점이 되었다. 적절한 환경에서는 신체적 결함 혹은 장애가 핸디캡(handicap)일 필요가 없다. 휠체어로 이동해야 하는 신체적으로 의존적인 사람은 휠체어가 수용되는 편의시설이 보장된다면, 완전히 독립적인 생활을 할 수 있거나 휠체어가 필요 없는 사람만큼은 아니지만 덜 의존적인 생활을 할 수 있다. 이 사람은 휠체어가 없다면 본서에서 의미하는 의존인의 적절한 사례이다. 하지만 의존성은 생물

학적 결과가 아니라 구체적인 (사회적이고 기술적인) 환경에 위치한 생물학적 결과이다(Silvers and Wasserman 1998[근간]). 그럼에도 불구하고, 사회적(혹은 기술적) 환경으로 극복할 수 없는 생물학적인 의존에 의한 장애가 존재한다. 본서 제7장 참조.

10 더군다나 모든 돌봄이 의존노동에서 실질적 노동을 수반하는 것은 아니다(Tronto 1993).

11 이 점은 보기보다 더 논쟁적일 수 있다. 부분적으로는 우리가 섹슈얼리티를 얼마나 좁게 해석하는지에 달려있다. 필자는 섹슈얼리티는 출산과 수유 같은 섹슈얼리티의 여성적 측면과 무관하게 간주되어야 한다고 주장한다(Kittay 1990). 필자의 관점에서 볼 때, 부적절한 성적 요소를 담고 있다. 수유는 분명한 의존노동이다.

12 부벡(Bubeck 1995)은 가사 로봇이 필자가 의존노동으로 간주하는 돌봄을 대체한다면 얼마나 끔찍한 일이 될 것인지에 대해 경이롭고 실험적인 단상을 보여주었다.

13 앤 퍼거슨(Ann Ferguson 1989)의 제4장 성/감성적 생산(sex/affective production) 관련 논의를 참조할 것. 또 다른 측면에서, 다르게 조직된 성/감성적 생산 체제에서 의존노동 조직이 어떤 특징을 보이는지 설명하는 것은 의미 있는 일이 될 것이다. 본서에 언급된 확장된 의미의 의존노동에 대한 논의를 참조할 것.

14 노딩스(Noddings 1984, 30-58)는 의존노동자를 "돌보는 사람(one-caring)"으로 부른다. 그녀는 본서에서 강조된 것보다 훨씬 큰 범주의 활동에 의존노동자를 적용한다. 필자 개념과 노딩스의 개념이 중첩되는 경우에도, 필자는 의존노동자 개념을 선호한다. 첫 번째 이유는 앞서 언급했듯이 돌봄이 노동이라는 관점을 강조하는 데 관심을 두기 때문이다. 두 번째 이유는 누군가 의존노동을 형편없이 수행하는 경우에 돌봄이 전혀 되지 않을 수 있기 때문이다. 즉, 돌봄을 하지 않고 있는 사람도 "돌보는 사람" 개념에 속할 수 있기 때문이다.

15 노딩스(Noddings 1984, 59-78)는 돌봄후원자(benefactor of care)를 "cared-for"라 부른다.

16 제인 마틴(Jane Martin 1989)은 3개의 C를 3개의 R과 함께 학교에서 가르쳐야 한다고 주장한다. 3개의 C는 도덕적 책임감을 갖는 데 필요한 태도와 기술이다.

17 특히 돌봄후원자가 혼자서 (필자가 앞서 언급한) 근본적인 필요를 충족시킬 수 없는 경우에도 해당된다.

18 첫째와 둘째 점은 다이아나 메이어스(Diana Meyers), 셋째 점은 안토니 웨스턴(Anthony Weston)에게 빚을 졌다. 모두 개인적인 의견교환으로 이뤄졌다.

19 이 논점은 부벡(Bubeck 1995) 또한 강조하고 있다.

20 윈치(Winch 1972)의 연구를 기초로 하여 러딕은 다음과 같이 지적한다. "실천"은 "집단적인 인간 활동이다. 이 활동은 그 집단 활동을 규정하는 목적으로 구분되며, 이러한 목적에 헌신하는 실천가들에 대한 후속적인 요구사항으로 구분된다. 어떤 실천을

정의하는 목적 혹은 목표는 중심적이거나 '구성적'이어서 그 목적이 없이는 그 실천을 하고 있다 할 수 없다"(Ruddick 1989, 13-14).

21 맥도넬(McDonnell)은 자신의 자폐아 아들과의 경험을 소개하면서, 러딕의『모성적 사고』에 대해 논평을 했다. 모든 아이는 "완전"하지 않으며, 즉 "어떤 측면에서 시각, 청각, 자폐, 발달지체, 하반신 마비, 난독증 등의 장애가 없지는 않다"는 점을 독자에게 환기시켰다(McDonnell 1991).

22 병약한 노인의 취약성이 그 예가 된다. Conover(1997) 참조.

23 그 관계가 정당한가는 그 관계의 요구가 관계 내 당사자가 관계 밖의 도덕적으로 보다 시급한 사안에 대응하지 못하는 결과를 만드는지의 여부가 한 가지 특징이 될 수 있다(Scheffler 1997). 게다가 관계의 도덕적 성격은 관계 내 실천의 도덕적 성격이다.

24 예를 들어, 노딩스(Noddings 1984)와 트론토(Tronto 1993) 같은 학자들은 돌봄을 적절하게 수용함으로써 돌봄을 "완수"하는 의존인에 대한 의무를 말한다. 필자는 의존노동과 의존노동자가 취약해지는 관계에 주안점을 둔다. 돌봄을 부적절하게 받는 것은 의존노동자가 취약한 여러 어려움 중 하나이다.

25 예를 들어, 돌봄제공자들에 따르면, 어떤 노인의 경우 통제할 수 없는, 낮에는 회상조차 하기 싫은 비명과 괴성을 지르는 증상을 한밤중에 보인다고 보고한다. 이 노인은 돌봄제공자들에게 가슴 아픈 시련이다. 하지만 이들은 자신에 대한 병약한 노인의 학대에 대해 자신의 분노 또는 절망을 분출할 수 없다(Conover 1997). 그들의 행동 그 자체가 가해의 일부이기 때문이다. 의존노동자 입장에서 이러한 제약은 의존노동의 필요를 힘겨운 것 중 하나로 만드는 요인이다.

26 Bartky(1990) 참조.

27 비록 아들은 여전히 소수자이지만, 그 사회의 불평등은 그 아들이 성인이 되었을 때보다 덜 작동한다. 하지만 "집안의 꼬마 도련님"이라 부르며 농담거리가 되듯, 미묘한 사회적 불일치가 존재한다. 그리고 아직까지 엄마의 것을 자신에게 전용하는 정도와 이러한 휴식처 같은 기대치에 여성이 동의하는 정도는 간과해서는 안 된다. 페미니스트 어머니가 사회적으로 형성된 이러한 충동에 맞서기 위해서는 많은 경각심이 필요하다. 이러한 충동은 감지되지가 쉽지 않고 남성이 만든 기대보다 저항하기 더 힘들다.

28 오드르 로드(Audre Lorde)의 수필 "남자 아이: 흑인 레즈비안 페미니스트의 입장(Man Child: A Black Lesbian Feminist's Response 1984)" 참조. 본서의 글로리아 네일러(Gloria Naylor) 작품에 대한 논의 참조.

29 로버트 구딘(Robert Goodin)은 한 사람이 누군가의 행동에 취약할 때 도덕적 헌신이 수반된다는 입장을 발전시킨다(Goodin 1985). 필자는 이에 대해 제2장에서 설명하고자 한다.

30 물론 고용된 모든 사람은 구직이라는 필요에 의해 착취당한다는 점에서 예속되어 있다. 비록 유급 의존노동을 더 많은 돈벌이 기회로 찾아 종종 하는 경우도 있지만, 의존노동자에게만 국한되는 것은 아니다.

31 자기기만적인 돌봄담당자가 가담하는 자기기만에 대한 구체적이고 민감한 논의에 대해서는 바키(Bartky 1990)의 제7장 참조.

32 신뢰에 대한 그리고 여성의 삶과 신뢰의 연관성에 대한 중요한 논의는 바이어(Baier 1986) 참조.

33 우리가 많이 돌봐주거나 우리를 많이 돌봐준 생명체는 우리와 유대관계를 맺는 경향이 있다. 이러한 유대관계는 우리가 애정을 지속적으로 쏟아 부었던 조경(造景)이 우리에게 평온함을 주며 우리를 키워온 것처럼 비감성적 존재에 대한 일방향적 관계로도 확대될 수 있다.

34 비록 네일러는 필자가 주목하는 의존관계의 전형이 아닌 엄마와 아들의 관계를 설명했지만, 이 문장은 엄마와 아이 사이의 일시적 의존관계를 구분하는 것이 얼마나 어려운지 보여준다.

35 최근에 마가렛 탈보트(Margaret Talbot)가 설명한 "응급 돌봄엄마(dial-a-mom)" 또는 "대리주부(dial-a-wife)" 역시 마찬가지이다(Talbot 1997).

36 언제나 그렇듯, 이러한 것들은 명확하지 않다. 노인 혹은 신체적으로 중증장애를 안고 있지만 지적능력을 완전히 구사하는 사람들은 가장 기초적인 의미에서 필자가 의존노동자로 부르는 사람이 하는 광범위한 보조가 필요할 수 있다. 이들이 의존노동자의 돌봄에 있는 한, 이들은 돌봄담당자의 책임 하에 있는 대상이다. 하지만 이러한 노인 혹은 장애인은 자신을 돌보는 의존노동자를 보스가 비서를 고용하고 해고하는 것처럼 할 수 있다. 이러한 사례에서 구별할 수 있는 것은 허약한 노인 혹은 장애인이 생활을 지속할 수 있는 도움이 필요한가이다. 다른 한편으로, 우리는 기본적인 필요를 지나치게 하인에게 의지하면서 성장해서 스스로를 돌봐야 할 때에도 거의 실질적으로 무력할 정도이고, 자신의 필요를 충족해야 할 때도 아주 형편없는 응석만 부리는 사람을 생각할 수 있다. 하지만 이러한 사람이 하인의 "책임"하에 있다고 본다면 이는 직관적으로도 이치에 맞지 않다. 무능력이라는 사실 그 자체는 하인의 책임이 아니다. 기본적인 기능들을 실질적으로나 원칙적으로 할 수 없게 만드는 무능력이 장애(impairment) 때문이 아니라는 사실은, 기본적인 의미에서 의존적이라는 의미에 반(反)하는 것으로 보인다.

37 장애아에 대한 돌봄의 관점에서 구분하는 달링(Darling 1983) 참조. 본서 제7장 참조.

38 모성적 일을 위한 지적 기술에 대해서는 러딕(Ruddick 1989) 참조. 모성역할(mothering)의 기술과 능력은 단순히 "자연적"인 것에 대한 비판은 페미니스트 문헌에서 찾을 수 있다. Held(1993) 참조.

39 의존노동으로서 간호(nursing)에서 전문화된 작업으로서 간호로의 전환에 관한 흥미

있는 논의에 대해서는 리버비(Reverby 1987) 참조.

40 전문직의 개입주의적 특징이 지속성보다 강조되는, 즉 전문직이 의존노동과 대동소이한 것으로 간주되지 않는 현장에서는 남성 전문직 종사자를 보다 많이 찾아볼 수 있다.

41 필자는 의존노동을 담당하지 않는 여성에 대한 성적 학대와 성적 착취의 취약성까지 논하는 것은 아니다. 기존 조건에서 일어나는 의존노동과 성적 학대에 대한 추가 논의가 필요하거나, 혹은 다른 현장에서 벌어지는 여성 억압의 성적 특징이 규명되어야 한다. 이는 성적 착취(여성 일반에 대한 학대)와 의존노동자의 전통적 역할 사이의 연관성을 제시할 수 있다. 이 점은 남자 아이가 어릴 적 주요한 의존노동자인 어머니에 대해 갖는 이중적 감정과 관련될 수 있다. 낸시 초도로우(Nancy Chodorow 1978)와 도로시 디너스테인(Dorothy Dinnerstein 1977)의 연구는 이 지점에서 시사점이 있다. 하지만 필자는 여성의 종속에 환원되지 않는 논지를 제기한다. Kittay(1984) 참조. 모든 형태의 성적 억압이 단일한 현상에 뿌리를 두고 있다고 주장해서는 안 된다.

42 "가부장적 결혼"이란 용어는 오킨(Okin 1989b)이 사용했다. 오킨 주장에 대한 보다 자세한 설명은 오킨 책 참조.

43 Pateman(1989) 참조. 필자는 "비(非)병리적"이라 불릴 수 있는 사례를 설명한다. 이러한 사례는 가정 내 학대라는 불행한 운명을 겪고 있지 않는 사람들에게 도움이 될 수 있는 사례를 설명한다. 본서 "협력적 갈등" 논의를 참조.

44 물론, 동시대 페미니스트들은 여성이 의존노동을 담당해야 한다는 -또는 의존노동이 기본적으로 여성의 책임이라는- 개념에 도전한다. 하지만 의존노동이 비(非)젠더화되고, 비(非)계급선을 따라 분담되어야 한다는 주장은 미국 내 평등주의 페미니스트들 사이에서 아직 조직화 단계까지 이르지 못하고 있다. 미국에서 아이돌봄을 국가적 의제로 설정하는 것에 대한 문제점에 대해서는 소냐 미첼(Sonya Michel 근간) 참조.

45 본서의 다음 장에서 보다 포괄적으로 다룰 것이다.

46 흑인공동체에 대한 명구(名句)는 스택(Stack 1974) 참조. Scheper-Hughes(1992) 참조.

47 예를 들어, 사순(Sasson 1987)의 에세이 참조. 이 에세이는 부양아동가족지원책(Aid to Families with Dependent Children) 폐지 이전에 있었던 입법과 관계있다. 신복지 "개혁"은 "노동복지(workfare)," "장학사업(learnfare)," "가족수당상한제(family cap)" 등의 프로그램을 통해 여성 통제에 빗장을 풀어주었다. 노동복지는 평균임금 이하의 저임금에서 규정시간 이상 일을 하는 고용을 요구한다. 장학사업은 아이들이 학교를 다니지 않으면 지원이 중단된다. 가족수당상한제는 공적 부조를 받고 있는 여성이 부양하는 모든 자녀에 대한 지원을 제한한다.

48 파인만(Fineman 1995)은 의존노동 담당자의 "파생된 의존"에 대해 설명한다. 필자와 파인만이 이 아이디어를 독자적으로 개진해왔음에도 불구하고, 유사한 논지 전개를 보인다는 점은 흥미롭다.

49 지구적이고 역사적으로 볼 때, 일부 가족구조는 의존인의 필요를 충족시키기 위해 선호되는 "사회공학"이었다.

50 전통적 남성 생계책임자, 여성 양육자 모델은 통계적으로는 찾아보기 힘든 현실임에도 불구하고, 그 선망받는 지위는 지속되고 있다. 오늘날 전체 미국 가정의 12.9% 이하만이 남편의 주된 책임은 조달자이며, 아내의 주된 책임은 의존노동자라는 전통적 모델에 속한다(U.S. Bureau of the Census 1988). 그 시대착오적 특징에도 불구하고, 노동현장은 여전히 전통적 모델에 맞춰져 있다.

51 센은 개발도상국가의 가족 방식에 대해 이야기한다. 하지만 갈등의 필요와 협력적 목적이라는 구조는 산업화 국가 내 가정에서도 전적으로 전이될 수 있다.

52 여기서 설명하는 방식은 "돌봄을 지시받지만" 돌봄노동을 제공하기 위한 자원을 거의 통제할 수 없는 간호사와 같이 간호의 영역에서 재연된다. Reverby(1987) 참조.

53 정확한 경제적 메커니즘은 서로 다른 역사적 기간, 문화 그리고 계급에 따라 다양하다. 기혼 여성이 자신의 재산을 소유하거나 통제하지 못하는 곳에서, 남성은 항상 -자원의 출처와 무관하게- 조달자였다. 돌봄관계에 자원을 제공하는 사람이 누구인지에 대한 주관적인 이해는 누가 자원을 통제하는가의 문제와 같은 논의이다. 자원에 대한 완전한 통제권을 쥔 남편을 둔 여성의 출구선택은 재산 없이 돌봄관계에 진입한 여성의 선택과 같이 빈곤하다. 만일 여성이 그러한 관계를 두고 떠난다면, 그 여성은 일반적으로 자신의 재산과 아이를 포기해야 한다. 도스토예프스키(Dostoyevsky)는 『까라마조프의 형제들』에서 지참금으로 남편의 재산에 실질적인 기여를 했지만 여전히 남편의 잔인한 독재에 시달리는 까라마조프의 첫 번째 아내의 운명을 통절하게 보여준다. 남편의 부가 아내와의 결혼 때문이라는 사실은 남편의 학대로부터 그녀를 보호하지 못했으며, 그녀의 출구선택에 있어서도 어떤 도움도 되지 않았다.

54 롤즈는 지위와 권력이 동등하게 부여된 상태로서 원초적 입장에 대해 언급한다(Rawls 1971, 1992). 본서 제3부에서 필자는 의존노동자와 조달자의 관계, 그리고 의존노동자와 의존노동을 하지 않는 다른 시민의 관계를 지위의 불평등으로 이해해야 한다고 주장한다. (의존노동자와 "비의존적" 시민에 대한) 의존인의 불평등은 권력의 불평등 또는 보다 구체적으로 능력의 불평등이다.

55 만족되어야 하는 필요가 대상자의 필요가 아닌 상황인 확장된 의미의 의존과, 의존노동자가 조달자에게 의존하는 의존노동자의 상태인 2차 의존을 구분하길 바란다.

56 남편이 아내에게 봉급을 통째로 넘기는 것은 일본 가정의 관습이다. 아내는 남편이 벌어오는 자원에 대해 전적으로 재정적인 통제권을 갖는다. 하지만 노동을 해서는 안 된다는 사회적 압력은 강하다. 이는 대다수 서구 페미니스트가 생각하는 자율성이 아니다.

57 법적으로 결혼의 형태가 유지되지 않더라도 여성이 자신의 아이와 함께 지낼 수 있는 권리를 얻은 것은 성취이다. 이러한 권리는 여성의 출구선택 대안을 확장시켰다.

하지만 여성은 현재 자신의 자녀를 계속해서 돌보기를 기대하지만, 결혼 상태에서 자신이 가졌던 자원에 동일하게 접근하지 못하기 때문에, 자녀를 돌보는 것은 여성에게 재정적으로 버거운 상황이 된다.

제1부 | 제2장

1 이 논점은 본서의 서론에서 논의했다.

2 "도덕적 공정성"은 엘피에 래이몬드(Elfie Raymond 1995) 참조. 엘리자베스 볼가스트 (Elizabeth Wolgast 1980)는 "도덕적 동등성(moral peer)"이란 용어를 사용한다.

3 초도로우(Chodorow 1978), 켈러(Keller 1986), 길리건(Gilligan 1982), 베른키(Belenky 1986), 커테이와 메이어스(Kittay & Meyers 1987), 이리가레이(Irigaray 1985), 매닝(Manning 1992), 헤크만(Hekman 1995)은 관계적 자아에 대해 언급한 학자들이다.

4 Catherine Keller(1986) 참조.

5 Robin West(1987) 참조.

6 자율성과 관계적 자아에 대한 페미니스트의 비판과 검토는 프리드만(Friedman 1997) 참조. 이러한 노력은 "자율성 실현의 중심으로서 인간 공동체와 사회적 관계"를 다룬 다(1997, 40).

7 필자는 러딕(Ruddick 1989)의 개념을 확장해서 사용한다. 러딕에게 "mother"는 젠더와 무방한 기본적인 돌봄을 담당해주는 개인을 포함한다. 버지니아 헬드(Virginia Held)는 또한 "모성인(mothering person)"에 대해 언급한다. 그럼에도 불구하고, 의존노동을 하는 여성이 압도적으로 많은 것, 그리고 젠더가 구체화되지 않은 누군가에 대해 이야 기할 때 남성 대명사 뿐만 아니라 여성 대명사로 일반화할 수 있는 가능성을 고려해, 의존노동자를 여성 대명사로 쓰는 관례를 채택한다.

8 예를 들어, 이것이 중증장애인에 대한 돌봄에도 적용되는지에 대해서는 본서 제6장 과 제7장 참조.

9 Benhabib(1987) 참조.

10 버나드 윌리암스(Bernard Williams)의 언급 이래로 유사한 관점이 철학자들의 많은 관 심을 받고 있다. 윌리암스는 물에 빠진 자신의 아내와 타인 중 누구를 먼저 구할 것 인지에 대해 고민하는 공리주의자의 관점에서 언급한다. Williams(1973b)와 Friedman (1987) 참조.

11 이는 본서 이하의 논의와 제2부에서 필자가 주장할 관점이다. 러딕(Ruddick 1995) 또 한 이 관점을 훌륭하게 주장했다.

12 이 관점에 주목해 온 학자는 닐 노딩스(Nel Noddings)이다. 그녀는 우리의 가장 좋았 던 돌봄기억에서 출발한 돌봄응답에 대해 설명한다(Noddings 1984, 80). 필자는 이러 한 동일성은 규범적 원천 즉, 의무의 근원이 아니라 누군가를 돌보고자 하는 욕망인 심리적(심리적 의미의) 근원이라고 생각한다. 따라서 그녀는 돌보겠다는 단순한 욕망 에 의해서가 아니라 우리에게 돌봄의 의무가 있다는 의식에서 나온 대응을 돌봄활동

의 도덕적 특징으로 규정한다. 필자의 접근은 다소 다르다. 필자는 규범적 의미에서
의 근원을 규정하고자 하지만, 누군가의 필요에 의해 동기가 유발된 응답은 이미 도
덕적 응답이라고 생각한다.

13 우리가 논의하고 있는 이 관계에서 당사자는 개인이라는 점을 주목해야 한다. 그러나
예를 들어, 사회집단, 인종집단, 특정 경험으로 뭉친 집단, 어떤 사건의 주변인 등 집
단으로서의 당사자에 대한 논의도 근거가 없지 않다. 구딘(Goodin)은 보다 전문적으
로 일반적인 집단책임과 집단의 성원자격으로서의 책임에 대해 논의했다. 사회집단
사이에 중요한 의존관계가 있다면, 집단책임으로서 생각하는 것은 서로 다른 억압
시스템이 어떻게 상호작용하는지 이해하는 데 유용한 방식이 될 수 있다. 게다가, 우
리가 한 개인이 누군가의 필요를 충족시키기 위해 특별히 좋은 위치에 있다는 것이
무엇인지를 이해할 때, 그 위치는 구체적인 사회집단에 속한 그 사람의 성원권으로
중재될 수 있다. 예를 들어, 아르메니아(Armenia) 지진이 발생했을 때, 아르메니아 아
메리칸이 가장 격렬한 반응을 보였다. 이 민족집단의 소속감으로 인해 그들은 아르메
니아인의 필요를 충족하는 자신의 각별한 책임으로 지진을 이해했다. 그러나 불행하
게도, 고정관념이 특정 집단의 구성원들이 특정한 책임을 맡을 것이라는 기대를 만
들기도 한다. 여성은 종종 다른 이들이 여성에 대해 갖고 있는 기대감의 결과로 그들
에게 억지로 떠맡겨진 책임을 발견한다. 일단 이러한 기대가 발생하게 되면, 자신이
속한 집단의 고정 관념적 기대 때문에 그녀의 행동에 취약한 누군가를 발견하게 되
는 자신의 위치를 확인하게 된다.

14 개인주의 모델에서 고려되었던 개념을 관계적으로 해석하려는 경향이 여러 학자들
에게 발견된다. 앞서 필자는 관계적 자율성에 대해서 언급했다. 마사 미노우(Martha
Minow 1990)는 관계적 모델로 권리를 재해석한다. 그녀는 권리란 다른 누군가의 행동
과 무관하게 우리가 소유하는 어떤 것이 아니라고 강조한다. 권리란 우리가 다른 누
군가의 행동에 반(反)해서 보유하는 것이다. 필자와 유사하지만 그럼에도 미노우는
여전히 책임과 의무의 발생이 전형적인 의미에서 호혜적인 윤리모델을 상정한다. 이
와 달리 필자가 고려하는 의존관계는 호혜적일 수 없는 도덕적 관계이다.

15 특수 관계에서 의무의 비(非)환원적 논의에 대한 옹호의 글은 Scheffler(1997) 참조.

16 구딘의 집단책임 원칙(Principle of Group Responsibility)은 문화 그 자체가 아니라 집단
에 근거한 의무를 인정한다(Goodin 1985, 136 참조). 필자는 "한 집단에서 (문화적) 관
행상 누가 누구에게 취약한가?"의 문제에 대한 답이 필요하다고 생각한다. 하지만
필자가 지적한 보다 강력한 필요조건을 충족하는 방식으로 그 원칙을 보다 정교히
하는 것도 가능할 것이다.

17 마음이 따뜻해지는 영화 <프라이드 그린 토마토(Fried Green Tomatoes)>의 한 장면을
보면, 위스키에 중독된 마을에 대한 여주인공의 대응을 통해 그녀의 의지에서 엿볼
수 있다. 저녁 식사 중 알코올 중독에 걸린 가엾은 친구가 식탁에서 중독으로 인한

수전증의 굴욕을 보이지 않기 위해 양해를 구할 때, 여주인공의 행동은 도덕을 초탈한 친절한 행동으로 묘사된다. 다른 대응 수단이 없는 상황에서 술을 주는 것이 가장 동정적인 행동인지도 모른다. 금주의 고통을 감내하며 술에 취해있지 않겠다고 결심한 알코올 중독자에게 술을 주는 것은 명백한 필요에 대한 아주 잘못된 대응이다.

18 필자는 여기서 강압에 대해 이야기한다. 그러나 필자는 취약한 사람에 대한 응답의 의무가 우리가 존재하고 살아가는 데 영향 미치는 부정의한 환경을 모두 망라하는 데 이 용어를 사용한다.

19 Sommers(1987)와 Daniels(1988) 참조.

20 의무를 관계의 결과로 바라보는 흥미로운 논의에 대해서는 길버트(Gilbert 1996) 참조. 하지만 길버트는 자신의 논의를 도덕적 의무에 한정하지 않는다.

21 『복종과 주체(*Subjection and Subjectivity*)』에서 다이아나 메이어스(Diana Meyers)는 우리가 "어떤 종류의 인간"인지의 물음에 적절한 대답을 하지 못하는 경우를 제시한다 (1994). 이 질문은 독토로우(Doctorow)의 (최근 뮤지컬로 만들어진) 소설 『래그타임 (*Ragtime*)』에서 보이는 문제 틀과 같다. 성공한 화약 제조자이자 탐험가의 아내로 백인 마을에 거주하는 여자 주인공은 정원을 일구다가 흙에 덮여있지만 아직 살아있는 흑인 신생아를 발견한다. 그녀는 자신이 무엇을 해야 할지 고민이다. 남편에 대한 의무를 다하는 아내로서, 그녀는 -북극 탐험을 하고 있는- 남편이라면 자선단체에 아이를 맡길 것이라는 것을 알고 있다. 버려진 아이가 받을 무관심을 잘 아는 보살핌의 여성으로서, 그녀는 남편이 바라는 대로 아내로서의 의무가 먼저일 수 없었다. 뮤지컬에서 만일 내가 아이를 포기한다면 "나는 어떤 종류의 아내인가?"라며 노래 부른다. 아이를 보듬고 집으로 와 키우기로 결심한다. 그녀는 남편에게 하는 의문의 여지 없는 복종보다, 자신의 행동에 완전히 취약한 한 생명의 긴박한 필요에 응답한다.

22 태아의 경우는 직관의 일관성이 떨어질 수 있겠으나, 필자는 낙태에 대한 여성권리의 옹호가 설득적일 수 있는 주장은 도덕적 의무 모델의 필요사항으로 간주한다. 필자가 톰슨과 논쟁하는 부분은 그녀의 결론이 아니라 그녀의 주장이다. 필자는 임신 상태가 자발적 모델이 부합하는 다른 상황과 충분히 유사하다고 생각하지 않는다. 역사적으로 임신은 자발성이 있는 -의식적으로 동의한- 행동이 아니었다. 여성은 보다 빈번히 자신이 임신했다는 사실을 단지 확인하고 어떤 방식으로든 상황에 대처한다. 하지만 낙태에 대한 옹호는 본서의 범위를 뛰어넘는다. 그럼에도 불구하고, 임신한 여성과 태아 사이의 많은 경우 비자발적 특징을 존중하는 낙태 옹호의 노력은 취약성 모델에 대한 흥미로운 도전이 되고 있다.

23 존 롤즈가 부활시킨 자유주의 전통의 계약이론의 관점에서 이 주장을 옹호하는 부분은 본서 제2부 참조. 사회계약론에 근거한 의무론에 대한 페미니스트 비판은 허쉬만과 디스테파노(Hirshmann and DiStefano 1996) 참조.

24 의존성 때문에 이러한 평등 개념이 적용되지 않는 사례를 본서 제3장에서 다룬다.

25 1993년 가족의료휴가법에 대해서는 본서 제5장 참조.

26 이러한 반응에서 취약성 모델을 찾을 수 있다는 있다는 점은 매우 흥미롭다. 의무의 전제는 자유롭게 선택된 것도 아니며 강압에 의한 것도 아니다. 그것은 기대이다. 의무에 대한 기대는 변호사의 어머니가 할머니를 직접 돌봤다는 사실에서 생긴 것이다. 변호사의 어머니는 첫째, 그녀의 기대로 인해, 둘째, 그녀를 돌봐줄 사람이 전혀 없기 때문에, 변호사의 행동에 취약하다. 지금 돌봄이 필요한 사람의 입장에서 보면, 비슷한 대응에서 만들어진 기대 때문에 요구가 도덕적으로 보장된다. 돌봄은 정당하게 받을 만한 것이며 변호사에게 정당하게 요구된다. 아래 주석 참조.

27 동시에 그 대응은 의존노동이 사회적 관습에 의해 젠더화된 맥락에 위치한다. 젠더화된 돌봄할당이 어떤 도덕적 정당성을 가질 수 있을까? 변호사에게는 자신의 의무를 분담할 수 있는 남자 식구는 없었을까? 어머니가 돌봄을 정당하게 요구하는 것은 충분히 납득할 수 있지만, 더 질문을 한다면, 돌봄을 할 수 있는 다른 사람이 왜 없을까라는 질문을 할 수 있다.

28 Ruddick(1989) 참조.

29 이러한 방식은 윤리적 추론에서 충분히 자주 논의되지 않지만, 윤리적 판단에서 의심의 여지없이 매우 중요하다. 비유적인 도덕적 사고의 정확한 특징을 논하는 것은 별개의 작업이다.

30 버지니아 헬드(Virginia Held)는 모성적 관계가 도덕적 관계의 근본적인 모델로 계약관계를 대체할 수 있어야 한다고 제안한다. 도덕적 관계를 의존관계까지 일반화한다는 점과 도덕적 관계를 모성적 관계에 국한시키지 않는 점을 제외한다면, 필자는 그녀의 견해에 수긍한다. Held(1987b and 1987c) 참조.

31 다른 한편으로, 노예 조건에도 불구하고, 특정한 동료의식이 주인과 노예 사이에서 발전했다. 이러한 동료의식은 자신의 행동에 취약한 주인의 취약성에서 발생한 의무에 대해 보다 정당한 근거가 된다. 그러한 동료의식은 주인이 하인을 동료로 생각해왔던 확실한 증표를 제공해왔을 때라야 가능해진다. 잔인한 주인이라면 그러한 대응이 가능한 근거를 제공할 수도 없다. 특히, 이러한 감정적 유대(동료의식은 가장 온건하고 일반적인 형태)는 그 자체가 도덕적 의무의 근거(필자는 그렇게 주장하고 싶다)이기 때문에, 의존관계는 종종 명확한 도덕적 권고를 어렵게 하는 감정적 유대를 불러일으킨다.

제2부

1 많은 페미니스트 이론가들은 의존비판 논의를 제시하지 않았지만, 롤즈의 저작과 기타 자유주의 철학자들을 의존에 주목하여 논쟁했다. 이제는 자유주의 정치철학에 대한 페미니스트 비판이 너무나 광범위하기 때문에 한두 가지로 정리될 수 없지만, 일부는 의존비판에 매우 밀접하게 근접해있다. 아네트 바이어(Annette Baier)가 이러한 주제를 다룬 것처럼, 많은 연구자들은 "정의 이상의 필요"에 대해 논의해왔다. 바이어는 많은 저작들에서 이 주제를 설명한다. Baier(1985, 1986, 1987, 1994) 참조. 미노우(Minow 1990), 페이트만(Pateman 1989), 헬드(Held 1978, 1987a, 1987b)는 남성에 의한 사회계약과 법이론을 받치고 있는 인정받지 못하는 젠더의 고려사항을 조명한다. 또한 필립스(Phillips 1987)의 에세이 참조. 필자가 보기에 파인만(Fineman 1991, 1995)은 의존비판에 매우 근접해있다. 수잔 오킨(Susan Okin)은 역사적으로나 동시대에서 여성이 의존노동에 연루되어 있음을 간과한 부분을 그녀의 정치적 고려의 화두로 삼고 있다(Okin 1979, 1989a, 1989b). 필자는 오킨의 체계적인 분석과 롤즈에 대한 동정적 비판에 많은 신세를 졌다. 롤즈에 대한 필자의 검토는 이러한 페미니스트 비판에 헤아릴 수 없을 만큼 많이 신세를 지고 있으며, 본 논의를 심화시킬 수 있었던 것도 앞서 언급한 페미니스트 비판에 많은 부분 빚을 졌기 때문이다.

2 이러한 특징은 롤즈(Rawls 1992, xxviii-ix) 참조. 롤즈는 정의의 개념이 "막 만들어졌기 때문에 결함이 있을 수 있다"라고 인정했다(1992, xxix). 필자의 주장은 롤즈의 정의 개념이 막 만들어졌기 때문에 결함이 있다는 점을 지적하는 것이다.

3 필자는 어떤 인간 삶의 특징도 사회적 요소에 영향받지 않았다거나, 이러한 사회적 요소가 분명히 분리될 수 있다고 가정하는 것은 아니다. 그럼에도 불구하고, 성장, 노화, 질병은 인간 존재의 불가피한 조건이며, 이러한 특징은 불가피한 의존의 변수를 설정한다. 본서 제1장 참조.

4 어떤 의미에서 호혜적일 수 없음은 특정한 분배정책에만 존재하는 의존의 기능이다. 분배정책은 의존적이 되거나 의존적인 사람을 가난에 특히 취약하게 만들며, 그들이 받아왔던 혜택을 호혜적일 수 없게 만든다. 하지만 또 다른 의미에서 우리가 매우 아프거나 아주 어릴 경우, 우리는 우리가 갖고 있는 자원이 무엇이든 그것을 처분할 수 있는 누군가에 좌우된다. 이러한 의미에서 갓난아이 상속자와 거지의 아이는 모두 자신의 돌봄담당자에게 보답해야 할 제3의 인물을 필요로 한다. 필자는 의존인과 의존노동자라는 두 가지 시각을 통해 의존을 살피고 있기 때문에 두 번째 의미에 보다 집중한다. 자원(resources)보다 가능성(capabilities)으로 의존에서 제기된 난제를 이해하는 것은 매우 유용할 수 있다. Sen(1992) 참조. 따라서 가난한 집 아이와 부잣집 아이가 서로 다른 자원을 갖고 있음에도 불구하고, 그들의 의존 때문에 자신의 자원을 기능(functioning)과 가능성으로 전환시키지 못하는 점은 그들의 자원이 서로 다른 것 이상

으로 유사하다.

5 개입하는 사람과 일선에서 직접 돌봄을 하는 사람이 동일인일 수 있으며 그렇지 않을 수도 있다. 하지만 돌봄을 직접 제공하는 사람은 실질적으로 항상 대상자의 필요와 욕구를 해석해야 하는 위치에 있다. 그렇다고 해서 이 사람이 항상 의존인의 필요를 사회적으로 납득되는 이해로 해석하는 권한이 부여된 사람은 아니다. 본서 제1장 참조.

6 롤즈의 페미니스트 비판과 이러한 페미니스트의 비판에 대한 롤즈의 대응에 대해서는 커테이(Kittay 1994) 참조.

7 롤즈는 평등이 세 가지 수준에서 작동한다고 한다. 1) 행정적이고 절차적인 수준, 즉 유사한 사례가 유사하게 처리되는 규칙으로 구성된 규칙의 일관되고 공정한 적용, 2) 모든 사람은 평등한 기본권이 보장받는다는 요구를 담은 "제도의 실질적인 구조"(Rawls 1971, 505), 3) 평등의 기초를 제시하는 원초적 입장이라는 상황, 즉 "정의의 원칙에 따라 대우받는다는 인간의 특징"이다(Rawls 1971, 504).

첫 번째 수준에서 의존노동자와 의존인에 대한 불평등은 옹호될 수도 있다. 예를 들어, 장애 때문에 일을 할 수 없거나 돌봄책임을 담당하고 있어서 일을 찾을 수 없다는 사람은 평등한 기회가 적용되는 대상이 될 수 없다고 주장할 수 있다. 두 번째 수준에서, 우리는 일부 불평등을 정당화 할 수 있다. 소수자는 투표의 권리를 갖지 못한다. 중증 지체장애인는 높은 수준의 지적 능력을 필요로 하는 자유와 권리를 보장받지 못할 수 있다. 결국, 권리는 권리를 이해하고 권리를 실행할 수 있는 사람에게만 주어질 수 있다. 이와 대조적으로, 의존노동의 책임은 기본권의 평등한 분배에 영향을 미쳐서는 안 된다.

의존노동자로서 여성의 책임 때문에 경제적·정치적 권리에서 많은 여성이 배제되었다는 점을 앞서 지적했다. 만일 우리가 임신을 "의존노동"으로 간주한다면 -완전한 의존적 존재를 돌보고 양육한다는 전제에서- 낙태 논쟁(대리모 논쟁, 임산부에게 적합한 작업환경, 약물 남용하는 산모의 기소 논쟁처럼)에서 보여준 것처럼, 이러한 의존노동자에 대한 평등한 기본권의 배당은 여전히 풀리지 않는 논쟁점이다.

본서의 과제는 우리가 일부 불평등이 정당화된다는 점을 인정한다 하더라도, 세 번째의 보다 근본적인 수준에서 완전한 도덕적 평등을 성취하기 위해 보다 근본적인 문제가 존재한다는 점을 보여주는 것이다.

8 롤즈의 방법(론)은 칸티안적 도덕 개념의 절차적 해석으로(무엇보다도 목적의 왕국을 규율하는 원칙으로서[1971, 256]), 다음은 『칸티안 구성주의』(1980)로, 이후는 다음은 『정치적 자유주의』(1992)로 규정된다. 이러한 변화는 본서에서 제시하는 논지를 반영하지 못한다. 롤즈의 방법(론)은 "어떤 직관도 의심할 수 없이 당연한 것으로 받아들이지 않으며, 도덕 원칙에서 제1의 원칙이 있다는 가정에서 출발하지 않는다는 점에서 구성주의적이라고 생각된다"(Baynes 1992, 55).

9 롤즈의 후기 저작은 인간 개념이 특정 자유주의 이론에서 구체화된 형이상학적인 개념이라는 비판, 그리고 롤즈가 주장하듯 정의의 원칙이 순수하게 구성적이지 않다는 비판에 대해 대응하고 있다. 특히 Nagel(1973), Hart(1975), Sandel(1982) 참조. 롤즈의 대응은 "정치적 자유주의"와 "포괄적인 도덕원칙"으로서의 자유주의를 구별하는 것이다(1992, 1984). 또한 롤즈는 원초적 입장의 당사자들이 선택한 기본적 자유와 그것의 우선성에 대해 형이상학적 인간 개념과 심리적 기질(propensities)에 의존하지 않고 그 근거를 밝힌다(1982, 1992). 그럼에도 불구하고, 본서의 주장은 자유주의 이론의 핵심에 있는 개인주의가 -네이글(Nagel 1973, 228)이 지적하듯, 상호적 무관심이라는 전제로 인해 확대된- 원초적 입장의 당사자들이 의존인과 의존노동자라는 두 가지 관심사를 인정하지 않는 쪽으로 치우쳐 있다는 점이다.

10 Rawls(1975b, 542f) 참조.

11 『정치적 자유주의』에서 롤즈는 다음과 같이 언급한다. "원초적 입장에서의 평등을 모델화하기 위해, 이러한 조건을 충족하는 대표자로서 당사자들이 대등하게 위치해 있다고 우리는 말한다. (기본구조의 경우에서) 사회적 협력의 공정한 조건을 성립시킬 때, 당사자의 유일한 특징은 그들이 도덕적 힘을 갖고 있는지... 그리고 일생에 걸쳐 사회의 협력적 구성원이 될 수 있는 정상적인 능력을 소유하고 있는지에 관련되기 때문에, 위와 같은 필요조건은 공정하다"(1992, 79). 원초적 입장은 이러한 평등을 모델로 전제하기 때문에 공정하다고 여겨진다. 또한 그는 "우리는 정상적이고 온전하게 사회의 협력하는 구성원이 되도록 하는 두 가지 힘과 기타 능력을 최소한의 필요만큼 소유하고 있기 때문에 모든 시민은 평등하다. 이러한 조건을 충족하는 모든 사람은 똑같은 기본적 권리, 자유와 기회 그리고 정의의 원칙에 대한 보호를 받는다"(1992, 79). 이어 롤즈는 다음과 같이 첨언한다. "원초적 입장에서 평등을 모델화하기 위해, 이러한 조건을 충족하는 대표자로서 당사자들이 대등하게 위치해 있다고 우리는 말한다"(1992, 79).

12 롤즈(Rawls 1980)는 명확히 적는다. "이상화(idealization)는 모든 사람이 사회의 정상적인 부분으로 역할을 할 수 있는 충분한 지적 힘을 갖고 있으며, 누구도 예를 들어 일반적이지 않고 막대한 비용이 들며, 특별히 충족하기 어려운 일반적이지 않은 의료적 필요로부터 고통받지 않는 상태를 의미한다"(필자 강조, 546). 이상화는 건강함 뿐만 아니라 성인이라는 조건을 요구한다. 아이와 일시적으로 장애를 겪고 있는 사람은 단지 일시적이고 우연적으로 평등한 도덕적 가치를 위한 필요조건을 충족하지 못하기 때문에, 그들은 평등한 시민의 범주로 포함되지 못한다. Rawls(1971, 509) 참조. 평생 동안 장애를 안고 사는 사람에 대한 적절한 조치는 또한 다뤄야 하는 별개의 문제처럼 보인다.

13 『정치적 자유주의』에서 롤즈는 "주장의 자기 근원적 원천"이라는 용어를 포기(1980, 544)하고 "타당한 주장의 자기 인증적 원천"이라는 용어로 대체한다(1992, 32). 용어 사이의 차이에 대해서는 이하 논의 참조.

14 롤즈는 일부 사람이 다른 사람보다 더 발전된 정의감을 가질 수 있다고 인정한다. 정의감에 있어서 평등은 단지 사람들이 "삶 전체에 걸쳐서 온전히 협력적인 사회구성원"이라는 조건 하에서, "자신에게 요구되는 상대적으로 평등하고 충분한" 정의감을 요구한다(1980, 546).

15 롤즈는 또한 "사회적 협력의 공적 개념을 이해하고 이에 따라 행동하는 평등하게 충분한 능력(현실화되어야 한다고 생각하는)"에 대해 기술한다(필자 강조, 1980, 546).

제2부 │ 제3장

1 『뉴욕 타임즈』(14 Nov. 1989, A1, B12)는 1985년 조사에서 "30세 이상 피고용인 5인 중 1인이 부모를 돌보고 있다"고 보고한다. 같은 기사에서 파트타임 노동자의 1/3이 고령 가족을 부양하는 데 주당 20시간을 쓰고 있으며, 직장인 중 27%가 자신의 부양 책임 때문에 조기 퇴직하거나 퇴임한다고 밝히고 있다.

2 롤즈는 우리가 관심 갖는, 적어도 여성이 일반적으로 관심을 갖고 있는 사람들이 아닌 한, 의존에 대해 관심을 보이지 않았다. 이는 다음의 그의 말에서 증명된다: "그럼에도 불구하고, 아버지가 자식을 돌본다고 말하듯, 한 세대가 바로 다음 세대를 돌본다고 가정하기 때문에, 정당한 저축 원칙은... 인정된 것이다"(필자 강조, 1971, 288). 그리고 다음 장에서 그는, "따라서 스스로를 아버지라고 상상하면서, 그들은 자신의 아버지에게 요구할 자신의 권리를 주목함으로써, 아들을 위해 얼마나 저축해야 할지를 확신하게 된다"(필자 강조, Rawls 1971, 289). 이러한 논의 어디에서도 어머니 혹은 딸에 대한 언급은 보이지 않는다. 롤즈와의 대담에서 그는 필자에게 가장은 두 부모를 −아버지뿐만 아니라 어머니− 포함한다고 언급했다(April 1993). 원초적 입장의 당사자에 아버지와 어머니가 포함되었었다면, 이 이론은 얼마나 달라졌을까? 이는 어머니가 전통적으로 책임지고 있는 의존의 관심사를 포함하는지에 따라 달려있다고 필자는 생각한다.

3 그래서 그녀는 남편에게 훈계했다. 하지만 여전히 가장이 스스로를 대변할 수 있는 사람을 대표할 때, 가장에게 부여된 대표성은 의존노동이 요구하는 대표성과 다르다. 의존노동자는 너무 어리거나 아프고 약하며 허약해서 스스로를 대변하는 공론장에 나올 수 없는 사람들을 대표해야 한다.

4 오킨(Okin 1989b)은 "여성 가장"이라는 용어가 건장한 성인 남성이 없는 가장을 함의하기 때문에, "가장"이라는 용어는 남성적으로 젠더화되었다고 부연한다.

5 이 점은 "수입과 부에 있어 개인의 지위가 규정되는," 즉 롤즈가 "평등한 시민권"의 "적절한 지위"라고 불렀던 것과 대조된다(Rawls 1971, 96).

6 롤즈가 상정하는 원초적 입장의 대표자들은 모두가 동일 세대로 존재한다. 원초적 입장에 동의하는 혹자는 원초적 입장에 "진입하는 현재 시점"을 전제하여 다른 대표자들과 의사소통을 할 수 있다고 가정한다. Rawls(1971, 136-142) 참조. 만일 당사자가 세대를 대표한다면, 상호무관심이라는 쟁점에 대해 누군가에게 비해 상대적으로 그들이 차지한 일시적인 지위가 무엇인지를 물을 수 있는 여지는 거의 없다. 하지만 만일 대표자가 개인을 대표한다면, 이 같은 문제제기는 적절한 것이다. 하지만 그렇게 되면 상호무관심이라는 필요조건이 의심스럽다. 어떤 대표자는 오늘을 사는 개인을 대표하고 다른 대표자는 윗세대를 대표한다면, 당사자들이 상호적으로 무관심하다고 할 수 있는지 분명하지 않다.

7 미래 세대의 각 개인은 자신을 돌봐주는 누군가가 있어야 한다는 롤즈 개념은 모호하다. 즉, 자녀에 대한 부모 책임 같이 다음 세대의 누군가를 위한 특별한 책임을 맡은 사람과 혹은 다음 세대에 대한 책임을 행하는 사람 사이의 모호성이다. 하지만 롤즈 자신은 이러한 차이를 모호성이 아니라 일견 대안이 되는 것들 사이의 관계를 보고 있다. "원초적 입장의 당사자들이 동시대를 사는 사람들이라는 것을 알게 된다면, 그래서 자신들 바로 다음 세대를 돌보지 않는다고 한다면, 이들은 어떤 저축도 떠맡을 이유가 없을 수 있다"(Rawls 1971, 292).

8 롤즈는 합리적인 것과 합당한 것을 구분한다. 인간은 자신의 합리적 이익이라는 관점을 만족시킨다는 측면에서 합리적이다. 인간은 모든 사람이 사회적 상호작용에 가담하는 데 있어서 똑같은 목적을 갖고 있지 않다는 것을 인정하고 받아들인다는 점에서 합당하다.

9 하지만 이는 문화적으로 상대적이며 이러한 결정에 도덕적 낙인이 뒤따르지 않는 자유주의 사회에서 조차도, 일반적으로 여성보다 남성에게 사회적으로 더 수용될 수 있다. Meyers(1993) 참조. 상이한 문화적 관점 차이에 대해서는, 페데리코 가르시아 로르카(Federico Garcia Lorca)의 희극 <예르마(Yerma)> 참조.

10 센은 사람마다 매우 다른 필요를 가지기 때문에, 기본적 가치의 목록이 인간 상호간의 좋은 삶(well-being)을 비교하는 데 있어 충분하게 민감한 척도가 되지 않는다고 주장한다. 기본적 가치(재화)는 "이익의 구현"이며, 이익이란 "개인과 가치(재화) 사이의 관계"로 이해되어야 한다(Sen 1987, 158, 저자 강조). 롤즈는 "시민은 적어도 일생 동안 온전히 협력하는 사회구성원이 될 수 있는 근본적으로 최소한의 도덕적, 지적, 그리고 신체적 능력을 지녀야 한다"고 답한다(Rawls, 1992, 183). "목표는 다시 한 번 사람들이 온전히 협력하는 사회구성원이 되도록 하기 위해서 헬스케어(health care)로 사람들을 회복시키는 데 있다"(Rawls 1992, 184). 롤즈는 장애 혹은 질병에 의한 신체 능력의 편차는 입법 단계에서 다뤄져야 한다고 주장한다.

11 이 지점에서 필자는 필자의 관점에 대해 대안적 해석이라고 명명해준 아네트 바이어(Annette Baier)에게 감사한다. 온건한 주장은 도덕적 인간의 특징을 갖출 수 있는 단순한 잠재성으로도 정의가 요구하는 역할을 한다고 신중하게 언급한 롤즈의 주장에 의해서 지지받는다(1971, 제3부). 더 나아가 이 같은 해석은 사회로의 진입과 사회 밖으로의 출구 지점을 출생과 사망으로 동일시한 롤즈의 주장에 의해서 보다 지지받는다(1982, 15; 1992, 301).

12 롤즈가 개괄한 도덕 심리 참조(Rawls 1992, 86). 만약 이러한 관심사가 의존의 관심과 관계적 능력을 포함한다면, 모든 당사자는 의존인에 대한 책임을 담당할 수 있다는 점을 고려하는 데 충분한 동기부여가 될 수 있을 것이다.

13 부모는 아이의 "집사"라는 개념에 대해서는 슈바젠바흐(Schwarzenbach 1986) 참조.

14 필자는 이 용어를 센(Sen 1992), 너스바움(Nussbaum 1988a; 1988b)의 것과 유사하게 사

용한다.

15 『듀이 강론』에서 롤즈는 "노예는 자기주장의 근원적 원천으로 전혀 간주되지 않는 사람이다. 즉, 노예는 자신의 주장이 자신의 소유자 혹은 사회의 특정한 계급 권리에 근원한다"고 적는다(Rawls 1980, 544). 유사한 맥락에서 『정치적 자유주의』에서는 다음과 같이 주장한다. "노예는 자기주장의 근원으로 간주되지 않으며, 심지어 사회적 의무 혹은 책무에 근거한 주장으로 간주되지 않는다... 노예 학대 금지법은 노예의 입장에 근거해서 만들어진 주장이 아니라 노예 소유주 혹은 사회의 일반 이익(노예의 이익을 포함하지 않은)에서 출발한 주장이다. 노예는 소위 사회적으로 죽은 상태이다. 즉, 그들은 전혀 인간으로 간주되지 않고 있다"(Rawls 1992, 33).

16 이 비평가처럼, 혹자는 타당한 주장은 그 아이의 주장이라고 답할지도 모른다. 어머니는 그녀 자신의 교육에 대한 타당한 주장을 할 수 있지만, 아이 교육에 대한 주장을 자신의 요구로서 표현해서는 안 된다고 주장할 수 있다. 이에 대해 필자는 아이도 적절하고 타당한 자기주장을 할 수 있는 존재일 수 있지만, 아이가 아주 어리다면, 그것은 자기 근원적 주장이 아니라고 생각한다. 이 때 주장은 자녀의 안녕을 책임지는 성인으로부터 근원할 수 있는 것이다. 사실, 소수자로서의 아이 지위로 인해 정치 참여가 배제되는 한 아이의 주장은 유효성이 없다. 주장은 적절한 영역에서 목소리를 낼 수 있는 성인에 의해 근원할 뿐만 아니라 강조되어야 한다.

17 샌델(Sandel 1982)이 천명한 공동체주의 비판은 타인의 안녕을 포함하는 자아정의 (self-definition)에 대한 일부 유사한 논점을 제기한다. 샌델의 논점은 자아의 목적보다 자아가 우선한다는 롤즈의 우선성에서의 난점을 지목한다(1982, 19). 필자는 자아정의의 문제점은 롤즈의 자아 개념이 너무 개인화되었기 때문이라고 지적한다. 그 결과 의존의 관심사가 자아의 본질로는 정상적으로 이해되지 않고, 자신 스스로를 자유로운 상태로 이해하는 결과를 가져왔다고 생각한다.

18 루소(Rousseau)의 저술은 이러한 이미지를 남성 시민을 위한 계몽주의적 자유의 이상으로 연상시키면서 구현했을 뿐만 아니라, 여성의 실질적인 행동에 많은 영향력을 발휘했다. Rousseau(1762, 1979), Wollstonecraft(1792, 1988), Badinter(1980) 참조. Held (1993, 제6장) 참조.

19 롤즈는 심지어 『듀이 강론』에서 다음과 같이 주장한다. "이러한 언급은... 사회의 기본제도에 적용되는 정의의 원칙... 과 관련된 인간 개념을 지칭한다. 대조적으로, 시민은 그들의 일신상의 일 혹은 결사체 내부 생활의 원칙에서... 이것들과 동떨어지지 않고 혹은 동떨어질 수 없는 사랑과 애착을 갖고 있을 수 있다"(Rawls 1980, 545).

20 이러한 비평방식은 말 그대로 존 베이커(John Baker)가 제공한 매우 흥미롭고 유용한 논평에서 차용된 것이다.

21 포위된 보스니아 병원에서 유기된 심신 장애아에 관한 참혹한 『뉴욕 타임즈』 기사를 떠올려보자. 기자는 사망자 중 한 명인 에딘(Edin)이라는 아이에 대해 기사를 썼다.

"보스니아 정부가 추정한 200,000여 명의 전쟁 사망자 중 대부분이 중화기 포격, 총격, 화염이나 고문으로 사망한 것과는 다른 사인(死因)으로 에딘은 사망했다. 병원 침대에서 발견된 영유아였던 에딘은 장애가 너무 심각해서 병원 내부에서 대부분의 생활을 보냈다. 그는 단지 방치되었다"(Burns, John, *New York Times*, 20 July 1993, 1). 이런 무력한 아이의 유기라는 도덕적 참담함에 대해 표현했다: 보스니아의 UN 평화유지군 책임 장교 헤이스(Brig Vere Hayes)는 "소름이 끼쳤다"고 말했다. "적어도 비용에 관계없이, 이렇게 무력한 인간을 방치하면 안 된다는 특별한 의무가 존재한다."

22 예를 들어, Beauvoir(1952), Chodorow(1978), Dinnerstein(1977), Gilligan(1982), Bartky(1990) 등 참조.

23 트레빌코트(Trebilcot 1987) 에세이 참조.

제2부 ┃ 제4장

1 목록의 각 항이 왜 포함되었는지에 대한 설명이 추가된 점을 제외한다면, 롤즈(Rawls 1992, 308-9)는 예전과 다름없는 목록을 제시한다. 눈에 띄는 점은 "양육," "상호의 존," "인생의 국면"과 같은 이전 글에서 언급되었던 인간의 삶에 대한 일반적인 사실에 대한 설명이 빠졌다는 점이다. 결과적으로 이러한 요인들은 이론의 핵심 부분에서 누락된 상태다.

2 개인이 추구하는 좋음에 대해 무지하다는 것이 필연적으로 모든 당사자에게 평등하게 공정한 기본적 가치의 목록으로 귀결되는 것이 아니라고 네이글은 비판한다. 왜냐하면 "모든 좋음의 개념을 추구하기 위해서 기본적 가치가 모두 동등하게 가치있다"고 보기 어렵기 때문이다(Nagel 1973, 228). 혹자는 필자의 주장을 네이글의 주장에 동화시키려 할지도 모른다. 의존의 관심사가 롤즈의 기본적 가치 목록의 어떤 가치보다도 중요하다고 가정할 수 있기 때문이다. 그러나 롤즈에 대한 필자의 비판과 네이글의 비판은 다르다. 필자는 개인이 어떤 좋음의 개념을 갖든, 의존의 관심사는 기본적 가치의 목록에 포함되어야 한다고 주장한다. 기본적 가치의 목록이 사람들 사이의 안녕을 비교 평가하는 최선의 방식인지의 논쟁에 대해서는 다니엘스(Daniels 1990) 참조. 롤즈의 반박에 대해서는 Rawls(1992, 1982) 참조.

3 사람들 사이의 가능성(capabilities) 편차가 함의하는 바가 크기 때문에 한 가지 목록으로 모든 시민의 필요를 충족시키지 못할 수 있다는 주장에 대해서는 애로우(Arrow 1973)와 센(Sen 1987, 1992) 참조.

4 도덕적 인간의 특징으로서 공감적 사고의 필요성에 대해 언급한 메이어스(Meyers 1993, 1994) 참조. 필자가 염두하고 있는 점이 이러한 도덕적 능력이다.

5 이 주장은 본서 제3장 참조.

6 앞서 언급했듯이, 많은 학자들이 "정의 이상(more than justice)"의 필요를 촉구해왔다. Baier(1987), Held(1993), Tronto(1993), Ruddick(1995) 참조.

7 헬스케어(health care)는 기본적 가치 목록에 포함될 분명한 후보이다. 노만 다니엘스(Norman Daniels)는 기회라는 롤지안의 기본적 가치는 헬스케어라는 사람들의 필요까지 확대될 수 있다고 주장한다. "정상적인 활동과 온전한 기능"이라는 건강상의 필요가 입법단계에서 최우선적으로 고려되며, 그 다음으로 "특수한 필요"가 고려될 수 있다. 헬스케어는 "정상적인 인간 종(種)의 기능에 (가능한 한) 기능적으로 등가적인 것을 제공하거나, 회복 또는 유지하기 위해 우리가 필요로 하는 것"을 요구한다(1990, 280). 다니엘스는 정상적인 기능이 기회의 평등에 부합함을 강조하고, "정상적인 기회의 범위"를 제안한다. 일부는 문화적 요인으로 일부는 개인의 소질과 기술에 의해 결정되는 적절한 헬스케어는 "자신의 소질과 기술 또한 특수한 사회적 불리함(예를

들어, 인종주의와 성차별주의 등)에 의해 손상되지 않는다고 가정하면서, 한 사람이 자신의 소질과 기술로 접근하는 범위의 정도를 향유하도록 한다"(1990, 281). 정상적 기능에 대한 장애는, 롤즈의 두 가지 도덕적 힘 중 하나인, 우리 자신의 좋음을 만들고 수정하는 힘에 대해 언급한다. 롤즈는 이러한 제안을 수용한다. 즉 "목표는 헬스케어로 다시 한 번 온전히 협력하는 사회구성원이 되도록 사람들을 회복시키는 것이다"(Rawls 1992, 184ff). 헬스케어는 의존돌봄의 통합적인 부분이지만, 다니엘스의 해법은 세 가지 이유로 충분하지 않다. 우선, "정상적인 기회의 범위"는 다운증후군이나 중증 정신질환자에게는 불분명하다. 두 번째, 완전한 복원에 못 미칠 경우라 하더라도, "정상적 종의 기능"에 "기능적으로 등가성 있는 것"을 제공하는 것이라도, 이를 현실화하기 위해서는 기본 원칙에 대한 명시적인 헌신이 필요할 정도로 광범위한 자원이 필요할 수 있다. 세 번째, 온전한 기능을 위해 의존인을 복원시키려는 사회적 헌신은 또한 착취가 없도록 의존노동자도 함께 보상해야 함을 고려해야 한다. 마지막 논점은 다니엘스의 관심이 아니지만, 의존을 포함하는 정의를 위해서는 충분한 고려가 필요한 부분이다. 유의미한 정도의 의존노동 투입 없이는 일정 정도까지 기능적으로 복원될 수 있는 의존인은 거의 없기 때문에, 의존노동자에 대한 비용과 보상 수준에 대해 묻지 않을 수 없다.

8 Schwarzenbach(1990) 참조. 3)이 능력(capacity)을 요구하지만, 응답 자체를 요구하는 것은 아니라고 필자는 강조한다. 만일 우리가 돌봄담당자의 이해를 희생시키지 않고, 의존인을 돌볼 수 있는 관계를 지원하는 원칙을 통합할 수 있는 기본제도를 원한다면, 인간의 도덕성에 대한 기본으로서 (공정성과 더불어) 이러한 능력을 이해해야 한다.

9 돌봄윤리가 처음 소개되었을 때 많은 학자들이 지지했던 이 견해는 다수의 페미니스트들에 의해 가다듬어지고 있다. 예를 들어, Bubeck(1995), Bowden(1997), Tronto(1993, 1997, 1995), Held(1995), Ruddick(1995) 참조.

10 롤즈는 여러 다른 이유와 서로 다른 많은 맥락에서 필요를 평가하며, 기본적 가치의 목록은 단지 정의에 부합하는 필요를 포함하는 것이라고 부언한다(Rawls 1982).

11 센(Sen 1990)은 롤즈의 기본적 가치(재화)를 비판해왔다. 센은 기본적 가치를 보장하는 것으로는 장애가 심해서 기본적 가치를 활용할 수 없는 사람들을 위한 정의에 부합하지 않는다고 주장한다. 센의 주장과 필자의 주장은 서로 다름에도 맞닿아 있다. 돌봄의 요구는 사람들 사이의 관계를 반영하고 그들의 안녕을 위한 자원을 반영하는 기본적 가치이다.

12 『정치적 자유주의』에서 롤즈는 사회적 협력을 단지 효과적으로 조직된 사회활동 그 이상으로 규정한다. 사회적 협력은 결과적으로 "호혜성과 상호성이라는 아이디어"를 정교화하는 "협력이라는 평등한 조건"을 포함한다. 즉, 협력하는 모든 사람들은 적절하게 비교될 수 있다고 판단되는 적절한 방식으로 혜택을 받거나 공동의 짐을 분담해야 한다(Rawls 1991, 300).

13 헬스케어의 정의로운 분배를 고려하려는 노만 다니엘스의 노력에 대한 논의는 이 장의 주석 7 참조.

14 롤즈는 다음과 같이 말한다. "정치적 정의와 관련되어, 우리는 두 가지 도덕적 힘을 온전하고 동등한 사회구성원으로 간주되기 위한 필요충분조건으로 생각한다. 일생 동안 사회적 협력에 참여할 수 있는 사람들과 동의라는 적절하고 공정한 조건을 칭송하는 사람들은 평등한 시민으로 간주된다"(Rawls 1992, 302). 이 점은 매우 강하면서도 당혹스러운 주장이다. 왜냐하면 태어나면서부터 정신적으로 장애를 안고 태어났다는 우연적인 사실로 인해 왜 시민의 성원자격에서 필연적으로 배제되어야 하는가? 예를 들어, 이들이 투표를 할 만큼 정치적 이해를 하지 못할지 모르는 것처럼 가담할 수 없는 몇몇 정치적 활동이 존재한다 하더라도, 정치적 정의라는 보호를 동일하게 받을 필요는 있다. (필자는 이 지점에 대해 수잔 오킨에게 감사의 마음을 전한다). 이론과 일치하는 유일한 합리적 근거는, 비록 이들의 조건이 우연적 요인이지만, 이들은 롤즈가 이해하는 사회적 협력적 상황에 참여할 수 없게 될 것이라는 점이다.

15 이 논점은 본서의 제2장 "쌍무적 호혜성"에 대한 논의 참조.

16 Aronow(1993) 참조. 둘라는 "아침 늦게 집에 도착했을 때 먹지도 입지도 못한 어머니를 발견한다. 어머니는 아이가 무사한지 안절부절못했다... 그들은 자신을 돌볼 생각을 하지 않고 있었다"(1993, 8).

17 필자는 여기서의 개념을 구체화시키는 데 필자의 연구를 도와준 엘피에 레이몬드(Elfie Raymond)에게 감사 인사를 전한다.

18 본서 제2장 참조. 흑인공동체 내의 윤리의 중요성에 대해서는 스택(Stack 1974)이 잘 정리했다.

19 롤즈의 세대 간 정의라는 새로운 이론 혹은 둘리아라는 필자의 원칙이 호혜성의 예가 될지는 불분명하다. 왜냐하면, 우리에게 무언가를 준 사람이 아닌 다른 사람에게도 돌려주라고 권고할 뿐만 아니라, 두 가지 원칙 모두 우리가 실제로 받은 것이 아니더라도, 우리가 받기 원했던 것을 줄 것을 권유하기 때문이다. 그럼에도 불구하고, 한 세대의 존속은 자원이 전무한 세상으로는 불가능하며, 한 개인의 생존은 성인으로 나아가는 데 충분한 돌봄에 달려있다. 따라서 최소적인 의미로 롤즈 이론과 필자 이론 모두에 호혜성이 존재한다, 왜냐하면 우리는 줄 것을 권고받을 뿐만 아니라 되돌려 주기를 권유받기 때문이다. 즉, 만일 우리가 이러한 좋음(돌봄)에 대해 수혜자가 아니었다고 한다면, 우리는 타인이 우리에게 무엇을 제공할지를 원할 수 있는 위치에 있지 않다. 하지만 세대간 정의라는 롤즈의 원칙이나 필자의 둘리아 원칙 모두 우리가 받아온 것과 동일한 만큼 혹은 동일한 상대에게 되돌려 준다는 의미에서의 호혜성 개념은 아니다.

20 필자는 우리가 돌봄을 받았기 때문에 아이를 가져야 하는 의무를 갖는다고 제안하려는 것이 아니다. 필자는 우리가 받기를 원했던 돌봄 (최소한도라도 우리가 생존하고

성장하는 데 필요했던 돌봄)을 우리는 받았기 때문에, 우리는 모든 아이에게 돌봄을 줘야 할 의무가 있다고 제안하는 것이다. 게다가, 우리에게 부과된 돌봄은 -그리고 만일 일부 돌봄은 우리가 살아남는 한 우리가 담당해야 마땅하다- 실제로 돌봄을 통해 다음 세대에게 갚아나간다.

21 돌봄원칙이 전무한 홉시안(Hobbesian)적 자연상태는 거의 상상이 되지 않는다. 이미 다 자라버린 "버섯처럼" 지구상의 인간이 별안간 생겨났다고 한다면, 우리는 사회조직의 성격을 잘못 규정하고 있다. Hobbes(1966, 109) 참조.

22 정의로운 사회가 의존의 관심사를 통합한다는 의미는 의존노동자와 의존인의 안녕을 증진함을 의미할 뿐만 아니라, 이들 사이의 도덕적 완결성(integrity)을 보장하는 것이기도 하다. 이러한 완결된 상태는 고아원을 부모에게 돌봄을 받지 못하고 정부의 지원만 받는 아이들에게 적합한 장소로 간주해버린 제104회 의회에 의해 상당한 위협을 받았다.

23 차이의 원칙은 특정 (기본적 자유가 아니라 수입과 부 같은) 기본적 가치의 목록에 적용되는 분배의 원칙이다. 차이의 원칙이 기본적 가치에 추가된 돌봄에 적용될 수 있는지를 알기 위해서, 롤지안의 기획이 의존의 관심사를 포함하는 것이 어떻게 가능한지를 고려하는 것이 필수적이다. 이러한 고려를 본서에서 다루는 것은 너무나 큰 기획이다. 본서의 목적은 비평이지, 이론의 재구축이 아니기 때문이다. 하지만 필자는 의존돌봄과 의존노동과 관련된 분배문제에 적용되는 차이의 원칙이 이론상 불가능하다고 주장하는 것은 아니다.

제3부 |

1 "재구조화"의 효과에 관한 최근 연구에 대해서는 Mushaben(1997), Clayton(1997), Pontusson(1997) 참조.

제3부 | 제5장

1 루즈벨트 재임 당시 만들어진 1935년 사회보장법이다. Davis(1993, 7-8) 참조.

2 하지만 일반적으로 알려진 것과 반대로, 복지를 이용하는 가장 큰 인종은 백인이라는 점을 지적하는 것은 중요하다. 1993년 부양아동가족지원책의 수혜자 1,400만 명 중 백인이 39%, 흑인이 37%, 라티노가 18%였다(Albelda, Folbre and the Center for Popular Economics 1996, 107).

3 이 절의 제목은 틸몬(Tillmon 1976)에서 차용했다.

4 많은 페미니스트 학자들은 복지를 젠더와 인종으로 이해한다. 이러한 분석에 대해서는 Abramovitz(1996), Sasson(1987), Skocpol(1982), Gordon(1990, 1994), Mink(1995) 참조.

5 SUNY Stony Brook 복지토론회 배포자료, N.Y. March 1997.

6 틸몬은 복지수혜를 받는 어머니이며, 전미복지권리협회(National Welfare Rights Organization) 의 리더이다. 그녀는 복지를 "어떤" 남성을 "모든" 남성으로 바꾸는 "초(super)성차별 주의적 결혼"으로 간주한다(1976, 356).

7 아이가 있는 가난한 여성에 대한 복지지출이 싱글맘 가족, 미혼모, 복지수급 기간 중 임신과 청소년 임신에 영향을 미쳤다는 주장을 뒷받침할 만한 경험적 근거가 부족하다는 점을 지적하는 것은 중요하다. Center on Hunger, Poverty and Nutrition Policy(1995) 참고.

8 이 특권은 실업상태인 남성이 그의 가족을 위해 혜택을 받는 것에도 해당된다. 이 돈은 가족을 부양하는 실업상태인 "생계부양자"에게 지급된다. 아이러니한 설명이 2차 세계대전이 발발하기 전 아일랜드(Ireland) 코크 카운티(Cork County)에 있는 프랭크 맥코드(Frank McCord) 씨의 비망록, 『안젤라의 페허(Angela's Ashes)』에 잘 나타나 있다. 실업국(unemployment bureau)에서 구호금을 맥코드의 아버지에게 배당하였다. 이는 적은 액수였지만 그의 어머니가 교회에서 받아오시는 자선금액과 비교하면 상당한 수준이었다. 집안에 남성이 있다는 것만으로도 식탁에 음식이 놓이기에 충분한 이

유가 되었다. 왜냐하면, "밥벌이(breadwinners)"가 있는 것만으로도 보다 더 "존경받을 수 있는" 구호품을 받기에 자격이 충분하기 때문이었다.

9 아이는 부모의 행동 때문에 고통을 당하고, 혼외 아이를 낳은 여성과 그 아이에게 낙인이 따라붙지만, 이 아이의 아버지에게는 그런 낙인이 붙지 않는다.

10 이 수치는 회계연도 1998년에서 2002년까지 매년 5천만 달러에 달한다.

11 주 정부는 금욕교육의 법적 정의에 맞는 예산을 편성하고 정책프로그램을 시행해야 한다(PL104-193, sec. 912). 기존에 공표된 입장에 덧붙여 이 정책은 아래 각 항을 명시해야 한다.
    1) 성행위의 절제는 심리적·신체적 건강의 유익하다는 명확한 교육 목적을 갖는다.
    2) 일부일처제가 표준적인 결혼 형태임을 가르친다.
    3) 혼외 섹스는 심리적·신체적으로 해로운 경향이 있음을 가르친다.
    4) 유소년 아이들에게 성경험을 거절하는 방법과 심리적이고 신체적으로 미칠 영향을 가르친다.
    5) 성경험보다 먼저 성숙한 자아 형성의 중요성을 가르친다.

12 시민권 보호와 교육지원재단(NOW Legal Defense and Educational Fund)에 따라, 현재 미국 내 21개 주의 복지기획은 "가족상한제" 지원을 포함한다. "가족상한제"에 대한 설명은 이 장의 주석 21 참조.

13 보스톤의 메사추세츠대학(University of Massachusetts)의 맥코맥연구소(McCormack Institute)와 서베이 연구센터(Center for Survey Research)는 메사추세츠 주의 부양아동가족임시지원책(Transitional Aid to Families with Dependent Children)의 대상 표본 중 65%가 메샤추세츠 주 법의 학대 규정에 따르면 예전과 지금의 남편 혹은 남자친구가 범하는 가정폭력의 희생자이다.

14 일부는 시민의 권리라는 전제에서 소비는 생산만큼 중요하다고 주장한다. 이러한 입장과 관련된 복지권리운동(Welfare Rights Movement)에 관해서는, 전미복지권리협회(National Welfare Rights Organization, NWRO)의 여성소비자권리요구와 NWRO가 주도한 시어스(Sears) 백화점 반대운동을 논의한 Kornbluh(1988) 참조.

15 "비의존적"이라는 용어가 임금노동자와 어떻게 연계되게 되었는지, 그리고 "의존"이라는 용어가 노동시장에서 배제된 사람과 어떻게 연관되게 되었는지에 대해서는 Fraser and Gordon(1994) 참조. 이들은 의존적 상태에 있는 세 가지 집단을 지적한다. 극빈자, 노예, 여성이다. 의존이 사용되는 의미 구조에서, 아이, 장애인, 그리고 노약자 등은 주된 용례에서 드러나지 않는다.

16 좌파가 주장하는 잔여주의적 프로그램을 제외하더라도, 우파가 지향하는 대상은 훨씬 광범위하다. 사회보장, 진보적 과세, 그리고 공교육 같은 많은 프로그램들이 우파의 대상이다. 필자는 복지국가가 옹호자들은 특히 여성에 대한 복지의 영향과 관련해 복지를 잔여주의적으로 제한함으로써, 지엽적인 공격뿐만 아니라 광범위한 공격에

충분히 대응할 수 있는 기회를 잃는다고 생각한다.

17 때때로 이러한 조건은 실제로 고용에 불가피한 장벽이 아닐 때에도 고용에 불가피한 장벽으로 간주된다. 장애인공동체에 따르면, "장애조건(disabling conditions)"은 장애 자체 만큼이나 장애인에게 충분한 접근성을 제공하지 않는 사회적 환경의 결과라고 주장한다. 또한 충분한 교육 혹은 훈련을 받지 않은 사람들은 부정의를 표현하는 방식에 있어서 일반적으로 무력하다. 이러한 사례를 고려해볼 때, 유급 고용에 참여할 능력이 없는 사람에 대한 정당한 해법은 이들이 참여할 수 있도록 가능하게 하는 조건을 제공하는 것이다. 하지만 사람들이 유급 고용에 참여하도록 하는 사회적 노력이 부족한 점을 인식하더라도, 유급 고용에 가담할 수 있는 사람들의 능력을 심각하게 제한하는 조건이 여전히 남아있다.

18 아이러니하게도, 아담 스미스(Adam Smith) 자신은 노동을 하지 못하는 상당수의 인구를 지원할 수 있는 충분한 부의 생산을 자본주의와 노동분업의 혜택으로 보았다. 그는 이 점을 다른 생산수단보다 우위에 있는 진보로 받아들였다. Smith(1921, 2-3) 참조.

19 실제로 사회적 환경의 희생자들은 종종 기회균등이라는 수사로 스스로를 가혹하게 비난한다. Bartky(1990) 참조.

20 다이아나 피어스(Diana Pearce)는 1995년 5월 예일대학(Yale University)에서 있었던 여성과 복지에 관한 토론회에서 이 같이 언급했다. 필자는 이 주장을 피어스의 논의로부터 빌려 왔다.

21 필자는 이 말을 스스로를 "자유주의적"이고 "페미니스트"라고 생각하는 여성들에게 여러 번 들어왔다. 시민권보호와 교육재단(NOW Legal Defense and Educational Fund)의 한 관계자는 이 재단이 "가족상한제" 시행에 본격적인 반대를 시작하자 자금 지원을 철회하겠다는 협박과 항의 메일을 유사 이래로 그렇게 많이 받아 본 적이 없었다고 토로한다. 가족상한제는 엄마가 복지수급을 받는 기간 동안은 엄마의 자녀에게는 어떤 공적 지원도 제공하지 못하게 한다. 낙태와 피임은 페미니스트 전리품임에도 불구하고, 이들에 대한 법적 허용은 이 같은 재생산 수단을 사용할 수 없는 여성의 처지를 여전히 더욱 위태롭게 만들고 있다. 지금은 보수주의자뿐만 아니라 많은 자유주의자 역시도 이러한 상황에 대한 많은 비판을 제기한다.

22 이들은 고용주의 학대로부터 여성을 보호하는 노동보호법에 대해 책임지고 있었다. 노동보호법은 그들이 돕고자 하는 어머니들의 수입 능력을 저임금으로 낮췄다. 모성연금으로부터 주어지는 혜택이 아직까지 매우 낮기 때문에, 여성의 (그리고 아이들의) 보충적 임금노동이 없다면 가족은 살아가기 어려웠다. 노동보호법으로 인해 여성과 아동의 노동 접근성은 보다 떨어졌다.

23 이것은 또한 공적 영역과 사적 영역의 구분이라는 고정관념에 대해 문제를 제기하는 것이다. 다니엘 벨(Daniel Bell)이 시론적으로 사용한 "공적 가사(public household)"(Bell

1976)라는 용어로부터 사용했다고 페미니스트 이론가 미첼 무디 아담스(Michelle Moody-Adams 1996)는 소개한다. 그녀는 "우선적으로 그러한 행동을 예방할 수 있는 적극적인 사회지원을 제공하기보다 특정 행동에 반대되는 입법을 하기 위해 공적 가사의 방대한 자원과 공적 파워를 활용하는" 사회정책을 지목한다(1997, 12). 비록 그녀가 이러한 "재활성화" 정책이 진정한 자유민주주의제도 실현에 해악이 될 수 있다고 주장하지만, 필자는 존 롤즈에 의해 언급된 자유주의 원칙이 무디 아담스와 필자 모두 동의할 수 있는 공적 가사 개념이 함의하는 보다 적극적인 정책의 충분한 근거가 될 수 없음을 제3장과 제4장에서 주장했다. 가족정책의 사회적 책임과 같은 보다 적극적인 정책을 주장하는 논점을 발전시키는 것이 후속 논의의 목적이다.

24 여성과 관련된 사회적 성원자격(social citizenship)의 개념에 대해서는 Pateman(1989), Piven(1985), Siim(1988), Gordon(1990), Orloff(1993), Skocpol(1992) 참조.

25 올로프(Orloff 1993)는 "권력 자원(power resources)"의 젠더화를 제시하면서, 시장경제에 있어 여성의 사회적 시민권은 남성과 다르게 노동의 탈상품화 문제가 핵심이 아니라고 주장한다. 대신 그녀는 여성의 사회적 시민권은 남성에게 경제적으로 의존하지 않을 수 있는 여성의 능력과 자율적인 가족을 구성하고 꾸려나갈 수 있는 여성의 능력과 관련된다고 보았다. 경제적 비의존이 모든 시민에게 좋은 것으로 이해됨에 따라, 이 같은 좋음에 대한 여성의 권리는 의심의 여지가 없을 수 있다. 여성이 자율적인 가족을 꾸리고 유지할 수 있는 권리를 가져야 한다는 점은 자유민주주의 혹은 심지어 사회민주주의에서 일반적으로 가정하는 권리와 직접적으로 맞닿아 있지 않다. 필자가 보기에 이러한 권리는 필요한 것이지만, 문제는 그 권리가 자유/사회 민주주의 전제를 수용하는 사람들에게 정당화될 수 있는지, 그 권리가 복지를 정당화하는 데 복무할 수 있는가이다. 이러한 주장은 토론을 거친 학술 논문에서 제기되고 있지 않다. 대신, 올로프의 주장은 사회적 시민권이 바람직한 것으로 이해되는 한, 이것은 젠더화되어 있고 여성보다 남성에게 보다 적합한 개념이라는 것이다. 그래서 우리는 많은 여성의 삶을 고려하는 조건을 찾아낼 필요가 있다. 이는 페미니스트를 추동할 수 있는 주장이기는 하지만 여전히 여성에게 불공정하고 불리하게 작동하는 조건을 보여줄 수 있어야 한다. 즉, 남성과 여성 사이의 사회적 협력의 혜택과 부담의 불공평한 분배 또한 다수의 사회집단에게는 혜택을 주지만 동시에 여성에게 불리하게 작동하는 조건을 보여줄 수 있어야 한다. 이 점이야말로 필자가 이 절에서 강조하고 싶은 논점이다.

26 슈미츠와 구딘(Schmidtz and Goodin 1997)에서 구딘은 이 같은 문제를 다룬다. 그는 "개인책임"의 우선성에 대한 비판으로 집단책임 개념을 매우 옹호한다.

27 "정부가 조달자가 되면 어떤 일이 벌어질까?"라는 문제가 제기될 수 있다. 하지만 조달자가 가족에서 그러한 것처럼 사인화(privatized)되거나 개인화되지 않는다면, 의존노동자는 다른 노동자에게도 허용되는 -조직화될 수 있는- 선택권을 갖는다. 그렇다고 의존노동자가 -의존인을 내팽개친 채 거리로 나가 쟁의선택권을 갖는다는 의미

는 아니다. 하지만 의존노동자도 다른 정치적 단체들이 가용할 수 있는 동원을 할 수 있게 된다. 전미복지권리협회(National Welfare Rights Organization) 모델이 이에 맞는다.

28 "생후... 인간에게, 시선, 음성, 체취, 감촉 -그리고 보다 중요하게는 언어와 눈맞춤-의 주입은 문자 그대로 두뇌를 형성한다"는 최근 연구에서 돌봄의 정서적 요인의 중요성이 강조되고 있다. 다시 말하면, 영유아에게는 수유와 의복이 필요할 뿐만 아니라 인지적으로 좋은 성장을 하기 위해 자신의 돌봄담당자와 높은 수준의 상호작용을 필요로 한다(Blakeslee 1997).

29 이러한 논점은 제2장에서 상세하게 논의했다.

30 의료지원(medical care), 정신지체아에 대한 특수 교육, 노인에 대한 돌봄에 대해서는 핸들러(Handler 1987) 참조. 핸들러는 의존인의 필요를 충족시키기 위해 공동체주의적인 접근을 취한다.

31 미국, 스웨덴, 중국의 서로 다른 경제체계에 있는 복지지원과 가족지원에 대한 비교 연구는 아담스와 윈스톤(Adams & Winston 1980, 88-99) 참조.

32 Sen(1987) 참조.

33 재화에 기초한 평등이 부당한 편견으로 비출 수 있음을 필자가 주목하게 해준 조안 트론토(Joan Tronto)의 지적에 감사를 표한다. 필자는 장애와 관련된 분배 이슈를 접근할 때 가능성 접근법의 장점에 대해서 제7장 결론에서 간략하게 서술하겠다.

34 Public Law 103-3, 5 February 1993, 107 Stat., 6-29.

35 가족의료휴가법의 대상자와 목적에 대한 평가는 Gerstel(1998) 참조.

36 1993년 10월 피츠버그 대학(University of Pittsburgh)에서 개최된 페미니스트 이론과 사회정책 학술대회(Feminist Theory and Social Policy Conference)에서 본 장의 이 부분을 발표하려던 날 아침, 지역 라디오 뉴스프로그램은 피츠버그에서 그 수치는 모든 가정주부의 1/3에 달한다고 보도했다.

37 단지 42%의 여성 노동자와 52%의 남성 노동자가 50인 이하의 사업장을 제외하는 현행법의 적용대상이다. Spalter-Roth and Hartmann(1990, 44) 참조.

38 이 아이디어는 카플란(Kaplan 1993)에서도 확인할 수 있다.

39 프레이저(Fraser 1997)는 복지국가를 평가할 수 있는 평가 목록의 기준을 열거해왔다. 이 기준은 젠더 평등의 아이디어에 맞춰져 있다. 필자는 이러한 기준으로 여기서 제시되는 제안을 독자들이 고려해보길 바란다.

40 이것은 1996년 부통령 경선에서 후보자 잭 캠프(Jack Kemp)가 구체화했던 비전과 유사하다. 그는 부모 중 한 명은 돈벌이를 하고 다른 한 명이 집에 있는 가족을 지원할 수 있는 경제를 계획했다. 이어 집에 있는 부모가 여성이어야 하는 것은 아니라고 곧 첨언했다. 좌파가 투쟁했던 "가족임금" 개념이 우파의 제안으로 부활된 점은 흥미롭다. 동시에 우파는 두 살짜리 자녀를 키우고 있는 엄마를 포함해 (일반적으로 남성

부양자가 없는 여성) 복지수급자를 최저임금 수준으로 노동시장에 투입하는 법률을 제정했다.

41 올로프(Orloff 1993)는 남성에게 치우친 복지프로그램과 여성에 초점을 둔 복지프로그램 사이의 차이를 특징짓는 한 방법은, 전자가 시장실패의 최악의 결과에서 시민을 보호하려 한다면, 후자는 가정실패로부터 보호하려 한다고 지적한다. 이러한 측면에서, 혜택의 초점이 가정의 실패에 맞춰질 때, 공적인 동정(public sympathy)을 받는 대상은 성인 여성이 아니라 아이의 운명이라는 점을 인지하는 것은 중요하다. 여기에서 여성은 다시 한 번 더 권리를 부여받은 시민이나 인간으로서가 아니라 매개체로 간주된다.

42 1994년 3월 인구통계조사에 따르면, 기혼부부의 9%, 싱글맘의 46%가 빈곤하다. 빈곤 가정의 12%만이 정규직이었으며, 32%는 일 년에 30주 이상 일하는 구성원이 적어도 한 명 이상은 되었다. 이러한 수치는 모든 전문가가 동의하듯 지나치게 낮게 설정된 빈곤율에 근거하는 수치이다.

43 기아, 빈곤, 영양 정책센터(Center on Hunger, Poverty & Nutrition Policy)에서 미 노동부 노동 통계국을 인용했다.

44 왜 그런지는 흥미로운 사회학적 질문이다. 만일 집안에서 이러한 가정 형태가 유급 고용 및 정치사회의 공적 영역에서 진정한 성평등과 양립가능하다면, 가족 내 성평등의 가능성에 대해 생각해보는 것 또한 흥미로운 일이다. 하지만 여성 진보에도 불구하고, 이 지점은 여전히 유토피아적인 비전으로 남는다.

45 엄격하게 말하면, 누가 이러한 혜택을 받을 수 있는지를 제한하는 직업적 예외 (occupational exclusions)와 자격 규칙이 존재하기 때문에 보편성은 지나친 주장이다. 그럼에도 불구하고, 이러한 제한선 안에 있는 모든 노동자는 자격이 있다. 이들의 자격은 수입에 달려있지 않다. 복지와 복지국가에 대해 관심을 보이는 학자들이 "보편적" 프로그램에 대해 이야기 할 때, 모든 시민이 그 프로그램의 혜택을 받거나 일정한 범주 내에 있는 모든 구성원이 그 혜택을 받는다는 것을 의미한다. 그 반대는 일반적으로 소득이나 직업에 따라 혜택을 주는 프로그램과 관련된다. 예를 들어, 부양아동가족지원책이나 농업보조금은 보편적 혜택이 될 수 없다.

46 Sen(1992, 39-42) 참조.

47 필요가 정해지면 이 같은 모든 특수성이 작동한다. 충족되는 방식은 의존관계에 있는 당사자들의 타협에 의한다. Fraser(1987) 참고.

제3부 | 제6장

1 독자들은 이미 알아차렸겠지만, 이 개념은 필자가 본서에서 정교화하고 있는 둘리아 개념을 예견한다.

2 일부 독자들은 필자가 사라 러딕(Sara Ruddick 1989)의『모성적 사유』의 범주화를 사용하고 있음을 알 수 있을 것이다. 다음 장에서 필자는 이 범주화를 보다 대대적으로 활용할 것이다. 다음 장에서 필자는 제인 맥도날드(Jane McDonald 1991)가 지적해온 것처럼 이러한 분류를 도식화할 때, 러딕이 모든 아이는 "온전"하다고 전제했기 때문에, 이러한 분류를 활용하면서도 이에 문제를 제기할 것이다.

3 또 하나의 중요한 질문은 헌신이 출생 혹은 입양 또는 계획하고 바라던 임신으로 기인한 것인지에 관해서이다. 이 질문에 답은 장애아에 대한 선택적 낙태와 유전 검사라는 도덕적 옳고 그름의 문제를 담고 있다. Kittay and Kittay(근간) 참조.

4 필자는 롤즈가 흄(Hume)을 활용한 점을 주지하고 있다. 본서의 제3장 참조.

5 Jablow(1982)와 Bérubé(1996) 참조.

6 본서 서론 주석 32 참조.

7 필자는 다시 한 번(본서 제1장 참조) 세계역사와 문화의 무대에서 여성의 역할에 대한 메릴린 프라이(Marilyn Frye)의 논리를 채택한다(Frye 1983). 이러한 관계에 대해 논의한 학자는 바바라 힐러(Babara Hillyer)가 있다(1993).

8 주어진 과제가 순서에 맞게 나눠질 뿐만 아니라 여러 처리자들에게 분배된 과정으로 나눠지는 단계별로 발전된다는 처리모델(model of processing)의 인지과학처럼, 세샤가 수년간 받아온 엄마품 같은 돌봄은 그러한 돌봄을 제공하는 여러 사람들에게 할당되어 왔다.

9 필자는 본서 제7장에서 장애인과 장애인가족에게 제공되어야 하는 자원의 문제를 논의할 것이다. 여기서는 단지 쟁점만 제기한다.

10 더 서글픈 집단은 지연(retreat) 적응을 감내하는 사람들이다. 이들은 주로 "정상화에 대한 기회에 접근하지도 못하고 권리옹호 그룹에 동참할 수도 없는... 이중으로 고립되어... 정상화의 단계를 성취하지 못하고 선도적 역할을 포기할 수밖에 없는..." 부모들이다(Darling 1988, 156).

1 이 계획은 장애를 알아보기 위한 태아 감별과 선택적 낙태에 영향을 미쳤다.

2 퍼거슨과 애쉬(Ferguson and Asch)는 "대다수 부모의 내러티브에 어떤 지배적인 리듬이 존재한다면, 그것은 장애아에 대한 접근 혹은 전문 의료인의 조치에 대한 변함없는 불만족스러운 고동소리"(1989, 122)라고 언급한다.

3 장애아의 부모들은 장애에 대한 과도한 의료화와 부모 대응에 대한 병리화를 비판해 왔다. Ferguson and Asch(1989), Lipsky(1985) 참조. 하지만 동시에 부모들은 현재 가능한 의료과정에 매우 기뻐하고 있다. 다운증후군 아이들의 생활과 의료 개선에 대한 놀라운 설명에 대해서는 Bérubé(1996, 제2장) 참조.

4 그리고, 그래야 하는가? 이러한 질문들은 긴급한 환자의 우선 분류, 안락사, 비용편익 분석 같은 문제를 제기하는 의료인의 윤리 내에서 논의되어야 할 필요가 있다.

5 이러한 구분에 대해서는 러딕(Ruddick 1998) 참조.

6 세샤를 예쁘게 입히고 티끌 없이 깨끗하게 유지하는 것은 그녀를 사랑하고 돌보는 것과 동일한 것은 아니지만, 그것은 소리높이 어떤 메시지를 분명하게 던지고 있는 것이다.

7 선천성 장애를 확인하기 위한 태아 감별에 대해 나눈 대화에서, 필자 아들은 태아의 장애 때문에 부모가 낙태를 했을 때 자신과 같은 형제나 자매가 받을 수 있는 "메시지"에 대한 그의 생각을 이야기했다.

> 만일 한 아이가 가족 내에서 자신의 소속(membership)이 지체아가 아니었거나 혹은 지체아였다는 점에 달려있다고 믿게 된다면, 그는 우선 가족 내에서 자신의 위치가 획득된 것이기 때문에 처음에는 보다 높이 평가할지도 모른다... 하지만 사랑이 획득된다는 적극적인 감정은 침전될 수 있으며, 대신 그 아이는 가족 내에서 자신의 존재 가치를 계속해서 입증해야 한다는 압박감을 느낄 수 있다. 그는 자신에 대한 가족의 사랑을 무조건적인 사랑으로 생각하지 않을 것이다(Kittay and Kittay 1998).

8 "IEP"는 "개인맞춤교육프로그램(Individualized Educational Program)"을 지칭한다. 발달장애아를 위한 모든 프로그램은 학생 각자에 맞춰진 목표와 과제로 개인화되어 실행되어야 한다. 미국에서 IEP의 입법은 공법(Public Law, 94-142), 1975년 장애학생교육법(Education for All Handicapped Children Act)이었다. 가트너, 립스키, 턴불은 "이전 법의 적용시기를 확대한 1986년 장애교육법(Education of the Handicapped Act) 개정안(PL 99-457)으로 장애아동은 출생부터 지원을 받는다..."고 설명한다(Gartner, Lipsky, Turnbull 1991, 134).

9 장애에 대한 과잉 의료화와 부모의 병리화에 대해서는 Ferguson and Asch(1989), Lipsky(1985) 참조.

10 전문 의료인과 부모 모두 돌봄노동에 가담한다. 그렇지만 전문 의료인의 특징은 "정의 지향(justice orientation)"의 미덕인 반면, 부모의 돌봄은 부분중심성, 애착, 특정성 같은 "돌봄 지향(care orientation)"의 가치가 부여된다(Gilligan 1987; Kittay and Meyers 1987). 이러한 도덕적 지향이 젠더화되어 있음은 페미니스트 학계에서 많은 논의가 있으며, 이는 이러한 맥락에서 크게 놀라운 일이 아니다. 본서에서 언급한 것처럼, 오늘날 페미니스트들은 이러한 구분에 문제가 있다고 생각하거나, 적어도 단순한 이분법을 넘어 보다 복합적인 것으로 이해하려 한다. 실제로 장애의 관점에서 볼 때, 돌봄실천에서는 반대가 일어날 수 있다. 더 나아가, 본서의 목표는 돌봄이 정의의 영역에서 다뤄져야 하며, 돌봄노동을 하는 사람들을 정의롭게 대할 때라야 정의가 실현될 수 있다는 점을 주장하기 위함이다. 그럼에도 불구하고, 달링의 분석은 이러한 도덕적 지향과 관련된 상이한 미덕이 어떻게 충돌할 수 있는지를 알려준다.

11 부모 역할을 하는 남성은 여성화되는 반면, 전문 직종의 여성은 남성의 미덕(그리고 지위)을 전제한다. (세샤의 아빠도 전문 의료인과의 관계에서 자신과 관련해 이러한 점을 인식해왔다.) 필자는 다음의 이상한 연구에서 여성화를 전제하고 있다고 생각한다. 커밍스(Cummings 1976)는 "장애가 없는 통제집단과 비교했을 때, 정신지체아동의 아버지 그룹은 명령(order) 변수가 높게 측정되었으며, 지배(dominance)와 이성애(heterosexuality) 변수는 비율이 낮았다... 억제된 남성군에서 그들의 공격적·성적인 충동을 억제하기 위해 자신의 억압적인 성향을 강화하고 있음을 [보여준다]"고 언급한다(Cummings 1976, 251). 다시 말하면, 커밍스의 연구는 적어도 일정한 매개변수(명령, 지배, 이성애 변수의 비율)에 관해, 정신지체아동의 아버지들은 비장애아동의 아버지들보다 성적이고 공격적인 충동을 더 많이 억누르고 있다고 주장한다. 이 조사의 이면에 세워진 가정은 정말로 심각한 문제가 있다. 이 연구는 이성애 중심적일 뿐만 아니라 완벽하게 정상적인 응답을 병리적인 것으로 간주한다. 적대적인 세상을 대면해야 하는 자식의 심각한 장애에 주목하지 않을 때, 이 같은 아버지들은 완벽하게 이성애 중심적일 수 있다는 것이다. 그러나 명령은 어려운 상황을 대처하는 데 매우 귀중할 수 있으며, 따라서 아버지들이 명령에 대한 강한 필요를 갖고 있다는 사실은 그렇게 놀라운 일로 받아들여져서는 안 된다. 여기서 제기되어야 하는 문제는 장애아동이 아버지의 성품을 얼마나 "왜곡"시키느냐의 문제가 아니라, 아버지의 성품이 닥친 상황을 대처하는 데 도움이 되는지 아니면 파괴적인지의 문제이다. 발달지체아동의 아버지 혹은 다른 장애아동의 아버지의 "남성성"이 강화되어야 한다고 제기되는 것은 대부분 이상한 논리이다.

12 자신의 돌봄노력이 충분하지 않다는 생각이 누적되면 자존감을 잃기 시작할 수 있다. 그럼에도 불구하고, 행동주의와 장애라는 낙인의 감소는 부모의 자존감 하락을 줄이는 데 효과적이다. Cummings, Bayley and Rie(1966) 참조. 지체장애아의 어머니들이 만성적인 자폐아를 돌보는 어머니들보다 불쾌감을 더 경험하는 (이러한 점은 아버지에 있어서도 동일하게 반복된다[Cummings 1976]) 반면, 그들은 자존감이 떨어지는 경험을

하지 않는다. 이 같은 어머니들은 상당부분 "부모들이 해당 단체에 가담하지 않았을 때보다 상당히 높은 사기(士氣)를 얻을 수 있는 전투적으로 적극적인 지체장애아를 위한 결사체"로부터 충원된다는 점은 명백하며, 이러한 어머니들은 지체아 문제에 대한 케네디가(家)의 행동주의와 정부 당국의 최근 활동에 대한 대응을 통해 장애에 대한 낙인이 줄어드는 시점에서 이러한 단체에 등록을 했다(Cummings, Bayley Rie 1966, 606). 이 같은 사실은 장애라는 낙인 속에서 장애아를 엄마품 같은 돌봄으로 키우는 것이 얼마나 힘들고 불행한지, 그리고 사회서비스의 지원이 이러한 낙인을 얼마나 줄일 수 있을지에 대한 문제를 제기한다.

13 쉐퍼 휴즈는 이러한 비극의 원인을 책임소재가 있는 당사자의 연쇄사슬(chain of responsible parties)로 보았다. 그녀의 추적을 따라가면, 우리는 이러한 책임이 이 같은 비참함에서 이익을 보는 미국과 다국적 기업에까지 확대됨을 알 수 있다. 비극의 정도는 주변에서 볼 수 있는 비난의 양에 비례한다.

14 제프리 보트킨(Jeffrey Botkin)과 개인적으로 나눈 대화이다. 비밀을 보장해야 하기 때문에 필자는 이 사례에 대해 보다 많은 내용을 밝힐 수 없다. 부부는 무슬림이었으며, 비록 무슬림 성직자가 들어와서 부모에게 무슬림은 이 아이를 신의 은총으로 생각한다고 알려주었음에도 불구하고, 부모는 아이를 받아들이지 않았다는 사실만을 말하는 것으로 충분하다. 다운증후군 아이의 출생으로 인해 다른 자녀의 결혼에 악영향을 주지 않기 위해 이스라엘에 있는 사촌에게 다운증 아이를 보낸 유대교 부부에 대한 이야기를 하스팅 프로젝트의 또 다른 유전 연구자(Diana Punales Mrejon)가 전해주었다. 이러한 종류의 이야기는 매우 많으며 문화적 원천도 매우 다양하다. 장애에 대한 낙인은 폭넓게 퍼져있으며 종종 다른 사회적 관심사와 맞물려 있다.

15 필자는 철학자 시드니 모겐베서(Sidney Morgenbesser)에 관한 현명하고 많은 재미있는 이야기를 떠올린다. 필자는 그를 1960년대 베트남 전쟁 반대농성 기간 체포와 구타를 당했던 학생들과 몇 안 되는 교수 중 한 사람으로 기억한다. 법정에서 판사가 젊은 교수에게 물었다. "경찰에게 부당한 대우를 받으셨다고 생각하십니까?" 모겐베서는 대답했다. "그렇지 않습니다. 공정하게 대우 받았습니다. 경찰은 모두에게 똑같이 악독하게 대했습니다." 특히 자식의 좋은 삶이 관련되었을 때 어머니의 공정함의 의식은 이러한 평등에 쉽게 순응하지 않는다.

16 이러한 관점은 자신의 아이, 노아(Noah)에 대한 경험을 담은 조쉬 그린필드(Josh Greenfield)의 문장에서 잘 드러난다.

> 노아의 학교로부터 전화가 왔다: 천장 누수로 인해 학교가 임시 휴교합니다. 나는 지역 교육위원회에 전화를 걸었다: 만약 우리가 선생님을 지원하면, 지역 교육위원회에서 편의시설을 제공할 수 있겠습니까? 그들은 내게 이 문제는 법적으로 자신의 권한 밖이며 교육적으로도 좋지 않은 생각이라고 밝혔다. 학교를 사용할 수 없는 기간 동안 그들은 아무 대안도 내놓지 못했다.

나는 기꺼이 삶의 조건을 받아들인다. 그러나 이미 불이익을 받은 사람들에게 더한 불이익이, 이는 "조건"이라 묘사되는, 부가되는 것에 내가 불같이 화가 나는 것은 정당하다.

17 인종은 종종 민족과 문화 차이와 결합되기 때문에, 전문 의료인은 다문화적 차이가 장애아의 유색인 부모가 겪는 어려움을 어떻게 악화시키는지 제대로 이해하지 못한다. Groce and Zola(1993) 참조.

18 유니스 케네디 스라이버(Eunice Kennedy Shriver 1997)는 "1994년 사회보험부(Social Security Administration)가 보충적 소득보장제도의 수급 대상을 제한하여 단지 신청한 30%의 아이들만이 (성인대상자보다 적은 수인) 자격대상이 됨에도 불구하고 사회보장법은 현재 새로운 입법안들을 보다 엄격하게 해석하고 있다고 설명한다. 135,000명의 궁핍하고 장애가 있는 아이들의 자격이 박탈되었으며, 앞으로 보다 많은 아이들이 제외될 수 있다." Giordano(1996), Pear(1996), Lelyveld(1996) 참조. 보충적 소득보장제도(SSI)와 장애가족사회보장보험(SSDI)에 대해서는 Gartner, Lipsky and Turnbull (1991, 120-121) 참조.

19 덴마크만이 장애아가족에 대한 실질적 지원을 제공하는 유일한 국가는 아니다. 장애아가족에 대한 지원 비교에 대해서는 Gartner, Lipsky, and Turnbull(1991) 참조.

20 자브로우(Jablow 1982)와 베루베(Bérubé 1996) 같은 일부 전기에서, 초기 서비스는 부모와 아이 모두에게 차이를 가져다준다고 설명하고 있음에도 불구하고.

후 기

1 이러한 현상은 남북전쟁 이후 미국에서 줄곧 계속되었다. [모성연금과 참전용사 지원금의 상관성과 유사성에 대해서는 스카치폴(Skocpol 1992) 참조]. 다른 직군 또한 직업 필수 조건으로 어느 정도의 "이타심(selflessness)"을 내재한다. 수도사와 수녀는 빈약한 보상을 받으며, 가난하고 빈곤한 사람들과 함께 신의 노역과 신에 대한 봉사의 삶을 살도록 기대된다. 또한 이들은 적어도 세속적인 것에 있어서 자신의 이익을 거부할 것이라 기대된다. 하지만 이들의 서비스는 교회를 통해 제도적으로 인정받고 지원받고 있다. 군인 역시 조국을 위해 이타적으로 자신을 던질 것으로 기대되지만, 군인이라는 취약성으로 말미암아 이들을 지원하는 제도적 장치가 시행된다.

이러한 지원은 당위성에 비해 언제나 실질적인 것은 아니지만, 제도적 지원이 존재한다는 사실만으로도 사회에서 중요하게 여기는 그러한 서비스에 따른 구체적인 취약성을 인정하는 것이다. 남편이 아내와 자녀를 부양하는 전통적인 가족은 의존노동을 통해 발생하는 취약성을 인식하는 제도였다고 하더라도, 가족은 그 자체로 미급여 의존노동에 부가된 추가적인 취약성의 원인일 수 있으며, 또한 그것은 유급 의존노동자의 조건에 대해 책임을 지고 있지 않다.

참고문헌 ━━━━━━━━━━━

Abramovitz, M. *Regulating the Lives of Women*. South End Press, 1996.

Adams, C. T., and K. T. Winston. *Mothers at Work: Public Policies in the United States, Sweden, and China*. New York: Longman Inc., 1980.

Alan Guttmacher Institute. *Facts in Brief, Abortion in the United States*. New York: The Alan Guttmach Institute, 1977.

Albelda, R., N. Folbre, and the Center for Popular Economics, *The War on the Poor: A Defense Manual*. New York: The New Press, 1996.

Arneson, R. J. "Equality and Equal Opportunity for Welfare." *Philosophical Studies* 56 (1989): 77-93.

Aronow, I. "Doulas Step In When Mothers Need a Hand." *New York Times*, Sunday, 1 August 1993, p. 1, Westchester Section.

Arrow, K. J. "Some Ordinalist-Utilitarian Notes on Rawls's *Theory of Justice*." *Journal of Philosophy* 70 (1973): 245-63.

Badinter, E. *Mother Love: Myth and Reality*. New York: MacMillan, 1980.

Baier, A. C. "Caring about Caring." In *Postures of the Mind: Essays on Mind and Morals*, 93-104. Minneapolis: University of Minnesota Press, 1985.

_____. "Trust and Antitrust." *Ethics* 96 (1986): 231-60.

_____. "The Need for More Than Justice." In *Science, Morality & Feminist Theory*, ed. M. Hanen and K. Nielsen, 41-56. Calgary, Canada: University of Calgary Press, 1987.

_____. *Moral Prejudices: Essays on Ethics*. Cambridge, MA: Harvard University Press, 1994.

Bank-Mikkelsen, N. E. *Changing Patterns in Residential Services for the Mentally Retarded*, ed. R. B. Kugel and W. Wolfensberger. Washington, D.C.: U.S. President's Committee on Mental Retardation, 1969.

Barber, B. "Professions and Emerging Professions." In *Ethical Issues in Professional Life,* ed. J. Callahan, 35-39. New York: Oxford University Press, 1988.

Bart, P. "Review of Chodorow's *The Reproduction of Mothering*." In *Mothering Essays in Feminist Theory*, ed. J. Trebilcot, 147-52. Totowa, NJ: Rowman and Allanheld, 1983.

Bartky, S. *Femininity and Oppression*. New York: Routledge, 1990.

Bayles, M. "The Professions." In Callahan, *Ethical Issues in Professional Life*, 27–31.

Baynes, K. *The Normative Grounds of Social Criticism: Kant, Rawls, and Habermas.* Albany, New York: State University of New York Press, 1992.

Beauvoir, S. de. *The Second Sex.* trans. H. M. Parsley. New York: Alfred Knopf, 1952.

Belenky, M. F., B. M. Clinchy, N. R. G. Goldberger, and J. M. Tarule. *Women's Ways of Knowing: The Development of Self, Voice, and Mind.* New York: Basic Books, 1986.

Bell, D. *The Cultural Contradictions of Capitalism.* New York: Basic Books, 1976.

Benhabib, S. "The Generalized and the Concrete Other." In *Women and Moral Theory*, ed. E. F. Kittay and D. T. Meyers, 154–77. Totowa, NJ: Rowman and Littlefield, 1987.

_____. *Situating the Self: Gender, Community and Postmodernism in Contemporary Ethics.* New York: Routledge, 1992.

Bérubé, M. *Life as We Know It: A Father, a Family, and an Exceptional Child.* New York: Random House, 1996.

Birenbaum, A. "On Managing a Courtesy Stigma." *Journal of Health and Social Behavior* 11 (1970): 196–206.

_____. "The Mentally Retarded Child in the Home and in the Family Cycle." *Journal of Health and Social Behavior* 11 (1971): 196–206.

Blakeslee, S. "Studies Show Talking with Infants Shapes Basis of Ability to Think." *The New York Times*, 17 April 1997, p. D21.

Blum, A., J. Harrison, B. Ess, and G. Vachon, eds., *Women's Action Coalition Stats: The Facts About Women.* New York: The New Press, 1973.

Bohman, J. "Capabilities, Resources and Opportunities." Delivered at the American Philosophical Association Eastern Division, December 30, 1996.

Bowden, P. *Caring: Gender Sensitive Ethics.* New York: Routledge, 1995.

Bubeck, D. *Care, Gender, and Justice.* Oxford: Claredon Press, 1995.

Bureau of Labor Statistics. *Current Population Survey 1948–1994 Annual Averages.* Washington D.C.: Bureau of the Census, 1994.

Bureau of the Census. Current Population Survey, March 1994. Unpublished data. Washington D.C., 1994.

Center for the American Woman and Politics (CAWP). 1995. *Statewide Elective Executive Women 1995 Fact Sheet; Women in State Legislatures 1995 Fact Sheet; Women in the U.S. Senate, 1922–1995 Fact Sheet; Women in the U.S.*

House of Representatives *1995 Fact Sheet*. Rutgers, NJ: CAWP, 1995.

Chodorow, N. *The Reproduction of Mothering: Psychoanalysis and the Sociology of Gender*. Berkeley, CA: University of California, 1978.

Clayton, R., and J. Pontusson. "Welfare State Retrenchment and Public Sector Restructuring in Advanced Capitalist Societies." Paper presented. Revisioning the Welfare State. Cornell, 3–4 Oct., 1997.

Clement, G. *Care, Autonomy and Justice: Feminism and the Ethic of Care*. Boulder, CO: Westview Press, 1996.

Code, L. "Simple Equality Is Not Enough." *Australasian Journal of Philosophy* 64 supplement (June, 1986): 48–64.

Cohen, G. A. "Equality of What? On Welfare, Goods, and Capabilities." In *The Quality of Life*, ed. M. C. Nussbaum and A. Sen, 9–29. New York: Oxford University Press, 1993.

Conover, T. "The Last Best Friends Money Can Buy." *The New York Times Magazine* (1997): 124–32. November 30.

Cornell, D. *Beyond Accommodation: Ethical Feminism, Deconstruction, and the Law*. New York: Routledge, 1991.

Crenshaw, K. "Demarginalizing the Intersection of Race and Sex: A Black Feminist Critique of Antidiscrimination Doctrine, Feminist Theory, and Antiracist Politics." In *Feminist Legal Theory: Readings in Law and Gender*, ed. K. T. Bartlett and R. Kennedy, 57–80. San Francisco: Westview Press, 1991.

Cummings, S. "The Impact of the Child's Deficiency on the Father: A Study of Fathers of Mentally Retarded and Chronically Ill Children." *American Journal of Orthopsychiatry*, 46 (1976): 246–255.

Cummings, T. S., H. C. Bayley, and H. E. Rie. "Effects of the Child's Deficiency on the Mother: A Study of Mothers of Mentally Retarded, Chronically Ill and Neurotic Children." *American Journal of Orthopsychiatry*, 36 (1966): 595–608.

Daniels, N. *Am I My Parents' Keeper?: An Essay on Justice Between the Younger and the Older*. New York: Oxford University Press, 1988.

_____. "Equality of What: Welfare, Resources, or Capabilities?" *Philosophy and Phenomenological Research*, supplement, 50: 273–96.

Darling, R. B. *Families Against Society: A Study of Reactions to Children with Birth Defects*. Beverly Hills, CA: Sage, 1979.

_____. "Parent–Professional Interaction: The Roots of Misunderstanding." In *The*

Family with a Handicapped Child: Understanding and Treatment, ed. M. Seligman, 95-121. New York: Grune and Stratton, 1983.

_____. "Parental Entrepreneurship: A Consumerist Response to Professional Dominance." Journal of Social Issues 44 (no.1) (1988): 141-58.

Davis, M. F. Brutal Need: Lawyers and Welfare Rights Movement, 1960-1973. New Haven, CT: Yale University Press, 1993.

Dinnerstein, D. The Mermaid and the Minotaur: Sexual Arrangements and Human Malaise. New York: Harper and Row, 1977.

DuBois, E. C., M. C. Dunlap, C. J. Gilligan, C. A. MacKinnon, and C. J. Menkel Meadow. "Feminist Discourse, Moral Values, and the Law-A Conversation." Buffalo Law Review 34 (1985).

Duras, M. The Lover. New York: Pantheon Books, 1985.

Dworkin, R. "What is Equality? Part 2: Equality of Resources." Philosophy & Public Affairs (1981) 10: 283-345.

English, J. "Justice Between Generations." Philosophical Studies 31 (1977): 91-104.

Featherstone, H. A Difference in the Family. New York: Basic Books, 1980.

Ferguson, A. Blood at the Root: Motherhood, Sexuality and Male Domination. London: Unwin Hyman: Pandora Press, 1989.

Ferguson, P. M and A. Asch. "Lessons from Life: Personal and Parental Perspectives on School, Childhood, and Disability." In Schooling and Disability-Eighty -Eighth Yearbook of the National Society for the Study of Education, Part II, ed. K. J. Behage, 108-40. Chicago: The University of Chicago Press, 1989.

Fineman, M. A. The Illusion of Equality. Chicago: University of Chicago, 1991.

_____. The Neutered Mother, the Sexual Family and Other Twentieth Century Tragedies. New York: Routledge, 1995.

Fishkin, J. S. Justice, Equal Opportunity, and the Family. New Haven, CT: Yale University Press, 1983.

Fraser, N. "Women, Welfare and the Politics of Need Interpretation." Hypatia 2, no. 1 (Winter 1987): 103-21.

_____. "Struggle Over Needs: Outline of a Socialist-Feminist Critical Theory of Late-Capitalist Political Culture." In Women, the State, and Welfare, ed. L. Gordon, 199-229. Madison, WI: University of Wisconsin, 1990.

_____. "After the Family Wage: A Postindustrial Thought Experiment." In Justice Interruptus: Critical Reflections on the "Postsocialist" Condition, ed. N. Fraser,

41-68. New York: Routledge, 1997.

Fraser, N., and L. Gordon. "A Genealogy of Dependency: Tracing a Keyword of the U.S. Welfare State." *Signs* 19, no. 2 (Winter 1994): 309-36.

Friedman, M. "beyond Caring: The De-Moralization of Gender." In *Science, Morality and Feminist Theory*, ed. M. Hanen and K. Nielsen. Calgary: University of Calgery Press, 1987.

_____. "Welfare Cuts and the Ascendance of Market Patriarchy" *Hypatia: A Journal of Feminist Philosophy* 3, no. 2 (1998): 145-49.

_____. "Autonomy and Social Relationship: Rethinking the Feminist Critique." In *Feminists Rethink the Self*, ed. D. T. Meyers, 40-61. Boulder, CO: Westview Press, 1997.

Frye, M. *The Politics of Reality*. Trumansburg, NY: The Crossing Press, 1983.

Gartner, A., D. K. Lipsky, and A. P. Turnbull. *Supporting Families with a Child with a Disability: An International Outlook*. Baltimore: Paul H. Brookes Publishing Co., 1991.

Gerstel, N. "The Third Shift: Gender, Difference and Women's Caregiving." Lecture delivered to Women's Studies Colloquium, State University of New York at Stony Brook, New York. December, 1991.

_____ and K. McGonayle. "Taking Time Off for Family: Job Leaves, the Family and Medical Leave Act and Gender." Lecture presented at Fifth Women's Policy Research Conference. *Women's Progress: Perspectives on the Past, Blueprint for the Future*. Washington, DC, June 12-13, 1998.

Gilbert, M. *Living Together: Rationality, Sociality, and Obligation*. Lanham: Rowman & Littlefield Publishers, 1996.

Gilligan, C. *In a Different Voice*. Cambridge, MA: Harvard University Press, 1987.

_____. "Moral Orientation and Moral Development." In *Women and Moral Theory*, ed. E. F. Kittay and D. T. Meyers, 19-33. Totowa, NJ: Rowman and Littlefield, 1982.

Giordano, R. "Crisis Looms for Disabled Kids." *The Philadelphia Inquirer*, 21 November 1996.

Glenn, E. N. "From Servitude to Service Work: Historical Continuities in the Racial Division of Paid Reproductive Labor." *Signs: Journal of Women in Culture and Society* 18, no. 1 (Autumn 1992): 1-43.

Goodin, R. *Protecting the Vulnerable*. Chicago: Chicago University Press, 1985.

_____. *Reasons for Welfare*. Princeton, NJ: Princeton University Press, 1988.

Gordon, L., ed. *Women, the State and Welfare*. Madison, WI: University of Wisconsin, 1990.

_____. *Pitied but Not Entitled: Single Mothers and the History of Welfare*. New York: The Free Press, 1994.

_____. "Thoughts on the Help for Working Parents Plan." *Feminist Economics* 1, no. 2 (1995): 91-94.

Greenfield, J. *A Place for Noah*. New York: Holt, Rinehart and Winston, 1978.

Groce, N. E., and I. K. Zola. "Multiculturalism, Chronic Illness, and Disability." *Pediatrics* 91 (5 May 1993): 1048-55.

Handler, J. *Dependent People, the State, and the Modern/Postmodern Search for the Dialogic Community*. Special Publications. The Institute for Legal Studies, University of Wisconsin, Madison, Special Publications, 176. Madison, WI: University of Wisconsin, Madison, Law School, 1987.

Hanisberg, J. and S. Ruddick, eds. *On Behalf of Mothers: Legal Theorists, Philosophers, and Theologians Reflect on Dilemmas of Parenting*. New York: Beacon Press, 1999.

Hart, H. "Rawls on Liberty and its Priority." In *Reading Rawls: Critical Studies of Theory of Justice*, ed. N. Daniels, 230-52. New York: Basic Books, 1975.

Hartmann, H. I., and D. M. Pearce. *High Skill and Low Pay: The Economics of Child Care Work*. Prepared for Child Care Action Campaign. 1400 20th Street, NW Suite 104, Washington, D.C. 20036: Institute for Women's Policy Research. 1-47.

Hekman, S. J. *Moral Voices Moral Selves Carol Gilligan and Feminist Moral Theory*. University Park, PA: The Pennsylvania State University Press, 1995.

Held, V. "Men, Women, and Equal Liberty." In *Equality and Social Policy*, ed. Walter Feinberg, 66-81. Urbana, IL: University of Illinois Press, 1978.

_____. "The Obligations of Mothers and Fathers." In *Mothering: Essays in Feminist Theory*, ed. Joyce Trebilcot, 7-20. Totowa, NJ: Rowman & Allanheld, 1983.

_____. "Feminism and Moral Theory." In *Women and Moral Theory*, ed. E. F. Kittay and D. T. Meyers, 111-28. Totowa, NJ: Rowman and Littlefield, 1987.

_____. "Non-Contractual Society: A Feminist View." *Canadian Journal of Philosophy* 13 (198b): 111-37.

_____. "Non-Contractual Society: A Feminist View." *Canadian Journal of Philosophy* supplementary vol. 13 (1987): 111-35.

_____. *Feminist Morality: Transforming Culture, Society, and Politics*. Chicago: The University of Chicago Press, 1993.

_____. "The Meshing of Care and Justice." *Hypatia* 10, no. 2 (Spring): 128-32.

Henshaw, S. and J. V. Vort. "Abortion Services in the U.S." *Family Planning Perspective*, 19: 63 (1987).

Herz, D. E. and B. H. Wootten. "Women in the Workforce." In *The American Woman 1996-1997: Where We Stand: Women and Work*, ed. Cynthia Costello and Barbara Kivimae Krimgold, 44-78. New York: W.W. Norton & Co., 1996.

Hillyer, B. *Feminism and Disability*. Norman, Oklahoma: University of Oklahoma Press, 1993.

Hirschmann, N. J., and C. Di Stefano. *Revisioning the Political*. Colorado: West-view Press, 1996.

Hobbes, T. "Philosophical Rudiments Concerning Government and Society." *In The English Works of Thomas Hobbes*, ed. S. W. Molesworth, 1966.

hooks, b. "Feminism: A Movement to End Sexist Oppression." In *Equality and Feminism*, ed. Anne Phillips, 62-76. New York: New York University Press, 1987.

Hughes, E. C. *Ethical Issues in Professional Life*. ed. J. Callahan, 31-35. New York: Oxford University Press, 1988.

Irigaray, L. *This Sex Which Is Not One*. trans. Catherine Porter. Ithaca, NY: Cornell University Press, 1985.

Jablow, M. M. *Cara Growing with a Mentally Retarded Child*. Philadelphia: Temple University Press, 1982.

Kaplan, M. "Intimacy and Equality: The Question of Lesbian and Gay Marriage." Stony Brook Philosophy Colloquium Series. State University of New York at Stony Brook (4 March 1993).

Kaplan, T. "Female Consciousness and Collective Action." *Signs* 7 (1982), no. 3: 545-566.

Keane, N. and D. Breo. *The Surrogate Mother*. New York: Everest House, 1981.

Keller, C. *From a Broken Web*. Boston: Beacon Press, 1986.

Kittay, E. F. and L. Kittay. "On the Ethics and Expressivity of Selective Abortion," 1998. "Conversations with My Son: On the Expressivity and Ethics of Selective Abortion for Disability." In *Norms and Values: Essays in Honor of Virginia*

Held, ed. J. G. Haber, M. S. Halfon. Totowa, NJ: Rowman and Littlefield.

Kittay, E. F., and D. T. Meyers, eds. *Women and Moral Theory*. Totowa, NJ: Rowman and Littlefield, 1987.

Kittay, E. F. "Pornography and the Erotics of Domination." In *Beyond Domination*, ed. C. C. Gould, 145-74. Totowa, NJ: Rowman and Littlefield, 1984.

_____. Rereading Freud on "Femininity." In *Hypatia Reborn*, ed. A. Al-Hibri and M. Simon, 192-203. Bloomington, IN: Indiana University Press, 1990.

_____. "Human Dependency and Rawlsian Equality." In *Feminists Rethink the Self*, ed. D. T. Meyers. Boulder, CO: Westview Press, 1996.

Kornbluh, F. "The Goals of the National Welfare Rights Movement: Why We Need Them Thirty Years Later." *Feminist Studies* 24 no. 1 (Spring 1998) 65-78.

Lelyveld, J. "The President's Next Welfare Text" (editorial). *The New York Times*, 11 November 1996.

Lipsky, D. K. "A Parental Perspective on Stress and Coping." *American Journal of Orthopsychiatry* 55 (4 October 1985): 614-17.

Littleton, C. A. "Reconstructing Sexual Equality." *California Law Review* 75, no. 4 (1987a): 201-59.

_____. "Equality Across Difference: A Place for Rights Discourse?" *Wisconsin Women's Law Journal* 3, no. 189 (1987): 189-212.

Lorde, A. *Sister Outsider*. Freedom, CA: Crossing Press 1984.

Lugones, M. C. "On the Logic of Pluralist Feminism." In *Feminist Ethics*, ed. C. Card, 35-44. Lawrence, KS: University Press of Kansas, 1991.

Lugones, M., and E. Spelman. "Competition, Compassion, and Community." In *Competition: A Feminist Taboo?* ed. V. Miner and H, Longino. New York: The Feminist Press, 1987.

MacKinnon, C. A. *Feminism Unmodified: Discourses on Life and Law*. Cambridge, MA: Harvard University Press, 1987.

Manning, R. C. *Speaking From the Heart: A Feminist Perspective on Ethics*. Lanham, MD: Rowman 8c Littlefield, 1992.

Marmor, T. R., J. L. Mashaw, and P. L. Harvey. *America's Misunderstood Welfare State: Persistent Myths, Enduring Realities*. New York: Basic Books, 1990.

Martin, J. "Transforming Moral Education." In *Who Cares? Theory, Research, and Educational Implications of the Ethic of Care*, ed, M. M. Brabeck, 183-96. New York: Praeger, 1989.

Mason, M. A. *The Equality Trap*. New York: Simon & Schuster, 1988.

Massie, R. and S. Wassie. "Journey." *Journey*. New York: Alfred A. Knopf, 1975.

McDonnell, J. T. "Mothering an Autistic Child: Reclaiming the Voice of the Mother," In *Narrating Mothers: Theorizing Maternal Subjectivities*, ed. B. O. Daly and M. T. Reddy. Knoxville, TN: University of Tennessee, 1991.

Meyers, D. T. "Moral Reflection: Beyond Impartial Reason." *Hypatia* 8 (1993): 21–47.

_____. *Subjection and Subjectivity*. New York: Routledge, 1994.

Michel, S. *Children's Interests/Mothers' Rights: The Shaping of America's Child Care Policy*. New Haven, CT: Yale University Press, forthcoming.

Mill, J. S. *The Subjection of Women*. Buffalo, NY: Prometheus, 1986.

Mink, G. *Wages of Motherhood*. Ithaca, NY: Cornell University Press, 1995.

Minow, M. 1990. *Making All the Difference*. Cambridge, MA: Harvard University Press, 1990.

_____. "Equalities." *The Journal of Philosophy* LXXXVIII (11 November): 633–44.

Moody-Adams, M. "The Social Construction and Reconstruction of Care." In *Sex, Preference, and Family: Essays on Law and Nature*, ed. D, Estlund and M. Nussbaum, 3–17. New York: Oxford University Press, 1997.

Moon, D. J. "The Moral Basis of the Democratic Welfare State." In *Democracy and the Welfare State*, ed. A. Gutman, 27–53. Princeton, NT: Princeton University Press, 1988.

Mushaben, J. M. "The Gender Politics of Social Welfare Reforms: Germany and the U.S.," 1997. Lecture delivered at "Revisioning the Welfare State: Feminist Perspectives on the U.S. and Europe." Cornell University, Ithaca, New York. October 1997.

Nagel, T. *The Possibility of Altruism*. Oxford: Claredon Press, 1970.

_____. "Rawls on Justice." *Philosophical Review* 82 (April 1973): 220–34.

National Women's Political Caucus (NWPC). *Fact Sheet on Women's Political Progress; Fact Sheet on Executive Appointments of Women*. Washington, D.C.: NWPC, 1995.

Naylor, G. *The Women of Brewster Place*. New York: Penguin Books, 1983.

Nelson, B. J. "The Origins of the Two-Channel Welfare State: Workmen's Compensation and Mothers' Aid." In *Women, the State, and Welfare*, ed. L. Gordon, 123–52. Madison, WI: University of Wisconsin, 1990.

Noddings, N. *Caring: a Feminine Approach to Ethics*. Berkeley: CA: University of

California, 1984.

Norris, P. *Politics and Sexual Equality: The Comparative Position of Women in Western Democracies.* Colorado: Rienner, 1987.

Nussbaum, M. "Nature, Function, Capability: Aristotle on Political Distribution." *Oxford Studies in Ancient Philosophy*, supplemental vol. 1 (1988): 145-84.

_____. "Non-relative virtues: An Aristotelian Approach." In *Midwest Studies in Philosophy*, 13, 1988b.

Okin, S. *Women in Western Political Philosophy.* Princeton, NJ: Princeton University Press, 1979.

_____. "Humanist Liberalism." In *Liberalism and the Moral Life*, ed. Nancy Rosenbaum. Cambridge, MA: Harvard University Press, 1989a.

_____. *Justice, Gender and the Family.* New York: Basic Books, 1989b.

Olson, E. "U.N. Survey: Paid Leave for Mothers." *The New York Times*, 16 February, 1998, AS.

Orloff, A. S. "Gender and the Social Rights of Citizenship" *American Sociological Review* 58 (June 1993): 303-28.

Pateman, C. *The Sexual Contract.* Stanford, CA: Stanford University Press, 1989.

Pear, R. "U.S. to Review Disability Aid for Children." *The New York Times*, 28 November, 1996, Al, B21.

Phillips, A., ed. *Feminism and Equality: Readings in Social and Political Theory.* New York: New York University Press, 1987.

Piven, F. F. "Women and the Welfare State." In *Gender and the Life Course*, ed. A. Rossi, 265-87. New York: Aldine, 1985.

Rae, D. *Equalities.* Cambridge, MA: Harvard University Press, 1989.

Rawls, J. *A Theory of Justice.* Cambridge MA: Harvard University Press, 1971.

_____. "A Kantian Concept of Equality." *Cambridge Review*, February 1975a.

_____. "Fairness to Goodness." *Philosophical Review* 84, 1975b.

_____. "Kantian Constructivism in Moral Theory: The Dewey Lectures 1980." *The Journal of Philosophy* LXXVII (9 September 1980): 515-72.

_____. "Social Unity and Primary Goods." In *Utilitarianism and Beyond*, ed. Amartya Sen and Bernard Williams, 159-85. Cambridge, U.K: Cambridge University Press, 1982.

_____. "Justice as Fairness." *Philosophy and Public Affairs* 14 (1985): 227-51.

_____. *Political Liberalism.* New York: Columbia University Press, 1992.

Raymond, E. "On the Authority of Conscience." *Contemporary Philosophy* XVII (3 May 1995): 15-19.

Reverby, S. M. *Ordered to Care.* Cambridge, U.K.: Cambridge University Press, 1987.

Rhodes, D. L. *Justice and Gender: Sex Discrimination and the Law.* Cambridge MA: Harvard University Press, 1989.

Rich, A. *On Lies, Secrets, and Silence.* New York: W. W. Norton & Company, 1979.

_____. "Compulsory Heterosexuality and Lesbian Existence." *Signs* 5, no. 4 (1978): 632-60.

Rimer, S. "Blacks Carry Load of Care for Their Elderly." *The New York Times*, 15 March 1998, 5, 1.

Rousseau, J. J. *Emile or On Education.* trans. A. Bloom. New York: Basic Books, 1762, 1979.

Rousso, H. "Fostering Healthy Self-Esteem." *Exceptional Parent* 14 (December 1984): 9-14.

Ruddick, S. *Maternal Thinking.* New York: Beacon Press, 1989.

_____. "Injustice in Families: Assault and Domination." In *Justice and Care: Essential Readings in Feminist Ethics*, ed. V. Held, 203-23. Boulder, CO: Westview Press, 1995.

_____. Forthcoming. "'Care' as Labor and Relationship." In *Norms and Values: Essays in Honor of Virginia Held*, ed. J. Haber and M. Halfon. Totowa, NJ: Rowman and Littlefield.

Ruddick, W. "Parenthood: Three Concepts and a Principle." In *Family Values: Issues in Ethics, Society and the Family*, ed. L. D. Houlgate. Belmont, CA: Wadsworth, 1998.

Sandel, M. J. *Liberalism and the Limits of Justice.* Cambridge, U.K.: Cambridge University Press, 1982.

Sapiro, V. "The Gender Basis of American Social Policy." In *Women, the State, and Welfare*, ed. L. Gordon, 36-55. Madison, WI: University of Wisconsin, 1990.

Sassoon, A. S., ed. *Women and the State*, London: Hutchinson, 1987.

Scheffler, S. "Relationships and Responsibilities." *Philosophy & Public Affairs* 26 (3 Summer 1997): 189-209.

Scheman, N. "Individualism and Psychology." In *Discovering Reality: Feminist Perspectives on Epistemology, Metaphysics, Methodology, and Philosophy of Science*, ed. S. Harding and M. Hintikka. Dordrecht, Holland: Reidel Publishing

Co., 1983.

Scheper-Hughes, N. *Death Without Weeping: The Violence of Everyday Life in Brazil.* Berkeley, CA: University of California Press, 1992.

Schmidtz, D., and R. E. Goodin. *Social Welfare as an Individual Responsibility: For and Against.* New York: Cambridge University Press, 1997.

Schwarzenbach, S. "The Concept of a Person in Hegel: Is There a Third Moral Power?" American Philosophical Association, Pacific Division. Los Angeles, Spring 1990.

_____. "Rawls and Ownership: The Forgotten Category of Reproductive Labor. In *Science, Morality and Feminist Theory*, ed. M. Hanen and K. Nielsen. Minneapolis, MN: University of Minnesota, 1986.

Sen, A. "Equality of What? The Tanner Lecture on Human Values" (delivered 1979). In *Liberty, Equality and Law: Selected Tanner Lectures*, ed. S. M. McMurrin, 137-62. Cambridge, England: Cambridge University Press, 1989.

_____. "Gender and Cooperative Conflict." In *Persistent Inequalities*, ed. Irene Trinker, 123-49. New York: Oxford University Press, 1989.

_____. "Justice: Means v. Freedom." *Philosophy and Public Affairs* 19(2) 1990, 111-121.

_____. *Inequality Reexamined.* Cambridge, MA: Harvard University Press, 1992.

_____. "Positional Objectivity." *Philosophy and Public Affairs* 22, no. 2 (Spring 1993): 126-45.

Sevenhuijsen, S. "Feminist Ethics and Public Health Care Policies." In *Feminist Ethics and Social Policy*, ed. P. DiQuinzio and I. M. Young. Bloomington, IN: Indiana University Press, 1996.

Shriver, E. K. "Targeting the Most Vulnerable." *The Washington Post*, 10 April 1997.

Siim, B. "Toward a Feminist Rethinking of the Welfare State." In *The Political Interests of Gender*, ed. K. Jones and A. Jonasdottir, 160-86. Newbury Park, CA: Sage, 1988.

Silvers, A., and D. Wasserman. *Disability, Difference, Discrimination.* Lanham, MD: Rowman and Littlefield, 1998.

Singer, P. and D. Wells. *Making Babies.* New York: Charles Scribner's Sons, 1998.

Skocpol, T. *Protecting Soldiers and Mothers: The Political Origins of Social Policy in the United States.* Cambridge, MA: Harvard University Press, 1992,

Smith, A. *Wealth of Nations.* New York: MacMillan, 1921.

Sommers, C. H. "Filial Morality." In *Women and Moral Theory*, ed. E. F. Kittay and D. T. Meyers. Totowa, NJ: Rowman & Littlefield Publishers, 1987.

Spalter-Roth, R. M., and H. I. Hartmann. *Unnecessary Losses: Cost to Americans of the Lack of a Family and Medical Leave*. Washington, D.C.: Institute for Women's Policy Research, 1990.

Stack, C. B. *All Our Kin: Strategies for Survival in a Black Community*. New York: Harper and Row, 1974.

Sterner, R. *Social and Economic Conditions of the Mentally Retarded in Selected Countries*. Brussels, Belgium: The International League of Societies for the Mentally Handicapped, 1976.

Stewart, J. Y. "For Thousands of Children, Aid Rides on a Definition." *Los Angeles Times* (Washington Edition), 17 October 1996.

Stone, A. J. "In Review: January 1, 1988–July 3, 1989." In *The American Woman 1990-91: A Status Report*, ed. S. E. Rix, 33–68. New York: W. W. Norton & Company, 1990.

_____. 1996. "In Review." In *The American Woman 1996-97: Where We Stand: Women and Work*, ed. C. Costello and B. K. Krimgold, 177–245. New York: W. W. Norton & Co., 1996.

Talbot, M. The "Next Domestic Solution: Dial-A-Wife." *The New Yorker*, 20, 27 October 1997, 196–208.

Taub, N. "From Parental Leaves to Nuturing Leaves. *Review of Law and Social Change* 13 (1984-1985).

Taylor-Gooby, P. "Welfare State Regimes and Welfare Citizenship. *Journal of European Social Policy* 1 (1991): 93–105.

Thomson, J. J. "A Defense of Abortion." *Philosophy and Public Affairs*, 1, (no. 1 Fall): 47–66.

Tillmon, J. "Welfare is a Woman's Issue." In *America's Working Women: A Documentary History—1600 to the present*, ed. R. Baxandall, L. Gordon and S. Reverby, 356. New York: Vintage Books, 1976.

Trebilcot, J., ed. *Mothering: New Essays in Feminist Theory*. Totowa, NJ: Rowman and Littlefield, 1987.

Tronto, J. C. *Moral Boundaries: A Political Argument for an Ethic of Care*. New York: Routledge, 1993.

_____. "Women and Caring: What Can Feminists Learn About Morality from Caring?"

In *Justice and Care Essential Readings in Feminist Ethics*, ed. V. Held, 101–15. Boulder, CO: Westview Press, 1995.

_____. "Can the Welfare State Really Care for People?" Lecture delivered at the *Revisioning the Social Welfare State: Feminist Perspectives on the U.S. and Europe Conference*. Cornell University, Ithaca, N.Y., 3–5 Oct. 1997.

U.S. Bureau of the Census. *Current Population Reports*. P–20. Washington D.C.: U.S. Government Printing Office, 1988.

U.S. Department Of Justice, http://www.famvi.com/deptjust.htm. 1995. "Women Usually Victimized By Offenders They Know," August 16th.

Waerness, K. "On the Rationality of Caring." In *Women and the State*, ed. A. S. Sassoon, 207–34. London: Hutchinson, 1987.

Waisturen, S. E. "Parents' Reaction after the Birth of a Developmentally Disabled Child." *American Journal of Mental Deficiency* 84, no. 4 (1980): 345–51.

Walker, M. *Jubilee*. New York: Bantham Books, 1967.

Walzer, M. *Spheres of Justice*. New York: Basic Books, 1983.

West, R. L. "The Difference in Women's Hedonic Lives: A Phenomenological Critique of Feminist Legal Theory." *Wisconsin Women's Law Journal* 3 (1987): 81–145.

Wikler, L. "Family Stress Theory and Research on Families of Children with Mental Retardation." In *Families of Handicapped Persons: Research, Programs, and Policy Issues*, 167–97. Baltimore: Brookes, 1986.

Williams, B. "The Idea of Equality." In *Problems of the Self*. Cambridge, U.K.: Cambridge University Press, 1973a.

_____. *Utilitarianism, For and Against*, ed. J. Smartand B. Williams. Cambridge, U.K.: Cambridge University Press, 1973b.

Williams, P. "On Being the Object of Property." In *At the Boundaries of the Law*, ed. M. A. Fineman and N. Thomadson, 22–30. New York: Routledge, 1991.

_____. "Scarlet, The Sequel." In *The Rooster's Egg*, ed. Patricia Williams, 1–14. Cambridge, MA: Harvard University Press, 1995.

Williams, W. W. "Equality's Riddle: Pregnancy and the Equal Treatment/Special Treatment Debate." *New York University Review of Law and Social Change* XIII (1985): 325–79.

Winch, P. "Understanding a Primitive Society." In *Ethics and Action*. London: Routledge and Kegan Paul, 1972.

Wolgast, E. H. *Equality and the Rights of Women*. Ithaca and London: Cornell

University Press, 1980.

Wollstonecraft, M. *A Vindication of the Rights of Woman*. 2d ed. trans. C. Poston, ed. New York: W. W. Norton and Company, 1792, 1988.

Young, I. M. "Is Male Gender Identity the Cause of Male Domination." In *Mothering: Essays in Feminist Theory*, ed. Joyce Trebilcot, 129–46. Totowa, NJ: Rowman & Allanheld, 1983.

Young, I. "Mothers, Citizenship, and Independence." *Ethics* 105 (3 April 1995): 535–57.

Zack, N. "Mixed Black and White Race and Public Policy." *Hypatia* 10, no. 1 (Winter 1995): 120–32.

찾아보기 ━━━━━━━━━━

저자 약력

Eva Feder Kittay(에바 페더 커테이)

미국 뉴욕주립대학교(SUNY-Stony Brook) 철학과 석학교수(distinguished professor)이다. 페미니스트 철학과 윤리, 장애학(disability studies), 언어철학 분야의 대표적인 석학이다. 페미니스트 철학 분야에서의 공로를 인정받아, 2003-2004년 올해의 여성철학자에 선정되기도 하였다. 주요 편저서로는 *Cognitive Disability and Its Challenge to Moral Philosophy*(2010), *Blackwell's Studies in Feminist Philosophy*(2006), *The Subject of Care* (2003), *Theoretical Perspectives on Dependency and Women*(2002), *Love's Labor*(1999), *Metaphor*(1987), *Women and Moral Theory*(1987) 등이 있다. 특히 *Love's Labor*는 한국어 이외에 일본어 및 이태리어로 번역되었다. 그 외에도 100편에 가까운 논문들과 북챕터가 있다.

역자 약력

김 희 강

이화여자대학교 정치외교학과를 졸업하고 University of Chicago에서 정치사상으로 박사학위를 받았다. 현재 고려대학교 행정학과 부교수로 있다. 주요 관심분야는 공공철학, 규범적 정책분석, 돌봄윤리 등이다. 최근 연구로는 『규범적 정책분석』(박영사 2016), "돌봄의 공공윤리"(2010), "돌봄국가"(2016), "Is Long-Term Insurance in South Korea Socialising Care Policy?"(2016) 등이 있다.

나 상 원

고려대학교 정치외교학과를 졸업하고 동대학원에서 사회서비스를 주제로 석사논문을 썼다. 요양보호사와 장애인 활동보조인이다. 돌봄노동자에 관심을 갖고 있다. 번역서로는 『자유의 미래』(2004), 『돌봄 민주주의』(2014), 『돌봄: 돌봄윤리』(2016), 『돌봄: 정의의 심장』(2016) 등이 있다.

돌봄: 사랑의 노동
-여성, 평등, 그리고 의존에 관한 에세이-

초판인쇄	2016년 9월 1일
초판발행	2016년 9월 10일
중판발행	2024년 1월 31일

지은이	Eva Feder Kittay
옮긴이	김희강 · 나상원
펴낸이	안종만 · 안상준

편 집	배우리
기획/마케팅	이영조
표지디자인	조아라
제 작	고철민 · 조영환

펴낸곳	**(주) 박영사**
	서울특별시 금천구 가산디지털2로 53, 210호(가산동, 한라시그마밸리)
	등록 1959. 3. 11. 제300-1959-1호(倫)
전 화	02)733-6771
f a x	02)736-4818
e-mail	pys@pybook.co.kr
homepage	www.pybook.co.kr
ISBN	979-11-303-0307-9　93330

정 가　　　20,000원